国家出版基金项目
NATIONAL PUBLICATION FOUNDATION

淮海战役史料汇编 7

英烈卷

淮海战役纪念馆 编
国家图书馆出版社

《英烈卷》前言

半个多世纪以前，在一个动荡国度的一片辽阔土地上，发生了一场对中国乃至世界历史都产生深刻影响的战争——淮海战役。淮海战役的辉煌战果，直接成为了中国人民解放战争史上的转折点。然而革命成果血铸成，多少英雄儿女，消逝于腥风血雨中。在这伟大胜利的背后，无数革命先烈付出了自己宝贵的生命。

据不完全统计，在淮海战役中共有31000多名优秀的中华儿女，为了新中国的建立献出了宝贵的生命。牺牲人数远远超过辽沈战役和平津战役牺牲人数的总和。在这场残酷的战役中，平均每两分钟就有一名烈士为革命事业献出自己的宝贵生命。在这些革命先烈中，既有决胜千里的军事指挥官，又有爱兵如子的政治指导员；既有身经百战、智勇双全的老革命，又有坚强勇敢、机敏灵活的新战士；既有英勇拼杀、视死如归的前线战士，又有救死扶伤、护送军粮的后勤人员。他们虽然年龄悬殊，任务不同，但在战役中为了共同的革命理想，在生与死的考验面前，都毫不犹豫地挥洒了自己的热血，献出了自己的生命。烈士们用鲜血谱写了人生的绚丽篇章，在生命的最后一刻迸发出了生命最美的光辉。六十年一个甲子，日月更替，斗转星移，如今战火不在，硝烟无存，烈士的生命却与日月同辉，烈士的英灵与时间永恒，他们永远活在我们心中。

本卷由"传记篇"、"缅怀篇"、"英名录"三部分组成，力求完整全面地反映当年烈士的英雄事迹，寄托后人对烈士的无限思念。第一部分为烈士传记，此部分精选了100名最具代表性的烈士，以传记体为主，部分篇章穿插了一些烈士参加的经典战斗故事，每个烈士传记各成一篇。烈士资料来源以馆藏资料为主，这些资料大部分由各参战部队政治部提供及我馆50年来走访征集所积累，资料内容十分宝贵。作者在编撰过程中，在保证文从字顺的基础上，尽量保持了原有资料的全面性，尽量展现100名烈士的革命历程。第二部分"缅怀"收录了淮海战役纪念馆收集的不同年代、不同背景的 16 篇悼念追思文章。尽量保留当年作者的原稿文字内容，力争原汁原味地反映不同年代、不同身份的人们对烈士们的追思，真实地反映出生者对逝者的敬意和怀念。"淮海战役烈士英名录"部分收录了我馆登记在册的 3 万多名烈士的姓名，内容主要来源于当年的参战部队及各地民政部门，具有较高的权威性。虽然只是名录的整理，但此篇章花费了编者大量的心血，如此完整地刊录淮海战役中阵亡烈士名单尚属首次，其史料价值及重要程度绝不亚于前两部分。

本卷所选内容均以珍贵的馆藏资料为基础，配以馆藏的文物图片，很多内容都是首次公开发表，力图全方位反映烈士们智勇双全、不畏艰险的革命品质，以及勇于牺牲、无私奉献的大无畏精神。本卷的初衷是让后人真正了解烈士的革命经历，感恩幸福来之不易；让读者接受革命教育，弘扬爱国主义精神；让烈士含笑九泉，英名常在。

需要说明的是，有些英烈姓名、籍贯等用字，与馆藏资料多有出入，如"宋纪志"，馆藏《立功喜报》上为"宋继志"。我们在行文中一般采用其所在部队或家属提供的、并一直以来沿用的资料。

尽管编撰过程中，编者付出了大量心血，力求完美，但由于学识水平、资料限制等，难免有疏漏不当之处，望广大读者予以指正。

编　者

2013 年 3 月

目录

第一篇　传记

第二篇 缅怀

第三篇 淮海战役烈士英名录

第一篇

传记

　　淮海战役的胜利是中国革命史上的伟大篇章。而这一战争史上的奇迹，是无数先烈用自己的宝贵生命换来的。这场战役中，仅登记在册的烈士就有31000多名。这些烈士中，有英勇无畏的一线战士；有智勇双全的指挥官；亦有不畏艰险的后勤人员。每个烈士背后都有一段感人肺腑的英雄故事。本篇选取100名烈士作了简要介绍，以告慰英勇拼杀、敢于献身的成千上万个烈士的英魂。

灵活指挥作战勇　赴汤蹈火为国家

副团长朱涛烈士

朱涛，湖北省阳新县朱家村人，1914 年生。1931 年参加红色游击队，1935 年加入中国共产党。历任通讯员、班长、侦察队长、连长、营长等职，时任华东野战军第四纵队十一师三十一团副团长。1948 年在淮海战役围歼黄百韬兵团的作战中光荣牺牲，时年 34 岁。

▲ 朱涛烈士

朱涛十七年如一日忠于党的事业，从一个普通通讯员逐步成长为一名团职干部。他作战勇敢，指挥灵活，出色地完成了历次战斗任务。

1948 年淮海战役打响，朱涛积极投入到战斗中，他身先士卒，率领部队与国民党军勇敢拼杀，在围歼黄百韬兵团时，虽身负重伤仍然坚持不下火线，终因伤势过重，光荣牺牲。

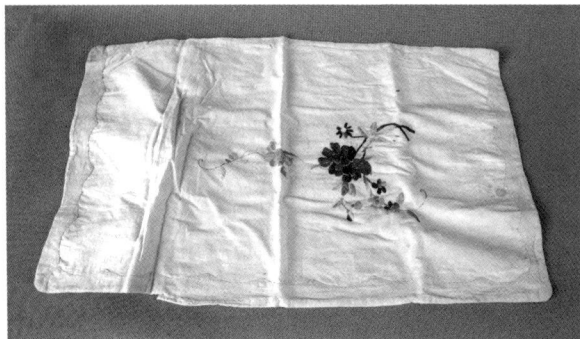

▲ 朱涛生前用过的沾有血迹的枕头套

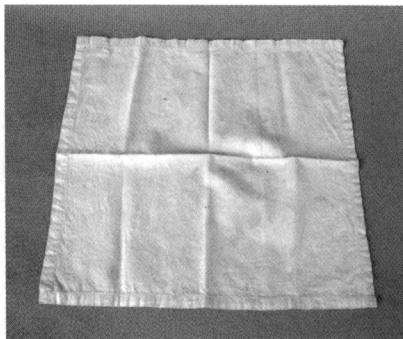

▲ 朱涛牺牲时沾有血迹的白手帕

英勇拼杀为解放　烈士精神永不灭

特等功臣吴彬烈士

　　吴彬，山东省莱阳县瓦古村人，1925年生。1946年参军，1948年加入中国共产党，时任华东野战军第九纵队二十七师八十团七连班长。被评为"特等功臣"，并荣获"战斗英雄"的光荣称号。1949年在淮海战役围歼杜聿明集团时光荣牺牲，时年24岁。

　　吴彬同志入伍后，在汶河、潍县等战斗中都出色地完成了战斗任务。1948年济南战役中，他身负数伤，仍带领全班，坚持战斗，英勇完成了攻击任务。战后，被评为"特等功臣"，并荣获"战斗英雄"的光荣称号。

▲ 吴彬烈士

　　在围歼杜聿明集团的战斗中，吴彬同志为了革命献出了自己宝贵的生命。

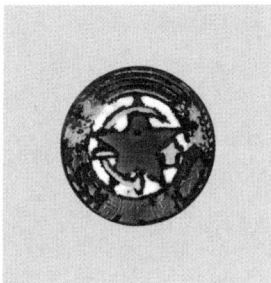

▲ 吴彬的特等功奖章　　　▲ 吴彬使用过的钢笔

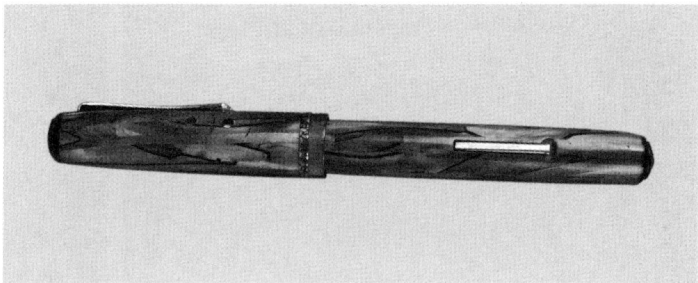

坚守阵地共存亡　猛攻固守扬军威

英雄班长尚立民烈士

　　尚立民，山东省广饶县尚家庄人，1926 年生。1945 年 9 月参军，翌年 5 月加入中国共产党，时任华东野战军第十纵队二十九师八十五团班长。1948 年在淮海战役鲁楼战斗中牺牲，时年 22 岁。

　　尚立民工作积极，执行命令坚决，作战英勇顽强。在新安店战斗中，他不顾生命安危，冒着战火，完成了艰巨的爆破任务，荣立一等功。在济南战役中，他多次负伤，仍出色地完成攻击任务。战后，荣立特等功。

▲ 尚立民烈士画像

　　在淮海战役鲁楼战斗中，尚立民率领全班，发扬了猛攻固守的战斗精神，子弹打完了就用刺刀与敌拼杀。当敌人突入阵地前沿时，他又提出："坚决与阵地共存亡。"终于击退了国民党军的 7 次突围，阵地岿然未动，尚立民却因负伤过重而英勇牺牲。

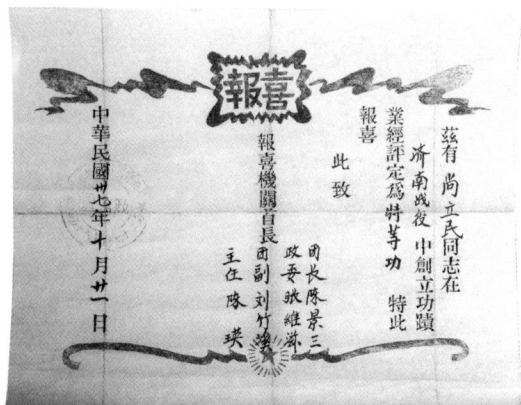

▲ 尚立民的立功喜报

政训作战两双全　无畏精神永流传

学习模范林璃烈士

　　林璃，广东省海丰县新厝村人，1920 年生。1940 年 3 月参加革命，曾任区委书记，1943 年参军，历任政治指导员、特派员、作训参谋，时任华东野战军第十纵队二十八师八十三团三营副营长。曾被授予"乙等学习模范"的光荣称号。1949 年在淮海战役总攻杜聿明集团的陆菜园战斗中光荣牺牲，时年 29 岁。

　　林璃入伍后，工作雷厉风行，作战英勇顽强，很快就成长为革命的中坚力量。

　　1948 年 11 月淮海战役打响了，林璃所在部队也投入到了这次战役中。在总攻杜聿明集团的陆菜

▲ 林璃烈士画像

园战斗中，林璃率领部队扫清外围，突入村内，歼灭国民党军。然后又由陆菜园插入花小庙纵深阵地，分割围歼了大量国民党军。在战斗即将结束时，林璃不幸被顽抗的敌人击中，光荣牺牲。

▲ 林璃的军人牺牲证明书

▲ 林璃的淮海战役纪念章

投笔从戎赴国难　一腔热血洒淮海

政治委员郑鲁烈士

郑鲁，河北省新城县小韩庄人，1918 年生。1937 年 7 月参加中国共产党，同年 12 月入伍。历任干事、股长、政治教导员、科长、团政治委员、旅政治部副主任（未到职）等职，时任中原野战军第一纵队二旅四团政治委员。1948 年在淮海战役阻击黄维兵团的蒙城战斗中不幸牺牲，时年 30 岁。

郑鲁自幼读书，成绩一直很优秀。17 岁师范毕业后，考入省立民众教育实验学校，在此期间接触共产主义思想，在我党的影响下，积极从事革命活动。在革命的历练中和党的培养下，成长为一名优秀的政治工作者。

▲ 郑鲁烈士

1948 年，淮海战役打响，时任中原野战军第一纵队四团政治委员的郑鲁积极投入战斗。在阻击黄维兵团的蒙城战斗中，他亲赴第一线，鼓舞士气，粉碎国民党军多次进攻。当敌人第 3 次疯狂反扑时，他身负重伤，仍指挥部队打退敌人最后反扑，固守了阵地，后因流血过多，英勇牺牲。

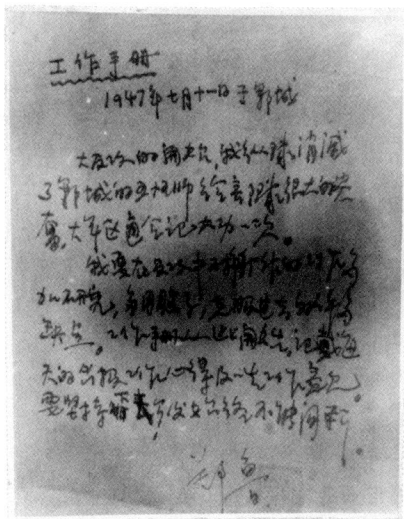

◀ 郑鲁的工作手册（第一页）

革命生涯步步艰　英雄血洒韦子湖

英勇的营长张鸿宾烈士

　　张鸿宾，河南省郾城县大张湾村人，1921 年生。1937 年入伍，1940 年参加中国共产党。历任班长、排长、连长、副营长等职，时任中原野战军第十一纵队三十三旅九十八团营长。1948 年在淮海战役韦子湖战斗中光荣牺牲，时年 27 岁。

　　张鸿宾出生在一个贫农家庭，深知民间疾苦。1937 年入伍，在部队中一贯工作积极，战斗勇敢，曾多次立功。1940 年，由于思想进步加入了中国共产党。十多年的革命生涯，使他从一名普通的战士成长为一名优秀的营职干部。1948 年，淮海战役打

▲ 张鸿宾烈士

响，张鸿宾积极投入战斗。在围歼黄维兵团的韦子湖战斗中，他指挥部队英勇向敌人阵地冲击，不幸中弹身负重伤，但他仍坚持指挥不下火线，最终由于失血过多而光荣牺牲。

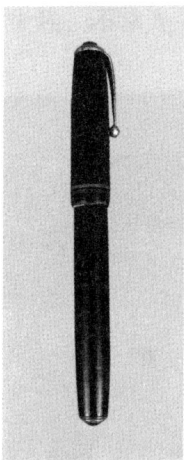

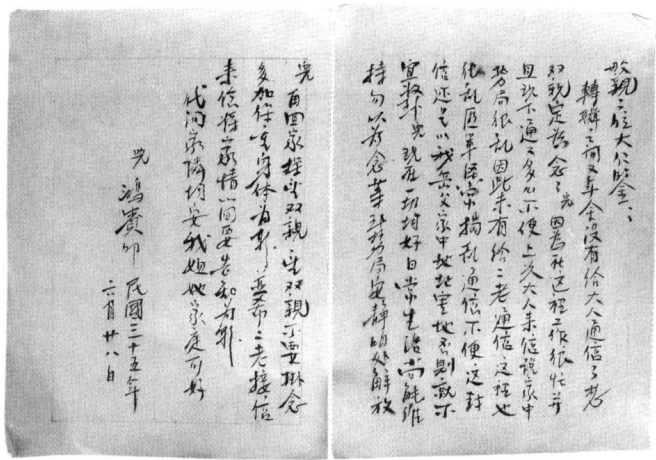

▲ 张鸿宾在工作学　▲ 张鸿宾 1946 年写给父母亲的信
　习中使用的钢笔

屡建奇功五负伤　英勇作战洒碧血

战斗模范马佩珠烈士

马佩珠，山东省寿光县牛头镇人，1918 年生。1937 年 10 月入伍，次年 10 月参加中国共产党。历任班长、排长、连长、中队长、营长等职，时任华东野战军第十纵队特务团副团长。曾荣获"战斗模范"光荣称号。1949 年 1 月在淮海战役第三阶段陈官庄战斗中牺牲，时年 31 岁。

▲ 马佩珠烈士

马佩珠为人忠厚，性格坚强，劳动出色，从 9 岁起就跟父亲下地干活，学得一身好农活。家里种着几亩碱洼地，牧养着一头马，正常年景尚能维持生活，但由于国民党军阀和地主的摧残和剥削，因而生活日渐贫困。

参加革命队伍后，马佩珠战斗勇敢，在当地群众中享有一定的声誉，人人都知道马营长的部队能打仗。马佩珠对党的事业无限忠诚，充满着高度的革命热情。他虽 5 次负伤，但仍坚持工作、战斗，在 1949 年 1 月淮海战役第三阶段围歼杜聿明集团战斗中英勇牺牲。

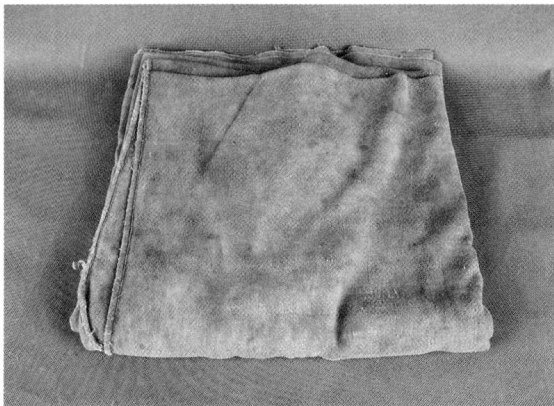

◀ 马佩珠在解放战争中盖过的毯子

百发百中神枪手　淮海战场勇冲锋

一等英雄关二如烈士

关二如，山西省武乡县关家垴村人，1926 年生。1942 年春参加民兵，任民兵队长，1944 年加入中国共产党，次年 8 月参军，曾任班长、排长，时任中原野战军第三纵队七旅十九团副政治指导员。曾被授予"边区腹地民兵一等英雄"的光荣称号。1948 年在淮海战役东马围子战斗中牺牲，时年 22 岁。

▲ 关二如烈士

关二如在抗日战争中是边区腹地民兵一等英雄。他是百发百中的神枪手，在几次反扫荡中，亲手打死打伤日本士兵 30 余名，打死打伤敌人战马 2 匹。他和其他民兵一起，开展地道战，大摆地雷阵，神出鬼没，打得敌人晕头转向。在配合正规军作战中，关二如表现得也很出色，配合部队搞侦察、摸岗哨、抓俘虏。曾几次受到部队首长的夸奖。

1945 年日本鬼子投降了，国民党军发动了内战，关二如踊跃地参了军。在部队中，表现非常积极，出色地完成历次战斗任务。在淮海战役中，十九团受令主攻黄维兵团主力五十二团。战斗发起后，他率领部队向侧翼迂回，用炸药包、手榴弹摧毁敌人前沿工事，英勇击退正准备反扑之敌。然而在向敌纵深发展时关二如却不幸中弹，英勇牺牲。

▲ 关二如（中）与战友们的合影

大胆沉着勇杀敌　毫不畏惧献生命

特等杀敌英雄程连武烈士

程连武，河南省洛宁县人，1926 年生。1947
年 6 月入伍，1948 年 10 月参加中国共产党，时任
中原野战军陕南军区十二旅十六团班长。1948 年
11 月在淮海战役围歼黄维兵团的小周庄战斗中不幸
牺牲，时年 22 岁。

程连武出身于一个贫农家庭，从小饱受地主压
迫。1947 年入伍后，在党的培养教育下，思想觉悟
提高很快。他对革命事业无限忠诚，执行命令坚决，
作战英勇顽强。1948 年洵阳、白河、浙山等县战斗
中，他都圆满地完成了歼灭敌人的任务，曾立特等

▲ 程连武烈士画像

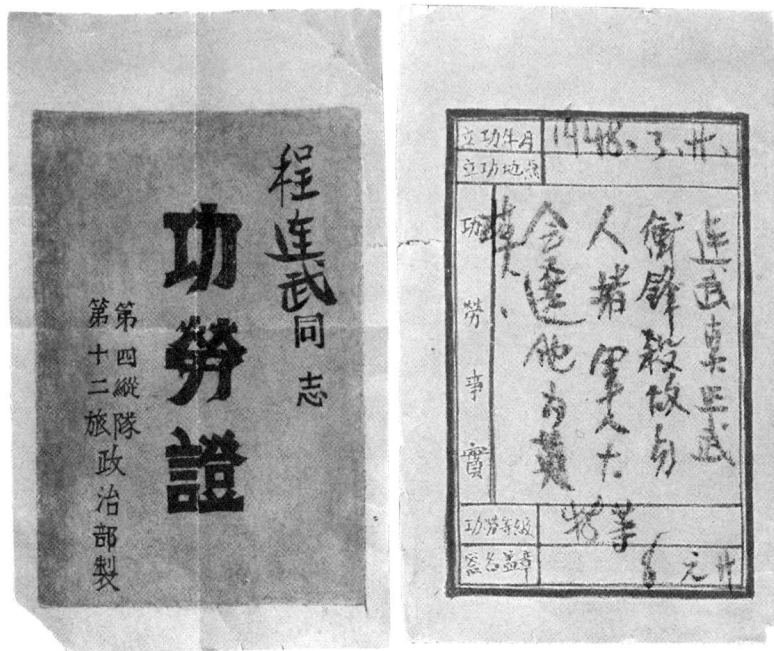

◀ 程连武在战斗中
荣获的功劳证

功两次、一等功一次，并荣获"特等杀敌英雄"的光荣称号。因为表现突出于当年 10 月光荣地加入了中国共产党。

1948 年 11 月，淮海战役围歼黄维兵团的小周庄战斗中，国民党军为打破中原野战军的包围圈向陕南十二旅阵地疯狂反扑，程连武所在十六团奉命固守小周庄，他率领全班，沉着机智，待敌距我前沿 20 米处，跳出堑壕，与敌展开白刃格斗，打退了敌人的反扑，并乘胜追击直捣敌阵，不幸在战斗即将胜利时，被敌人击中，壮烈牺牲。

淮海战场育英才 枪林弹雨勇拼杀

机枪班班长任万山烈士

任万山，江苏省南通县草庙子西村人，1928年生。1946年3月参加地方工作，同年7月加入中国共产党，9月入伍。曾任通讯员、乡中队长、副班长，时任华东野战军第十一纵队三十三旅九十八团八连机枪班班长。1948年在淮海战役姜公山战斗中光荣牺牲，时年20岁。

任万山出生在一个贫农家庭，8岁起即随母亲在地主家里当雇工。12岁起学会纺纱织布，农闲时即织布，农忙时即下地干农活。

1946年3月任万山18岁，在本乡（解放乡）

▲ 任万山烈士画像

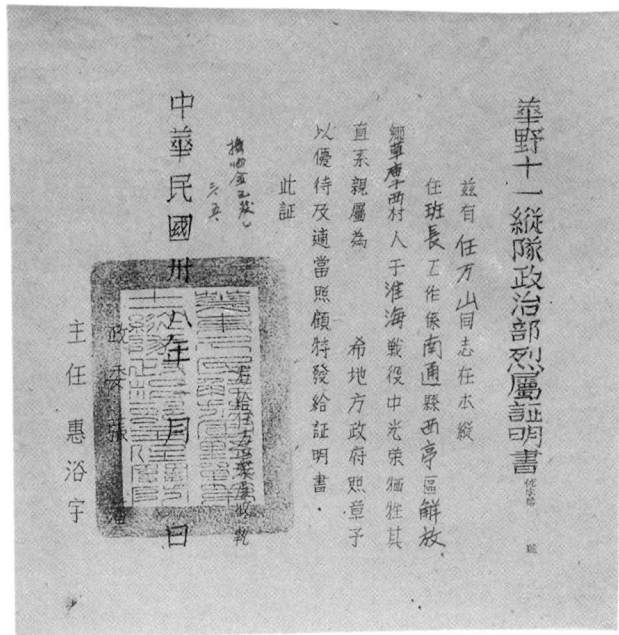

◀ 任万山的烈属证明书

当通讯员。1946年7月本乡指导员蔡金发介绍他参加了中国共产党，同时被提拔为解放乡的乡队长。为响应党的号召，争取全国解放，任万山于1946年9月入伍，任九分区独立营副班长。

任万山工作积极，作战勇敢，在历次战斗中都圆满地完成了任务。1948年11月，淮海战役打响，时任华东野战军第十一纵队第九十八团八连机枪班班长的任万山，为完成党交给的任务，在淮海战役姜公山战斗中，带领全班，冒着枪林弹雨，穿过数道火力网，突入国民党军阵地，英勇拼杀，光荣牺牲。

人民英雄显身手 英勇搏杀小李庄

华东三级人民英雄蒋玉福烈士

蒋玉福，山东省广饶县尹家村人，1928年生。1946年参军，次年加入中国共产党。当过司号员、通讯员，时任华东野战军第十纵队二十八师八十四团三连班长。曾荣获"华东三级人民英雄"奖章。1948年在淮海战役小李庄战斗中牺牲，时年20岁。

蒋玉福出生在一个贫农家庭，因家境贫寒未曾上学。八九岁时曾随母亲讨饭，之后一直在家中帮助母亲推磨烙卖煎饼为生，也有时外出帮人扛活打短工。蒋玉福性情和气，劳动勤恳，在群众中的威信很好。

▲ 蒋玉福烈士画像

1945年2月，蒋玉福被抓去当伪军，1946年初解放入伍。1947年即参加共产党。战斗中，他勇猛冲锋杀敌，多次荣立三等功。

1947年5月，在泰安小李铺（济南西南一个镇）作战中，敌人有一个营严密防卫，蒋玉福是连里爆破手，他巧妙摸到三连冲击方向的一个碉堡，放下第一包炸药，炸毁了一个碉堡，接着又炸了两个碉堡，扫除了三连冲锋的障阻，我军迅速地消灭敌人，占领了集镇，战后荣获"华东三级人民英雄"奖章。

1948年淮海战役中，蒋玉福任华东野战军第十纵队第八十四团三连班长。在小李庄战斗中，他率领全班战士英勇拼杀，不幸光荣牺牲。

▲ 蒋玉福的"华东三级人民英雄"奖章

强袭敌营立战功　冲杀在前勇牺牲

一等功臣柴彦轩烈士

柴彦轩，河北省东光县厦子柴村人，1923 年生。
1945 年 7 月参加中国共产党，同年 8 月入伍。时任
华东野战军渤海纵队二团二连排长。1949 年 1 月
6 日在淮海战役何庄战斗中英勇牺牲，时年 26 岁。
战后，上级追认他为"一等功臣"。

柴彦轩出生在一个贫苦的农民家庭，没上过学。
家有父母和兄嫂等人，过去全家给地主看祠堂，代
种祠堂的地。由于食物不足，他时常以拾野菜维持
生活。

柴彦轩从小憎恨剥削阶级，向往穷人能过上好

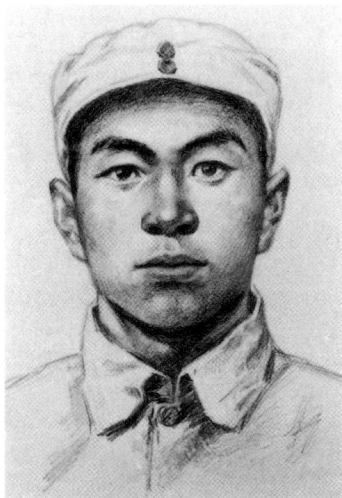

▲ 柴彦轩烈士画像

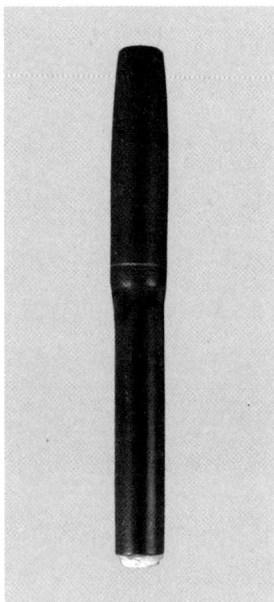

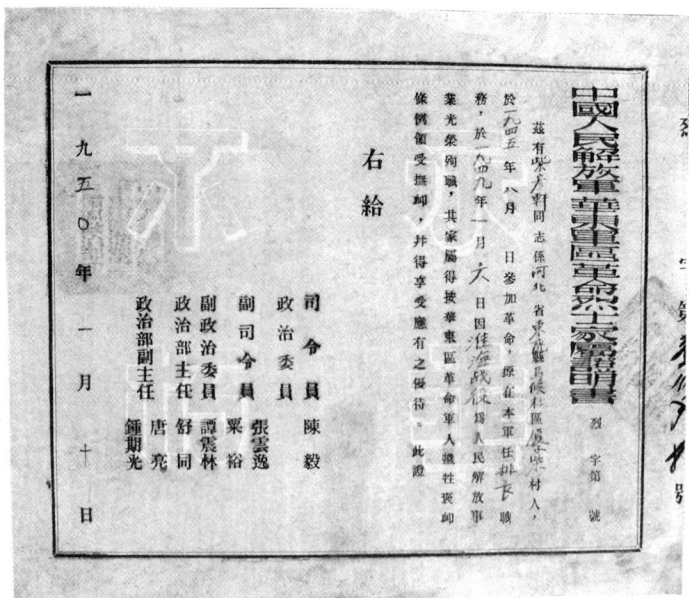

▲ 柴彦轩使用过的钢笔　　▲ 华东军区颁发的革命烈士家属证明书

日子。参军前就参加了民兵，曾多次与日本鬼子、地主和特务进行斗争，参加破坏敌人铁路等抗日活动。1945年日本投降前，战斗中有3个鬼子准备逃跑，被经常活动在铁路附近的柴彦轩等民兵捉了回来。另一次为了卡住反动派拉货的大车，与敌特激战，当时因敌众我寡而撤出战斗。柴彦轩由于在斗争中表现得坚决顽强，于1945年7月光荣地加入了中国共产党，同年8月入伍。到部队后，他更加英勇顽强，曾在山东平述战役中，获得立功奖状。在禹城战斗中，他率领一个班强袭敌人据点，出色地完成了任务。缴获敌人捷克轻机枪一挺，并立了功。

在淮海战役全歼杜聿明集团的何庄战斗中，他带领全排向敌冲杀时英勇牺牲。战后，上级追认他为"一等功臣"。

英勇顽强守阵地　牺牲自我为革命

特等功臣张子修烈士

张子修，山西省平遥县人，1920年出生于一个农民家庭。1941年4月参加八路军，1944年7月加入中国共产党。历任通讯员、收发员、见习参谋、副连长等职，时任中原野战军第四纵队十三旅三十八团九连政治指导员。1948年在围歼国民党第十二兵团的杨围子战斗中牺牲，时年28岁。

张子修对党无限忠诚，作战英勇顽强，功绩卓著，1945年在山西上党战役中立过特等功一次、大功二次。曾多次出席团、旅英模代表大会。1948年12月12日在淮海战役杨围子战斗时，张子修任九连政治指导员，率领全连担任固守阵地任务。战斗开始，敌人用一个步兵团的兵力向九连阵地猛攻，由于九连全体指战员英勇顽强，打退了敌人第一次疯狂进攻。

打毁的工事还来不及整修，新的兵力还来不及部署，不甘心遭到惨败的国民党军又投入了两个步兵团的兵力，在12辆坦克、四五架飞机的掩护下，气势凶猛地向九连阵地扑来。张子修给全连作了紧急的战斗动员："要保持九连的光荣传统，爱护荣誉，为牺牲的烈士报仇！"并高呼："只要有一人活着，就要守住阵地。"他又组织党、团员用火把烧坦克，战斗进行异常激烈。九连战士英勇顽强，取得毙敌1500余人的战绩。然而全连180多人，最后只剩下张子修和另外两位同志，阵地仍然屹立在敌人面前。就在这时，一枚燃烧弹从敌人阵地突然打了过来，正巧打在了张子修的身上，张子修不幸壮烈牺牲。

无限忠诚立战功　血染彭窑壮志酬

连长胡春亭烈士

胡春亭，山东省沂水县李家洼村人，1925年生。1944年8月入伍，1946年1月参加中国共产党。曾荣立特等功和一、二、三等功各一次。时任华东野战军第八纵队二十二师六十五团二连连长。1949年1月在淮海战役彭窑战斗中光荣牺牲，时年24岁。

胡春亭出身贫农家庭，入伍前在本县城信昌自行车行当技术工人。1944年在莒县参军，被派到滨海军区朱停县独立营，后又改属华东野战军第八纵队。

胡春亭自幼性子憨直，看到不合理的事情，就打抱不平，对穷人很热心，因此穷兄弟们很愿

▲ 胡春亭烈士

靠近他。他自小不怕事，意志坚强，说干就干，非常豪爽。鬼子汉奸称霸作恶，像疯狗一样欺压穷人，他满怀着愤怒参加了革命军队。在党的培养教育下，他革命觉悟迅速提高，树立了牢固的为人民服务的思想。不管环境怎样恶化，战斗怎样频繁残酷，他都表现得勇往直前，英勇顽强。指挥上，他灵活机动，多次立功受奖。如在邓宅子战斗中，在风暴般的战火里，他负伤较重，但仍坚持指挥战斗。由于他英勇顽强，身先士卒，对全体同志影响鼓舞很大，因而取得了战斗的胜利。他立头等战功一次（特功），他率领的排全体立战功一次，缴获敌人的武器也足够装备一个团。

在淮海战役彭窑战斗中，胡春亭表现特别出色，3次负伤未下火线，仍组织火力，鼓舞大家粉碎国民党军的连续反扑。他曾连续冲锋数次，在最后一次决胜的冲击中，因流血过多倒下了，为人民的解放事业献出了宝贵的生命。

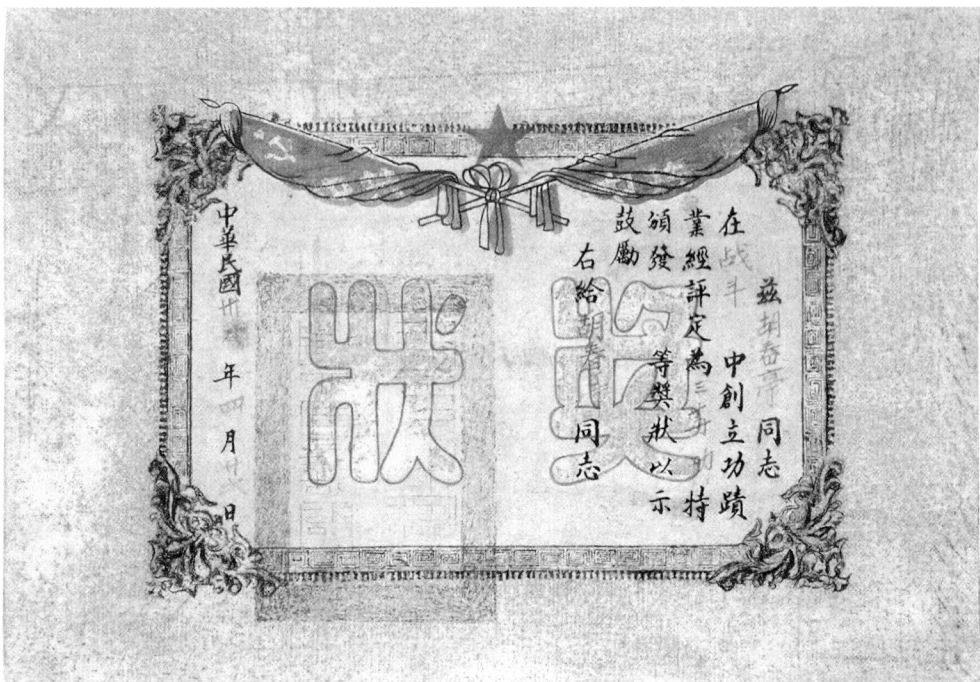

▲ 胡春亭在战斗中荣获的奖状

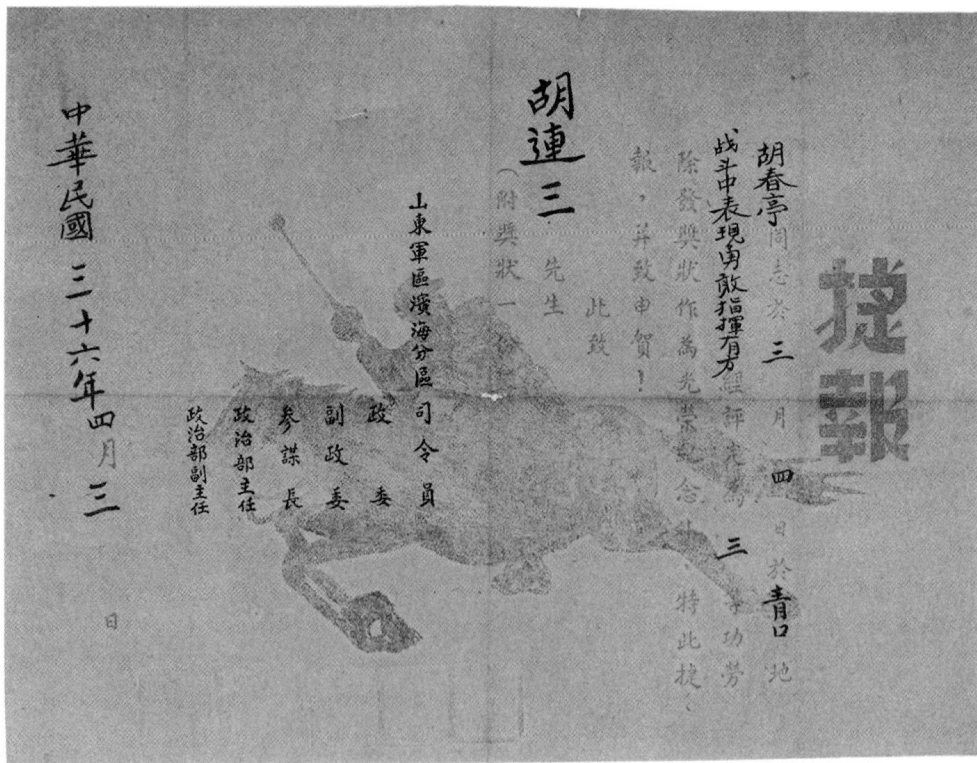

▲ 胡春亭的三等功捷报

筹集粮草为前线 抢救军粮勇奋战

支前干部吴万杰烈士

吴万杰，安徽省亳县吴庄人，1904 年生。自幼给地主当长工，过着贫困的生活。1947 年参加解放军游击队，同年 12 月加入中国共产党。时任亳县东湖镇镇长。1948 年 12 月在淮海战役支援前线中牺牲，时年 44 岁。

吴万杰出生在一个贫农家庭，在旧社会受尽了剥削和压迫，过着饥寒交迫的生活。1947 年家乡解放后，吴万杰在党的教育下，很快提高了政治觉悟，在同年 12 月加入了中国共产党。1947 年春，党派吴万杰任东湖镇镇长。在任镇长期间，他经常深入敌后，发动群众，开展游击战。由于他的组织能力强，作战英勇，有力地打击了白玉青的反动兵团。

▲ 吴万杰烈士画像

1948 年淮海战役开始时，吴万杰领导群众开展轰轰烈烈的筹送粮草、做军鞋

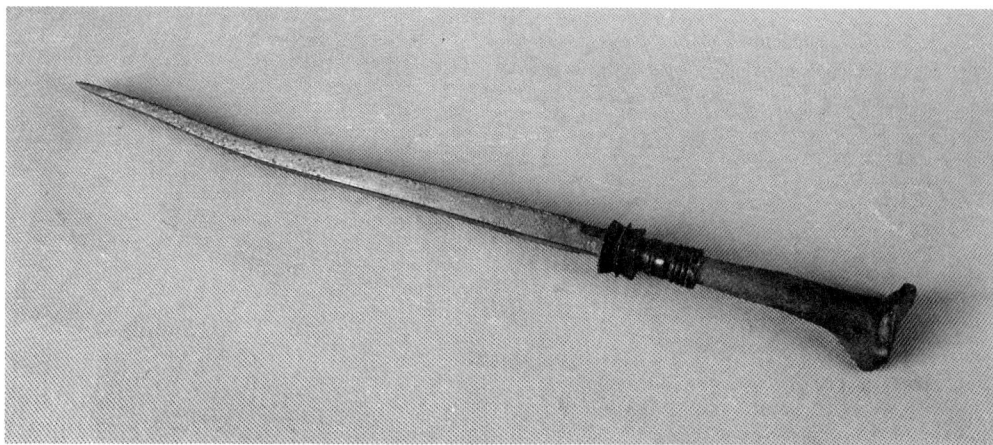

▲ 吴万杰使用过的红缨枪枪头

支援前线运动。当地土顽为了配合国民党军曾千方百计地进行破坏。一次敌人在崔庄一带抢粮时，吴万杰带领民兵打死打伤敌人 10 余人，从而保住了支前粮食 8000 余斤，大大鼓舞了人民群众的支前热潮。

　　同年 12 月，在一个大雪纷飞的深夜，镇里筹集了数万斤支前粮食，准备次晨运往前线。不料当夜为土顽纵火焚烧，吴万杰为了抢救支前粮食，奋不顾身，单枪匹马与敌人搏斗，因敌众我寡实力悬殊，不幸中弹负伤。此时，解放军某部闻枪声赶到，将敌人全部消灭，抢救了粮食，而吴万杰在这次战斗中，献出了宝贵的生命。

人民英雄为人民　英勇作战显忠魂

人民英雄官登升烈士

官登升，山东省平度县人，1926 年生。1943年参加八路军，1946年加入中国共产党。曾荣获"华东三级人民英雄"奖章。时任华东野战军第一纵队一师三团一连排长。1948年12月在淮海战役攻击邱清泉兵团的夏砦战斗中英勇牺牲，时年 22 岁。战后上级追认他为"华东二级人民英雄"光荣称号。

官登升生于一个贫农的家庭里，生活困难，少吃没穿，因此 9 岁就给地主看守坟墓和庄稼，终日里挨打受骂，受压迫和折磨。14 岁主动参加区中队，后转为县大队，1943 年即正式参加了主力军。他对待同志热情友爱，每次行军，他自己都要拿三四个人的枪支和背包。战斗中，他机智勇敢，总能胜利

▲ 官登升烈士画像

完成上级交给的任务。1947 年，他曾立大功一次，在莱芜战役荣获"华东三级人民英雄"的光荣称号。

1948 年 12 月 15 日攻击夏砦东北的子母堡，二排主攻，因排长和连首长负伤未完成任务被迫撤下来，第二天新任连长（一营管理员任德胜）又负了伤，部队受到很大威胁，在这紧要关头，一排长官登升从指导员（顾保林）处接受了任务，不到一个小时，就完成拿下子母堡的任务，给三连攻击夏砦肃清了外围，打开了道路。当三连开始攻击时，营首长命令一连配合三连攻击夏砦。可是直到天快亮了还没有攻下夏砦，官登升又组织二排和三排的仅有人员配合三连发起攻击。这时，官登升不幸中弹，英勇牺牲。战后被追认为"华东二级人民英雄"。

▲ 官登升的"华东二级人民英雄"奖章

▲ 官登升的挽词

投身革命见光明 不畏牺牲守阵地

独立团排长张耀昌烈士

张耀昌，河南省禹县西王楼村人，1918 年生。1947 年 5 月解放入伍，时任豫西军区第五军分区郏县独立团排长。1948 年在淮海战役蚌（埠）西北阻击战中光荣牺牲，时年 30 岁。获"功模"称号。

张耀昌出生在一个贫农家庭，因多灾加上国民

▲ 张耀昌烈士

◀ 张耀昌的立功喜报

党统治的压迫剥削，他全家和全县劳动人民都过着牛马不如、暗无天日的生活，终日劳累，食不得饱，衣不掩身。1936年张耀昌刚刚成年，被保长拉去当了伪军，受尽了伪军官的打骂压迫，历尽了艰难困苦，幸于1938年伪军被击垮遣散，张耀昌才得到解脱，寄居于陕西省宝鸡东南河桥深山处以砍柴维持生活，于1947年携眷返回家乡。又因生活困难，于同年被雇用参加伪自卫队。禹县解放时他在县北部山区，遂加入人民解放军部队。在陕鄂第五军分区郏县独立团任排长职务。

1948年，举世闻名的淮海战役打响了，张耀昌在战斗中表现得胆大沉着，英勇顽强，吃苦耐劳，在完成任务中起到了模范作用。在蚌（埠）西北阻击战中，张耀昌率领全排，攻如猛虎，守如泰山，经一整夜的激战，击退敌人一个营兵力的轮番疯狂猛攻，使英雄的阵地巍然屹立，后因伤势过重光荣牺牲。战后，部队给他追记大功，荣获了"功模"的称号。

忠于革命忠于党　甘为解放作基石

战斗模范李增奎烈士

李增奎，山东省莱芜县汶阳南姜庄人，1917年生。1939年加入中国共产党，后脱离组织关系，1946年再次参加革命，1948年再次入党。牺牲时为华东野战军第八纵队二十三师六十七团四连战士。曾被授予全师"战斗模范"称号。1948年12月在淮海战役王花园战斗中光荣牺牲，时年31岁。

李增奎出生在一个中农家庭，当时家有父母和两个哥哥，家境不算富裕。8岁开始上"洋学"，18岁从泉子高级学校毕业，随后便在家务农。1939年参加中国共产党，同年在党内担任本乡的组织委员，1941年担任彭山小区的敌工干事，1944年被日本帝国主义的走狗伪九旅逮捕，从此与党脱离了关系。

▲ 李增奎烈士

1945年抗战胜利，他从伪九旅逃跑回家。1946年11月在本地自愿报名参加我军第八纵队，在二十三师六十七团供给处，后又分配在本团四连当战士。在部队工作一贯是埋头苦干，对上级服从命令听指挥，对同志团结友爱像亲兄弟，战斗中英勇顽强，开封战役中荣立二等功一次，打山东济宁时荣立一等功一次。由于他平时工作出色，战时屡建功勋，因此在1948年8月光荣地加入了中国共产党。

1948年11月，他随军参加了淮海战役，在这次战役中他表现得更为突出。他说："我是个共产党员，处处应该起带头作用，为了消灭国民党，解放全中国，我不惜牺牲自己的一切。"在这次战役的多次战斗中，李增奎都是冲锋在先，撤退在后，因此被评为全师的战斗模范。在战役即将结束的王花园战斗中，不幸中弹牺牲。

革命軍人復員烈士家屬証

証字第 三二一 號

山東省人民政府

注意事項

一、此證只供革命軍人工作人員烈士家屬留作紀念不得轉讓他人

二、憑此證得享受人民政府一切法定優待並受人民政府與全體人民的尊敬

三、此證須加意保存如有遺失或損壞須報告縣以上政府聲明作廢並請求補發

家屬姓名	李樂章	性別	男	年齡	64歲
籍貫	山東省萊蕪市縣汶陽區南江庄街村				
出身	農	成份	中	職業	農
家庭人口與烈士之關係	15口	父子關係			
烈士姓名	李增奎	性別	男	年齡	31歲
何時何地入伍	1946年	八縱			
犧牲時間地址	1948年	淮海戰役			
曾在何部任何職責	在八縱	戰士			
填表機關與填人	汶陽區所	列緒光			
備考					

茲有李增奎同志在偉大的革命戰爭中為完成中國人民給予的光榮任務壯烈殉國其家屬應享受烈屬待遇除依法給予撫卹外特發給此證以資紀念。

主席 康生

副主席 郭子化

公曆一九五○年 三 月二十八 日

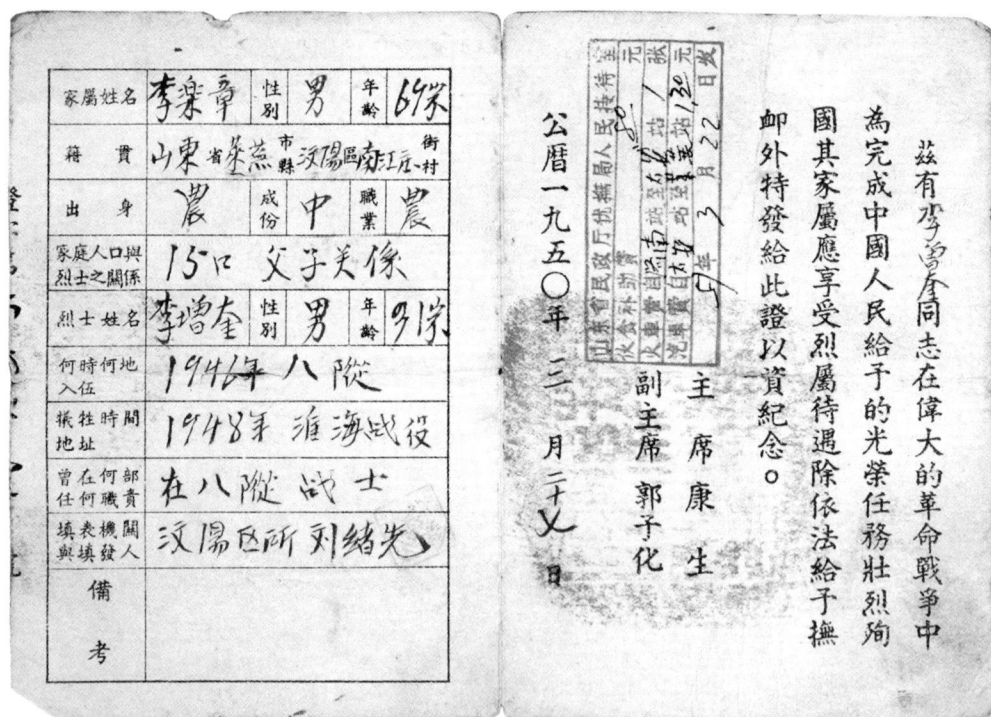

▲ 李增奎的革命烈士家属证

奋勇作战姜公山　痛击敌寇洒热血

政治指导员吴家均烈士

吴家均，江苏省南通县吴家庙人，1920 年生。1943 年参加地方工作，任区文教助理，1946 年入伍。曾任班长、排长、副政治指导员，时任华东野战军第十一纵队三十三旅九十八团九连政治指导员。1948 年 11 月 24 日于姜公山战斗中牺牲，时年 28 岁。

吴家均，年幼时在私塾读书，他积极要求上学，因他是独子，父亲曾卖掉二亩地供他上学，求学时他就有赶走日寇、做祖国有用之才的雄心，所以努力学习的同时积极锻炼身体。求学期间住宿在外，生活俭朴，自己会做衣裳。

▲ 吴家均烈士

1945 年底去九分区"文研会"学习时，他家处于边缘地区，而他又是独子，能积极去参加学习，他的行动影响和带动了一部分人。"文研会"学习结束后，他开始搞宣传工作，后来参加"土改"。他工作大胆积极，如开始搞宣传工作时，他总是打破陋习，带头行动，对当地青年影响很大，因此当时金沙区参军的就有 100 多人。

吴家均对革命事业无比热爱。在频繁的战斗年月里，始终不渝地坚持学习，改造思想，提高军政素养。他胸怀开阔，对人诚恳直爽，毫无私心，处处为他人着想。对待下属工作中的成绩，及时给予肯定、鼓励，使部队一贯保持着饱满的政治情绪和火热的战斗意志。战斗中，他一贯冲锋在前，退却在后，出色地完成历次作战任务，为人民屡建战功。

1948 年 11 月，在淮海战役姜公山战斗中，国民党军凭借地堡火力向我顽抗。战斗发起，他鼓舞部队奋勇杀敌，当时已身负重伤，仍忍着剧痛指挥全连继续猛攻，终因流血过多光荣牺牲。

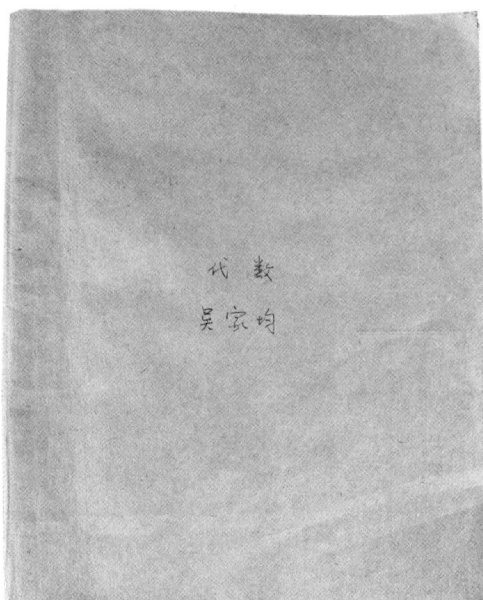

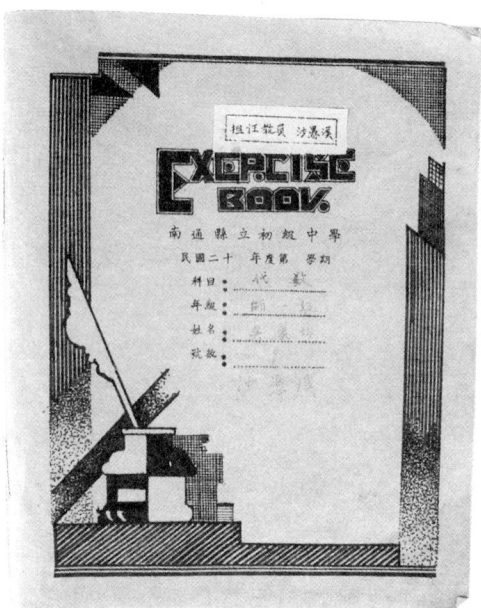

▲ 吴家均的代数作业本

积极研究创佳绩　指挥敏捷建功勋

优秀军事指挥员张坚烈士

张坚，上海市人，1924 年生。1939 年 6 月参加新四军，次年 8 月加入中国共产党。历任班长、警卫员、参谋、连长、营长，时任华东野战军第七纵队二十师作战科副科长。曾立特等功、一等功各一次，并荣获师"特等工作模范"和"战斗英雄"的光荣称号。所在连荣获师"兖州英雄连"和纵队"兖州战斗模范连"两面锦旗。1948 年 12 月 10 日，在淮海战役大王庄争夺战中不幸光荣牺牲，时年 24 岁。

▲ 张坚烈士画像

张坚是解放军一位优秀的军事指挥员和模范的机关工作者。在机炮连时，他研究出了六〇炮能打四五十米远、掷弹筒能打 17 米远的近距离的射击技术，打破了六〇炮非打 200 米远的"美国理论"和掷弹筒不能打近距离的陈旧观念，他的创造实现了六〇炮和掷弹筒可同时与突击队一道作战的梦想。接下来，他又研究出了重机枪可以在标尺上测量距离、长杆炸药的保险设置等成果。

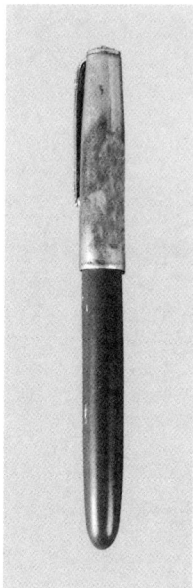

▲ 张坚入伍后使用的钢笔

张坚打仗一贯勇敢，实战中组织战斗周密，指挥细心，战术思想先进。每次战前总是勘察好地形，掌握情况，具体布置，战中能根据敌情提出对策。如淄川战斗，因我们手榴弹威力没有敌方的大，吃了敌人的苦头，于是他提出打巷战应将炮火组织好，压制敌人，命令六〇炮跟在突击排后面作掩护，使敌人难以反扑抵抗。打邹县时教导员见敌侧面火力封锁我军，他马上提议到街南边架一挺重机枪。敌人火力顿时被压住。打兖州，部队组织和火力布置上都较详细周到，指挥上也很敏捷，他起了很大作用。他还勇敢地和突击队员一道登城，负了伤仍在城墙上坚持指挥。战后，所率连荣获师"兖州英雄连"和纵队"兖州战斗模范连"两面锦旗。在 1948 年 12 月 10 日淮海战役大王庄争夺战中，他亲临前线，指挥部队，不幸身负重伤，为人民革命事业献出了宝贵生命。

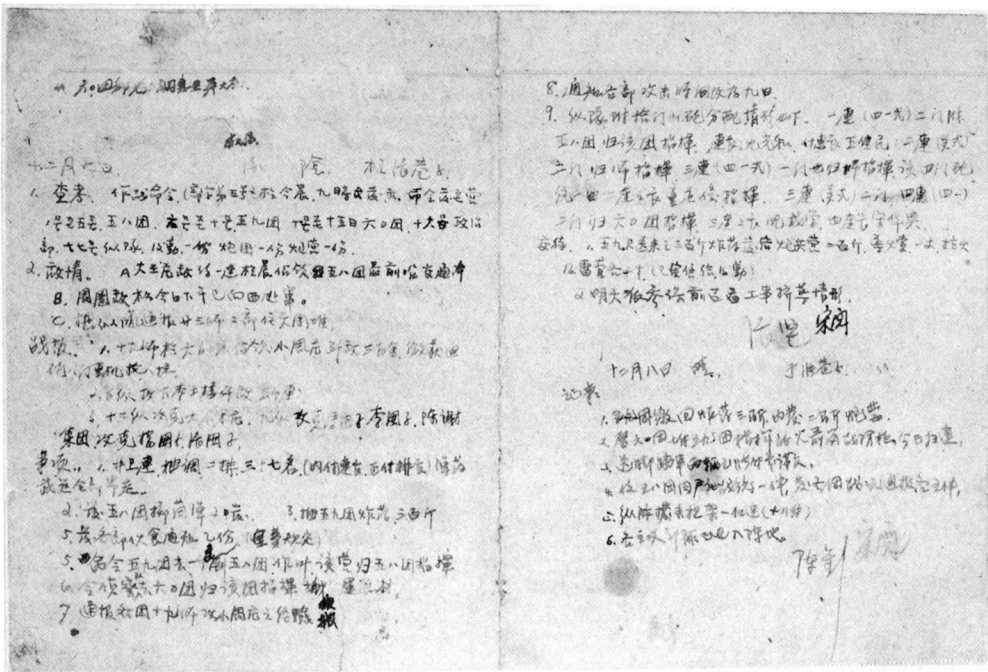

▲ 张坚在淮海战役中写的日记

▲ 张坚的"一等功臣"奖章

▶ 张坚的"人民英雄"纪念章

齐鲁好汉勇支前　支援前线保家园

火线送弹药的民工英雄张茂桂烈士

张茂桂，山东省日照县上菜庄人，1923年生。1946年任民兵中队长，次年3月加入中国共产党。时任山东临沂担架二团一连二班班长。1948年在淮海战役支援前线中牺牲，时年25岁。

张茂桂出身于山东一个农民家庭。在党的领导下，经过土改反霸斗争，阶级觉悟逐渐提高，积极支援解放战争。在敌人重点进攻解放区时，他积极领导民兵打击敌人，并为解放军看管转移武器，因此，曾获得上级给予一支步枪的奖励。

1948年济南战役时，张茂桂积极响应党和政府

▲ 张茂桂烈士画像

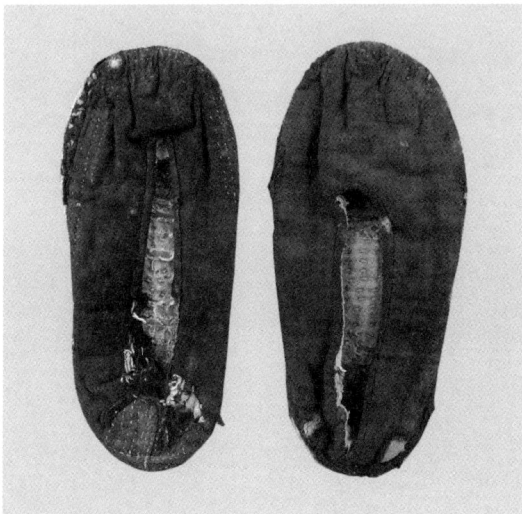

"全力以赴支援前线"的号召，自愿报名参加了山东临沂担架团支援解放军作战。淮海战役发起后，他又随军南征，运送物资，转运伤员，不畏艰难险阻，冒着敌

▲ 张茂桂穿过的布鞋及使用过的茶缸

人的炮火日夜兼程，奔赴在运输线上。哪里有艰巨任务，他就到哪里去。在转运途中照料伤员，无微不至，想尽一切办法减轻伤员的痛苦，用自己的餐具给伤员接大小便，拿自己的钱买东西给伤员吃，对伤员问寒问暖，亲如兄弟。由于他表现积极，支前工作做得细致，曾数次圆满完成抢救伤员和运送物资的任务，因此荣立一、二等功各一次。

在围歼杜聿明集团时，前方急需弹药物资，这时张茂桂虽已几昼夜未得休息，但仍挺身而出，接受了在当夜拂晓前向鲁楼阵地运送数百箱弹药的任务，他冒着严寒，战胜疲劳，率领全班，穿过敌人数道炮火封锁线，将弹药运到前沿，每次他总比别人多背一箱，经过一夜往返数十次的紧张运输，保证了我军供应。在返回途中，张茂桂受到敌人袭击，不幸中弹，光荣牺牲。

协同作战显团结 冲锋在前勇献身

副连长方泉烈士

方泉，广东省惠阳县人，1922年生于一个贫农家庭。1943年9月入伍，1945年参加中国共产党。历任战士、班长、武工队长、排长，时任华东野战军两广纵队第三团一连副连长。1948年12月4日，在淮海战役压缩包围杜聿明集团的谢楼战斗中光荣牺牲，时年26岁。

方泉入伍后，在党的长期培养教育下，工作积极主动，战斗机智勇敢。在鲁南、长清、金乡等战斗中都出色地完成了任务。

▲ 方泉烈士

在淮海战役围歼杜聿明集团的作战中，国民党第八军以一个团的兵力在五辆坦克的掩护下，向华东野战军第四纵队某团二营坚守的闫阁阵地连续三次进行猛烈的反扑，均被二营击退。但全营伤亡过半，工事大部被摧毁，房屋均中弹起火。紧接着敌军又以更猛烈的炮火掩护进行第四次反扑。在此万分危急之际，位于闫阁侧面的两广纵队三团一连副连长方泉，对兄弟二营的不利处境极度关切，主动率部向其侧翼实施猛烈的出击，回击了反扑之敌，有力地配合二营坚守住了闫阁阵地，使得第四纵队阵地转危为安。当敌人溃退时，方泉又率小分队乘胜追击，歼灭了大量敌人，占领闫阁以西的刘楼。而就在他带领战友们向谢楼攻击时，不幸中弹，光荣牺牲。方泉这种英勇机智、积极主动、协同配合的优良战斗作风，受到了华东野战军首长的通令嘉奖，成为全军学习的范例。

身负重伤战沙场　智勇双全真英雄

战斗英雄沙培琛烈士

沙培琛，江苏省邳县人，1926 年生。1945 年10 月参军，1946 年 6 月加入中国共产党。历任班长、排长、副连长等职，时任华东野战军第三纵队八师二十三团一连连长。曾被授予"华东乙级战斗英雄"的光荣称号。1948 年 12 月在淮海战役围歼杜聿明集团的杨小楼战斗中，壮烈牺牲，时年 22 岁。

1946 年 5 月，枣庄战斗时，当我突击队攻破突破口后，没想到敌人从正面大洋楼上居高临下阻击着我主力部队的前进，就在这紧急情况下，沙培琛挺身而出，抱起炸药包冒着密集的火力，炸垮了枣庄中兴公司有名的 6 号大楼，使部队顺利前进。

▲ 沙培琛烈士

1946 年 8 月屏山战斗，部队伤亡较大，沙培琛带领战士们向敌人进攻。但是进攻的道路被敌人的地堡封锁，沙培琛急中生智，采取火攻将两个地堡烧毁。

1947 年 4 月，在泰安嵩里山战斗中沙培琛负伤不下火线。赵庄关战斗，他一人掩护全连撤退。许昌战斗，他带领一个排，从西门沿城墙向北一直打到北门，出色地完成任务。洛阳战斗，他是突击洛阳城最英勇、最顽强的战士，是全连出色的特等功臣。当他突击进城前，右腿就被炸伤，但他没有包扎，忍着剧痛带领突击队突进城内，在未登上城楼前，他又被炮弹炸伤肩膀，但他仍未下火线，继续带领战士爬上城楼，配合下面的部队打击正面和北面的敌人。情况越来越紧张，步枪子弹打完了，他就用驳壳枪打。机枪手负了重伤，他马上端过轻机枪接着打，最后他被一颗子弹打中了脸，血流满面，遮住了双眼，再也不能射击了。全连在他的影响下，轻伤不下火线，直到后续部队来到，沙培琛这才离开战场。济南战役，他的伤还没有好，就回到了连队，战士们都兴奋地说："有咱们突击队连长在，就没有打不下来的仗。"

　　沙培琛在淮海战役追击包围杜聿明集团的战斗中，率领部队奋勇追击，不幸于杨小楼战斗中被敌人炮弹击中而光荣牺牲。

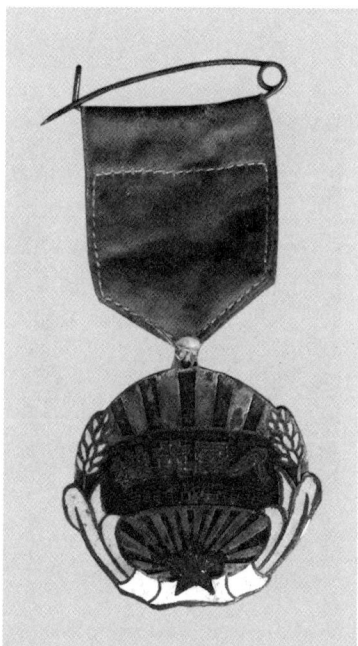

▲ 沙培琛的"华东二级人民英雄"奖章

▲ 沙培琛烈士的悼文

忠于职守为战友　救死扶伤不顾己

奋勇抢救伤员的白衣战士郑星勇烈士

郑星勇，山东省莱芜县棋山观村人，1925 年生。1940 年参加游击队，1946 年加入中国共产党，历任游击队员、卫生员、看护长，时任华东野战军第八纵队二十二师六十五团三营看护长。1948 年在淮海战役攻打唐家楼时为抢救伤员而光荣牺牲，时年23 岁。

郑星勇出生在一个贫困家庭，16 岁参加当地党领导的游击队——十一中队。18 岁整编到解放军第八纵队。在入伍后的几年中曾立功受奖六次，后又当选为全师的战斗模范。

1946 年打张店（山东省内），他还是一个参战不久的新战士，战斗刚开始就有三个送炸药的

▲ 郑星勇烈士

同志负了伤，躺在离敌碉堡不远的地方，碉堡里密集的机枪封锁住道路，没办法上去抢救。郑星勇看着心如刀绞，冒着敌人机枪和手榴弹的密集火力，来回三次爬着把伤员全部抢救了回来，战后他荣立一等功，奖给他一支金星钢笔、一块怀表和一件衣服。同年他光荣地加入了中国共产党。

1948 年淮海战役攻打唐家楼时，他向同志们表示："同志们打到哪里，我就跟到哪里，努力为伤员服务，坚决完成抢救任务。"他的豪言壮语大大地增强了同志们的勇气。战斗打响后，他穿梭在枪林弹雨中多次抢救伤员，哪里炮响得最厉害，他就往哪里跑，因为他体会到，炮响得狠的地方一定有伤亡，一定要去救护。随着战斗的发展，伤员增多，绷带用光了，他就把自己的被单、衬衣撕开给伤员包扎。战斗愈来愈激烈，在 11 月 13 日这天，我们的英雄郑星勇，不幸中弹光荣牺牲。

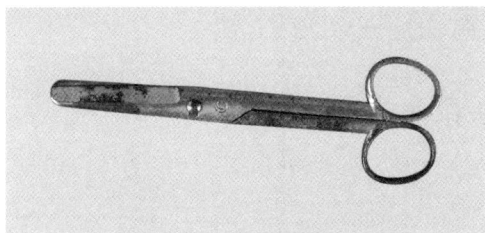

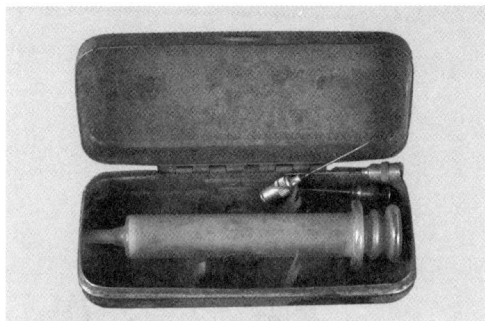

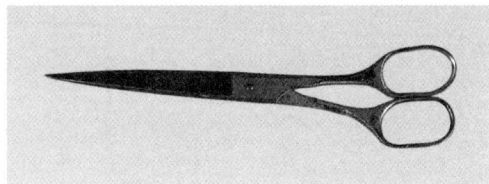

▲ 郑星勇使用过的剪刀、体温表、针盒、止血钳

吃苦耐劳跟党走　冒死冲锋为胜利

勇猛无畏的任东志烈士

任东志，河南省许昌县一府村人，1919 年生。1947 年解放入伍，牺牲时是中原野战军第四纵队十旅二十九团五连战士。1948 年 12 月在淮海战役李围子战斗中不幸牺牲，时年 29 岁。

任东志出生在一个贫农家庭，未上过学，不识字。18 岁时被国民党军抓去当兵，1947 年在汾孝解放入伍，在中原野战军第四纵队十旅二十九团二营五连当战士。

任东志在家受尽了地主豪绅的残酷剥削和压迫，在国民党军内也受了不少折磨。他入伍后在党的教育下很快提高了阶级觉悟。在练兵中，他能刻苦学习军事技术，并能耐心帮助其他同志；行军中他能吃苦耐劳，帮助体弱同志带背包和武器。到宿营地，他就给群众打水、扫地，和劳动人民亲如一家，发扬了中国人民解放军的光荣传统，经常受到首长的表扬。

▲ 任东志烈士画像

1948 年淮海战役打响，中原野战军第四纵队参加了这次大战。12 月初，中原野战军第四纵队将国民党军一部包围，12 月 6 日向敌人发起冲锋，任东志和同志们一起与敌人进行了一昼夜的激烈战斗，消灭了 500 多名敌人，并使一部分敌人缴了枪。这次战斗结束后上级给他记大功一次，并发给立功喜报一张，这更鼓舞了他的战斗士气。

12 月中旬，战斗仍在激烈进行，解放军在安徽双堆集地区以东李围子将国民党军包围，13 日拂晓，向敌人发起猛烈进攻，任东志所在的连队担任了主攻任务，战斗最激烈时，在前边土坡上敌军的暗堡吐出了密集的子弹，挡住了部队前进的去路，一部分同志倒下了，这时任东志带了几颗手榴弹，一跃而起冲入敌阵，在敌堡附近投出一颗手榴弹，只听一声巨响，疯狂的敌堡成了哑巴，战士们又发起第二次冲锋，这时敌堡内又吐出火舌，任东志这时已身负重伤倒下。当他醒来又听到敌人机枪的狂叫时，他顾不得伤口的疼痛，用尽最后的力气，接连投出几颗手榴弹，在轰隆隆的爆炸声中，敌人的堡垒夷为平地，而他不幸光荣牺牲。

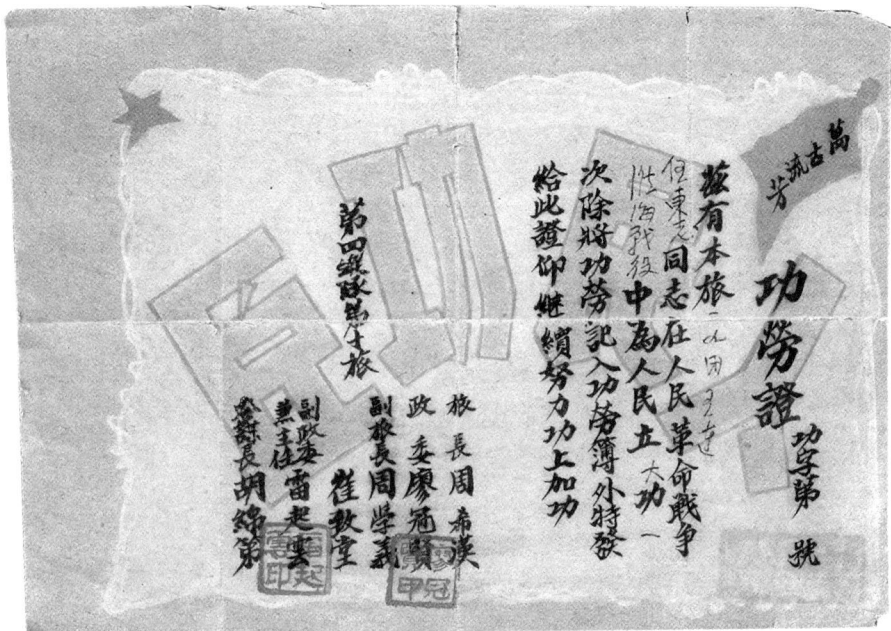

▲ 任东志的功劳证

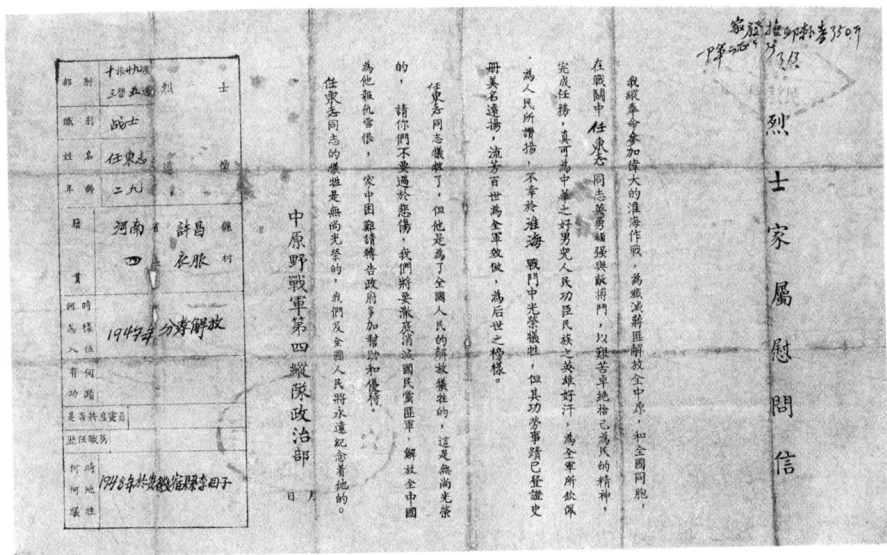

▲ 中原野战军第四纵队政治部写给任东志家属的慰问信

舍家卫国跟党走　杀敌英雄美名传

纵队杀敌英雄郭心印烈士

　　郭心印，河南省浚县北苏村人，1917 年生。1942 年逃荒到山西省谋生，后被国民党军抓去当兵。1945 年 7 月解放入伍，翌年 10 月参加中国共产党。曾任班长、排长，时任中原野战军第三纵队八旅二十二团政治指导员。曾荣立五次大功，被选为"纵队杀敌英雄"。1948 年 12 月 6 日，在淮海战役第二阶段西马围子战斗中牺牲，时年 31 岁。

　　郭心印出生在一个中农的家庭里，幼年时仅读过一年私塾。父亲务农，农闲时便做些搬运跑船的生意，母亲在家纺织。16 岁时的郭心印已是一名养船工，与父亲一起做航运。抗日战争爆发后，为了

▲ 郭心印烈士

谋生，郭心印跑到安阳市，在火车站当了一名搬运工人，生活非常艰苦。1942 年又适逢大灾荒，物价飞涨，生活无法维持，为了全家 7 口人的生活，他只好背井离乡逃荒到山西省蒲南县南北村。到此不久郭心印又被国民党军阎锡山部强抽去当了壮丁，从此便陷入水深火热之中。郭心印走后，其家庭生活更加困难，父母上了年纪，妻子已病故，仅留下一双年幼的儿女，为了生活，不得不让年仅 10 岁的儿子去给人家放羊，不幸的是，他唯一的儿子在山上放羊的时候被狼给吃掉了。母亲又因生活困难而饿死。

　　1945 年下半年郭心印被抓去不久，在山西省芦安县被解放，他随之脱离苦海，重见天日，成为了一名人民解放军战士。他入伍后，随军转战南北，历任班长、副排长、连政治指导员等职，在抗日战争和解放战争中奋勇杀敌，先后立过 5 次大功，于 1947 年 6 月被选为中国人民解放军第三纵队第二届群英大会杀敌英雄。

1948 年 12 月 6 日，在淮海战役西马围子战斗中，郭心印率领全连冲击时英勇负伤，牺牲于安徽省宿县孙疃集。

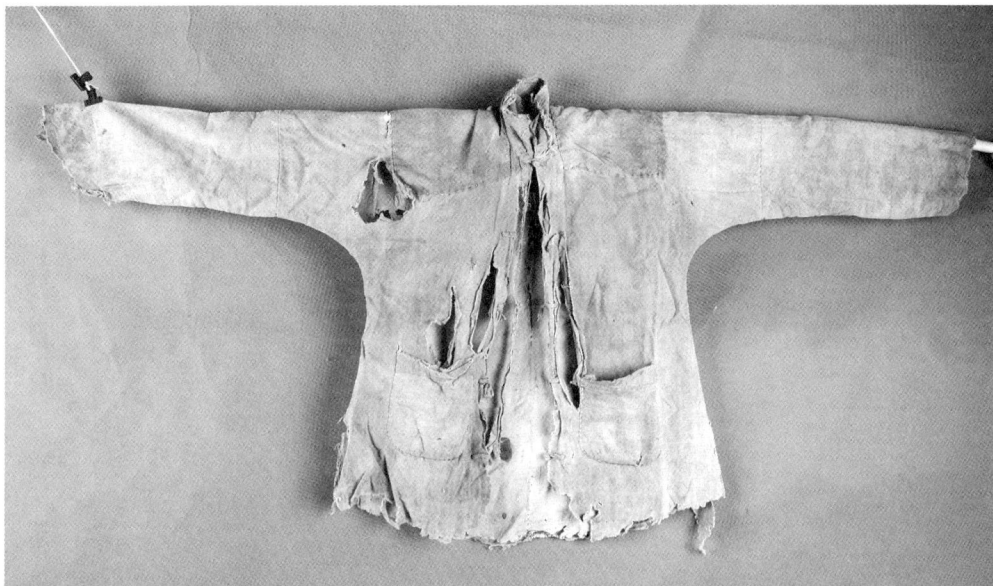

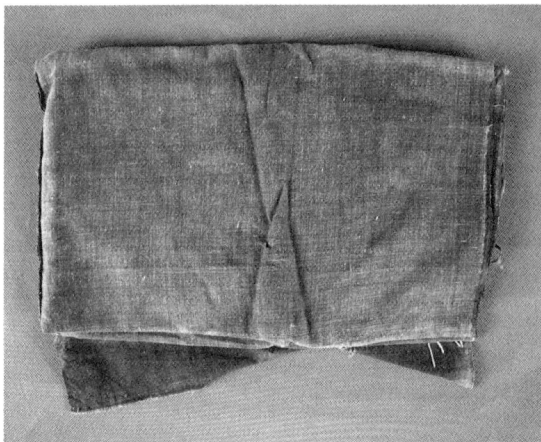

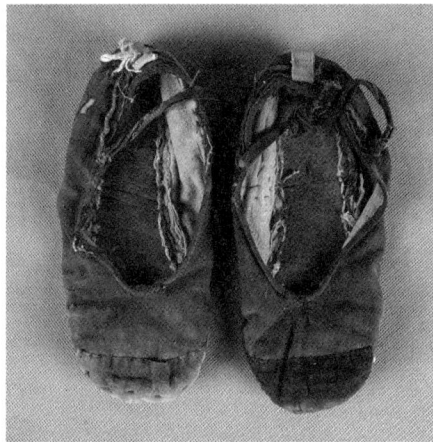

▲ 郭心印生前的上衣、被单、布鞋

作战英勇歼顽敌　流尽热血为革命

副排长杨树宽烈士

杨树宽，原名欧阳述宽，湖北省天门县杨家岭村人，1922年生。1946年8月解放入伍，次年2月参加中国共产党。时任华东野战军第七纵队二十师六十团二连副排长。曾荣立"特等功"。1948年12月在淮海战役大王庄战斗中不幸英勇牺牲，时年26岁。

杨树宽出生在一个贫困家庭，从来没有上过学，很小就跟随父母劳动。父亲去世后，他们兄妹五人，完全依靠母亲来抚养。杨树宽刚11岁时，家里只有4亩地，没有耕牛农具。这样勉强度了几月，实在过不下去了，他们便给别人帮长工，过的是衣不遮体、食不果腹的日子，3个小妹相继饿死了2个。庚辰年的一天，灾难再次降临，土匪陈必祥的队伍

▲ 杨树宽烈士画像

将14岁的妹妹和18岁的嫂嫂抢了去，这时树宽母子三人喊天天不应，叫地地不灵，只好含泪忍辱，设法到处借债，拿着84元大洋去土匪处求情，勉强放了妹妹1人，他嫂嫂仍被土匪头子陈必祥的卫士强占，最终落得人财两空。到子午年3月份，陈必祥又将他哥哥拉去当了壮丁，过了几月才和被占去的爱人取得联系，一同逃跑出来。后来陈必祥又再次将他哥哥拉去当壮丁，杨树宽的母亲不知向土匪求了多少情，谁知土匪又将杨树宽拉去当了壮丁。

直到1946年8月，杨树宽才被解放，加入了革命部队。有血海深仇的杨树宽，经过党的教育，很快认识到，要想过好日子，要想报仇雪恨，只有拿起武器进行革命斗争，彻底消灭敌人。杨树宽的经历成为他精神力量的源泉。

1948年淮海战役打响，在大王庄战斗中，杨树宽率领全排与敌展开逐壕逐堡的争夺战，身体多处负伤仍坚持战斗，不幸英勇牺牲。

▲ 杨树宽荣立特等功后，华东野战军第七纵队二十师党委给他的贺信

▲ 杨树宽的奖章和特等功奖状

逐堡逐壕争夺战　身中十弹见忠勇

英勇的副团长王锡山烈士

王锡山，河南省新乡市鲁堡村人，1918 年生。1938 年入伍，同年 6 月加入中国共产党。历任政治指导员、参谋、营长、团参谋长，时任中原野战军第一纵队一旅二团副团长。1948 年 12 月 15 日，在淮海战役围歼黄维兵团的马庄战斗中英勇牺牲，时年 30 岁。

王锡山出生在一个贫农家庭，11 岁入本村完小读书，16 岁结业，在学生时代学习刻苦勤奋，守纪律、爱劳动，受到老师的好评和同学们的赞扬。终因家庭收入少负担重，中途辍学，在家帮助做农活，春冬农闲时便给别人加工织布以维持生活。

▲ 王锡山烈士

18 岁时，他迫于生计考入新乡县警察队，目睹国民党政府领导下的机关贪污腐化、敲诈掠夺，老百姓生活暗无天日，愤恨辞职。1938 年 2 月日寇迫近新乡，他目睹国土被践踏，同胞被杀戮，即赶往太行山参加中国共产党领导的平汉游击支队，于同年入伍，做李毅之的通讯员。由于工作积极，于 1939 年春到抗大学习，同年毕业后任赵（基梅）谭（冠三）支队二大队五连政治指导员，1941 年至 1942 年任二十团作战参谋，1942 年参加长垣战斗，在此期间于长垣三区作战负伤。1943 年任十分区骑兵连长，1944 年春到太行山参加整风学习，同年下半年回部队任二十团二营营长。

1945 年 9 月人民解放军攻克曹县，10 月他参加了平汉战役，又北上热河参加八沟战斗、黄土梁战斗。1946 年 2 月调任二十团三营营长，1946 年 6 月参加保卫张家口战役怀来、马宝泉战斗。同年 12 月参加西台集战斗，1947 年 1 月第 2 次攻克曹县。同年 3 月升任七团参谋长，6 月由第一纵队一旅七团三营营长升任为一旅

二团副团长。同年 7 月渡黄河参加鲁西南战役六营集战斗，千里跃进大别山，并参加了高山铺战斗。

1948 年淮海战役打响，11 月 7 日，王锡山参加了张公店战斗，消灭敌一八一师。12 月 15 日在淮海战役第二阶段马庄战斗中，他指挥部队与敌展开了逐堡逐壕的争夺战，终因身中数弹，抢救无效，光荣牺牲。

▲ 王锡山烈士的墓碑

▲ 王锡山使用过的马搭子

机枪射击显神威　淮海战场建功勋

射击英雄冯堂绪烈士

冯堂绪，山东省新泰县人，1924 年生。1946 年 8 月入伍，1947 年 12 月加入中国共产党。历任机枪射手、班长、副排长，时任华东野战军第八纵队二十三师六十七团二营机枪连副排长。曾被评为射击英雄。1948 年 11 月 18 日，在淮海战役攻打大王庄时不幸牺牲，时年 24 岁。

冯堂绪从小就受地主的压迫，他的父亲在 25 岁时就被反动派给杀害了，母亲被迫改了嫁，幼小的冯堂绪无依无靠流落在村头，14 岁就给地主干活，但这年他们的家乡来了救星——共产党，劳苦的穷人得到解放，建立了自己的政权，他参加

▲ 冯堂绪烈士画像

了儿童团，18 岁担任民兵队长。由于长期革命战争对他的锻炼，使他练得一手好枪法。

1946 年 8 月，冯堂绪自愿报名参加解放军，当时他刚结婚还不到一个月。入伍后在苦学苦练中，他的射击技术提高得很快，是连里的一名特等射手。1947 年国民党重点进攻山东，他随部队转移，刚进到阵地，约两个连的敌人就蜂拥向他们冲来，冯堂绪很沉着地向全班喊道："同志们沉住气，敌人不到面前不能打，大家听我的信号。"说完他把自己那挺加拿大机枪转移到侧面，班里的同志都知道他的机枪很厉害，所以人人都很有信心。敌人靠近了，他瞄着敌群密集的地方开了火，大家听到他的枪响，接着就是一排手榴弹，瞬间 30 多个敌人倒下了，活着的都抱头鼠窜。敌人几次补充兵力，连续冲了 3 次都被我们的英雄们打垮了，他们圆满地完成了阻击任务，共消灭 250 多个敌人，他和全班同志都荣立一等功。

　　1948 年淮海战役打响，在战斗中，他常一人单枪匹马深入敌群，用他那挺机枪消灭了无数敌人，真所谓是一扫千军，使敌人望而生畏，同志们反映说："冯堂绪和他那挺加拿大机枪，简直可以顶一个连。"因此他荣膺射击英雄的称号。但在 11 月 18 日攻打大王庄时却不幸中弹，壮烈地为人民流尽了生命中的最后一滴血。

步炮协同克顽敌 不畏艰险勇向前

一等功臣蒋荫棋烈士

蒋荫棋，江苏省仪征县真州镇人，1925年8月15日生。1946年3月入伍，1945年1月加入中国共产党。时任华东野战军特种兵纵队炮一团四连观测员。1948年12月15日在淮海战役围歼黄维兵团战斗中，牺牲于双堆集东，时年23岁，遗体安葬在安徽省宿县罗集区李大桥村。

蒋荫棋在淮海战役中，表现英勇顽强，不怕牺牲，出色地完成了每个战斗任务。牺牲后经炮一团党委研究，追认为一等功臣。

他在战斗中，表现出了一个革命军人对革命战争的高度负责精神。在全歼黄维兵团的战斗中，他

▲ 蒋荫棋烈士

为了使炮弹打得猛，打得更准，积极向领导提出建议，设立前进观测所，上级领导接受了他的建议，所以在打李店子等战斗中，炮一团打得特别出色，受到步兵同志们的高度赞扬！

淮海战役中他担任的前进观测员是最艰巨、最危险的工作，在打李店子、西马圩子的两次战斗中，他在野战工事里，仅距敌前沿100多公尺，敌人的炮弹片和子弹像雨点似的落在他身边，使他难以抬起头来观测目标，但他毫不畏缩地克服了种种困难，完成了观测任务并及时准确地报告了敌人的情况。

他牺牲之前参加的最后一次战斗，是配合步兵某营在南线前进观测所中担任观测和监视赵庄敌榴炮的行动。这时我前进观测所被敌人发觉，敌企图用密集的炮火摧毁我观测所，蒋荫棋虽身处在浓烟弹雨中，但是仍沉着地坚守在观测镜前，不断把观测到的情况报告给指挥所，使我炮得到精确和有效的射击。这天下午，敌人向我步兵阵地反扑，我炮兵指挥员根据他报告的情况，进行猛烈而及时的射

击，很快把敌人的嚣张气焰打了下去，步兵们连连赞呼我炮打得好！打得好！此时，步兵营教导员命令蒋荫棋通知炮兵继续猛打，正当蒋荫棋拿起话筒通知炮兵指挥所时，敌人一发炮弹就在他附近爆炸，弹片击中了他的头部，蒋荫棋不幸当场光荣牺牲。

高亢歌声感军魂　血流前线染白雪

优秀的女文工团员陈洁烈士

陈洁，广东省人，1922 年生。1940 年参加新四军浙东纵队，1942 年精兵简政时，响应组织号召暂时回家，1944 年再次入伍，在鲁迅艺术学院学习，1947 年 7 月参加中国共产党。牺牲时是华东野战军第一纵队文工团团员。1949 年 1 月在淮海战役总攻杜聿明集团的陈官庄战斗中牺牲，时年 27 岁。

陈洁出生在一个工人家庭，自幼随父母来到上海谋生。后母亲病重去世，父女俩相依为命。因生活艰难，陈洁 10 岁就进工厂当童工。苦难的经历培养了她顽强的性格。1940 年，18 岁的陈洁满腔热血参加了新四军浙东纵队。两年后，因身体不好和精兵简政的需要回到上海。1944 年，她响应党的号召，又一次入伍，随部队转战。

▲ 陈洁烈士

1947 年秋，华东野战军第一纵队成立文工队。陈洁这位曾在鲁迅艺术学院学习的姑娘，找到了发挥自己艺术才华的舞台。她和其他几位战士成为了文工队的宣传员。

为了配合土改运动，提高群众的阶级觉悟，部队首长要求文工团排演歌剧《白毛女》。陈洁主动请战，扮演"喜儿"，她用心钻研角色，把自己对生活的体会和对旧社会的痛恨融入到自己的演艺事业中，塑造了一个活生生的歌剧人物，受到了部队首长和群众的一致好评。成功的演出有力地配合了群众工作的开展。

1948 年冬，淮海战役打响，参战部队顶着严寒和敌人在前线拼杀。陈洁等文工团员深入火线，进行战地宣传。歌声和火炮声交融，极大地鼓舞了解放军战士的士气。1949 年 1 月 6 日，华东野战军对被围困的国民党军杜聿明集团发起猛烈攻击。经四昼夜激战，敌人 20 万人马全面被击溃。1 月 10 日拂晓，战役已经进入尾声，成千上万的俘虏被押送出战场。民工和卫生队在一线忙着转运伤员，陈洁因身体不佳，本在后方休息，但她看到受伤的战士排着长队被转运回来，于是再也坐不住了，主动申请参加救护队和大家一起抢救伤员，一次又一次地把伤员转运到安全地区。正当她与其他同志转运伤员时，突然，敌人的飞机轰鸣而来，盘旋在陈官庄战场上空，投下了数百枚炸弹。顿时火光吞没了整个战场。陈洁倒在了皑皑白雪中，献出了自己年轻的生命。

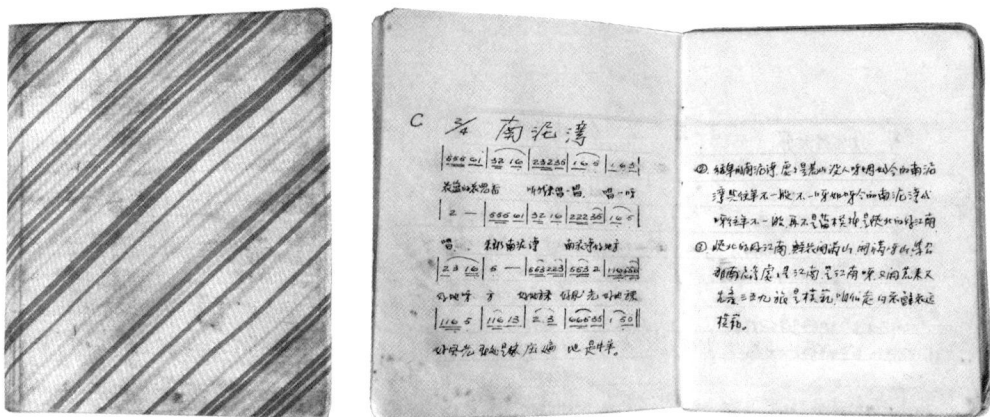

▲ 陈洁抄有 246 首歌曲的歌本

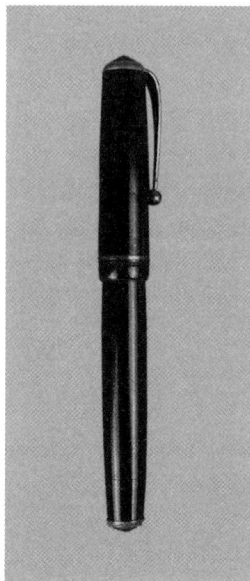

▲ 陈洁使用过的钢笔　　▲ 陈洁穿过的毛背心

积极钻研见成果　英雄血洒双堆集

优秀的训练科副科长铁克烈士

铁克，陕西省西安市人，1917 年生。1938 年参加八路军，共产党员。入伍后，历任队长、军事教员、营长、参谋等职。时任中原野战军第六纵队十七旅司令部训练科副科长。1948 年在淮海战役双堆集战斗中光荣牺牲，时年 31 岁。

铁克在战斗中是一个作战勇敢顽强的指挥员。他特别重视战前的组织准备工作。每当接受作战任务，总是要反复领会上级意图，研究敌我情况，亲自研究打法。给下级布置任务后，能深入现场认真检查督促，进行具体指导，甚至每一个工事的位置

▲ 铁克烈士

及其射界等问题，也提出具体意见。中原野战军跃进大别山时，他在五十团一营任营长，当时作战任务繁重，不分昼夜地行军打仗，每当部队到达宿营地，他总是先到各连驻地检查部队的战斗准备，而后才休息。在大别山闫家河反击战中，他冒着敌人猛烈的炮火，来回在阵地上指挥战斗，部队打得非常顽强。在木子岑战斗时，为了使全营安全转移，他亲自在部队后面进行掩护。

淮海战役中，他在中原野战军第六纵队第十七旅训练科任副科长。在马小庄战斗中，敌人突破我前沿战地后，正当敌坦克进至小张庄附近，直接威胁旅部的时候，他奉命带领旅直工兵连、警卫连等部队，阻击了敌人，保卫了旅部的安全，并协同友邻完成了反击任务，粉碎了敌人的突围企图。

铁克同志在平时则是一个管教部队严格、积极培养下级的好干部。他在五十团一营工作期间，很注意培养部队的战斗作风，经常利用战斗间隙训练部队，整顿军纪，强调养成教育。对下级干部的培养，很是细致耐心。当时曾在该营作过参谋的平涛同志现在回忆起来还说："营长对我的帮助太细致耐心了。"为了培养指

挥员的指挥能力，他非常重视战斗总结和平时训练。一连副连长王有生同志在他的耐心培养下，由业务工作不熟逐渐成长为一名有勇有谋的指挥员。由于他的工作积极认真，细致深入，在群众中的威望很高。因此，全营的同志尊称他为"老班长"。

铁克同志同时还是一个善于学习、善于钻研的好战士。不论是作战还是平时工作中，都能利用时间进行学习。部队在大别山行动的时候，当时的作战、工作任务是如此繁重，以致他只能利用饭前饭后，甚至洗脚的时间阅读书刊或文件，利用睡觉前的时间写当天的战斗日记或生活日记。每次战斗结束之后，都写战斗总结。他常对同志们讲："学习的目的，是为了搞好工作。"在淮海战役中他在旅部工作，当时上级为了更好地歼灭敌人，完成在双堆集的战斗任务，在部队中广泛开展了军事民主，并号召全体指挥员献计献策。铁克同志积极响应党的号召，专门研究了"迫击炮送炸药"，在研究过程中，他学习了不少的有关知识，反复地进行了试练，最后终于成功了，受到了旅首长的表扬。

1948 年，铁克在双堆集战斗中光荣牺牲。

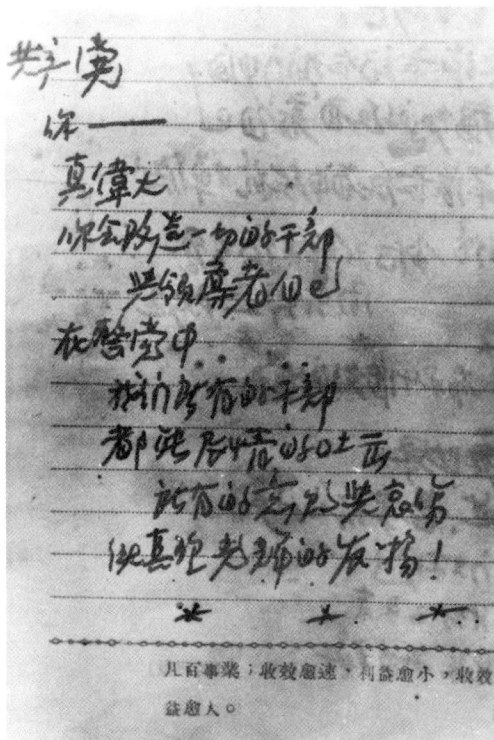

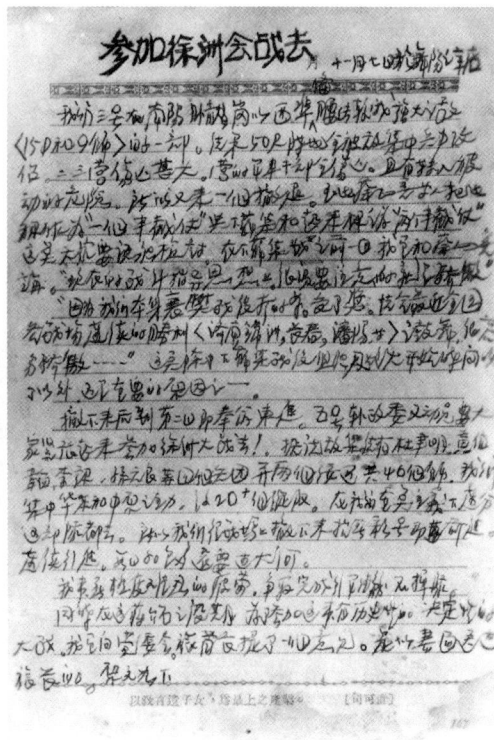

▲ 铁克的阵中日记

车轮滚滚运军粮 鲜血浸染小推车

运输团中队长高全忠烈士

高全忠，江苏省宿迁县徐庄村人，1922 年生。1943 年参加革命工作，同年 7 月参加中国共产党。曾任村农会会长、乡长、乡指导员等职，时任江苏省宿迁县运输团中队长。1948 年冬在淮海战役运输物资途中牺牲，时年 26 岁。

高全忠幼年丧父，母亲带领他和哥哥过着艰难困苦的生活。不久哥哥也病故，家中仅有的几亩土地被地主高利贷剥削殆尽，母子两人的生活更是饥寒交迫。为了维持生计，他就在地主家打长工，过着牛马不如的生活。

1942 年，民主政权建立。他受到党的教育，提

▲ 高全忠烈士画像

高了政治觉悟，坚定了阶级立场，很快成为群众领袖，在抗日战争和解放战争以及土改土复、反奸反霸等运动中，积极领导群众坚持斗争。1948 年解放军大举反攻时，地方的党和政府担负着艰巨的支前任务，他积极组织群众为军队磨公面、做军鞋、站岗放哨、慰问伤员。

1948 年冬，淮海战役开始时，他担任支前中队长，带领土车 350 辆、民工 400 人为军队运送大米，时值寒冬，在雨雪交加、满地泥泞的艰苦环境下，克服一切困难，与民工同甘共苦。他们自己吃粗粮，把大米送到前线去。鞋穿坏了，就赤脚前行。因他们支前路线接近战场，敌机不断轰炸扫射，上级布置任务是白天休息夜里行动。高全忠为了把前线最需要的给养，尽快送到一线战士手中，支援前线战斗，便带领民工将车和人伪装起来，不分日夜前进，但在行至徐州西南房山头西古饶集附近的时候，被敌机发现目标，轮番扫射轰炸，他在指挥民工防空时，不幸中弹，身负重伤，但他仍坚持指导民工不要乱跑，保护军粮，在粮车隐蔽好后，血流不止的他倒在了运粮的小推车上，壮烈牺牲。

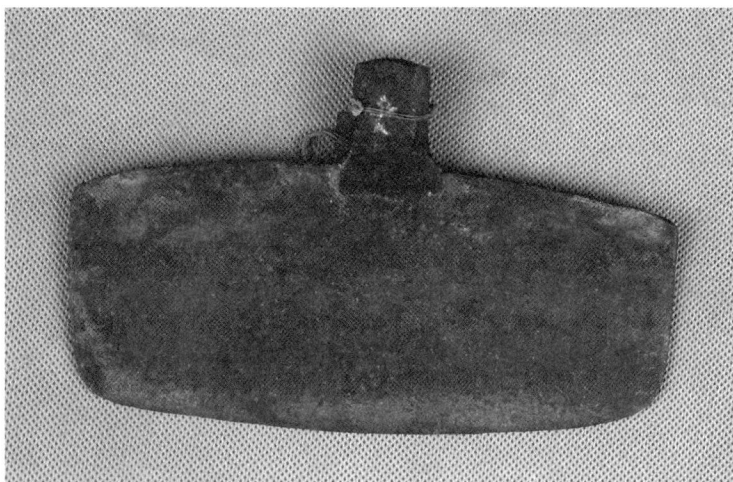

▶ 高全忠劳动用的锄头

▶ 高全忠支援淮海战役
时所穿军装留下的一
块布

身在异乡心系国　壮烈牺牲显赤诚

优秀的参谋长陈绍痕烈士

陈绍痕，福建省惠安县后房村人，1917 年生。17 岁去菲律宾当缝纫工人，1936 年回国，次年 8 月参加闽南游击队，1938 年 5 月加入中国共产党。历任班长、排长、连长、营长、团副参谋长等职，时任华东野战军第六纵队十六师四十八团参谋长。1948 年 12 月，在淮海战役第三阶段战斗中不幸牺牲，时年 31 岁。

陈绍痕出生在一个清苦家庭，幼年父母双亡，由叔伯抚养长大，14 岁辍学，学裁缝至 17 岁，后去菲律宾做裁缝，曾参加本业工会、总工会等组织，参加罢工、示威斗争。抗日战争开始后，又参加民

▲ 陈绍痕烈士

族武装自治会菲律宾分会、华侨救国义勇队，与日本帝国主义进行斗争，1936 年由菲律宾回国至厦门，1937 年自愿参加闽南游击队。

抗日战争时期陈绍痕一直战斗在南京城外茅山地区。在苏南西阳的反扫荡中，陈绍痕所指挥的一连打得很出色，他本人也威名远扬。

1946 年 7 月间，陈绍痕所在团队配合兄弟部队全歼进犯的国民党军十九旅于江苏泰兴地区。当时陈绍痕任四十七团副参谋长。在战斗中，陈绍痕不仅对艰巨任务奋勇抢先，而且坚决贯彻了团党委和团长的指示，及时抓紧军事胜利时机，布置部队开展政治攻势，向溃退至泰兴城东门之残敌进行军事压力和开展政治攻势，进行火线喊话，瓦解敌人，使溃退之敌于 7 月 15 日全部向解放军放下武器。

1946 年 12 月间，在第二次保卫涟水城的战斗中，四十七团第二营担负坚守南石阵地的任务，陈绍痕当时任二营营长，由于他作风顽强，直到涟水城失守，该营阵地从未被突破。1948 年 5 月，陈绍痕调四十八团任参谋长，参加了豫东睢杞

战役。

　　1948 年 12 月淮海战役进入第三阶段，陈绍痕所在四十八团当时的主要任务是阻击南撤之敌李延年兵团。四十八团在安徽固镇西北的叶家湖（灵璧县境内），负责切断敌人的退路。战斗中，他指挥部队连续打垮敌人 6 次疯狂的攻击后，又亲率一营勇猛插入敌人心脏，予敌重创，不幸在激战中被敌军炮弹击中，壮烈牺牲。

▲ 陈绍痕曾使用的手提箱

奋勇爆破袭敌营　为国捐躯留英名

特等爆破英雄彭治家烈士

彭治家，河南省洛宁县磨头村人，1928 年生。1946 年被迫参加国民党军，1947 年 5 月解放入伍。时任中原野战军第三纵队九旅二十六团工兵连班长。后被追认为"特等爆破英雄"。1948 年在淮海战役攻击宿县战斗中牺牲，时年 20 岁。

彭治家幼年家境贫寒，无力上学，因而在村小学习 3 年，后当工人 2 年，此外主要在家务农。1946 年，为安葬病故的母亲负债累累，为了偿还地主的债务，被迫卖身到河南当兵。

1947 年 5 月间，彭治家积极地参加了中国人民解放军（中原军区第三纵队第九旅二十六团任班

▲ 彭治家烈士

长）。参军后经过诉苦运动，在党的亲切关怀培养下很快地提高了政治觉悟，树立了全心全意为人民服务的高贵品德。

1948 年 11 月，淮海战役打响。中原野战军第三纵队为配合第一阶段围歼黄百韬兵团作战，关上围攻徐州国民党军的南大门，对其形成"关门打狗"之势，为战役的扩大和发展创造更有利的态势，于 11 月 15 日 17 时，对宿县发起总攻。彭治家所在的九旅从西关实施进攻。当时国民党军垂死挣扎与我军顽抗，并设有不少封锁线，严重地阻碍着我军攻城的前进。为了突破敌人的封锁线，彻底消灭敌人，部队决定九旅二十六团采取"爆破"战略袭击敌营。彭治家为了革命事业，毫不犹豫地挺身而出，接受了爆破宿县西城墙的任务。战前，他坚决保证要在 20 分钟内完成任务。战斗开始，敌军凭借坚固工事进行顽抗。他带领爆破班并亲率第一组，每人抱着一包 16 斤重的炸药，冒着密集炮火，迅速通过浮桥，穿过火力网，他冲在最前面，指挥各组进行连续爆破，将两丈多高的城墙炸开一个大缺口。

突击部队立即从爆破口冲进城内，九旅顺利进城，经过激烈战斗，全歼守敌 12900 余人，俘虏敌人 7000 余人，缴获了大量武器弹药和装备。然而彭治家却在执行任务中，英勇地献出了自己宝贵的生命。为了纪念英烈，旅党委于 1949 年 1 月 8 日追认彭治家为"特等爆破英雄"和"特等功臣"。

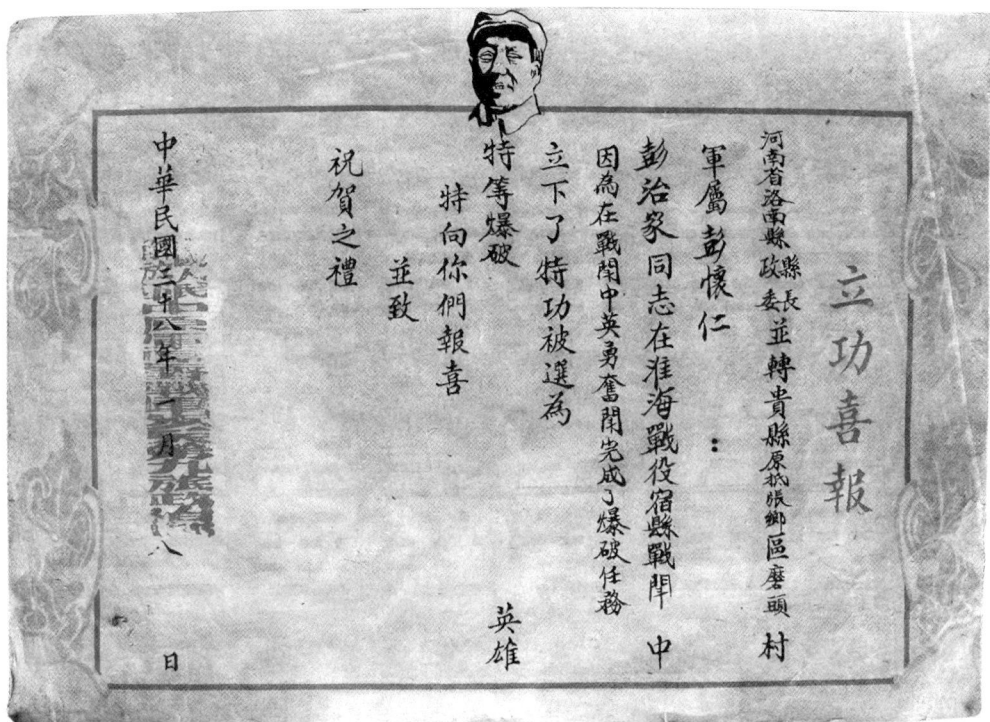

▲ 彭治家的立功喜报

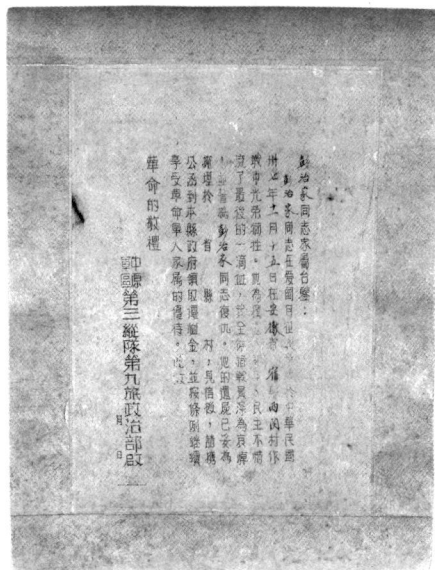

▶ 彭治家的烈属通知书

白刃格斗展英勇　血洒宋桥为解放

杀敌英雄王梦海烈士

王梦海，河北省元氏县辛庄人，1926 年生。1946 年 6 月参加中国共产党，曾任民兵队长、村支部书记。1947 年 9 月入伍，牺牲时是中原野战军第二纵队四旅十团八连战士。曾在剿匪反特斗争中被县里评为"杀敌英雄"。1948 年在淮海战役蚌北阻击李延年兵团的宋桥战斗中壮烈牺牲，时年 22 岁。

▲ 王梦海烈士画像

王梦海担任民兵队长、村支部书记期间，积极领导群众对敌斗争，在剿匪反特斗争中被上级评为"杀敌英雄"。入伍后，经过新式整军运动，政治觉悟更加提高，对党忠诚，作战英勇顽强。1948 年，在淮海战役浍河南岸阻击黄维兵团的邓家庄战斗中，八连在连续三次粉碎敌军成营成连的进攻后，又遭到一个团兵力的第四次猛扑，陷于四面被围的境地，全连与敌人混战，展开了白刃搏斗。王梦海一连杀死了几个敌人后，回头看到一个敌人正在夺副排长的枪，他一个箭步跃到敌人身后，将仅有的手榴弹照着敌人的脑袋砸了一下，打倒了敌人，救了副排长，接着旁边又有一个敌人端着一挺机枪冲杀过来，王梦海眼明手快，一手抓住敌人打得火烫的机枪筒子，一手抓起一把铁锨，迎头向敌人打去，随即夺过机枪，冲出敌人的包围，回到自己阵地。战后，团评功委员会决定对王梦海予以记大功一次，并通令表扬。

11 月 25 日，黄维兵团被围在双堆集，蒋介石认为该兵团是国民党的劲旅，装备精良，战斗力强，据地自守，当无问题。令国民党第六、八兵团自南向北于蚌埠方向前进与之会师。华东野战军第六纵队、渤海纵队、中原野战军第二纵队奉命阻击北上敌军。在蚌北阻击李延年兵团的宋桥战斗中，王梦海所在的团与敌人发生激烈战斗，在向敌人反冲击时，王梦海不惧危险，冲锋在前，不幸中弹，壮烈牺牲。

▲ 王梦海所在连队淮海战役事迹漫画

▲ 中原野战军第二纵队四旅政治部编印的《淮海战役纪念手册》中刊载了王梦海的事迹

无微不至为伤员　担架情深显大义

担架队队员徐乃祯烈士

徐乃祯，河南省商水县胡吉村人，1892 年生。淮海战役期间，是河南省担架队队员，因长途跋涉，双脚冻伤肌体严重损坏，伤势恶化，久治无效，不幸于 1949 年春与世长辞，时年 57 岁。

徐乃祯自幼随父母参加劳动，16 岁时，就开始给地主当长工，受到地主残酷的压迫和剥削，他饱受旧社会的苦难，迫切渴望打破封建枷锁，走出地狱般的生活。困苦环境的磨炼养成了他那刚毅正直的性格和对革命无限忠诚的高贵品德。

淮海战役开始以后，党号召广大人民支援前线，徐乃祯踊跃报名支前，于 1948 年 12 月 5 日志愿参加了第一批担架队，由于他年纪较大，乡亲们一再

▲ 徐乃祯烈士

劝他回家生产，但他总是坚定地回答说："打敌人，我也有一份，我还能为革命做点事，为啥不能去哩，我坚决得去。"担架队的任务是运送伤员，距火线很近，当时正值严冬，大雪纷飞，北风呼呼，遍野冰封，寒冷彻骨，白天敌机监视投弹、扫射，只有在夜晚工作，所处环境相当艰苦，但徐乃祯从来不叫苦，不叫累。每站 60 余里，连夜往返一百二三十里路，由于年老体弱御寒能力差，他双脚冻烂，但为了及时把伤员运送到后方，进行抢治，他每次都暗自忍耐着冻伤的痛苦继续工作，一趟不肯间歇。领导发觉后，动员他休息，他坚决不肯，仍然坚持抬担架，直至双脚溃烂得不能负重行走时，才勉强停下来进行治疗。战斗很快胜利结束了，领导动员担架队回家生产时，要求徐乃祯留医院休养，病好后再返乡，而他却婉言谢绝了。他说："大家都回去，我也不能在这养病，回去看看就会好的。"在返乡的路上，历尽了千辛万苦，由于双脚的腐烂，已支持不了全身的重量继续走动。

同伴们就抬着他走，行至离家十余里的地方，由于病势严重，高烧不退，不能冒严寒继续行走，就只好在一个亲戚家里歇下来，之后家里来人把他接回。由于冻伤严重，又经数日的艰苦行程，伤势日趋恶化，5日后，于1949年1月20日徐乃祯与世长辞了，享年57岁。

▶ 徐乃祯给伤员喂饭用的碗

▲ 徐乃祯使用过的锄头

智勇善断不畏惧　沉着指挥战前线

政治教导员王惠芬烈士

王惠芬，原名王立和，江苏沭阳县人，1920 年生。1942 年加入中国共产党，次年 7 月入伍。历任文书、副政治指导员等职，时任华东野战军第十二纵队三十五旅一〇四团一营副政治教导员。1948 年在淮海战役阻击邱清泉兵团的党庄战斗中英勇牺牲，时年 28 年。

王惠芬出身于一个农民家庭。8 岁上学，成绩一直很优秀，17 岁因日寇进攻沭阳而中途辍学，18 岁在本村教书。期间，接受了共产主义进步思想的教育，认识到只有共产党才能救中国，只有共产党才能领导人民打倒日本侵略者，打倒反动统治。

▲ 王惠芬烈士

1942 年，他参加了中国共产党，次年 7 月，他响应党的号召应征入伍。在党的培养下，经过革命战争的锻炼，成为我军一位优秀的政治工作者，曾多次立功。他对党无限忠诚，在任何情况下，始终将党的利益置于个人利益之上，一贯埋头苦干，克服困难，完成任务。在频繁的战斗中，为了提高工作能力，经常学习到深夜，军政素养提高很快。他善于团结群众，处处是群众的表率，关心下级疾苦，经常查铺查哨，问寒问暖。行军时帮助体弱同志扛枪，背背包，把战士看做是自己的阶级兄弟，战士都称他是"知心人"。他的才干不但反映在政工工作中，在战斗中也一贯机智勇敢，他在淮阴、济南等战役中都首当其冲，带领部队圆满完成歼敌任务，成为华东野战军第十二纵队中一名不可缺少的军政人才。

在淮海战役徐州东南阻击邱清泉兵团七十四军的党庄战斗中，敌人以 4 个步兵营，向我兄弟部队猛攻，王惠芬率领一营出其不意地从右翼进攻，击退了敌人。中午，敌军转移目标向一营阵地冲击，他指挥勇士们顽强抗击，敌人丢掉 200 多具尸体，狼狈逃窜。当晚敌军又以大炮和九辆坦克掩护步兵继续向我军猛攻，此时情况万分危急，我军阵地变成一片火海，工事大都被打塌，人员减半。但多谋善断的王惠芬毫不畏惧，沉着指挥部队，待敌军距我军阵地 20 米处时，带领大家用炸药、手榴弹将敌人击退，巩固了阵地。当时敌人每次进攻的兵力都是我军的 4 至 6 倍，王惠芬带领战士在 18 个小时内打退敌人 3 次猛烈进攻，坚守了阵地，王惠芬虽然负伤，但仍然坚持战斗，在此次激战即将胜利时英勇牺牲。

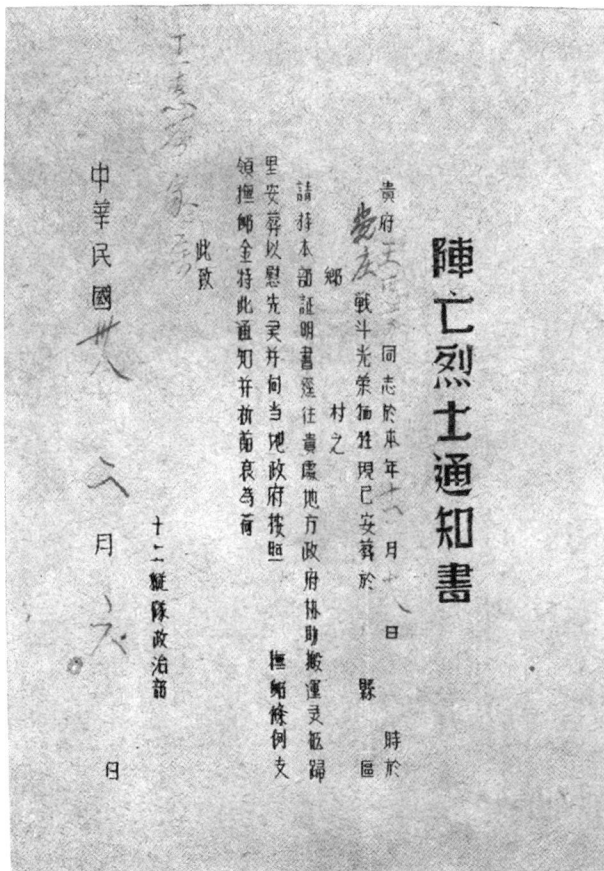

◀ 王惠芬烈士阵亡通知书

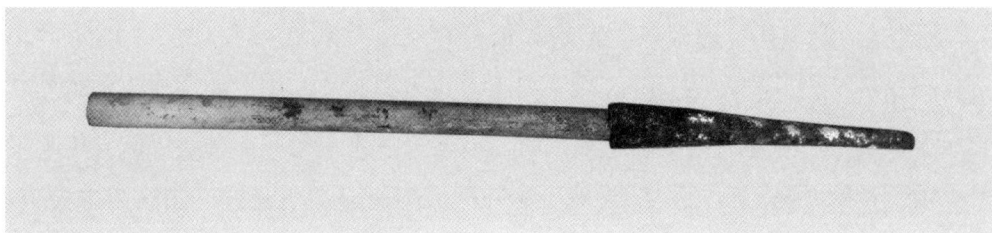

▲ 王惠芬使用过的墨水瓶和毛笔

浴血奋战守阵地　挥洒热血迎解放

模范共产党员徐维春烈士

徐维春，山东省海阳县东村人，1928 年生。1947 年 2 月入伍，同年 7 月参加中国共产党，曾获"模范共产党员"、"一等功臣"等称号。时任华东野战军第七纵队二十师五十九团五连班长。1948 年在淮海战役小李庄阻击战中光荣牺牲，时年 20 岁。

徐维春出身贫农，一贯勤劳俭朴，全家 8 口人，只有二亩半白地，草房 3 间，依靠打工维持生活。1944 年参加民兵工作，一贯积极，1944 年日本鬼子在村里驻扎，经常出来抢掠，实行"三光"政策，当时徐维春任民兵班长，亲自率领青年民兵向敌人展开麻雀战，到处打冷枪，放手榴弹、地雷轰炸，

▲ 徐维春烈士画像

使敌人心惊胆寒、寸步难行。晚上他又亲自带领民兵站岗放哨，保护全村老少的安全。

1944 年上级党组织号召参加文化学习，他积极报名参加，学习中积极、认真、主动，并带动了其他青年，1945 年 4 月，在县英模大会上被评为县"学习模范"。1947 年，徐维春加入了中国共产党后，对自己的要求更加严格，对战士关心爱护，经常帮助其他战士背枪、背背包。还经常帮助战士缝补。同时还对思想落后的战士做工作，效果很好。

徐维春在战斗中英勇顽强，每次战斗都抢先请战，曾立一等战功，并荣获"模范共产党员"的光荣称号。1948 年 7 月，在攻克兖州战斗中，守城敌人在我军猛烈炮火攻击下，城外围地堡迅速被扫清，城北关敌人主堡、子母堡仍疯狂地喷射着火舌，负隅顽抗。我攻击部队被压制在敌火力下，严重受挫。在这紧急关头，他挺身而出，机智地绕到敌人侧后，炸毁敌地堡，使突击部队迅速突进城内全歼

守敌。

1948年，在淮海战役小李庄阻击战中，徐维春所在的华东野战军第七纵队第五十九团五连负责阻击敌人突围。徐维春带领战士们坚守阵地，浴血奋战，连续击退敌人两次突围。在战壕里，他和战友共同发誓："坚守阵地，阻击敌人，决不让敌人跑掉！"敌人第3次冲锋开始后，来势异常凶猛。徐维春在这生死搏斗面前，沉着应战，连续毙伤敌人数名，敌人惨败溃退。然而，徐维春在这次阻击战中身负重伤，不幸牺牲。

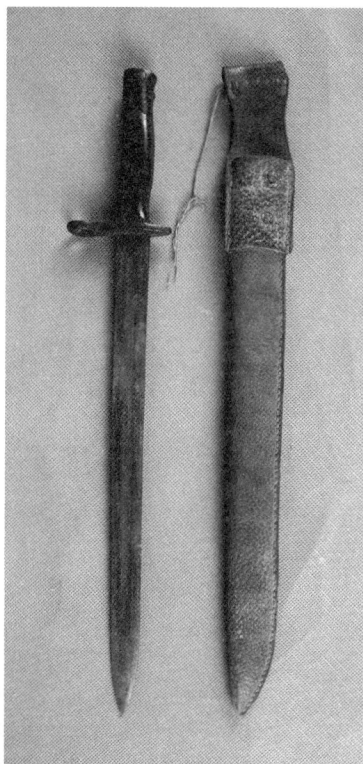

▲ 徐维春使用过的手榴弹袋、刺刀、雷匣

克服艰险投革命　革命品质永流传

优秀政治工作者李树桐烈士

李树桐，山东省寿光县斟灌村人，1919 年生。1938 年参加八路军，同年 9 月加入中国共产党。曾任政治指导员、团政治处主任等职，时任华东野战军第八纵队二十二师六十六团政治委员。1948 年 11 月在淮海战役碾庄战斗中光荣牺牲，时年 29 岁。

李树桐出生在一个农民家庭里。读小学时，在共产党人教育和培养下，开始信仰马列主义，逐渐明确了革命方向。从此，他就在青少年学生中宣扬苏联五年计划建设的成就、平均地权、集体劳动等，并且从那时就坚信共产主义社会一定会实现。

▲ 李树桐烈士

1936 年小学毕业后，李树桐进了潍县广文中学读书，这时革命思想更加坚定，活动规模越来越大。除了在学校有组织地进行活动外，还利用假期，以探亲和找同学、朋友玩为名到潍县的高里等地积极组织青年秘密进行革命活动，研究马列主义学说，1938 年左右团结在李树桐周围的青年不下几十人。

七七事变爆发后，国民党军节节败退，日本帝国主义日渐南进，中华民族处于水深火热之中，更加激起了李树桐的爱国热情，他极端仇视帝国主义和军阀，在青年和学生中喊起打倒日本和军阀的口号。在乡村积极发动青年进行"救国捐"活动，把集起来的钱交由地下党组织用来进行革命活动，支持了地下党组织工作的开展。

这时国民党不仅不抗日，而且杀害共产党和进步青年的活动越来越猖獗，对地下党组织控制越来越严，工作活动越来越困难。因此，李树桐毅然决然地离开了家庭，于 1938 年参军。在部队，他是一名优秀的政治工作者，在抗日战争中，

一边积极战斗，一边努力做好党的政治工作，大大鼓舞了部队的抗日士气。

解放战争爆发，他更坚决地投入到解放战争中，在战斗中他积极主动，奋勇杀敌。1947年在歼灭五十七师的沙土集战斗中，他身先士卒，率领部队圆满地完成了攻击任务。

1948年淮海战役打响，这是决定人民幸福和国家未来的关键战役，李树桐时任华东野战军第八纵队第六十六团政治委员，在战斗中，为鼓舞战斗士气，他身先士卒，带领战士们一起攻坚，不幸在碾庄战斗中，身负重伤，光荣牺牲。

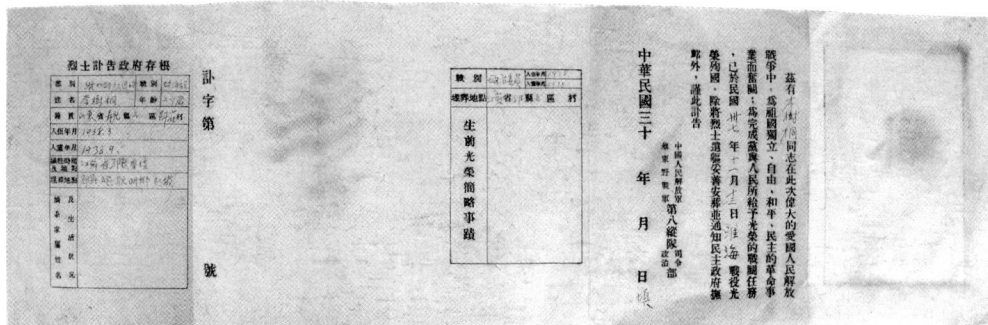

▲ 李树桐的革命烈士家属证

▲ 李树桐烈士讣告

抢救物资献生命　淮海大地留英名

华东三级人民英雄宋复真烈士

宋复真，山东省诸城县琅埠村人，1924 年生。12 岁小学毕业后在家务农，自修到 19 岁，1944 年参加地方工作，任本村小学教员、莒北县卫生科会计等职。1947 年入伍，1949 年被追认为中国共产党党员。曾任教员、会计、文化干事，时任华东野战军特种兵纵队警卫营一连司务长。1948 年 11 月在淮海战役围歼黄百韬兵团运送物资途中牺牲，时年 24 岁。被追赠"华东三级人民英雄"、"一等功臣"的光荣称号。

▲ 宋复真烈士

宋复真自幼接触到进步思想，在党的多年影响下，思想觉悟逐渐提高。在抗日战争时期，宋复真积极地参加了抗日救国活动；在解放战争阶段，正当国民党反动派大举向我解放区猖狂进攻时，宋复真抱着为革命贡献自己一切的决心，响应了党的召唤，积极带领青年报名参加了中国人民解放军。宋复真入伍后历任教员、司务长等职，在任职期间工作一贯积极热情、勤勤恳恳，执行任务坚决勇敢，从不计较个人得失，总是把党的利益放在个人利益之上。他知道：司务长是负责全连人员的经济生活的，搞好这个工作能使部队体格强健、士气旺盛。因此从做司务长工作那天起，就全心全意为部队搞好伙食，管好物资。他一贯勤俭，精打细算，从不浪费公家的一米一柴，不光为公家节约了物资，而且大大地改善了部队生活，受到群众的热爱，因此自入伍（1947 年 1 月）到牺牲前（1948 年 11 月）短短不到两年的时间，曾先后被评为三、四等功各一次。宋复真突出的优点是爱护国家资财比爱护自己生命还重，一粒米掉在地上他也要拣起来。1948 年豫东战役结束后，连队的一头毛驴跑丢了，宋复真带着重病找了 3 个昼夜，终于将毛驴找了回来。

　　淮海战役围歼黄百韬兵团战斗中，宋复真奉命到纵队后勤领取弹药物资，在返回途中，突然遭到数架敌机的轮番轰炸扫射，弹药车被敌击中燃起烈火。在紧张危急的情况下，他以坚定的意志，冒敌机俯冲扫射，英勇抢救，他为了不使弹药爆炸，迅速脱去衣服猛扑过去，扑灭火焰。经过激烈的斗争，在物资快要脱险时，宋复真不幸被敌机击中，壮烈牺牲。战后，上级党委追认他为"中国共产党正式党员"，并追赠"华东三级人民英雄"、"一等功臣"的光荣称号。

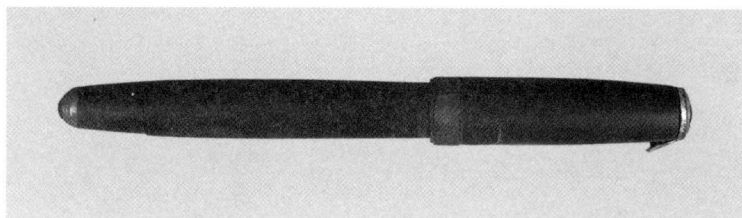

◀ 宋复真使用过的钢笔

▲ 追认宋复真同志入党的决定　▲ 华东野战军特种兵纵队颁发给宋复真的一等功奖状

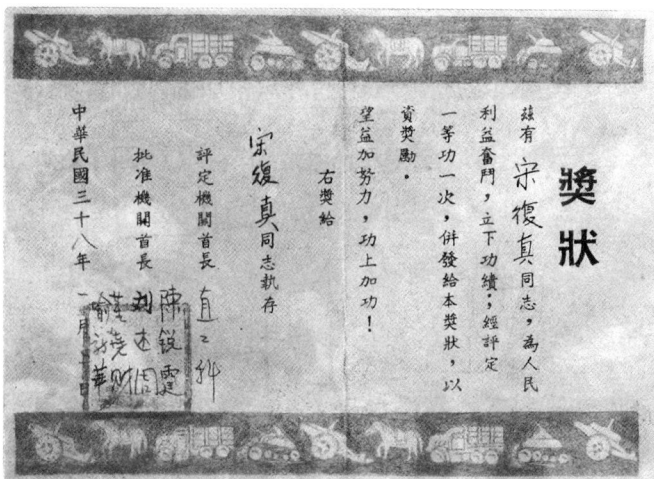

舍身忘我救首长　英勇气概显忠诚

舍身救营长的宋纪志烈士

　　宋纪志，山东省齐河县宋庄人，1929 年 2 月生。1943 年 10 月入伍，1947 年 8 月加入中国共产党。时任中原野战军第十一纵队三十一旅九十一团二营通讯班长。在杨庄战斗中荣立一等功。1948 年在淮海战役围歼黄维兵团的杨四麻子战斗中，舍身救营长光荣牺牲，时年 19 岁。战后纵队党委追认他为"模范共产党员"的光荣称号。

　　宋纪志出生在一个贫农家庭，9 岁时念过 1 年多书。10 岁至 12 岁时随母亲乞讨。13 至 15 岁跟人学木匠。宋纪志自幼就热爱劳动，在学木匠手艺期间也学会了做各种农活，在家里时常帮助母亲推

▲ 宋纪志烈士画像

磨担水，村里无人不夸他是个好孩子。14 岁时宋纪志自愿入伍成为一名光荣的革命战士。宋纪志在党的教育下，经过土改诉苦教育，很快提高了阶级觉悟。在战斗中机智勇敢是他一贯特色，曾多次完成艰巨的通讯任务，并荣立过一等战功。由于表现突出，于 1947 年 8 月加入了中国共产党。

　　淮海战役围歼黄维兵团时，我军向杨四麻子村守敌十四军七十五师发起攻击，敌外围防线被我二营一举突破，但后续突击部队却遇敌翼侧火力的压制。王营长带数名通讯员在突破口继续指挥部队攻击。这时，右侧敌人集中火力拼命封锁突破口，王营长不幸身负重伤倒在火网下。在此紧急关头，宋纪志焦急万分，挺身而出冒着敌人猛烈的火力奔向火网抢救营长。他不畏危险，一面替营长包扎，一面尽力地扶住营长向后匍匐挪移。王营长感动地说："小宋，我不要紧，你快隐蔽，这里危险。"宋纪志坚决地答道："不！有我在就一定要救你，你还要指挥部队呢。"此时，敌人的火力更加凶猛，宋纪志迅速地伏在营长的身旁，以身躯掩护营

长，挡着飞来的子弹，他的棉衣有好几处被子弹打破，但他仍脸朝外，愤怒地注视着敌人。忽然，他扑在了营长身上，以自己的身躯挡住了射来的子弹，身中数弹，英勇牺牲。牺牲时他的身体仍挡在已经昏迷的营长身上，保护营长的生命。这种舍己为人的忠勇义举，顿时感动和鼓舞了全营同志，全营斗志高涨，迅速地全歼了守敌。战后，纵队党委追认宋纪志为"模范共产党员"。

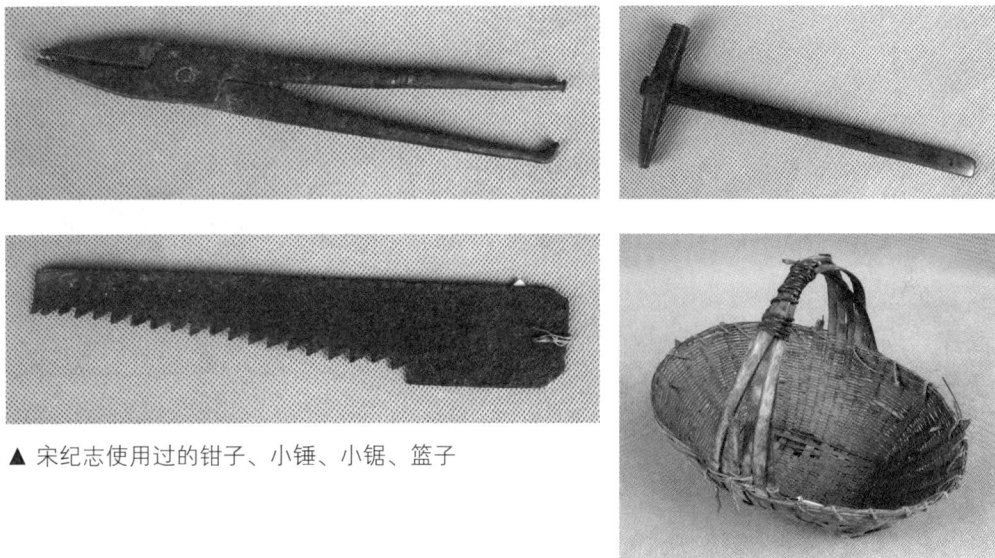

▲ 宋纪志使用过的钳子、小锤、小锯、篮子

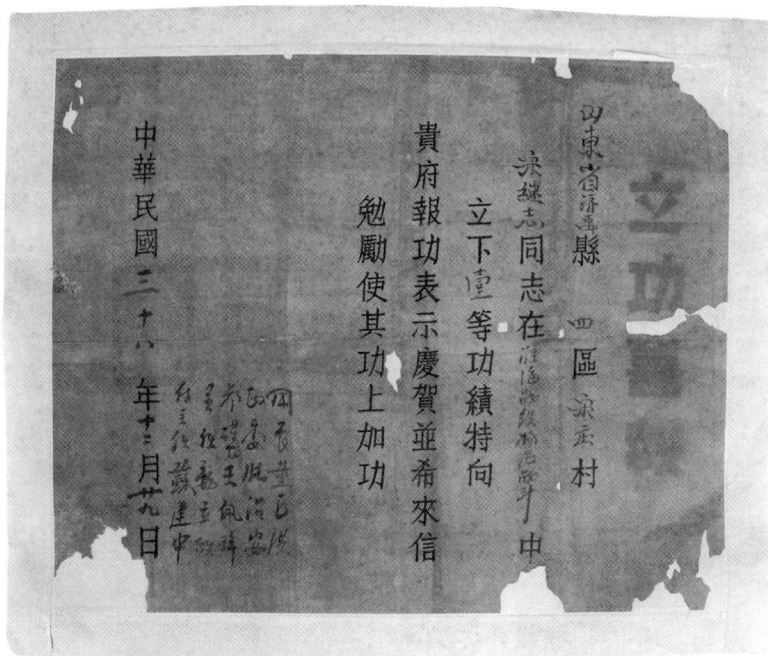

◀ 宋纪志淮海战役立功喜报

顽强机智神枪手　英勇肉搏显身手

战斗模范孙纪才烈士

孙纪才，山东省寿光县石门董庄人，1926 年
生。1945 年 2 月入伍，1947 年 5 月加入中国共产党，
时任华东野战军第八纵队二十二师六十四团一营机
枪连副排长。1948 年在淮海战役刘集战斗中，光荣
牺牲，时年 22 岁。

孙纪才出生在一个贫农家庭。幼时因家庭贫困，
只上过 4 年小学，失学后就在家里帮助父亲割草拾
柴，稍大些时给人家打短工。1943 年年底，他被张
景月抓去当兵。1945 年初在田柳战斗中被八路军四
师十团解放入伍。他到一营机枪连后，受到了老同
志的关怀。不到两天的功夫，大家送给他鞋子、钢
笔等 19 件物品，使他感动得流下了热泪，也深深

▲ 孙纪才烈士画像

地体会到两种军队的截然不同。在首长和同志们的教育和帮助下，他很快懂得了
八路军才真正是人民的军队，阶级觉悟也迅速提高。因此在 1947 年 5 月光荣地加
入了中国共产党。入伍后曾担任过正副班长和副排长等职。

孙纪才在鲁南、埠村、孟良崮、沙土集、开封、睢杞和淮海等历次战斗、战
役中都表现得异常勇敢和机智灵活，圆满完成上级交给的艰巨任务。在这些战斗
中，他曾立过三等功两次，二等功一次，特等功一次，并被授予"战斗模范"的
光荣称号。

1947 年初，在鲁南消灭国民党军整编二十六师快速纵队时，孙纪才任二班副
班长。在他班的机枪火力的掩护下，部队发起了攻击。部队刚通过突破口，他班
唯有的一挺机枪被炸碎了。班长和两个同志牺牲了，这时他左胳膊也负了伤，但
他立即高喊道："同志们，要把左边向我冲击部队射击的两挺机枪坚决夺过来。"他

边喊边带领全班箭似的朝敌人冲去。正在疯狂射击的敌人，被他们突如其来的进攻击溃，跪在地上举起了双手，两挺美式马克沁和四支半自动步枪，成了欢迎他们的"礼品"。二班机智勇敢的行动，确保了部队对敌人的全歼。战后全班荣立一等战功，孙纪才被评为特等功。

攻打埠村时，孙纪才带领一个战斗小组插入敌人连指挥所后，打死敌人19名，使部队迅速消灭敌人一个连，为总攻埠村扫清了外围。睢杞战役中，他带领一个重机枪班掩护部队向敌人冲击，在他沉着勇敢的指挥下，30多个守敌被他们消灭，其余的敌人企图逃跑时，他亲自使用一挺重机枪，以精确的射击击倒敌人，敌人全部被歼。他们排的掩护，受到了冲击连队的一致赞扬。

在淮海战役刘集战斗中，为了完成战斗任务，他不顾自己的安危与敌人展开残酷的肉搏战，在与敌搏斗时光荣牺牲，献出了自己的宝贵生命。

▲ 孙纪才的功劳证

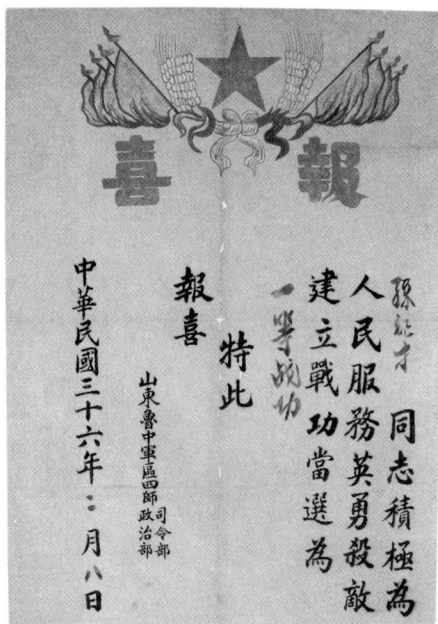

▲ 孙纪才一等功喜报

拼死搏斗守阵地　英雄血洒大王庄

特等战斗英雄孙金贵烈士

孙金贵，河南省获嘉县狮子营村人，1924年生。1944年2月入伍，次年5月加入中国共产党。曾任班长、排长，时任中原野战军第六纵队十六旅四十六团九连副连长。1948年12月在淮海战役大王庄争夺战中牺牲，时年24岁。战后被追认为"特等战斗英雄"。

孙金贵入伍后，在党的教育下，阶级觉悟迅速提高。历次战斗中，表现英勇顽强，出色地完成战斗任务，例如，在大别山白圭山战斗中，他带领一个排，经过半小时的激烈战斗，顺利地占领了敌人所谓的"坚不可摧"的美式工事。

▲ 孙金贵烈士

1948年12月在淮海战役大王庄争夺战中，孙金贵所在部队也投入了战斗。黄维兵团为了摆脱其被歼的命运，驱使残部拼死争夺大王庄。我四十六团九连奉命前往增援，投入战斗不久，连长牺牲了，指导员也负了重伤，由孙金贵指挥全连继续战斗，部队攻占了大王庄后，他迅速调整部署，加修工事，组织火力，准备打击敌人的反扑。

10日上午8时许，敌人分几路在飞机、坦克、大炮的掩护下，向我军反扑，成千发炮弹落在阵地上，大王庄淹没在一片硝烟火海之中。当敌人接近我九连阵地时，孙金贵高呼："同志们！为牺牲的连长和烈士们报仇的时候到了，为人民立功，消灭敌人的时候到了！同志们，狠狠地打吧！"全连同志在他的指挥下，所有火力一齐猛烈开火，敌人被迫退缩。狡猾的敌人在我火力稍有间隙的时候，又向我阵地扑来，但又一次被打了下去。如此反复数次，迫使敌人不得不连滚带爬地逃了回去。9时左右，敌人再次发起攻击，这次反扑，敌人更加疯狂了，我军前沿阵地被突破，大王庄的部分房屋被敌人占领。九连和其他友邻部队，与敌人展开逐屋争夺，有的地方只隔一堵墙，有的地方只距一条沟，战士们在浓烈的硝烟中和敌人搏斗。敌人投过来的手榴弹被他们扔回去，弹药没有了，他们从敌人尸体上收集。战斗异常激烈。孙金贵负了伤，仍然坚持指挥战斗，并坚决向上级表示："不消灭敌人，不守住大王庄，决不下火线！"经过1个多小时的激烈争夺，终于夺回阵地，消灭了敌人。

就在敌人向我方发起第3次反扑的时候，副连长孙金贵却因伤势过重光荣地牺牲了，但是，他的英雄事迹，却继续鼓舞着九连的所有同志们。他们一致表示："化悲痛为力量，坚决消灭敌人，守住大王庄。"敌人的一次又一次反扑，都被战士们打下去了，一直战斗到下午5时，大王庄阵地仍然屹立在英雄们的脚下。九连先后打退了敌人9次反扑，胜利地完成了战斗任务。战后，部队领导机关根据孙金贵的英雄事迹，给他追记特等功。上级追认他"特等战斗英雄"的光荣称号。

▲ 孙金贵在淮海战役中的立功喜报　　▲ 孙金贵的革命军人牺牲证明书

杀敌在前真模范　忠勇热血洒彭城

"双模"政教陈学礼烈士

陈学礼，河北省深县蔡张村人，1922 年生。1939 年入党，次年 2 月入伍。在冀鲁豫军区九分区十六团历任战士、文书、摄影员、副政治指导员、政治指导员、政治协理员、政治教导员，党内曾任小组长、支部委员、支部书记、分支委员、营党委书记、团党委委员，时任中原野战军第一纵队二旅八团三营政治教导员。1944 年被评为分区工作模范，1945 年被评为二等战斗功臣。1948 年在淮海战役第一阶段全歼国民党第一八一师的胡楼战斗中牺牲，时年 26 岁。

▲ 陈学礼烈士

陈学礼对人和蔼、诚恳，立场坚定，处处从党的利益出发，在艰苦困难的战斗环境里，执行党的政策，维护党的纪律。在党的培养教育下，工作埋头苦干，深入细致，处处为群众做表率，对上级交给的任务，总是兢兢业业、以身作则带头完成。曾荣获"模范党员"、"模范干部"的光荣称号，并在战斗中立大功、二等功各一次。他任政治指导员时，重视部队阶级教育，经常通过揭发敌人暴行，激起战士们的斗志，使部队胜利完成作战任务。

1944 年，日本帝国主义勾结汉奸杨发贤在内黄县一带展开了残酷的"扫荡"。我军主力撤走，环境非常艰苦，陈学礼所在团担负了坚持这一地区工作的任务。在党和上级的领导下，他发动群众，严格贯彻执行群众路线、俘虏政策，毫不计较个人得失，团结改造起义人员，加强了队伍建设，粉碎了敌人的进攻，最后亲率一个排完成了掩护分区首长们撤退的任务。因此，被评为分区的工作模范。

1945 年 10 月平汉战役崔曲战斗中，陈学礼的战地政治鼓动工作做得活跃，及时提出："保卫党中央、保卫毛主席、保卫解放区，一定打好平汉战役"等响亮的战斗口号。在复杂、艰巨的战斗情况下，有力地鼓舞了部队的旺盛作战情绪。当连长不幸光荣牺牲后，他及时主动地组织部队击退敌人的三次反击，并亲率一个排在围墙上与敌人展开了肉搏战，配合友邻部队巩固了阵地，保证了战斗的胜利，歼灭了敌人，受到团的表扬，记了两次功，并被评为二等战斗功臣。

1948年冬，淮海战役打响，在第一阶段歼敌一八一师的胡楼战斗中，三营担任主攻，营里没有营长，陈学礼身负重任，亲自观察地形，组织战斗。攻击开始时，他身负重伤，仍坚持不下火线，忍着剧痛，指挥部队作战。当他率领全营向敌冲击时又再次负伤，虽伤势严重、神志不清，仍支撑着身子向前移动，喊着"七连打得好！""李法是英雄！"继续鼓励部队奋勇杀敌。但终因流血过多，不幸光荣牺牲，年仅26岁。

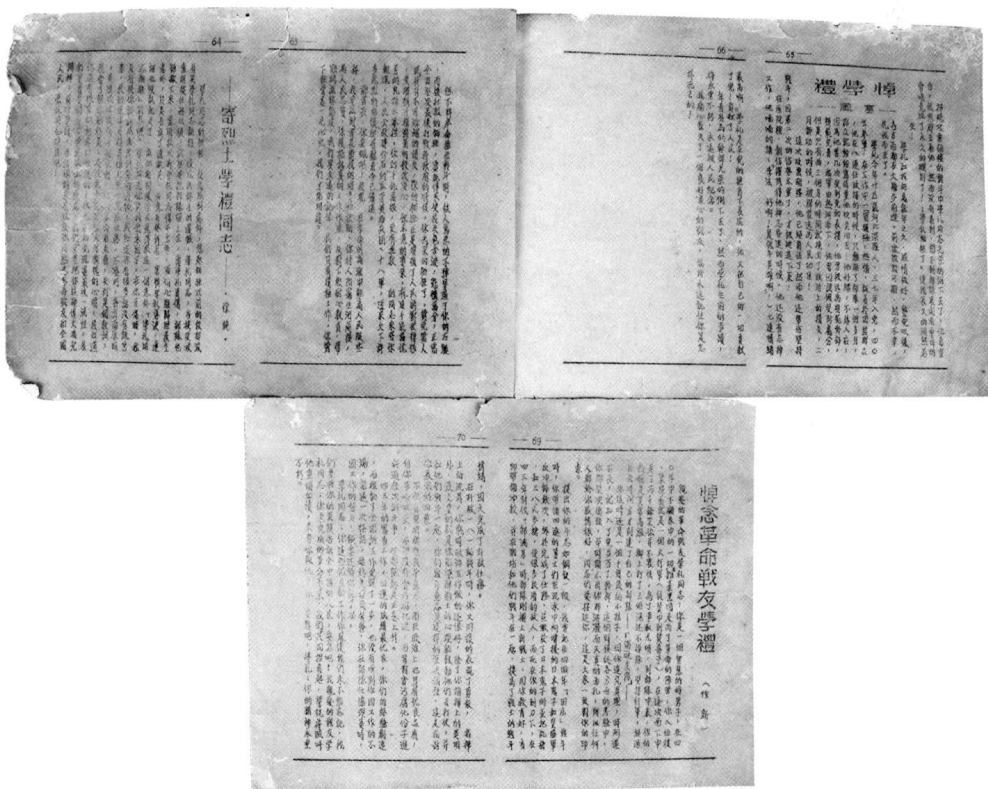

▲ 陈学礼悼文

敢打敢拼英雄汉　英勇冲锋洒热血

华东三级人民英雄姜玉殿烈士

姜玉殿，山东省乳山县汤前区合子村人，1924年生。1945年1月参军，1947年4月加入中国共产党。入伍后历任炮手、班长、副排长等职，时任华东野战军第九纵队二十六师七十七团四连副排长，曾荣获"华东三级人民英雄"的光荣称号。1948年11月在淮海战役追歼国民党第六十三军的堰头镇战斗中牺牲，时年24岁。

姜玉殿参加革命军队后，在党的培养下，很快成长起来，在艰难困苦的战斗中，从不叫苦，对革命事业无限忠诚，对革命胜利充满信心。由于他家境贫寒，从小参加繁重的体力劳动，使他患上了黑热病，身体瘦弱，但领导对他的任何照顾，他都是

▲ 姜玉殿烈士画像

坚意拒绝。虽然身体矮小，战斗中却看不出半点病态，反而像猛虎一样。

姜玉殿对同志十分关心。行军到达目的地后，他经常烧洗脚水给同志们洗脚，晚上替身体不好的同志站岗，让大家能好好休息，恢复体力，缓解一天行军的疲劳。

1947年4月19日，姜玉殿所在部队接受抢占白马关、阻敌十一师、支援兄弟部队围歼守敌七十二师的任务，姜玉殿在战斗中英勇顽强，出色地完成了任务。敌人在我严重打击下遭受惨败，于20日下午又在猛烈的炮火掩护下进攻我军守卫的天台山。当时守卫在天台山小山头上的正是五班——姜玉殿班。他们当即与敌展开了激烈的争夺战斗，打垮了敌人四五次冲锋，敌人再次发起反扑时，部队弹药打光了，姜玉殿和战士们就用石头坚决与敌死拼。拼斗中有一排敌人手端冲锋枪冲到山上，姜玉殿迅速地转到敌人后面，从石头后面猛地冲出来，赤手空拳夺

下敌人冲锋枪，打死敌人。有了武器，英雄大显身手，对准继续往上爬的敌人开枪，又打死了3个敌人。此时敌人掷过来一颗手榴弹在他脚下，他迅速捡起掷向敌人，可是手榴弹刚出手就爆炸了，姜玉殿在烟雾中倒了下来。此时，敌人又冲上来了，左手负伤、左臂中弹伤势很重的姜玉殿，倒在地上不动，见敌人近了，又猛然跃起，向前一冲，抱住敌人，同敌人扭打在一起。敌人个子大，把他摔出准备逃脱，姜玉殿忍住伤口的剧疼，用尽全力追上敌人，与敌人死拼。就这样，姜玉殿所在班，先后打垮敌人6次冲击，固守了阵地。此战后，姜玉殿荣获"三级人民英雄"光荣称号。

1948年11月14日淮海战役第一阶段，部队接受命令，攻打堰头镇。副排长姜玉殿跑到距敌几十米的地方，仔细观察地形、敌情，选择冲锋道路。当上级冲锋命令一发出，姜玉殿在敌人严密的火力封锁下，率部队向敌阵冲去，不幸遭敌军炮火阻击，中弹牺牲。

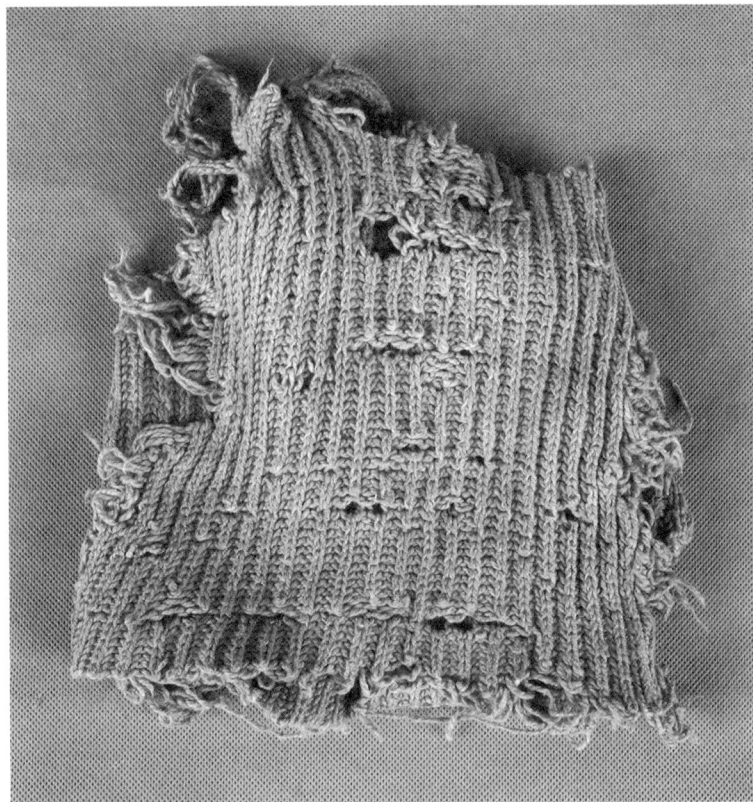

▶ 姜玉殿穿过的线衣

积极钻研造飞弹　光荣殉职为革命

英勇的指挥员韩联生烈士

　　韩联生，湖南省湘潭县人，1901年生。12岁起就当煤矿工人，于1930年参加中国工农红军，同年加入中国共产党。历任党支部书记、工兵营长、团政治委员、团长等职，时任华东野战军特种兵纵队参谋长。1948年在淮海战役第二阶段因炸药爆炸光荣牺牲，时年47岁。

▲ 韩联生烈士

　　韩联生12岁就跟父亲在煤矿做小工，13年的矿工生活，受尽了旧社会的压迫、剥削，因而憎恨统治者，常反抗对工人的压迫。1930年入伍后，经过党的整风运动等学习，思想觉悟得到提高，决心忠心耿耿为革命事业英勇奋斗。他始终坚持党的利益高于一切，对工作从不马虎，待人谦虚，友爱相处；对下级爱护备至，随时关心解决下级切身问题。他严格遵守纪律，坚持原则，对有害革命事业的言行，从不放弃斗争。他具有勤学苦练精神，从参军前一字不识，提高到能写总结报告。在延安党校学习时，由于成绩显著，曾获得"学习模范"的光荣称号。

　　韩联生的一生，是战斗的一生。从具有伟大历史意义的二万五千里长征、抗日战争到解放战争，他出生入死，奋战疆场，百炼成钢。长征中，他率领着只有经过3个月技术训练的"红色工兵营"，以每人仅有一根绳索的所谓"装备"条件，克服困难，完成历次艰巨的强渡江河的架桥任务，使部队胜利地通过了金沙江和乌江等天险。他经常说："在共产党的面前没有克服不了的困难。"

　　在18年的艰苦战争中，他曾经5次负伤，头上、胸上、脚上、手上，都是累累的伤痕，左手无名指已成残废。在长征中，因焚毁黑色炸药，衣服、头发都被烧光。他的身体非常衰弱，有胃病，常失眠，遇有阴雨天，伤口疼痛，但他一直坚持工作，从不休息，曾数次拒绝上级给予生活上的照顾，充分表现了他坚韧的性格。

韩联生废寝忘食、积极认真的工作作风和刻苦钻研、敢于创造的革命精神，始终伴随着他的一生。在战斗中，为了发挥工兵的作用，他常深入到第一线与战士们一起研究改进架桥、坑道作业等技术。1948年淮海战役第二阶段，合围黄维兵团战斗中，为了发挥工兵"飞行爆破"的威力，更沉重地打击敌人，争取战役的早日胜利，他忘我地积极钻研和改进"飞雷"技术。在工兵试验迫击炮送炸药时，他亲赴工兵团进行检查和指导，试验中因炸药爆炸而光荣殉职，为了党和人民的事业献出了宝贵的生命。当时在场的工兵团刘金山副团长，工兵教导队李长松副队长、梅开光指导员等7名同志也一同殉职。

▲ 韩联生等烈士安葬公祭大会情景

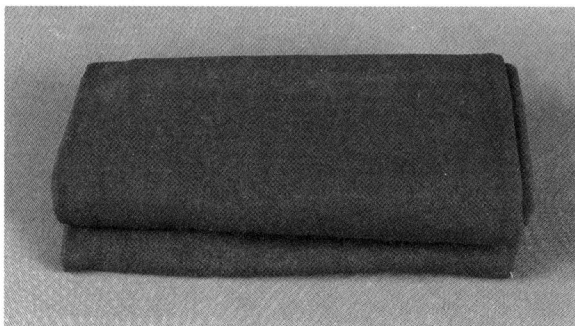

▶ 韩联生用过的军毯

不顾疲劳运物资　凛然大义轻生死

特等人民功臣祁学瑞烈士

　　祁学瑞，山东省海阳县野鸡夼村人，1920 年生。1942 年 5 月参加八路军，1943 年 5 月复员，回乡后，任农救会委员。1948 年参加支前。时任山东省海阳县担运团运输分队炊事班副班长。1948 年在淮海战役围歼杜聿明集团的李楼战斗中牺牲，时年 28 岁。后被追认为"特等人民功臣"。

　　祁学瑞出生于山东省海阳县野鸡夼村一个贫农家庭，自幼随母讨饭，过着贫困的生活。7 岁父亲病故，他过继给叔父为子，过着风餐露宿的生活。家乡解放后，在党的领导下，他思想觉悟得到提高，1942 年 5 月参加八路军，次年 4 月精兵简政时，因

▲ 祁学瑞烈士画像

病复员。回乡后，他被选为农救会贫雇农委员，积极领导群众进行土改复查等工作和"减租减息"、"土改反霸"斗争，深受群众拥护。在劳动空隙还学会小炉匠的手艺，经常免费给烈、军、工属修锅碗，深受广大群众的赞扬。1945 年春日寇向该县文山区扫荡时，他与广大民兵一起，拿起土枪，背上地雷，向敌人开展英勇斗争，保卫人民利益。

　　1948 年我军解放济南时，他热烈响应党的号召，踊跃报名参加支前。而后随华东野战军第十纵队南下支援淮海战役，任支前运输分队炊事班副班长。在连续长途行军中，他身上经常担着五六十斤重的东西，还帮助同志们挑弹药、背行李。由于大兵团作战，部队活动频繁，部队按时吃上热饭就变得极为困难，祁学瑞发扬了高度忘我的奉献精神，领导全班同志，不怕辛苦，不顾劳累，千方百计，及时把饭做好，保证全乡队按时吃饱喝足。同志们称他是"不知疲劳的人"。祁学瑞不光负责炊事，而且还和战士一起运送弹药，他对弹药的爱护胜过自己的生命，

遇到阴雨时，宁肯受冻也要把棉衣脱下盖着弹药，因而被评为支前"一等功"。

在围歼杜聿明集团的李楼战斗中，我军连续打垮敌人数次反扑，激战正在进行中，部队迫切需要弹药补充。祁学瑞听到此消息，主动要求与同志们一起向火线抢送弹药，他们不顾寒冷，不怕危险，冒着敌人的火力封锁，将弹药送到部队。别人扛一箱，他却扛两箱，一夜摔倒数次，仍坚持抢送，从而保证了部队的弹药供应，也确保了部队最后全歼守敌的任务。不幸，祁学瑞在此次激战中遭敌机轰炸，光荣牺牲。

战后，华东支前委员会和华东野战军第十纵队授予分队"模范担送排"、"火线立功"奖旗两面，并追认祁学瑞为"特等人民功臣"。

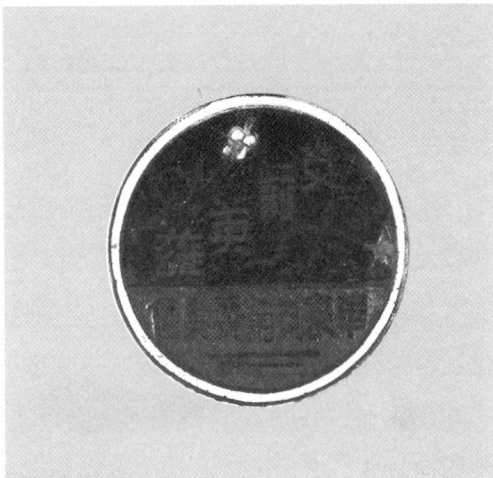

▲ 祁学瑞"支前英雄"奖章

▲ 祁学瑞用过的子弹袋

英勇顽强忠于党　独臂冲杀留英名

战斗英雄王有高烈士

王有高，生于1926年，山西阳城县窑古坎村人。1942年5月入伍，1944年2月入党。历任中原野战军第四纵队十三旅三十七团九连司号员、班长、排长，时任中原野战军第四纵队十三旅三十七团红二连副连长。1948年在淮海战役小张庄战斗中光荣牺牲。战后第四纵队追认王有高为"战斗英雄"，时年22岁。

王有高出生在一个矿工家庭，入伍后，在党的培育下，一贯忠于党的事业。他执行命令坚决，作战英勇顽强，历次战斗都出色地完成任务，在1945

▲ 王有高烈士画像

年沁源战斗中曾获奖励，1947年吕梁战役中荣获"特等战斗英雄"的光荣称号。

王有高在战斗中，无论进攻或坚守阵地，都表现了坚决、沉着、顽强和灵活的战斗作风。淮海战役第一阶段，在伏击敌七十七军的战斗中，他沉着地放过一部敌军，等待着敌人指挥首脑到来，带领全连首先冲入敌群，敌指挥机构被打乱后，便一窝蜂似的东跑西逃，这时王有高沉着而勇敢地指挥战斗，敌人伤亡大部，不敢前进。王有高连出色地完成伏击任务。

在斩断津浦路徐、蚌段的战斗中，王有高所在连队担负坚守李庄车站南边一个山头阵地的任务，这是旅部指挥机关所在地的门户。当敌人向我发起进攻时，在敌我兵力悬殊的情况下，王有高亲率红二连全体同志以坚决勇猛之势与敌展开搏斗，敌人的数次进攻，均被我军打得溃不成军，狼狈逃窜。正当敌人溃乱之际，王有高灵活地改变战术，身先士卒，带领部队跃出战壕实施反击，敌人尸体遍野，阵地屹立未动，同时保卫了旅部安全，此次战斗受到旅首长表扬。

主动积极、协同作战的战斗作风和连续作战、英勇顽强、不怕牺牲的高贵品质贯穿王有高的战斗生涯，在围歼黄维兵团最后阶段的小张庄战斗中（小张庄位于双堆集东北角），敌人凭着装备优势，在7辆坦克配合下，向该团二营阵地发起攻击，由于二营伤亡较大，人员减少，情况十分危急，王有高忘记连续战斗的疲劳，亲率全连，一马当先，勇猛直上，他的口号是："敌人远了不打，打不住不打"。当敌人进到不远之处，手榴弹炸药包的爆炸声响成一片，打得所谓装备优势的近敌尸横遍野。天黑之际，王有高乘敌溃乱，带领全连发起反击。当战斗正在顺利发展中，不料暗藏的敌人击中了他的右臂，这时他只有一个想法，只要多消灭敌人，伤了右臂，还有左臂，随即用左手拿起手榴弹继续与敌战斗，然而就在这时，敌人又再次击中了他的胸部，王有高就这样在战斗中英勇地牺牲了。战斗结束后，为了永远纪念这位英雄战士，王有高被追认为"战斗英雄"光荣称号。

▲ 王有高的为民立功奖旗

全心全意为人民 果断指挥见功勋

"双模"朱耀才烈士

朱耀才，山东省新泰县张家庄人，1920年生。1942年5月入伍，1943年3月入党。曾担任班长、排长、连长，时任华东野战军第八纵队二十二师六十四团一营机枪连连长。曾被授予"劳动模范"和"战斗模范"的光荣称号。1948年11月在淮海战役闫桥战斗中牺牲，时年28岁。

朱耀才出生在一个贫农家庭里，因家庭贫困，幼时只读过4年书。13岁失学后就在家帮助父亲拾草打柴，稍大些，能干重活时就经常给人家打短工。父子两人一年劳累到头，但8口人的家庭却还是终年吃不饱、穿不暖。这种暗无天日的生活，深深地刻在朱耀才的脑子里。"一定要反抗，决不能再忍受地主、汉奸这样的欺压。"性子刚强的朱耀才，经常这样暗暗地想。

1942年，朱耀才的家乡，在共产党和人民政府的领导下，实行了减租减息，从此穷人的生活有了很大改善。朱耀才深深体会到只有共产党才是人民的救命恩人。于是他为了实现过去的诺言，在同年5月报名参加了八路军。入伍后，在党的教育下，于1943年3月光荣地参加了中国共产党。一贯积极和诚实朴素的

▲ 朱耀才烈士

朱耀才从此更加积极地投身革命，阶级觉悟也一天比一天提高。他知道是为了革命而战斗和工作，因此22岁参军后的朱耀才，工作积极、战斗勇敢，为革命作出了自己的贡献。

在艰苦奋战的日子里，朱耀才利用一切可利用的战隙时间进行开荒生产。"同

志们，咱们是来自人民又是为人民服务的军队，打仗是为民除害，而生产是为减轻人民的负担。"班长朱耀才经常这样教育全班同志。在他以身作则的带动下，全班作出了优异的成绩，他个人，曾先后立过数次三等功，并被评为"劳动模范"。

在抗日和解放战争期间，他在济南、淄川、莱芜、开封、睢杞等战斗战役中，均表现了英勇顽强、机智灵活和不怕牺牲的精神。在莱芜战役中，他曾负过两次伤，但他未下火线，仍带领全排完成了最艰巨的突击任务，他带领一个排战士消灭敌人一个连的兵力。在他担任班、排、连长的无数次攻防战斗中，由于他指挥勇敢、果断，均圆满完成了上级所交给的光荣而艰巨的战斗任务。因此他在连续不断的战斗里，为人民建立了不少功勋，曾立过两次战功，并获得"战斗模范"的光荣称号。

1948 年淮海战役打响，在淮海战役第一阶段围攻黄百韬的闫桥战斗中，他率领机枪连英勇拼杀，不幸在战斗中被敌人击中负伤，因伤势过重，英勇牺牲，为人民的事业献出了自己宝贵的生命。

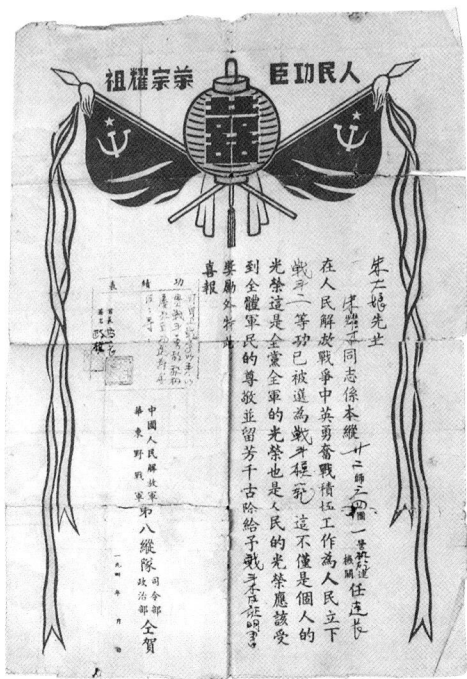

▲ 朱耀才的立功喜报

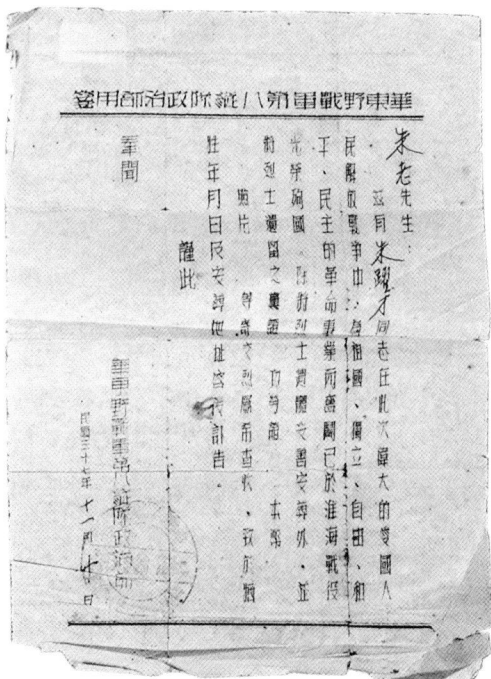

▲ 朱耀才的牺牲通知书

舍身堵枪为革命　一腔热血染彭庄

战斗英雄储有富烈士

储有富，江苏省海安县人，1922 年生。1943 年 2 月入伍，1945 年 7 月参加中国共产党。历任正、副班长，副排长，时任华东野战军第六纵队十八师五十二团九连一排排长。曾立一等功和荣获"战斗模范"的光荣称号。1948 年于淮海战役彭庄战斗中壮烈牺牲，时年 26 岁。

储有富出生在海安县一个贫苦的农民家庭里。21 岁加入了当地的抗日联军，历次战斗都很勇敢，曾立一等战功。经过两年的锻炼，于 1945 年加入中国共产党。在 1947 年沙土集战斗中，储有富多处负伤，仍坚持战斗。战后，被评为"战斗模范"。

▲ 储有富烈士画像

1948 年 11 月 13 日，淮海战役进行到紧张激烈的关头，彭庄之国民党军一百军军部及直属部队和六十三师，共约 7000 余人，被我军孤立起来。彭庄地形易守难攻。为吃掉彭庄之敌，华东野战军第六纵队第十八师在接受任务后，积极向南向北实施突击。

11 月 14 日 19 时，夜幕降临，我军开始攻击。储有富带领九连一排的突击队员，向彭庄的西南角直扑过去。冲到外围的水塘边，被敌人的火力拦阻，遭敌三面反扑，雹雨般的手榴弹在水塘内外接连爆炸。这时储有富肩部负伤，他忍着剧痛指挥全排冲锋，突击队员在冰冷刺骨、水花飞溅的水塘中，相互鼓励着，看准时机迅速越过水塘，登上对岸，并连续三次击退敌人反扑。战局暂时缓和时他让战友替他简单包扎，同志们看他伤势很重劝他下去，他说什么也不肯。次日凌晨，我军再次发起攻击，突击队员一马当先。敌人的火力成扇面向突击队员连续扫射，很难找到一个中断空隙接近敌人，战士们每前进一步都要付出流血、牺牲的代价。

为了争取时间、为了减少战友的牺牲，储有富毅然决定自己冲锋，他抓起冲锋枪，插上几颗手榴弹，不由分说地让其他战士为其掩护，自己以神勇的动作冲了上去。只见他弯着腰，跑着"之"字形，如风一般冲向敌堡，当快接近敌堡时，敌人发觉了他，立刻集中全部火力向他扫射过来。储有富眼疾手快，迅速趴在土坡下，连续扔了几颗手榴弹，炸毁了一个子堡，趁着烟雾冲向母堡，在距离敌母堡几米远时，他用冲锋枪猛烈扫射，封锁住敌堡的射孔。突击队员立刻发起了攻击，当攻到距突破口不远处，敌人的射孔又叫起来了，严密地封锁了突击队前进的道路，战友的生命受到了严重的威胁。此时此刻，储有富心中只有一个念头，挡住敌人的攻击，一秒也不能耽搁。当他扣动扳机时，才发现冲锋枪的子弹已经打光，随身的手榴弹也已经用完。时间不容他考虑，他以迅猛的速度，朝敌堡的射口扑去，敌人的机枪再也没有了声音。储有富用自己的胸膛堵住了敌人的机枪口，在生死关头毫不犹豫地献出了他年仅26岁的生命。他的牺牲减少了部队的伤亡，部队顺利地完成了全歼彭庄守敌的任务。

▲ 储有富入伍后寄给父母的华中币

忠于革命贯平生　不畏牺牲气概豪

忠于革命的团长朱宝承烈士

朱宝承，山东省济阳县辛阳村人，1902 年生。1938 年入伍，1942 年参加中国共产党。历任区中队长、政治指导员、县大队长、代副团长，时任华东野战军渤海纵队十一师十八团团长。1949 年在淮海战役王花园战斗中光荣牺牲，时年 47 岁。

朱宝承出生在一个中农家庭里，和父亲在酱园里做酱菜。他从小性格刚强，由于旧社会的黑暗统治，又加上继母的虐待，愤然离家出走，参加了八路军肖华部队。

朱宝承的部队经常转战在鲁西和洛阳一带，他曾被蒋军某部团长张志石逮捕，受尽拷打，坚强不屈，以自己坚强的意志战胜了敌人的阴谋，后

▲ 朱宝承烈士

于 1939 年春越狱逃跑，胜利地回到了自己的部队。1939 年，转战于乐陵县，任连指导员。在袁家村召开会议时，被敌人包围，在突围中受伤，入院治疗。朱宝承伤好出院后，又立刻赶赴前线。1941 年，朱宝承家乡的汉奸头子白玉亭知道他参加了革命，便逮捕了他的儿子朱世智和两个侄子朱世恒、朱世德，并把他们押在染石桥据点。家里以卖地 15 亩、花费 3000 元的代价才保住了这 3 个人的性命。1942 年，朱宝承升任为齐临县大队副队长，于年三十晚上带领县大队在后张村消灭了国民党第七旅 400 余人，并击破国民党济阳县党部书记兼七旅旅长赵甫廷的部队。1942 年，朱宝承率部队击溃伪匪张胡子团，活捉匪 40 余人，伪匪团长张胡子跑到朱王店修岗楼，朱宝承又带领百余人将张胡子伪匪 150 余人全部消灭，并活捉张胡子。1943 年 6 月间，朱宝承带领 200 余人，消灭了辛阳村伪卢团，除伪团长卢万武逃跑外，二团长卢在彬、参谋长杨子恒等 30 余人全部被俘。1943 年 8

月，治安军一个营，从济阳城去大太平抢粮，朱宝承带领 200 余人，化装成群众，在田间劳动，准备袭击敌人，当敌人来到面前，在他机智勇敢的指挥下，激战半个小时，将敌人的一个营全部消灭。1943 年朱宝承配合杨司令解放了商河、济阳两个县城，活捉李光明、田三秃子、张子谦、白玉亭四个有名的伪匪团长，解放了全县人民。1945 年，朱宝承任渤海某团副团长，于 1947 年参加潍县战役，以后调渤海纵队十一师十八团任团长。

朱宝承所在部队于 1948 年参加淮海战役，在淮海战役第三阶段最后围歼杜聿明集团残部时，该团接管了兄弟部队一个师的防务，朱团长带领二营在前沿阵地坚守，准备向敌发起最后攻击。1949 年 1 月 9 日傍晚，当我军向敌人发起攻击时，残余的敌人像一窝蜂似的集中火力向二营阵地扑来，企图打开一条血路向南逃窜，二营阵地上立即变成一片火海，朱团长亲自带领二营、三营与敌人反复冲杀，与敌人整整搏斗一夜，王花园阵地被战士的鲜血染红了，部队伤亡很大，阵地被敌人暂时占领，朱团长就组织团的集训队继续与敌战斗。天将拂晓，朱团长为了夺回已失阵地、撤出负伤的同志，奋不顾身带领一营从战壕里向占领王花园阵地的敌人发起反击，在战斗最激烈的时候，一颗子弹击中了他的头部，朱宝承壮烈牺牲。

▲ 朱宝承的革命烈士家属证

▲ 朱宝承使用过的肥皂盒和小勺

英勇顽强担重任　烈士精神永世传

战斗模范王保贵烈士

王保贵，山东沂南县垛庄区桑园乡人，1928 年生。1945 年 1 月入伍，1945 年 9 月入党。历任班长、副排长等职，时任华东野战军第八纵队二十三师六十七团二连副排长。曾被授予战斗模范。1949 年 1 月 6 日在淮海战役魏小窑战斗中牺牲，时年 21 岁。

▲ 王保贵烈士画像

王保贵出生在一个贫困的家庭里，幼时给地主放牛、放羊，过着牛马不如的生活。1942 年，垛庄区广大人民在共产党和人民政府的领导下，实行了减租减息，从此，穷人家才过上了吃饱穿暖的好日子。这年 3 月，王保贵在减租减息大会上对区干部说："我今年才 14 岁，可是我知道，只有共产党才是真正为穷人办事的。我决心和你们一起参加革命，去打鬼子、分田地。"他的话确实代表了千万个穷苦人的声音。王保贵到区公所后，便成了一名勤劳朴实的勤务员和勇敢优秀的交通员。1945 年 9 月，他光荣地参加了中国共产党。以后他工作更加积极。同年 10 月，报名参加了主力军——鲁中九师。

王保贵在战斗中负伤 3 次，是有 5 处伤疤的三等残废军人。他身体消瘦，但战斗意志却无比坚强。在孟良崮、洛阳、淮海等战斗、战役中，都表现得英勇顽强、机智灵活，以不怕牺牲的精神，以敏捷、果断、勇猛的动作完成艰巨的战斗任务。1946 年 1 月，四十亩地战斗时，王保贵所在的二连一排担任主攻，在敌人猛烈密集的炮火封锁下，曾两次冲击受阻。前面刚冲上去的一个班被敌人打下来，而后续部队又急待第一梯队迅速占领突破口，否则会增加无价值的伤亡。排长这时负了重伤，王保贵的左胳膊上也挂了彩，这时全排被阻在敌人火网下，无法前进，处境十分危险。"XXX 甭疯狂，兔子尾巴长不了。"二班班长王保贵边骂边挺身而出，高喊："同志们跟我来，冲上去消灭敌人呀！"他提着手榴弹，冒着敌人的炮火像离了弦的箭一样冲向敌人，全排战士在他带动下，都不约而同地跃身冲上去。怒吼的小包炸药和手榴弹在敌阵地内开了花，几十个敌人倒了下来，直杀得敌人像热锅里的蚂蚁一样乱成团。经过一场激战，一个排的敌人被全歼了。从而为全歼奎星楼敌人扫清了外围，铺平了一条胜利的道路。战后王保贵荣立一等战功。在继续战斗的日子里他不断为人民立下了功勋，并获得"战斗模范"的光荣称号。

1949 年 1 月 6 日，淮海战役第三阶段的总攻开始了，王保贵时任副排长，在战役的前两个阶段，由于他英勇顽强和机智果断的指挥，全排圆满完成了几次攻坚任务，因而受到了上级数次表扬。打魏小窑战斗前他对全排动员说："同志们，战斗上要沉着、机智、灵活，用猛打猛冲猛追的顽强精神去压倒敌人、消灭敌人。"他接着说："死，算什么，只要死得有价值，像华东一级人民英雄郭继胜营长死得那样光荣，死又有什么可怕呢？"为了伟大的共产主义事业，王保贵在这次战斗中，光荣地献出了他 21 岁的宝贵生命。

突击攻城争先锋　勇猛向前显英雄

华东一级人民英雄鲁锐烈士

　　鲁锐，原名卢锐，曾用名卢睿，在军队时因为卢姓少，改为鲁锐，江苏省沭阳县尚庄人，1922年生。1940年10月入伍，1941年8月入党。历任民运队员、收发、干事、书记、指导员、连长、副营长，时任华东野战军第二纵队六师十六团三营营长。曾荣获"三等战斗英雄"称号。后被追认"华东一级人民英雄"的光荣称号。1948年在淮海战役王塘战斗中光荣牺牲，时年26岁。

　　鲁锐出生在一个农民家庭，曾在沭阳县初级中学读书，1940年10月参加八路军第五纵队第三支队，1941年加入中国共产党。在党和上级教育培养下，工作积极，战斗勇敢，是个出色的军政兼优的

▲ 鲁锐烈士

青年指挥员。平时重视部队作风的培养，常深入连队检查政策纪律执行情况。在抗日战争过程中，鲁锐始终在团司令部任书记工作。1946年7月国民党反动军队发动对解放区全面军事进攻，鲁锐当时调任八连政治指导员，12月间在宿北战役中八连担任攻击敌整编第六十九师师部的突击任务，当时全连没有一个军事干部，守敌为正规部队，有12门野炮，内有深沟高垒，外有鹿砦铁丝网，任务非常艰巨，鲁锐率领的英雄八连排除了种种障碍，以英勇迅速的动作突破了敌人的防御，夺取了大地堡，打退了敌人三次疯狂反扑。并协同友邻部队向纵深发展，与敌展开激烈巷战，打得敌人措手不及，从而全歼守敌。在纵深战斗中，有一个敌人端着一挺机枪迎面冲来，鲁锐眼疾手快，抓住机枪筒把枪口推向侧方把敌人踢倒，敌人被我战士俘获，战后八连被评为"军政全胜"。

　　在粉碎国民党军对山东发动的重点进攻的各次战斗中，鲁锐始终保持着英勇

善战的作风。艰苦的 1947 年 7 月雨季作战，鲁锐在率领八连配合友邻攻击临朐东关的战斗中超过原计划完成任务，夺取了东关，消灭了敌人数次顽抗与反扑，得到了兄弟部队的好评与首长的嘉勉。在扭转胶东形势的胶河战斗中鲁锐任副营长，指挥全营协同兄弟部队攻击敌二十二旅，集中突围的敌人曾突至他们包扎所附近，鲁锐率领通讯班英勇地冲了过去，夺取了敌人占领的一间房子，巩固了占领的阵地，保证了全歼敌人的胜利。

鲁锐不仅是英勇的指挥员，而且是模范的休养员。1947 年沂蒙公路沿线战斗中，他头部负伤，住院后转移至五莲山区，环境恶劣，生活艰苦，物质条件很困难，他坚定不移地在病员中开展思想工作，帮助医院工作，后被公推为休养员代表。1948 年 1 月全纵队第一届英模大会上，鲁锐被评为三等人民英雄。

▲ 鲁锐荣获的"华东一级人民英雄"奖章

1948 年 11 月 15 日夜，在淮海战役徐州东南的王塘战斗中，鲁锐率领全营配合兄弟部队，冒着密集炮火，对敌人发起猛烈冲击。鲁锐指挥的第三营协同兄弟部队攻击由徐州东援的七十军，迅速突破前沿阵地，与敌展开逐院逐屋的争夺战。经一整夜激战，歼灭敌人一个营，而优秀的战斗指挥员鲁锐却在激战中被顽抗的敌人击中，光荣牺牲。1950 年 10 月被追认为"华东一级人民英雄"。

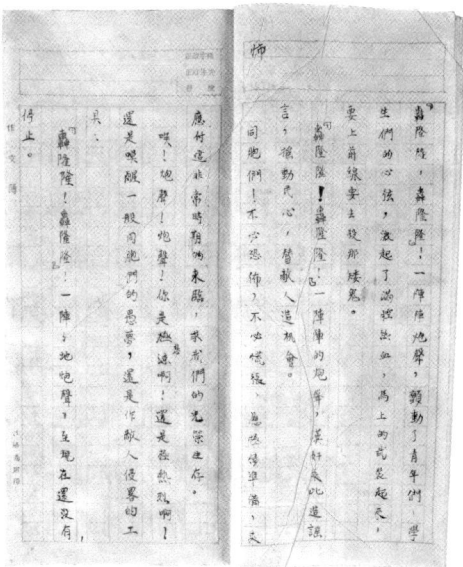

▲ 鲁锐中学读书时写的作文

▲ 鲁锐的《人民英雄材料》

立志报国勇参军　英勇冲杀如尖刀

战斗模范王昭相烈士

王昭相，山东省费县韩庄村人，1921 年生。1945 年入伍。时任华东野战军第八纵队二十三师六十七团四连四班班长。先后立过两次战功，并选为战斗模范。1948 年 11 月 15 日在淮海战役王家庄战斗中牺牲，时年 27 岁。

▲ 王昭相烈士画像

王昭相出生在一个贫农的家庭里，父亲整年给地主干长工，一家四口人仍然过着挨饿受冻的日子，于是父亲被迫将 10 岁的王昭相送到地主家干活。到 16 岁这年王昭相再也忍受不了那种挨打受骂的奴隶般的生活，便偷偷地跑回家。后来就经常给人家打短工。

1945 年费县在共产党的领导下实行了减租减息和土地改革。王昭相家里分到土地，生活得到改善。这年 8 月，王昭相在群众热烈欢送参军青年的大会上，宣誓说："今年我 24 岁了，以前受尽了封建势力的压迫和剥削，现在共产党领导咱们穷人翻了身，分得土地，我决不忘本！要坚决为人民干到底！为穷人兄弟报仇！不达目的，决不罢休！"

王昭相入伍到了鲁中九师后，始终保持艰苦朴素和吃苦耐劳的作风。平时对同志和群众友爱如兄弟，战斗中对敌人却像一只猛虎。他在莱芜、孟良崮、睢杞、淮海等历次战役中，均表现了英勇顽强和不怕牺牲的精神。因此他先后立过两次战功，并被选为战斗模范。

淮海战役时王昭相任四连四班班长，在王家庄战斗中，他们排担任主攻，尽管部队已激战了几天几夜，伤亡也较大，可是王昭相却仍然坚决地要求排长："请把最艰巨的任务交给我们班，班内虽有三个病号，但我们一定会完成任务，决不向困难低头。"

　　轰！轰！几包炸药爆破，把王家庄东南角的两个碉堡掀掉了。随着十几个手榴弹的爆炸声，四班以敏捷的动作，占领了突破口。气还没喘过来，左、右、前三面敌人的轻机枪和炮一齐向他班开火。"在这伏着不动就是等死，同志们！要坚决拔掉前面的碉堡。"班长用这样的话鼓动大家。全班猛地投出了一排手榴弹，在浓烟滚滚中，一小组把爆破杆塞进了敌碉堡枪眼。"轰！"的一声，碉堡腾空而起，在烟雾中四班迅速占领了这个碉堡坑。四班立足未稳，敌人又以一个排的兵力，像饿狼似的反扑过来。善攻能守的四班一排手榴弹将敌撂倒了一半，王昭相决心乘敌混乱之际冲上去，但左腿已负了伤。他咬牙高喊："赶快准备好，坚决粉碎敌人二次反扑。"这时副班长和两名同志负重伤倒了下去。不甘心的敌人又增加到一个连的兵力，疯狂地反扑过来，但在班长王昭相英勇、果断的指挥下，敌人又被击退了。四班像钉子一样钉在突破口上。垂死挣扎的敌人死不甘心，指挥官用枪逼着士兵向前冲。这时四班只剩下三个人，但充满胜利信心的班长用更高的声音喊道："胜利一定是我们的，要坚决顶住敌人，二梯队就要来啦！"敌人再次蜂拥而来，虽然已投了几枚手榴弹在敌群内爆炸，但敌人还是一个劲地向上拥。"准备好刺刀与敌人拼到底。"正在搏斗的紧要关头，我们的二梯队赶了上来，四班在二梯队的协作下向敌人发起了冲击。"打呀！狠狠地揍呀！"冲在最前面的四班班长，边冲边高喊着。两个连的敌人除还有一个班的兵力在顽抗外，其余已全被歼灭，而就在已看到胜利曙光的时候，一颗子弹击中了王昭相，永远地夺去了他的生命。

▲ 王昭相的革命烈士家属证

▲ 山东费县人民委员会颁给王昭相烈士家属的光荣家庭证

爆破敌堡称功臣　带病冲杀洒热血

特等功臣朱其连烈士

朱其连，山东省城武县（现成武县）朱集村人，1923 年生。1947 年参军，次年加入中国共产党。历任战士、班长，时任冀鲁豫军区七分区十五团副排长。曾被授予"特等功臣"。1948 年 11 月淮海战役中，在宿县追击敌人时光荣牺牲，时年 25 岁。

朱其连出生在一个贫苦的山村里，自种自收几亩盐碱地，全年的收入仅能维持 8 个来月的生活。尤其遇到自然灾害全家人的生活便无法维持。贫苦的生活培养了他坚忍的意志。他于 1947 年 3 月离开家乡，参加了中国人民解放军。1948 年 2 月光荣加入中国共产党。曾经立过四次战功。他不仅战斗

▲ 朱其连烈士画像

英勇而且照顾同志也十分周到，有的战士病了，一天几次去慰问，并拿出自己的津贴买东西给病员吃，在他的亲切照顾下，全班战士人人精神焕发、个个斗志昂扬，并表示决心说："朱班长，在战斗中一定用我们的实际行动来报答你对我们的亲切关心。"

1948 年 10 月 29 日东平战斗，敌人碉堡的机枪疯狂地射击，子弹像雨点一样密，我们的部队冲不出去，他勇敢地担当了爆破敌人碉堡的任务。在他的率领下，全班战士奋不顾身勇往直前，机智勇敢，在 27 分钟内攻破敌人 11 座碉堡，使我军顺利前进，取得了东平战斗的伟大胜利。战后，他被授予"特等功臣"。

在追击汶上溃逃敌人的路上，他发现党庄敌人固守一院，敌人用大批兵力猖狂向我军反击，在他的带领下，战士们坚持阵地，不下火线，最后俘获敌人 60 余名、枪 17 支。

同年 11 月初的一天夜里，天刚刚黑，战斗在加北打响了，他为了全军的胜利，

不顾自己的一切，身带重病奔赴火线，营长几次劝阻，他仍然坚守阵地，最后击退了敌人的进攻取得胜利。

1948 年 11 月，朱其连因病留守后方休养时，他一再向领导要求参加淮海战役。在切断津浦线解放宿县的战斗中，他一人俘虏敌人 13 名，缴获步枪 13 支、机枪 1 挺，在继续追击敌人到宿县时遇敌大批兵力，遭到敌火力杀伤，我军被迫停止前进。要取得战斗胜利，必须首先攻破敌人的据点——碉堡。一天下午 4 点多钟全团战前动员，他首先报名承担爆破敌人碉堡的任务。出发前他被任命为副排长。战斗在傍晚打响了，敌人碉堡里的机枪疯狂地叫嚣，前进的同志一个个倒下去了，连长也光荣牺牲，他身受重伤，团长王权三次拉他下火线，他坚决不从，并说："王团长，为了战斗的胜利，为了解放全国人民，为了给同志报仇，请听胜利消息吧！"于是率领全连战士，在为同志报仇的喊杀声中又冲上去，可是敌人碉堡里的机枪太疯狂了。他说："为了胜利，时间不能再拖延下去了。"随即打着滚爬上去，却被敌人的炮弹震得晕过去了，醒来后，他又顽强地冲上去，迅速突入敌阵，但终因流血过多而壮烈牺牲。

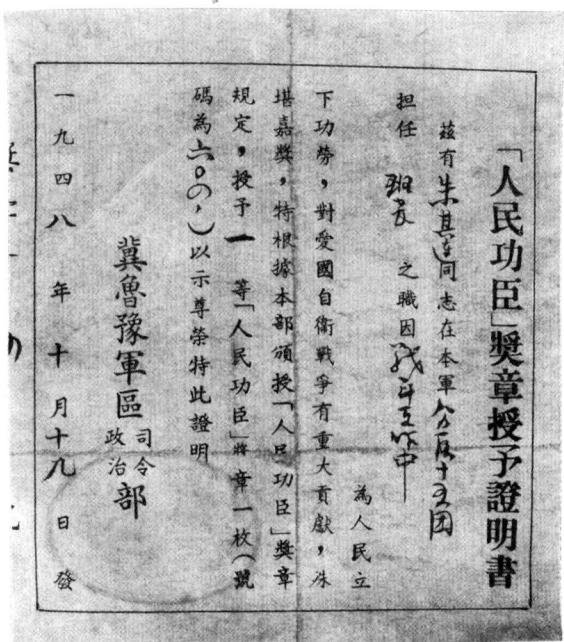

▲ 朱其连的冀鲁豫军区"人民功臣"奖章及证书

文武兼备屡立功　革命精神留青史

优秀指挥员杨寿山烈士

杨寿山，山西省闻喜县王峪村人，1919 年生。1938 年参加中国共产党，1941 年入伍。历任政治指导员、政治教导员、营长等职，时任中原野战军第六纵队十七旅五十一团团长。1948 年 12 月在淮海战役围歼黄维兵团的小刘庄战斗中光荣牺牲，时年 29 岁。

杨寿山自幼父亲去世，依靠母亲劳动抚养成人。1928 年读小学，1936 年读中学，因家境贫寒，常受人歧视。抗日战争爆发后，1937 年冬，日本鬼子侵入山西，杨寿山目睹敌人杀人放火、奸淫掳掠，同胞受尽欺凌，遂投笔从戎，参加抗日组织"牺盟会"，

▲ 杨寿山烈士

随后扩编为中条山区抗日游击队第十支队。杨寿山在对敌斗争中，觉悟不断提高，决心致力于无产阶级革命事业，于 1938 年光荣入党。1943 年在太行四分区任民运干事，1945 年任平顺独立营副政委。抗战胜利后，该营扩编为中原野战军第六纵队十七旅四十九团时，杨寿山任该团一营副政教，随后因任务需要，于 1946 年改任该营营长，先后参加魏辉、兰封、亳州及汤阴等战斗。

杨寿山平时尊重上级，团结同志，对下级关怀体贴，生活俭朴，待人诚恳。在战斗中，他勇敢顽强，机智果敢，支援友邻，照顾大局。在魏辉战斗时，四十九团担任攻城任务，该团二营负责夜间监视敌人，杨寿山所在的一营在二营之后，准备夜间登城。当时敌机猖狂，杨寿山令全营机枪高射，击落敌机一架，落于友邻阵地上。杨寿山为了团结友邻，教育自己的部队不去争功。战斗结束后，上级确定是他们击落的。

在汤阴战斗时，杨寿山率领全营打援，被敌包围，在此紧张的情况下，杨寿

山沉着、冷静地分析了当时情况。他考虑到如果突围，伤亡必大，最主要的是团部机关和其他部队将要受到更大损失。在观察中，发现敌人阵地上有指挥旗挥动，当即判断该地区可能为敌人指挥所，决定暂不突围，采取声东击西的战法歼灭敌人。他布置妥当后，令一连上刺刀，大喊冲杀，向敌指挥所地区进攻。随即全营猛烈射击，消灭敌300余人，而我无伤亡。他们的攻击钳制了敌人，争取了时间，保证了主攻部队顺利完成战斗任务。

1947年3月杨寿山在汤阴战斗中负伤，遂到后方休养，伤愈后，正值部队跃进大别山，杨寿山奉命率领十七旅在后方治愈的全体伤员赶队，归队后仍任该营营长。襄樊战役之后，杨寿山任十七旅五十一团团长，在南阳外围战斗时，杨寿山发现友邻五十团阵地的翼侧暴露，若被敌人乘虚攻入，五十团则有被包围的危险，杨寿山立即主动派出兵力占领该地域内的有利地形，保证了五十团的安全，有力地支援了整个战斗。

1948年11月28日，在淮海战役小马庄战斗时，防御在该地域内之我军五十团的前沿阵地被敌人突破，旅首长决心堵住口子，并歼灭突进之敌，令四十九团正面反击，五十一团派出部分兵力插入敌后，切断其退路，吃掉这股敌人。团长杨寿山接到任务后，亲自率领一个连直插敌后，在阻击退敌战斗中，打得英勇顽强，和他在一起的五位同志，有三位负了伤，但仍然配合友邻歼灭敌人，胜利地完成了战斗任务。杨寿山却没有看到淮海战役的最后胜利，1948年12月在围歼黄维兵团的小刘庄战斗中光荣牺牲，为革命流尽了最后一滴血。

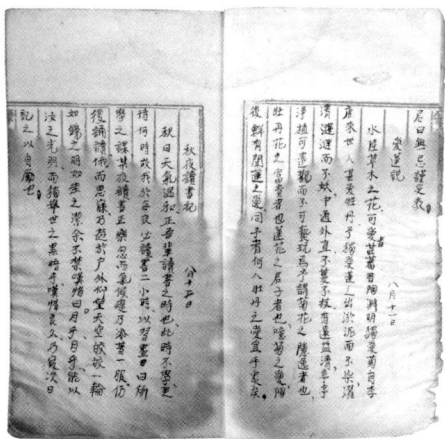

▲ 杨寿山的笔记

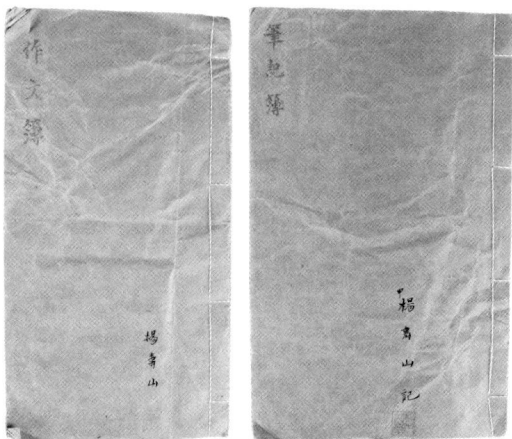

▲ 杨寿山的作文簿和笔记簿

以身作则挖战壕　无私无畏保胜利

忠诚的指挥员柴兴起烈士

柴兴起，河北省磁县柴家庄人，1919 年生。1942 年入伍，1945 年参加中国共产党。曾任支部书记、政治指导员、政治教导员等职，时任中原野战军第六纵队十八旅五十四团一营营长。1948 年在淮海战役双堆集围歼黄维兵团的战斗中不幸牺牲，时年 29 岁。

1937 年，柴兴起的家乡被日本鬼子占领。1938 年，八路军在他的家乡建立了抗日民主政府，柴兴起当儿童团长、民兵。在反"扫荡"、减租减息等斗争中，表现积极。1942 年，柴兴起参加了八路军。

柴兴起入伍后，在党的培养下，很快成长为一名优秀的指挥员。1946 年，他在五十四团一营二

▲ 柴兴起烈士

连任副指导员。二连是个新连队，基础较差，连里仅他一个是政治干部。柴兴起在工作中依靠党支部的领导，搞好了干部的团结，而且和战士打成一片。行军时，他一会儿在队伍前边鼓动战士或者拉几段歌子，一会儿走在队伍当中，和同志们交谈，帮助有病的同志背东西，拉家常，讲战斗故事。在驻军整训时，他经常深入班、排，深入训练现场，对战士们的出身成分、爱好特点、个人问题和思想情况都了如指掌。二连的工作有了很快的进步，在以后的大杨湖等战斗中都打得很好，不断受到上级的表扬。不久，柴兴起离开二连，任该营副政治教导员。

1947 年 5 月，五十四团参加解放汤阴的战斗，我军攻入城后，柴兴起带着一支部队和其他兄弟部队一起，担负消灭汤阴城外一个土围子里的敌人的任务。他们从一个缺口冲进土围子以后，在我炮兵的配合下，向顽抗之敌发起猛烈攻击，最后把敌人逼在一个大院落内，柴兴起立即带领几个战士向院落猛扑过去，敌人

被迫投降。在俘虏群中，柴兴起亲自活捉匪首孙殿英。

在大别山，五十四团在青山口下遭到敌人的伏击，团部、一营和二营的一部分与后面的部队被切断了，在此紧急情况下，柴兴起迅速把二、三营被切断的部队组织起来，集中火力攻占一个山头，首先掩护团部和前面被切断的部队转移。尔后他们又机智地摆脱了敌人的包围，顺利地转移了，部队也没有遭到大的损失。但是，在转移以后，柴兴起所带的一部分部队却和大部队失去了联系，他们不得不单独活动。经过半个多月周转，终于毫无损失地和大部队会合了，为此，旅、团党委特别表扬了他。

1948 年，柴兴起参加了淮海战役，在双堆集围歼黄维兵团的战斗中，柴兴起所在的部队担负了土工作业——挖交通沟的任务。柴兴起和往常一样，很少休息，冒着敌人的炮火来回指挥，敌人把交通沟轰平了，他们就再挖。敌人的坦克冲过来了，他们就把它揍回去。柴兴起一面组织和鼓动战士们继续土工作业，一面亲自拿起反坦克枪对冲过来的敌坦克射击，极大地鼓舞了战士的情绪。身为营长，

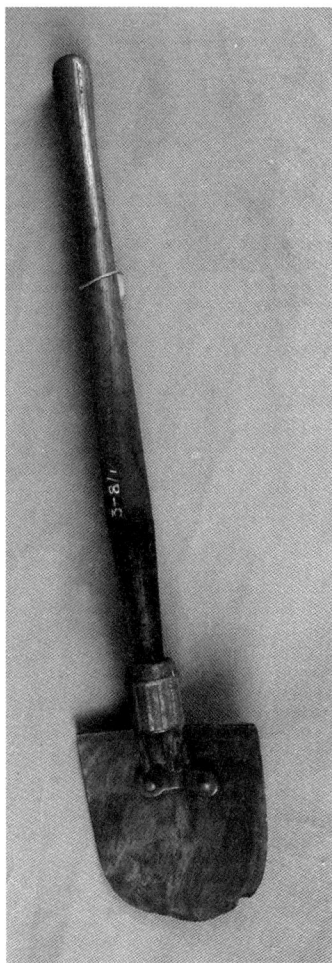

▲ 柴兴起用过的铁锹

柴兴起以身作则，冒着猛烈炮火，带领战士们近迫作业。就在整个作业任务快要完成的时候，敌人又发起了猛烈攻击，为了保护交通沟的安全，柴兴起在与敌人拼杀的过程中，不幸被敌人击中，光荣牺牲。

同归于尽震敌胆　英雄主义传后人

战斗英雄曾发烈士

　　曾发，广东省惠阳县人，1929 年生。1944 年参加东江纵队，1947 年 7 月加入中国共产党。时任华东野战军两广纵队一团班长。1948 年于淮海战役纱帽山战斗中光荣牺牲，时年 19 岁。

　　曾发出生在一个贫苦农民家庭，小时候曾随父母到安南，不久回来。家里没有饭吃，过了好几年牧童的生活，1944 年东江纵队活动到他家乡附近，那时他才 15 岁，他偷偷地离开了爹娘，加入了抗日游击队，做了"小鬼班"的战士。

　　1946 年夏，东江纵队北撤到山东后，他在党的培养和教育下进步非常快，1947 年 7 月他光荣地加入中国共产党。当年，破击津浦路时，部队要从

▲ 曾发烈士

400 里外赶到铁路边进行战斗，当时天气炎热，日夜不停的急行军，对于新参军的战士是一件相当辛苦的事，因此，他在四天中开了三次小组会，动员全班同志互相保证与鼓励到达目的地，在行军的最后一天，副班长脚打起血泡，但是他在曾发班长的鼓励下，不但忘记了脚痛，而且还帮助其他同志扛枪，克服了困难，胜利到达目的地参加战斗。

　　济南战役中，他所在部队负责攻击济南外围的长清，他在战斗中表现非常英勇。虽然脚部被敌人的炮弹炸伤了六七处，但是他坚持不下火线，政治指导员叫他下火线让卫生员包扎，但他毫不理会，紧紧地跟着部队冲锋陷阵，并对政治指导员说："报告指导员，我是共产党员，轻伤怎能下火线。"战斗结束后，他包扎好了伤口，忍着疼痛又去看管俘虏和胜利品，打扫战场完毕后，首长让他坐担架回去，但是曾发说："我还可以走，不要增加同志们的负担。"他的坚忍奋发精神使许

多同志都深深地感动。

济南战役结束后，他的伤口还没有好，就赶回部队工作。1948 年 11 月，淮海战役开始了，他手里没有枪，只带着四颗手榴弹参加战斗。当时新战士怕炮，他经常鼓励和安慰新战士，教他们找好地形，挖好工事。在砀山附近的唐寨战斗中，排长命令三班副班长掩护撤退，可是副班长表现害怕，转头便跑，他立即大声说："上级没有命令不准撤退，我们要掩护部队的安全转移。"在曾发的指挥下全班坚守阵地，完成了任务。战斗结束后，他又召集小组会，对副班长提出批评，副班长承认了自己的错误，思想上大家取得了一致。有一天在阵地前挖工事，林观生肚子饿了，挖了老百姓的地瓜来吃，他马上制止说："这是违反群众纪律的事，你是候补党员要遵守党的纪律。"曾发随时都能够站稳立场，与不良思想作出斗争，因此受到许多同志的尊敬。

当部队在萧县东南纱帽山阻击孙元良兵团南窜时，他自己身上仅挂着两个手榴弹和队伍一齐战斗，当队伍奉命转移阵地时，曾发负了重伤，当时情况紧急，敌人已追来了，他让同志们先走，不要管他。当时，曾发躺在战壕里，伤口疼痛不能动弹，他拿出了仅有的两颗手榴弹，拉开了弹盖，等到敌人冲来的时候，"轰隆！轰隆！"连续两个爆炸声，把冲上来的敌人炸得粉碎，而我们的曾发也壮烈牺牲了。烈士英勇献身的消息传到纵队后，纵队首长特传令嘉奖，号召全军指战员学习曾发的革命英雄气节。

▲ 华东野战军两广纵队《烈士纪念册》刊登的曾发烈士的英雄事迹

▲ 曾发戴过的帽子

爱兵爱民好干部　英勇搏杀显模范

政治指导员魏玉峰烈士

魏玉峰，山东省无棣县魏家集人，1922 年生。1944 年被伪军抓去当兵，1945 年 8 月解放入伍，1946 年参加中国共产党。历任班长、排长、副政治指导员，时任华东野战军第十纵队二十九师八十五团三营九连政治指导员。曾被授予"华东一级人民英雄"光荣称号。1948 年 11 月，在淮海战役徐东阻击战中牺牲，时年 26 岁。

魏玉峰出身贫寒，全家五口靠父亲打短工、讨饭度日。后魏玉峰由叔父抚养，也使他得到了读书的机会，他 9 岁入本村小学，20 岁时辍学，曾被伪军抓去当兵，1945 年 8 月阳信战斗中解放入伍，次

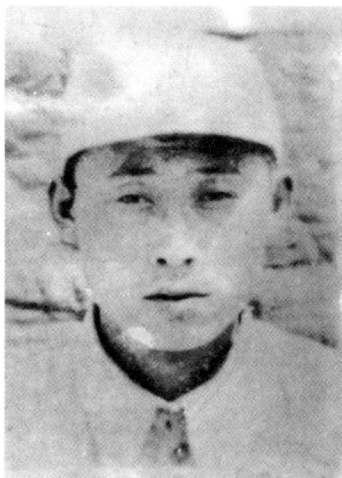
▲ 魏玉峰烈士

年加入中国共产党。魏玉峰在党的培养教育下，很快锻炼成为一个模范的政治工作者。他身体虚弱，常常吐血，但仍坚持战斗。行军时，除自己背背包，有时还帮助战士扛枪。

战斗中他表现得机智勇敢。1946 年 8 月二打邹平时，七师二团主攻东门。七连两次突击未成，伤亡较大，部队情绪低落，影响到战斗的胜利进行。魏玉峰带领九连三班积极要求担任主攻任务，提出为七连牺牲的同志报仇，为二团争光。要求被批准后，他率领全班冲破敌人层层火力封锁，成功地占领了高达十余米的邹平东门，打破了敌人顽抗的梦想，鼓舞了部队士气，坚定了团首长全歼敌人的决心，为部队入城开辟了广阔的道路，为战斗胜利起了关键作用。战斗结束后，魏玉峰带领的三班被授予"战斗模范班"，给九连历史上创造了第一个模范单位。1947 年泰安战斗，魏玉峰已升任排长，他带领全排迅速插入敌纵深，直逼敌七十二师师部所在地岱庙，强占一座地堡和周围阵地，可这时敌人的火力从四面压上来了。坚持阵地

的仅有 18 名勇士，他们分头向四处阻击，魏玉峰手持一支冲锋枪跳上中央地堡顶，封锁屋顶上的敌人，被敌人的子弹打中了头部、左右腿部，右臂也受了伤，但他仍继续向敌人进行猛烈的射击，敌人终于被打退了。仅魏玉峰一人就独自缴获一挺九二重机枪。战后魏玉峰被授予"华东一级人民英雄"的光荣称号。

老河口战斗他病重拒绝留院休养，骑着小毛驴随团作战，攻马头山，他带病查看地形，和战士们进行军事座谈，他说："最重要的是克服一切艰难，保持光荣的传统。"他这种顽强战斗的精神给战友们很大的鼓舞。南阳连庄战斗，他亲自参加突击并指挥爆破，但不幸被敌人一颗子弹打中了胸部，当时，队伍正从反击中撤出阵地，他倒在敌人的前沿阵地，不能说话和喘息，幸被一位最后撤退的战士蔡其户发现并给抢救回来，而他在撤退前仍紧握住同志们的手，示意全连仍要继续完成任务。

1948 年 11 月，在淮海战役徐东阻击战中，一连几天都打得很紧张。魏玉峰所在三营一直处在前沿，九连没有连长，只有一个刚从机枪连调来的副连长。魏玉峰负责全面指挥，英勇抗击敌人。11 月 16 日上午，敌五军在飞机和十余辆坦克的掩护下，向三营太平庄阵地发起猛烈攻击，他在炮火中沉着指挥部队，集中火力连续击退敌人。敌人的坦克横冲直撞，但始终能没突破三营阵地，下午敌集中兵力突入友邻八连阵地时，魏玉峰挺身而出，率领一个排，跃出工事向敌人侧翼反击，有力地配合兄弟部队，歼灭了该敌，巩固了阵地。在打得最激烈时，魏玉峰带两挺重机枪，利用坟包掩护向敌猛射时，被敌发觉，当场中弹牺牲。

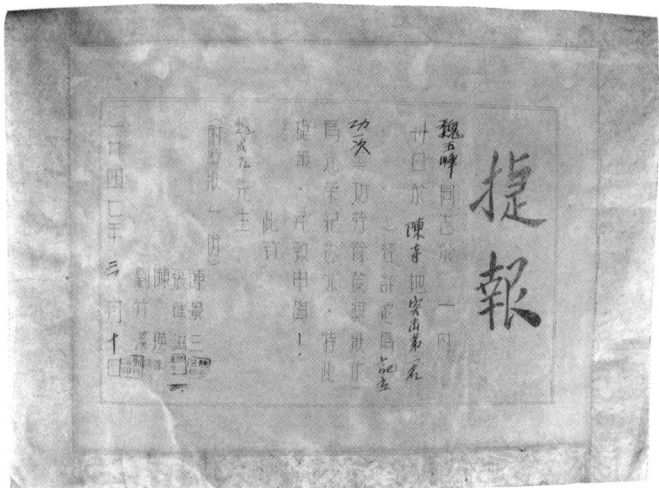

▲ 魏玉峰的立功捷报

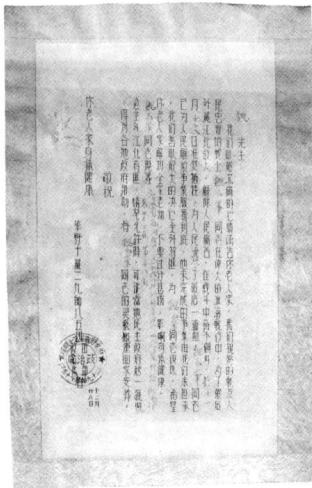

▲ 魏玉峰的牺牲通知书

深入虎穴获敌情　负伤突围真功臣

侦察奇兵吕成德烈士

　　吕成德，山东省广饶县明家庄人，1922年生。1938年参军，1947年入党。曾任过侦察员、班长、排长等职。时任华东野战军第八纵队二十二师六十六团一连排长。曾被授予"战斗模范"和"战斗英雄"的称号。1948年在淮海战役三里庄战斗中牺牲，时年26岁。

　　吕成德出生在一个贫农家庭。他从小就很聪明伶俐，性情刚强，好打抱不平，受父母喜欢。家庭虽然极贫困但父亲还是不惜一切想叫他识几个字，好替他祖祖辈辈睁眼瞎子的家族出口气。因此成德从9岁时进校读书。当他14岁时，在地方党员和

▲ 吕成德烈士画像

进步教师的影响下，开始接受党的教育，1937年季芳华带领六十四团经过广饶时，成德对六十四团的好感更为深刻。从此他更明确了革命的方向，于1938年10月报名参了军——当时马保三率领的部队。在他的影响下，其大哥、三哥也参了军。吕成德1947年光荣地参加了中国共产党，在十年如一日的战斗生活中里，他曾七次流血负伤，为人民建立了不少功勋，先后荣立过三等功两次，一、二等功各一次，特等功一次，并被评为战斗模范和战斗英雄。

　　吕成德在稻田、辛店、张店、韩亭、莱芜、开封、淮海等战役中均以坚决、勇猛、机智、迅速的行动，圆满完成了上级交给的侦察战斗等艰巨而光荣的任务。1942年秋天攻打张店鬼子时，吕成德任侦察班长。为了进一步了解敌情，上级命他先进行侦察。白天他带领一个化了装的侦察班，混进了张店市，在市内按计划侦察和了解敌情后，又在一家饭店里用巧妙而惊险的办法抓到了一个鬼子。当时大家非常高兴，但也有些发愁。侦察员老李用疑问的口吻凑近班长说："怎么办？

革命軍人烈士家屬証

証字第一六四號

山東省人民政府

茲有呂成法同志在人民解放戰爭中積極參戰壯烈犧牲其家屬得享受革命軍人烈士家屬待遇除依法給予撫卹外特發給此證以資紀念。

主席　康生

公曆一九五　年　　月　　日

家屬姓名	呂茂林	性別	男	年齡	56
籍貫	山東省廣饒	市縣	拾頁	區	明家 街村
出身	農	成份	拾頁	職業	農
家庭人口與烈士關係	父母共二人				
烈士姓名	呂成法	年齡			
犧牲時間地址					
填表機關與填發人					
備考					

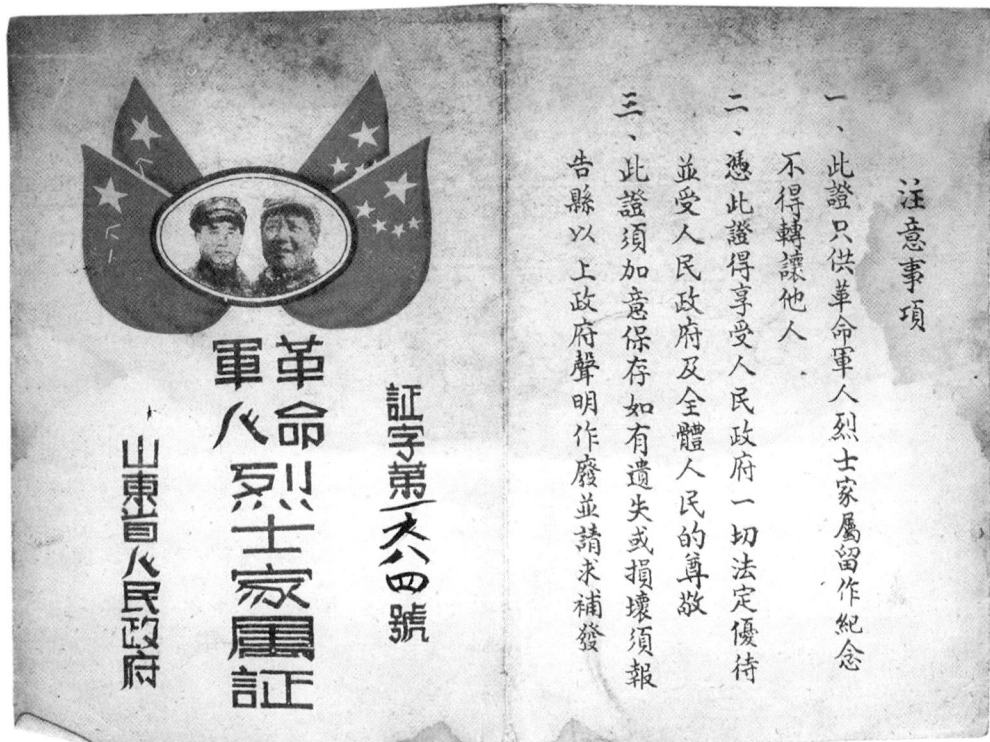

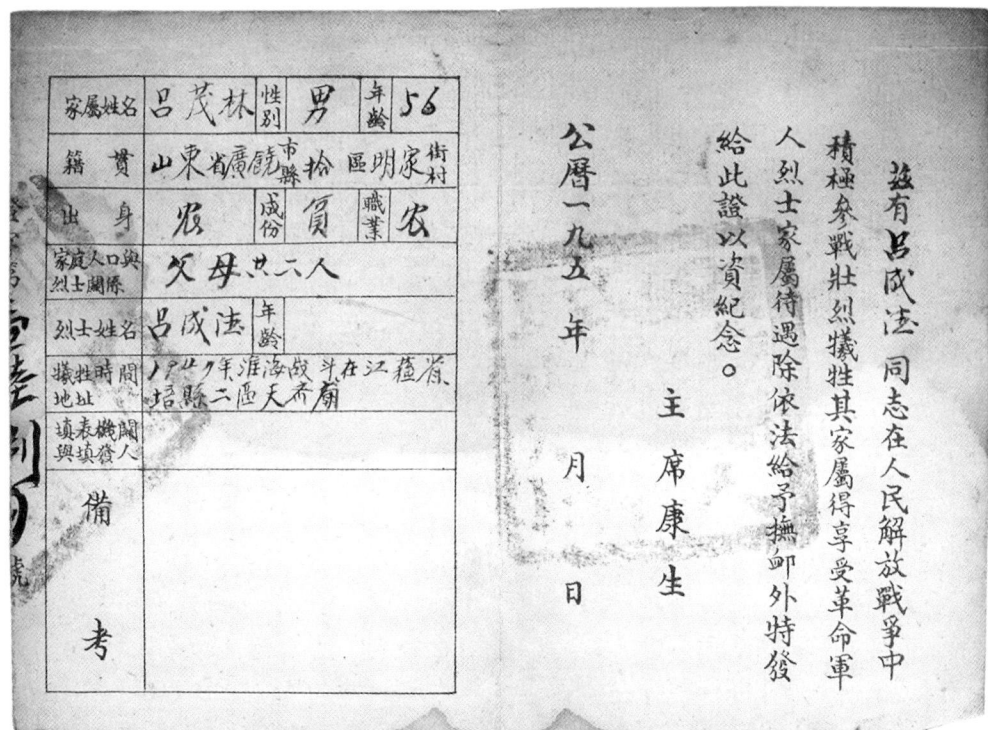

▲ 呂成德的烈士家属证

要想从这狼窝里拖出这个活鬼子可不容易呀！"只有 20 岁的吕班长做事却很老练，用眼扫了下老李和小张后严肃地说："侦察员的任务可没有那样容易的，敌占区人民在期望着我们，首长和同志们在急待着我们，我们一定要按首长的指示把活鬼子带回去。晚上敌人的盘查会更严，我们必须在白天行动。"于是他们把鬼子紧紧地装进了一条布袋里，班长把鬼子耳朵里塞的棉花拿下来，用日语对他说："我们共产党是优待俘虏的，你暂时先委屈一下，但不准乱动。"吕班长推着一辆放着十几个猪鬼子的小车，混在买东西的人群中，由北门顺利地出了张店。他们这次任务的完成，对全歼张店鬼子一个中队的胜利起了较重要的作用。战后全组荣立三等功，吕成德被评为一等功。1944 年夏天他们团的一营在稻田附近抗击时不幸被敌人一个团的兵力包围。他随二营的侦察班和连队一起参加了战斗。敌人火力猛烈，压缩包围圈，企图迅速吃掉我方部队。我方的伤亡越来越大，弹药也越来越少。营首长派出几个求援解围的通信员，都未出包围圈就牺牲了。情况十分危急，这时吕成德挺身而出："营首长，我保证坚决完成任务。"经过他三次要求，营长紧紧握住他的手说："祝你完成任务活着回来。"他带着揭去盖的十几个手榴弹，提着驳壳枪一股劲地向外冲。敌人的子弹和手榴弹像泼水一样地向他身上倾泻。轰！轰！几颗手榴弹把他炸倒了，左胳膊和屁股都负了伤。他抬头向前看去，敌人像火墙一样地挡住去路。于是他忍着痛，向左右前方一连投了几颗手榴弹，一鼓作气冲出了包围圈，使被围部队很快地解了围。战后吕成德被评为"特等功臣"。

1948 年 11 月，具有历史意义的淮海战役打响了，吕成德随部队参战。在战役中多次出色完成战斗任务。不幸在三里庄战斗中，因一次侦察任务，壮烈地牺牲了，献出了自己年轻的生命。

沉着指挥战穷寇　血染战场见风骨

智勇双全的参谋长申文俊烈士

　　申文俊，山东省邱县（今河北省曲周县）城关人，1919 年生。1938 年入伍，次年加入中国共产党。历任秘书、参谋、股长、科长等职，时任中原野战军第二纵队六旅十六团参谋长。1948 年 12 月在淮海战役第二阶段光荣牺牲，时年 29 岁。

　　申文俊出生在山东省邱县一个农民家庭。入伍前家里人口多，生活困难，他一面劳动，一面坚持学习，17 岁那年他读完了高小，当时他怀着满腔热情，想在当地找点工作，以减轻家里一部分经济负担。不料疯狂的日寇发动了七七卢沟桥事变，当年申文俊的家乡也被日寇强占了。日寇到处烧、杀、奸淫，人民无法生活下去，申文俊

▲ 申文俊烈士

眼看着街上那些端着刺刀、到处捆绑中国人的日本鬼子，心里愤恨到了极点，于是他不顾家里的阻挠，到处打听有中国人与日本鬼子斗争的地方。正好当时党中央正从延安派一部分红军到晋、鲁、冀、豫边区建立抗日根据地，领导人民抗日，他就在 1938 年 3 月的一个晚上，在谁也没有告诉的情况下，偷偷地跑出来参加了当时陈再道、宋任穷等领导的抗日部队。刚开始他在四分区跟首长当秘书，后来在冀南军区司令部当参谋。当时部队经常转战在他的家乡——邯郸、曲周、邱县、威县等地，有时部队晚上出去活动就路过他家门口，首长曾几次叫他回去看看（那时他已和张钦仙结了婚），但他都未回去过。据说有一次母亲病得很重，家里叫他请假回去看一下，但他最后还是没有回去。当他的外甥石保银去看他时，他对保银说："你看鬼子到处烧我们的房子，杀我们的人，不消灭他们，我怎么能回家呢！"保银临走时，他还给了他一支水笔、一根皮带，叫他回家有空就学习。

那时司令部是暂住邢台，次日晚上部队就出发了。

申文俊入伍后，忠心耿耿为党的事业奋斗，于次年光荣地加入了中国共产党。申文俊工作上一丝不苟，那时部队装备非常低劣，当然通讯工具也很差，但他能尽一切力量想尽一切办法收集作战时首长需要的情况，及时报告给首长，所以同志们都说他是好参谋。

日寇投降后，国民党又发动了内战，在1947年的千里跃进大别山的艰苦斗争中，申文俊在二旅某部当作训科长，不论当时的环境是多么的艰苦困难，他都能很好地完成任务。在1948年调到第十六团任参谋长时，他那种虚心坦诚、深入细致、坚毅果敢的战斗作风也时时保持着。在战斗中，他的日记记得最详细的是每个分队的政治情绪，以及下级指挥员的特点，可见申文俊对部队政治工作的重视及工作的深入细致程度！无愧为党的一位优秀的军事工作者。

1948年12月淮海战役第二阶段，战斗进行得非常激烈，为了围歼企图逃跑之敌，部队日夜行军，赶到了上级指定的作战地区，申文俊马上根据首长意图，召开司令部的作战会议布置工作，一直到深夜，部队都睡了，可是他还在计划着明

▲　浸有申文俊血迹的笔记本

天的战斗。次日天明，阻击战开始了，敌人疯狂地向各营阵地轮番冲击，当拂晓时分，敌人又调动了一部分兵力，企图在三营阵地上打开一个缺口。申文俊得知情况后，便及时赶到，亲自鼓动和指挥大家，命令团里仅有的一个八二炮连，向正在集结的敌人猛烈轰击，结果敌人丢下了数以百计的尸体，狼狈的四处溃散，我三营阵地却稳如泰山。可是就在他指挥炮连射击的时候，突然一颗炮弹在他身旁不远的地方爆炸了，鲜血不断从他胸部涌出，胸前的棉衣很快被鲜血染红，由于流血过多，申文俊光荣牺牲，永远离开了我们。

冲杀敌营如尖刀　英勇威武赴九泉

"三模"英雄卢洪杰烈士

卢洪杰，山东省临沂市小官庄人，1919 年生。1941 年加入中国共产党，1945 年 2 月参军。历任战士、班长、副排长，时任华东野战军第八纵队二十四师六十四团三营八连排长。曾荣获"爆破模范"、"拥爱模范"、"劳动模范"和"战斗英雄"一英三模的光荣称号，1948 年在淮海战役围歼黄百韬兵团战斗中光荣牺牲，时年 29 岁。

卢洪杰出生在一个贫困人家，幼年给地主放猪，少年当佃户种地务农，因此在 1938 年共产党开辟根据地以后，他再也忍受不了地主压迫，报名参加了民兵。1941 年 3 月参加中国共产党，在党的培养

▲ 卢洪杰烈士画像

教育下，他懂得了革命的道理，因而更加积极地参加敌后群众革命运动。到 1943 年，24 岁的卢洪杰担任村支部书记，工作成绩突出。1945 年 2 月大参军时，他又是全区报名的第一名，光荣加入了鲁中老四团 (后为四师十团，以后又改为第八纵队二十四师六十四团) 三营八连。在他的带动下，70 多名青壮年报名参军。受他的鼓舞和影响，全区很快就完成了"动参任务"。

自入伍后，卢洪杰战斗一贯积极勇敢，首战就成了"新兵模范"，立下了大功一次，并被选为战斗模范。在频繁的行军作战中，他经常背着几个战士的枪支、背包，对伤病员无微不至地体贴、照顾。战斗间隙他还热情地帮助群众挑水、扫地、劳动生产，积极宣传党的政策，在群众中留下了良好的影响，曾被称为"毛主席的好战士"，被评为"拥爱模范"、"劳动模范"。在战斗中，卢洪杰一贯机智勇敢，曾立过三次一等功，并荣获"战斗英雄"、"爆破模范"的光荣称号。

丰城战斗中，敌人工事坚固，布防严密，数次爆破均未成功。为了响应上级

"速战速决"的号召，他奋不顾身，抱起炸药直奔敌机枪吼叫着的城门地堡，冲过敌人三道火墙，来回六趟，连续三次完成了爆破，给部队打开了前进的道路，顺利完成了任务。在另一次战斗中，我军连续三次架桥，都被敌人摧毁，正当大家一筹莫展时，卢洪杰铁拳一攒、钢牙一咬大喝一声："同志们！为人民服务的时候到了！有我无敌！"接着飞刀似地冲入敌人双层火网，越壕而过，直奔碉堡而去，他又一次出色地完成了任务。1947 年 9 月歼灭五十七师的沙土集战役中，卢洪杰带领突击班，以勇猛的动作，直捣敌团部指挥所，迅速歼灭了敌人。

1948 年冬，在淮海战役首歼黄百韬兵团的连续战斗中，为了迅速分割全歼黄百韬兵团，作为尖刀排，卢洪杰所在排，真是像飞刀一般，直入敌人的心脏，拦腰斩断敌人的驻防。虽然达到上级指定的地点，但因三面受敌，遭遇夹击，情况变得更加紧急，任务更加艰巨，卢洪杰指挥全排，机智果断地击退了敌人数次反扑。在我军大部队即将到来之时，敌又向我反扑，他指挥全排一齐向反扑之敌迎面冲去，虽又一次把敌击退，但排长卢洪杰却在冲锋中壮烈牺牲！

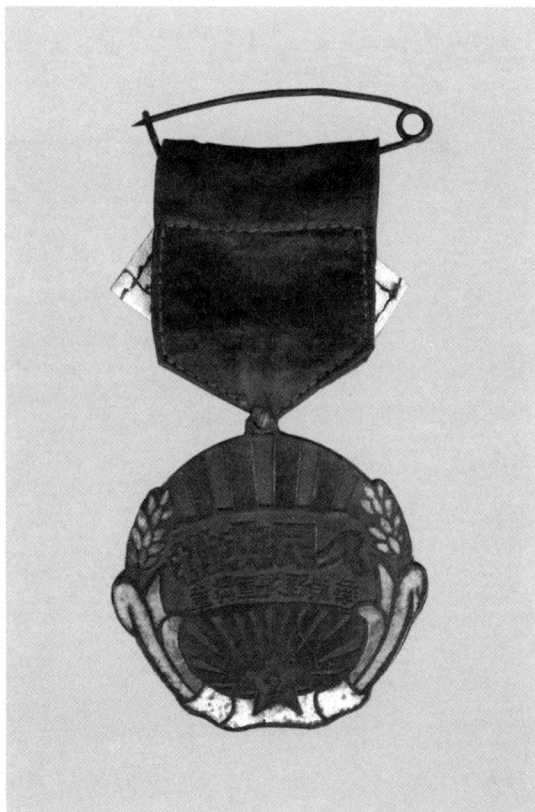

▶ 卢洪杰的"华东二级人民英雄"奖章

勇往直前炸地堡　独眼奋战撼敌胆

人民英雄庄德佳烈士

庄德佳，又名庄德仪，江苏省江都县庄家伙村人，1925 年生。13 岁当制笔学徒，15 岁被国民党军队抓去当兵，1941 年解放入伍，1944 年参加中国共产党。历任战士、班长，时任华东野战军第一纵队一师一团特务连副排长。1948 年 12 月在淮海战役压缩包围杜聿明集团的战斗中不幸牺牲，时年 23 岁。

庄德佳出生在一个贫农家庭，父母早丧，自幼由叔父抚养。他从小聪明敏捷、倔强，八九岁在本村上过一两年私塾，后因家境贫寒，在 13 岁那年，便离家到台峇湾毛笔店当学徒，受尽种种虐待，两

▲ 庄德佳烈士画像

年后，气愤逃出。曾被迫在李明扬部队当勤务兵，1941 年 5 月在苏中战役中被解放后入伍参加新四军。

庄德佳入伍以后，在党和部队首长的培养下，阶级觉悟迅速提高，决心终身为党、为革命事业奋斗到底。因此，在历次战斗中，能坚决执行命令，勇往直前，机智而沉着地作战，屡立功劳。1944 年光荣地参加了中国共产党。入党后，宣传党的政策，严守纪律，团结群众，完成了党所交给的各项任务，因此曾被选为管理教育的模范班长。

在淮海战役中，庄德佳所在的团，曾执行了郯马追击、窑湾攻击、徐东阻击、萧宿地区的追击、二次夏砦战斗和最后围歼杜聿明集团等战斗任务。

在压缩包围杜聿明集团作战中，一团奉命向国民党王牌军第五军固守的夏砦发起攻击，庄德佳所在的特务连奉命要拿下夏砦东南的地堡群，以配合友邻部队，为攻击夏砦打开通路。扼守地堡群的是国民党第五军四十五旅的一个营。战斗开

始后，庄德佳率领四班进行突击，由于庄德佳白天看过地形，因此指挥精密，全班跃进到距离敌人 30 米以外，捕捉了敌人的哨兵。之后，庄德佳首先抱起炸药包冲向敌鹿砦，轰的一声，鹿砦炸开了 6 米宽的缺口，随即庄德佳抢先跃进突破口，四班也随着突进，一阵手榴弹，解决了敌人的地堡，俘虏了 20 多个敌人。正当他们向第二线的大暗堡进攻时，一颗子弹打中了庄德佳的右眼，二排长柴文德赶紧跑过去替他包扎好，并劝他下去休息，但庄德佳连声说："不去，要拼下去，要把敌人拼倒！"他上去打了两颗手榴弹后说："包上眼看不到敌人。"他扯下纱布，一个箭步冲到大暗堡旁边拾起 10 斤重的炸药一拉导火索，向交通沟涌过来的敌人堆里一扔，炸得敌人血肉横飞……而庄德佳却因伤势过重昏迷过去。七八分钟后，他苏醒过来，从敌人丢的尸体上又找到一颗手榴弹，他再次冲上去与敌人搏斗。英雄的庄德佳就在这次与敌人拼杀中，以身殉国。庄德佳光荣牺牲后，被上级追认为"华东二级人民英雄"。

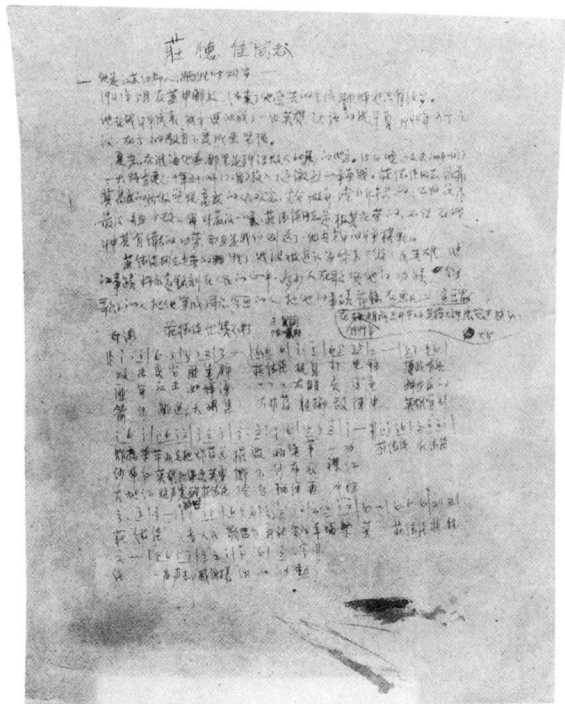

▲ 歌颂庄德佳的歌曲

▲ 庄德佳的"华东二级人民英雄"奖章

深入虎穴浑不怕　英勇沉着意志坚

人民英雄刘金亮烈士

刘金亮，山东省临沂县人，1928 年生。1946 年解放入伍，1948 年参加中国共产党。时任华东野战军第二纵队五师十四团八连班长。1948 年 12 月在淮海战役郭楼守备战中英勇牺牲，时年 20 岁。战后，上级追认他为"华东三级人民英雄"。

刘金亮从小生活在一个贫农家庭，受尽地主压迫，曾被国民党军抓去当兵，1946 年解放入伍，后经党的教育很快加入了中国共产党，逐渐升为副班长。

▲ 刘金亮烈士画像

▲ 刘金亮的"华东三级人民英雄"奖章

1948 年 12 月 13 日，淮海战役第二阶段河南永城东北郭楼出击战时，刘金亮为战斗小组组长，所在的八连为预备队。战斗发起后，刘金亮奉命带领小组随营部通讯员去九连带俘虏。刚出庄，带路的通讯员就负了伤，天黑路滑，又不知九连在何方，组内同志顾虑摸错路会吃亏，刘金亮就动员说："没关系，有困难也要坚决完成任务。我在前面走，你们跟着我，注意隐蔽，互相照顾。"后来又决定先让同志们隐蔽待命，他自己前去侦察。

到了庄子边，刚好听到敌营长叫通

讯员喊九连，刘金亮误为自己的九连，高兴极了，放大胆子向前询问，敌哨兵见人就问："干什么的？"刘金亮回答："来带俘虏，连部在哪里？"敌人答："连长还没有来，营部在那边，你到营部去吧。"正当刘金亮找到敌营部时，天空飘起了信号弹和照明弹，在光亮下刘金亮看到周围有几个戴着大帽子的敌人，才知道误入敌群，不觉一惊，站起来刚想走，敌营长就喊："你站起来干什么，炮火很猛，还不到沟里来。"当时刘金亮灵机一动："哎呀！哎呀！我负伤了。"敌营长："负伤了到沟里来吧。""枪打得紧过不去。"

▲ 刘金亮烈士传略

边说边向后退，退到村边，同来的两个组员摸上来问："是不是九连？"刘金亮答："九连是九连，可不是咱们的九连。"随即告知观察到的情况并叮嘱不要出声，免得被敌人发觉。不多时敌营长命令反冲锋，一位同志听后急了，转身就跑，敌人就打枪，刘金亮急中生智："妈的，不要打！自己人冲锋你瞎打什么枪！火力赶快往左打，掩护咱们冲锋。"敌人轻重机枪很听话，转了射击方向，刘金亮趁机起身快跑，被敌营长发觉："妈的，那是谁呀？这样快跑是投敌吗？"刘金亮答："营长不叫冲锋吗？""对，冲呀！"冲了一段刘金亮等伏下，刘金亮交代小王、小周做好战斗准备，要沉着应付。并说："敌人快瓦解了，我们要打垮他们的反冲锋，等我们人上来咱们就跟着冲，咱们也缴他几支枪，抓几个俘虏。"

不多时，我四连冲上来了，刘金亮就把他们在此活动和了解到的情况向四连首长作了详细汇报。四连首长根据情况马上组织八班突击。八班长见刘金亮很疲

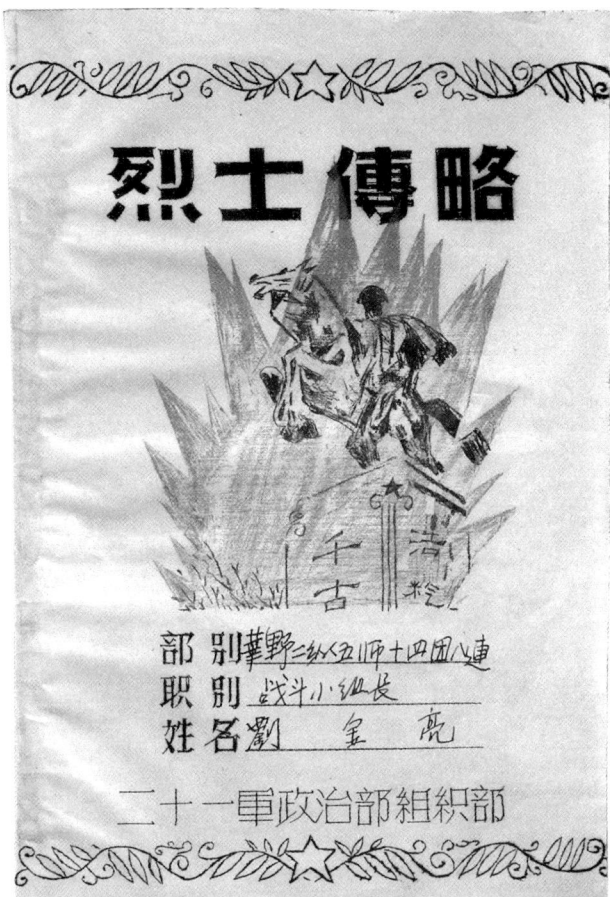

劳，让他下去休息，被他拒绝。在我强大炮火掩护下，很快突破敌阵地。刘金亮完成突击任务后，又担任警戒，掩护部队挖工事，并向敌营部打去。在其他火力配合下，敌营指挥所很快被打垮了。敌人在失去指挥的情况下，像脱缰的马似地东跑西逃乱作一团。我突击部队将敌一个营的阵地全部占领，敌人除去死的外，全部当了俘虏。

刘金亮在连续作战的情况下，不顾疲劳又投入到郭楼守备战斗中，当班长负伤后，他即主动指挥部队，布置警戒、加修工事，阵前阵后跑来跑去地检查布置。就在这时，刘金亮被敌交通壕打来的机枪子弹击中，夺去了生命。战后，上级追认他为"华东三级人民英雄"。

特殊战场建奇功　英勇就义雨花台

优秀地下工作者周镐烈士

　　周镐，又名继文、治平、道隆，出生于 1908 年农历十二月十一日，湖北省罗田县三里桥乡七里冲周家湾人。他家世代务农，父周玉廷，靠卖柴补贴家用，周家有 4 男 3 女，周镐在诸兄弟中最为聪慧，周玉廷夫妇节衣缩食，送周镐入私塾读书。14 岁时，由长兄继先送往武汉，考入成城中学。1928 年，第四集团军桂系的第十八、十九两军驻汉，创办随营军官学校（后改为第四集团军随营军校），周镐考入该校步科。后桂系与蒋介石分歧，将该校带走，经蒋派人追回并入中央军校第七期。在一次该校政治测验中，周镐试卷中因有反蒋言论，被开除学籍。

▲ 周镐烈士

　　周镐离开军校时，正当李济深等在福建成立人民政府，于是周镐前往福建，投入蔡廷锴的十九路军。闽变失败，十九路军亦被撤销，周镐取道上海返回武汉，被国民党特务追踪。到汉下船时，即被宪兵第四团逮捕，该团团长与周镐有旧交，力劝周镐，并迫使他加入军统组织。周镐精明强干，活动能力强，被任为贵阳市邮电检查所所长，后又调任广州市缉私处长，嗣又调任广东省曲江市保安司令部高级参谋。

　　1942 年，军统局长戴笠与南京方面周佛海取得联系，戴派周镐到南京和上海建立地下组织，于是周镐被任为军统南京站少将站长，并通过周佛海关系，当上了汪伪中央军事委员会的少将参议，后来还充任汪伪政府的无锡行政区督察专员。这一年周镐与中共派往潜伏汪伪机关工作的徐祖光（祖芳）同志取得了联系，利用军统及汪伪政权多方面的关系，秘密地为中共工作。此时周镐已与冯玉祥旧部国民党将领孙良诚熟识。

1945 年，周镐在地下电台中听到《波茨坦公告》，便开始秘密筹备接管南京日伪政权的工作。8 月 14 日奉国民党军事委员会的电令，组织军委会京沪行动总队南京指挥部，任命周镐为该部总指挥。周乃以汪伪的储备银行的部分职员，及他在无锡专属的旧部，组成接收班子，当天就进驻了储备银行（今中山路一号）封存了金库，控制了汪伪的财政部、宪兵队、中央电台等重要机关。8 月 15 日，南京指挥部发布了重要布告，颁布了十项规定，将汪伪的《中报》改为《复兴日报》。周镐利用汪伪电台，发表了重要讲话，宣布接受"南京政府"，并逮捕了汪伪中央军校校长鲍文沛及南京市长周学昌。但当时重庆方面已怀疑周镐与中共有联系，认为周镐不听重庆指挥，有损重庆的"正统抗日政府"形象，命令日军司令冈村宁次不准向周镐的指挥部投降。8 月 16 日上午，汪伪的军校学生全副武装到南京指挥部示威，在街心花园架设机枪对准指挥部，要求释放鲍文沛；并有日机数架凌空盘旋，造成紧张局面。冈村宁次亲自出面邀请周镐到日军司令部商谈投降事宜，谈判未开始当即将周镐软禁。19 日晚，汪伪南京警备司令任援道奉军统令，出面交涉，将周镐引渡软禁于该司令部里。戴笠抵南京后，即下令将周镐转交军统关押审查，直到 1946 年戴笠因飞机失事而死，并经周的好友军统局二处处长黄逸公的疏通，军统又以周镐问题无确切证据，而将他释放。

1946 年底，周镐加入了共产党为特别党员，军统认为他有"背叛党国"的嫌疑，又将周镐逮捕。因得友人王鹤皋之力，并花费大量金钱买通，加之与他同捕的同志互相解脱，周镐又得于次年春天出狱。周镐出狱后，身份日渐明显。为了保守党的机密，保障同志的安全，我党调周镐往苏区工作，任京、沪、徐、杭特派员，致力于对蒋军的策反工作。

淮海战役时，冯玉祥旧部孙良诚及刘汝明均在前沿附近，周镐在军统时即与孙良诚有旧，孙又不满蒋之所为，周镐乃奉命以黄金 1500 两策动孙良诚起义，并由孙联系刘汝明。刘佯许诺，但随即向蒋介石报告，因此周镐等一行七人随孙前往刘汝明兵团司令部时竟为孙刘所出卖，到司令部门口下车时即被捕，当即解送南京，被秘密杀害。周镐死难时年仅 40 岁。

弃私为国跟党走　赤胆忠心战淮海

战斗英雄胡承祥烈士

胡承祥，山东省淄博市张店区马庄乡石家庄人，1910 年出生。1941 年 1 月入伍，同年 8 月加入中国共产党。历任正副班长、正副排长、正副连长和副营长等职。他曾立过三等功二次、二等功一次、一等功二次，并被评为"战斗模范"和"战斗英雄"。时任华东野战军第八纵队二十二师六十五团三营副营长。1948 年 11 月，在淮海战役孙庄战斗中光荣牺牲，时年 38 岁。

▲ 胡承祥烈士画像

胡承祥出生在一个雇农的家庭里。其祖父和父亲给地主干了一辈子长工，但生活还是一年不如一年，一辈比一辈穷。胡承祥 13 岁这年照例走长辈的老路——给地主家放猪、放羊、干农活，这样的生活持续到 18 岁。19 岁那年他赌气跑回了家。但当时暗无天日的旧社会哪能容他生活下去，8 口人的家庭一天连 3 斤粮都吃不上，兄弟 3 个都是 20 多岁的小伙子，却饿得面黄肌瘦。于是他又到淄川、博山城去做临时工。不管他怎样东奔西跑，全家还是吃不饱穿不暖。

1941 年 1 月我军廖司令率四支队攻打张店鬼子后经过石家庄，胡承祥被我军的纪律和坚决抗日的正义行为所感动。他又从他大哥口里了解到，廖司令的部队是共产党领导下为穷人打仗的军队，便自愿报名参加了四支队。这年他已 31 岁了，同年 8 月他光荣地加入了中国共产党。他入伍后工作一贯积极肯干，无论当战士或干部都有坚强的组织性和纪律性；无论工作和战斗，对上级的命令从没打过折扣，都能圆满地完成任务。他生活上艰苦朴素，爱兵如自己的亲兄弟。他当班长时，有一次从博山向南急行军，看到新战士没鞋穿，他就把自己的鞋脱下来给新战士穿上，而自己却赤着脚坚持行军。班里的几个新解放的战士被感动得流下了眼泪。

当排长、连长时，他不管多么疲劳，都要坚持查岗、查铺和检查伙房做饭等工作。有一次夜行军，刚到宿营地，战士、干部都疲劳地睡了，他估计天亮后很可能和敌人打上，于是动员大家挖工事。天亮后果然与敌人打上了，激战了一整天，因有较好的工事，伤亡很小。因此战士们常这样讲："我们的连长比母亲还亲，比诸葛亮算得还准。"

胡承祥不但平时受大家敬仰和爱戴，在战斗中更表现了英勇顽强的作风和果断的指挥才能。在汶南、张店、博山、安丘、孟良崮、开封、淮海等历次战斗、战役中，都表现了机智灵活和猛打猛冲及自我牺牲的精神，因而均圆满地完成了艰巨而光荣的任务。1945年四连奉命攻打博山城的鬼子，黄昏，在炮弹和炸药包的爆炸巨响中，攻城开始了。二排长胡承祥带领四班五班在浓烟中迅速攻占了突破口，敌人乘二排立足未稳，便集结了一个小队的兵力，像疯狗一般反扑上来。攻如猛虎守如钉的二排英雄们，哪能让鬼子发狂，他们用手榴弹和速射枪把敌人撂倒了一半，其余的都滚回去了，就这样一连打退了敌人三次反扑。胡承祥又命令副排长带领六班从右侧插入敌房子后面，截击敌人后续部队和从敌后开火来吃掉敌人。六班在敌房后一打响，敌人像热锅上的蚂蚁一样乱成一团。这时排长高喊："同志们冲呀！"五班六班在排长的带领下，一鼓作气冲了上去。敌人像遇大风的麦捆一样一个个地倒下去了。经过一场激战，近两个小队的鬼子被全歼，疯狂一时的鬼子小队长和九个鬼子也乖乖地做了俘虏。他当副营长时常对下级干部讲："当一个下级指挥员，必须熟悉地形、了解敌情和本分队的战斗力，否则是不可能打胜仗的。"全营的干部战士在他的教育指导下，都和他一样的勇敢和机智。

在七年多的战斗生活中，他曾负伤六次，是二等乙级残废，因流血过多身体较弱而面孔显得有些消瘦，但他的革命意志却越来越坚强。在七年中，他曾立过三等功二次、二等功一次、一等功二次，并被评为"战斗模范"和"战斗英雄"。1948年11月，在淮海战役大孙庄战斗中，他献出了宝贵的生命。

爱兵如子好营长　誓拼热血固神州

英雄营长陈更生烈士

陈更生，江苏省启东县人。1920 年生于一个农民家庭。1940 年参军入伍，1941 年加入中国共产党，党内历任小组长、支委、支书、总支委、区委委员等职。行政上历任战士、班长、排长、政治指导员、团特派员、营长等职。时任华东野战军第十一纵队三十三旅九十八团三营营长。1948 年 11 月 25 日于淮海战役西耿集阻击战中，英勇牺牲于姜公山，时年 28 岁。

▲ 陈更生（中）与战友的合影

陈更生的一生是对党无限忠诚、密切联系群众、英勇战斗的一生。陈更生表现了以党的利益为第一、从不计较个人得失的高贵品质。他工作上积极负责，埋头苦干，常常带病带伤坚持工作，他的身体比较虚弱，在解放战争的艰苦环境下长途行军，常被通讯员扶着走路，以免支持不住而跌倒。同时，他还处处关心爱护别人，身体稍好时就抢着为运输员背背包、为通讯员背米袋等。1948 年 2 月的一次战斗中，他腰部负伤，由于营里干部少，他坐着担架，带伤在部队中坚持工作，以致创伤加重，伤口长期不能愈合。他有坚强的组织观念和严格的自我批评精神。在任营长期间，全团上下无不认为他是组织观念最强的同志。他总是严格要求自己，勇于承担责任，他能最好地团结同志而又敢于同一切不良倾向展开原则性的斗争。在他任营长的五年时间里，有四个连级干部在其他单位工作一直搞不好，直到调到陈更生的部队，在陈更生的领导及其本身模范作用的影响下，都很快地改正了缺点，工作中也做出了显著成绩，并先后提为营级干部。

陈更生对人民有着母亲般的关怀。1944 年，他遇到一个无依无靠的 10 岁小孤儿，虽然自己的家境比较清寒，但他毅然地收养了这个孩子。无论他到哪里都和那里的人民群众亲密无间。他自己的生活非常艰苦朴素，从不在缴获品中拿一样东西，但他很关心战士的疾苦，为部队解决困难。谁没鞋子穿了，谁没黄烟抽了，他都很了解，因此，他常常将自己的鞋子省下来送给别人，自己少抽烟，将烟送给战士抽。甚至是短枪，他总是将好的枪先给连级干部使用，自己用差的。由于他这样无微不至的关怀同志、密切联系群众，因此他在群众中有"母亲营长"、"士兵营长"之称号。

抗日战争时期，在江苏省海启地区的反清乡斗争中，他积极发动群众，开展对敌斗争，亲自带领短枪队员，数次深入敌后据点铲除敌奸，大大鼓舞了反清乡地区人民的斗争信心。当时人民中有人誉他为"海启之杰"。解放战争中，在大小战斗中他都英勇顽强，身先士卒，在激烈的敌炮火下，不顾个人安危，深入第一线指挥。如1947年在江苏南通县攻克刘桥的战斗中，在冲击准备还未做好时，因敌情变化，团下令立即冲击，他即头戴钢盔、手持上刺刀的三八枪，带头冲击，这种无畏的精神，给全体官兵以极大的鼓舞，因此部队迅速全歼了敌人。他在战斗中那种冲锋在前、退却在后、镇定自若、豪迈乐观的作风让人永生难忘。

他在任营长期间，在全团享有崇高的威信，全团同志一致公认他是一个模范共产党员。

1948年11月25日，在淮海战役西耿集阻击战中，陈更生在姜公山上指挥部队反复击退敌人的冲击，他亲自到第一道堑壕指挥战斗，在与敌人的白刃搏斗中，党的优秀干部、人民的好儿子，我们最敬爱的战友——陈更生英勇牺牲了。噩耗传来，全营同志无不悲痛流泪，立即就地宣誓，高呼口号，誓以更坚决顽强的战斗消灭敌人，为营长报仇。他牺牲的消息传到他家乡后，当地党和人民化悲痛为力量，并将他家乡的名字改为"更生"乡，以志永念。

巷战肉搏英雄汉 浴血奋战大王庄

特等战斗英雄张顺乾烈士

张顺乾，河北省清丰县苏尔庄人，1917 年生。1943 年秋加入国民党部队，1945 年冬起义参加解放军。时任中原野战军第六纵队十六旅四十六团九连一排排长。1948 年在淮海战役第二阶段攻击大王庄战斗中光荣牺牲，时年 31 岁。

张顺乾出生在一个贫农家庭，他家几代人都是给地主扛长工，年景不好时，一家老小靠乞讨度日。1942 年，华北久旱不雨，赤地千里，张顺乾和他的父母只得逃荒外乡。不久，他的父母相继饿死。为了混口饭吃，张顺乾到高树勋部队当了兵。1945 年

▲ 张顺乾烈士

冬，平汉战役高树勋在我军的打击下，举行起义，张顺乾回到了人民的怀抱，开始了革命生涯。

为了改造高树勋部队，我党组织决定从中抽调一部分成分好、表现好的干部去山西长治学习改造思想。张顺乾被选出参加了这次学习。到了解放区，到了人民军队的学校，张顺乾处处感到新奇和兴奋，亲眼见了解放区的人民当家做主，人民军队官兵一致友爱团结。如鱼得水的张顺乾无处不感到幸福和敬仰，新的天地无处不使张顺乾欢欣鼓舞。经过一年的学习，张顺乾思想觉悟有很大提高，决心全心全意为人民服务。学习结束时，他向领导提出了不再回原高树勋的部队，愿意到前线去打国民党的要求，领导上满足了他的要求，调他到十六旅四十六团九连任排长。

张顺乾到了革命部队后，不仅工作积极热情，虚心向连队领导、老同志学习带兵方法和部队传统作风，而且能够处处以身作则，关心群众爱护战士。在行军作战中，总是吃苦在前，不畏困难，生活在群众之中。行军时他扛的东西比战士多，

到了宿营地战士们休息了，他还要检查第二天的行军作战准备情况或者查铺、查哨，总是很迟才休息。新兵入伍缺乏军事知识，他就经常抽空和新战士讲解如何打枪、作战，同时他还请新战士给他讲解放区打土豪分田地的人民翻身革命运动。既教育战士，又要战士教育自己，这种诚恳虚心、热情坦率的性格，深深地感染了全排战士，受到了战士们的尊敬。

张顺乾在每次战斗中都非常英勇顽强，他所领导的排每次都突出地完成战斗任务，多次受上级的奖励。1948年冬，第六纵队第十六旅光荣地参加了举世闻名的淮海战役。张顺乾在党的扩大会议上提出了入党要求，表示决心要在战斗中经受党的考验，要求党组织给他最艰巨的任务。党组织接受了他的请求。

在淮海战役第二阶段，张顺乾所在的连队担任进攻大王庄的尖刀连，他领导的排是连的尖刀排。进攻开始，全排在他的指挥下像一把钢锥一样插入了大王庄，和敌人进行巷战肉搏争夺，占领了阵地。这时，敌人为了重获大王庄，控制有利地形，用重兵进行反扑，于是，张顺乾所在的连与敌人开展了更为激烈的战斗，敌人冲上来，打下去，再冲上来，再打下去，一次一次反复着。张顺乾在战斗中临危不惧，异常英勇，指挥沉着，机智灵活，敌人坦克来了，他就指挥先打坦克后的步兵，消灭了步兵，坦克就失去了作用，又集中全力消灭坦克。子弹打光了，他们就从敌人手中夺过武器，打击敌人。战斗中，张顺乾还不断地开展鼓动工作，及时提出战场鼓舞士气的口号，全排战士在他的鼓舞下，斗志昂扬，"人在阵地在"是全排战士的一个恒久誓言。敌人一天内无数次的反扑，除了丢下三辆坦克和无数尸体外，什么也没有得到，英雄的阵地在张顺乾排的

▲ 张顺乾的立功喜报

战士脚下屹然未动。

战斗中张顺乾排的阵地虽与连指挥所不过 40 米远，可是在枪炮声震耳欲聋的战场上，与指挥所取得联系却是极困难的一件事。在这种情况下，张顺乾深感责任重大，他的心始终和连指挥所紧紧地联系在一起，"一定要守住阵地，誓与阵地共阵亡"，这不仅是全体战士的誓言，也是他指挥战斗的准则，每组织一次战斗他总是从保存自己消灭敌人出发，与敌人逐壕逐沟地进行搏斗。他们排钳制住了敌人，粉碎了敌人想从大王庄突围的阴谋，出色地完成了战斗任务。但不幸的是张顺乾在换防撤出阵地时中弹，光荣牺牲了。战后，上级党组织根据张顺乾烈士生前的表现和请求，追认他为中国共产党党员，并授予"特等战斗英雄"称号。

身负重伤战前线　赴汤蹈火为总攻

人民功臣陈洪汉烈士

陈洪汉，山西省夏县西晋村人，1919 年生。1938 年 7 月入伍，同年 10 月加入中国共产党。历任宣传员、文书、文化干事、排长、政治指导员、副政委、政教、营长、团参谋长等职。时任中原野战军第九纵队二十六旅七十八团参谋长。于 1948 年 12 月 7 日晚 9 时在淮海战役安徽宿县南双堆集战场攻击张围子战斗中英勇牺牲，时年 29 岁。

陈洪汉出生在山西省一个农民家庭，高小毕业后于 1938 年 7 月主动参加了地方游击队（洪县支队），同年 10 月加入中国共产党。陈洪汉在党的培养教育下，在人民革命战争中，经历了无数次战斗，先后

▲ 陈洪汉烈士

负伤两次。因为他平时工作积极，深入联系群众，民主作风好，工作成绩显著，曾被评为"优秀指导员"。1943 年任政教时在灵嵩战役中，右腿负伤致二等残疾，但仍然亲自指挥作战，将敌"剿匪"二师的日本指导小队全部消灭，战后荣记一等功，并出席了旅的英模代表大会，旅党委授予他"人民功臣"的光荣称号。

1946 年元月，国民党军驻新乡三十二师向我豫北解放区展开猖狂进攻，陈洪汉率领四十五团二营阻敌于焦作东二十五里处的五里铺，对进攻的敌人两个团进行了顽强的抗击，敌人在飞机、坦克和强烈的火力的掩护下，直逼五里铺，虽形成了三面包围，但陈洪汉在战斗中坚决顽强，组织反冲击，杀伤 200 多人，打退了进攻之敌，保证了主力转移。同年 10 月，在修武战斗中，他出色地完成了阻击国民党军八十五师一部的任务。

1947 年 3 月我军攻打河南省安阳城时，陈洪汉指挥本营不仅打退了敌人之反扑，还摧毁了纪家庄敌之集团工事，从而改变了当时的战斗态势，争取了战斗的

胜利。1947年秋季，部队打过了黄河，截断了敌陇海路之交通，当时敌人为了打通陇海路，便与胡宗南互相接应，组织了其十五师两个旅兵力由洛阳向西进。我军为了阻止敌西进，并消灭它，命二十六旅七十七团一营于河南省洛阳西、中地区阻击敌人，该营在上级指挥和兄弟部队的配合下，由陈洪汉亲临前沿指挥，一天打退敌人18次攻击，大量杀伤了敌人，使敌寸步难进，为兄弟部队的援助争取了时间，击破了敌打通陇海路之计划，保障了我第四纵队灵宝战役的胜利。在战斗中，陈洪汉沉着勇敢、机智灵活地指挥本营，在紧要关头，亲赴最前沿，指挥小分队与敌反复争夺搏斗。

1948年淮海战役第二阶段黄维兵团被我军重重包围之后，为了全歼该敌，必须打烂敌之防御体系，为此我军于12月6日晚，组织了对黄维兵团重要防御阵地之一的张围子阵地实施攻击，该阵地由蒋军第十军七十五师二二三团把守。该团即陈诚起家时亲手培植起来的嫡系部队，全由国民党的骨干分子组成，号称青年团。我军实施攻击后，因缺乏阵地攻坚经验，及步炮协同欠妥等原因导致首次战斗失利。接受了此战教训，陈洪汉深入部队与战士共同研究，并抓紧时间亲自组织突击分队的训练，从而解决了火力分工、步炮协同及发起冲击的队形、跃进速度等重大问题。7日晚上再次组织对张围子守敌实施攻击，在经过炮火准备之后，在陈洪汉亲临前线指挥下，很快突破了敌前沿，陈洪汉即随突击分队前进，在他正指挥部队继续前进时，敌人的榴弹炮弹打了过来，正落在陈洪汉附近，他当即负伤，随后全身起火，但仍然坚持指挥部队作战，直至光荣牺牲。

▲ 陈洪汉的全家福

火烧坦克退强敌　猛攻固守肉搏战

英雄排长阎世华烈士

阎世华，安徽省凤台县人，1930 年生。15 岁被国民党军抓去当兵，1945 年 6 月解放入伍，1946 年 8 月加入中国共产党。曾任战士、班长、副排长，时任中原野战军第三纵队七旅十九团十连二排排长。1948 年 12 月，在淮海战役攻击西马围子的战斗中牺牲，时年 18 岁。

阎世华自幼家中贫寒未上过学，从小除了帮助父亲干些农活以外，就做个小生意（卖香烟、花生、瓜子、粽子等），有时还放放牛。他 15 岁那年，顶替其同父异母哥哥的名字——阎世华充当壮丁。当时地主的儿子不愿去当壮丁，贿赂了保安队，保安

▲ 阎世华烈士

队就去抓他哥哥顶替，他哥哥知道后跑掉了，父亲无奈只得将自己的次子（小名叫小陈，就是烈士阎世华）顶了长子阎世华的名字当了壮丁。1945 年 6 月解放入伍。入伍后，在党的培养下，阶级觉悟有了提高。他个性温和，待人诚恳，能耐心严格地管理部队。战时身先士卒，并善于发扬我军能攻善守的优良战斗作风，屡建战功。

1948 年 11 月 24 日夜，我中原野战军像潮水一样从四面压来，将企图增援徐州的黄维兵团压缩在以双堆集为中心纵横约 15 华里的狭小地区内。敌人被围以后，像一头刚被关进笼子的野兽一样，拼命挣扎，妄想逃脱被歼的命运。而阎世华所在的十九团三营十连坚守的小邹庄阵地，也是敌人反扑的重点之一。

25 日拂晓，敌人的反扑又开始了。英勇的战士们在小邹庄前开阔地临时构筑的简单工事里，抗击着三面攻来的敌人，一次又一次的反扑被打了下去，敌人的尸体横七竖八地倒在阵地前，我们阵地上的很多战士也负了伤，而敌人却愈攻愈

猛。中午时分，敌人约两个营的兵力，在八辆坦克的掩护下，气势汹汹地朝小邹庄猛扑而来。在野地里指挥部队作战的十排长被坦克冲击而光荣牺牲了。由于部队缺乏对坦克作战的经验，加上排长阵亡，部队有些混乱，特别是几天前才由宿县解放过来的新解放战士，部分人甚至自动撤退了。在这种危险情况下，九连二排排长青柏林和十连二排排长阎世华在三营副营长赵金来的指挥下，始终坚守着小邹庄阵地。敌人的坦克围着村子轰炸、扫射，阎世华一面鼓励大家"守住阵地，坦克不敢进村"，一面指挥部队集中火力打击楔入小邹庄内的敌人步兵，同时，组织战士用高粱秆燃烧大火，冲向坦克，敌坦克要么履带被烧坏，要么油箱被烧炸。经反复三次拉锯，终于将敌人赶走，剩余的敌人见此状况，也只好掉头回窜。经过一天激战，英雄的小邹庄阵地屹立未动。战斗下来阎世华所在排集体立大功一次。

12月11日夜，总攻西马围子的战斗开始了。当十一连的勇士们英勇突破前沿后，阎世华所在十连的勇士们立即从左侧向敌人纵深插去，切断西马围子敌人的退路。他们首先占领了西马围子通往小马庄的一段交通沟，这里，是敌人援兵必经之路，也是盘踞在西马围子的敌十八师五十二团的生命线，只要切断了它，就可以制敌人于死地。任务是光荣而艰巨的，战斗是激烈而艰苦的。小马庄的敌人像潮水一样涌来，企图增援，而西马围子的敌人，也拼命向十连阵地攻击。但是，十连的勇士们像一座泰山一样屹立在这只有几十公尺的交通沟内，抗击着数倍于他们的敌人。惨无人道的敌人，竟绝灭人性地使用了毒气。但是，英雄们没有后退一步，连长负了重伤，指导员王团在战斗中光荣牺牲，二排长阎世华主动代理指挥，他组织起剩余人员，继续战斗并不断鼓励大家："我们要发扬小邹庄作战的光荣传统，宁可前进一尺，不能后退一寸。"这时，弹药已打完，阎世华等勇士们搜集着烈士

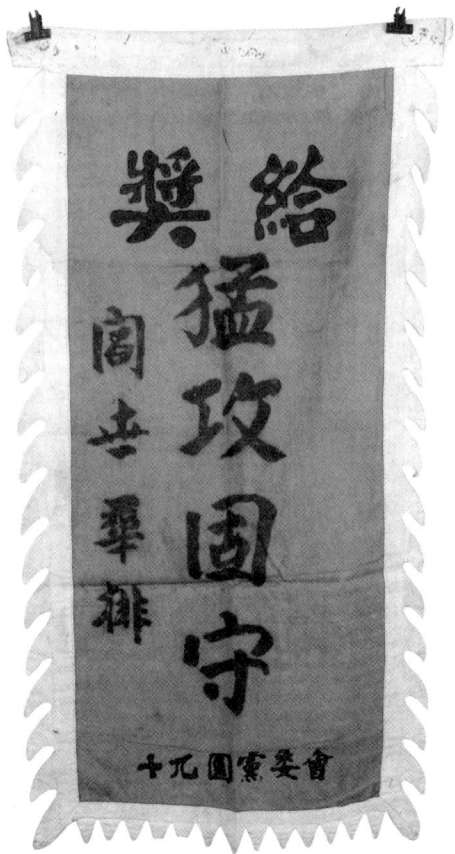

▲ 阎世华排荣获的"猛攻固守"奖旗

身上的弹药，并和敌人展开了肉搏战。阎世华左右拼杀，刺刀捅弯了，就用枪托砸。在十连英勇抗击着两面敌人夹击的同时，一、二营和友邻部队像两支利剑从正面攻入了西马围子，将国民党军所谓"主力中的主力"——十八师五十二团全部歼灭。当十连的勇士们和一营部队胜利会师时，全连只剩下两个人。十连的勇士们用生命和鲜血保证了西马围子歼灭战的全胜，优秀的共产党员阎世华也在这次战斗中光荣牺牲！为了永远纪念人民英雄阎世华，经十九团党委会批准，命名十连二排为"阎世华排"，并奖给"猛攻固守"锦旗。

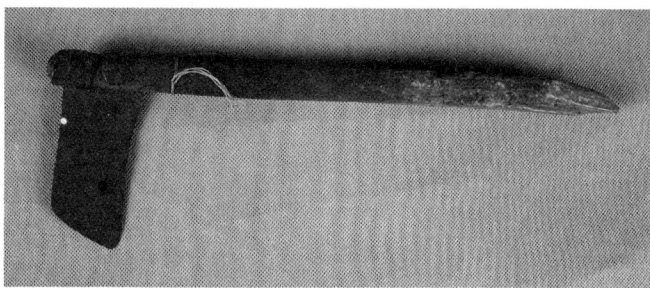

▲ 阎世华童年挑水用的木桶和劳动用的镰刀

地堡群中肉搏战 浴血奋战为革命

特等功臣李公然烈士

李公然，河南省杞县花园村人，1926 年生。幼年随母讨饭，16 岁为还债被迫做壮丁，1945 年 12 月入伍，1946 年加入中国共产党。历任战士、班长，时任华东野战军第四纵队十二师三十五团九连一排排长。曾荣获"特等功臣"称号，三次被评为"战斗模范"，并被追认为"华东一级人民英雄"。1948 年在淮海战役围歼黄百韬兵团攻击大、小牙庄的战斗中壮烈牺牲，年仅 22 岁。

李公然家三代贫农。他的父母在地主的剥削下，被逼得走投无路，只好在郑州流浪。父亲与朋友一

▲ 李公然烈士

道合拼一辆破斗车开始了拉车生计，母亲有时给人家做些洗衣杂活，有时领着孩子们讨饭，过着饥寒交迫的生活。他的一个弟弟，因为吃不饱饭被活活饿死。抗战结束后，李公然自愿参加了中国人民解放军，从而走向了革命道路。

李公然于 1945 年 12 月在江苏省高邮县参加革命队伍，先后任战士、通讯员、正副班长、正副排长等职。在党的培养教育下，李公然提高了政治思想觉悟，树立了忠于党、忠于人民、忠于革命事业的雄心大志，很快便成长为一位坚定的无产阶级革命战士，在 1946 年 9 月光荣地加入了中国共产党。他在每次战斗中都奋不顾身、勇往直前，千方百计完成党交给的各项战斗任务。他在一次战斗中曾受过三次重伤，但仍坚持不下火线，坚决斗争到底。在行军时路过家门四次，领导再三动员叫他回家探望父母，他始终没有答应，并说："敌人一天不消灭，我就没有家可归。"战斗中他一贯英勇顽强，睢杞战役龙王店战斗中，他带领突击组冒着敌人的猛烈炮火，以神速动作绕过正面，从右侧偷摸上敌人的圩子，炸掉敌两个机枪火力点，为攻击部队扫清了道路。在攻击田花园战斗中，他率领突击班，在炸开敌人鹿砦后，迅速冲进圩子。此时，遭敌疯狂反击，他即组织仅有的 5 个勇士，连续打垮敌人两次猛烈反扑，坚守了阵地，并配合后续部队攻占田花园，歼灭了敌人。

1948 年 11 月，淮海战役打响。华东野战军各个纵队按计划向碾庄圩发起总攻。碾庄圩是一个仅有 200 余户人家的小村庄，由于地势平坦低洼，雨季易涝，庄外围有两道 30 到 50 米的水圩子，像护城河一样环绕村庄。黄百韬兵团进驻这个村庄后，在原李弥兵团构筑的工事基础上，又加修了不少掩体工事，形成了沟连沟、工事连工事、地堡套暗堡的防御网络，既可独立坚守，又与邻近村庄形成能相互支援、互利交叉的格局。华东野战军第四纵队向碾庄圩西侧、北侧外围据点发起进攻。李公然所在部队负责进攻大、小牙庄任务。在兄弟部队压制敌人火力的条件下，李公然全排趁着天黑，主动出击，英勇果敢地插入敌地堡群。他们用铁钳破坏了敌人的铁丝网，越过鹿砦占领了深深的围壕，将要夺取最后一道围沟围墙的时候，被狡猾的敌人发现，敌人以猛烈的炮火向李公然等扫射。这时李公然奋

▲ 李公然烈士墓碑

▲ 李公然的"华东一级人民英雄"奖章

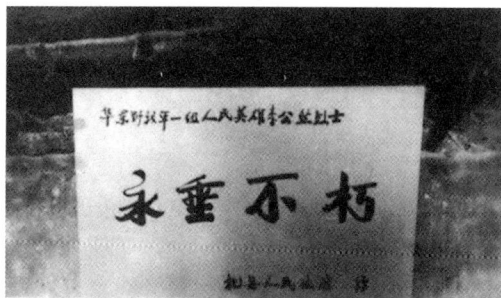

▲ 李公然当长工时用的锄头

不顾身地在敌人的猛烈炮火袭击下冲上了前方，向敌人杀去，他一面用火力抵抗，一面越墙。在这相持之下的约十余次的进攻中，李公然在围墙下光用刺刀就把敌人挑下墙达 15 人之多。而后，他带领战士们冲入碉堡群，与敌展开了激烈的肉搏战。他虽身负 7 处重伤，仍坚持战斗。经过反复拼杀，我军最终取得了此次战斗的胜利，但是勇敢、顽强的李公然却停止了呼吸，再也听不到战友的呼喊。李公然就这样为党为人民的革命事业献出了自己年轻的生命。牺牲后的李公然左手仍紧紧掐着一个敌人的脖子，右手抱着枪，刺刀上扎着一个敌人，嘴里咬着一个敌人的耳朵，背上还压着一个敌人。牺牲后，李公然被追认为"华东一级人民英雄"。

无微不至爱战友 固守阵地勇捐躯

政治指导员徐行烈士

徐行，原名徐佩德，江苏省海安县人，1921 年生。自幼读书，中学毕业后，转入苏中公学。1944年参军，同年加入中国共产党。历任宣传员、宣传干事、指导员等职，时任华东野战军第十一纵队三十一旅九十三团政治处组织干事。1948 年 11 月在淮海战役的徐东阻击战中牺牲，时年 27 岁。

▲ 徐行烈士

徐行工作一贯积极负责，刻苦钻研，富于创造性。1947 年 10 月，部队由苏中北上攻击新安镇敌人的前夕，他采用"访问穷兄弟"的办法，率领部队到贫苦农民家中访贫问苦，并以此教育部队，启发战士、干部控诉旧社会，讲述自己的亲身经历，找出受苦原因，以提高部队的阶级觉悟，增强解放全中国的决心。1948年向敌展开秋季攻势中，上级党委号召部队开展"战斗好、友爱团结好、部队巩固好、执行群众纪律好"的"四好运动"时，徐行不仅积极执行，并在实际工作中进一步创造与发挥，他发动部队用"谈好、记好、评好、说好、唱好、学好"等方法，开展宣传鼓动工作，在部队中形成了争做"四好模范连"的热烈气氛。当时，部队虽然战斗、行动极为频繁，生活极其艰苦，但战士们一直保持着旺盛的战斗士气。徐行这种创造性的教育方法，曾受到第十一纵队政治部的通令嘉奖和记三等功一次。

徐行工作深入，关心体贴战士，他不仅知道全连每个干部和战士的姓名、年龄、籍贯，而且知道每个人的特点和思想变化。战士有了困难，他总是想尽一切办法帮助解决。行军中他帮体弱、有病的同志扛枪、背背包，晚上睡在班里，他每天总是找几个战士谈话，以提高他们的思想水平和工作能力，帮助解决问题。1948

年10月，一个战士的衣服在战斗中全部破了，徐行将自己身上仅有的两套衣服，脱下来一套给战士。正因为他对战士们关心体贴，大家都亲切地说："徐指导员就像我们的妈妈。"

徐行在战斗中，一贯英勇顽强，真正做到政治工作干部应有的"冲锋在前，退却在后"。如1948年3月，第三次三余镇的战斗中，他分工率领的二排，活捉敌人40多名，缴枪50多支。1948年9月，沭阳河阻击战，由于敌我兵力悬殊，我军被迫撤退时，他是最后撤退的一个，并背了一个伤员下来。

1948年11月中旬，国民党军黄百韬兵团被我军包围在碾庄圩即将被歼时，蒋介石派了邱清泉兵团，从徐州出发企图接应黄百韬兵团突围。11月14日中午，敌"王牌"新五军一部占领了城头村西沿，14时即向坚守顺山阻击敌人东进的三十一旅九十三团二营五连一排发动第一次进攻，当即被打垮。16时半，敌又集中各种炮火猛烈轰击顺山，使整个顺山笼罩在猛烈的炮火和浓密的烟雾中，弹片、石子满天飞。这样连续了半个多小时，敌两个多连兵力又向我发起进攻，在此十分紧张的时候，徐行从二营指挥所率领四连一个班和一挺机枪，勇猛地飞奔上山，他

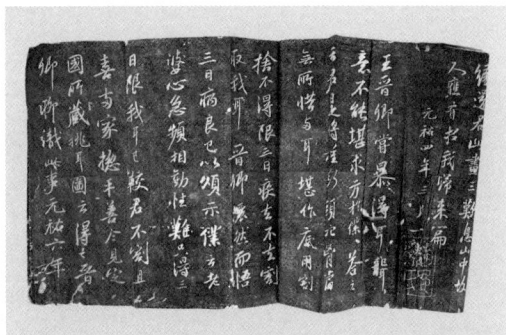

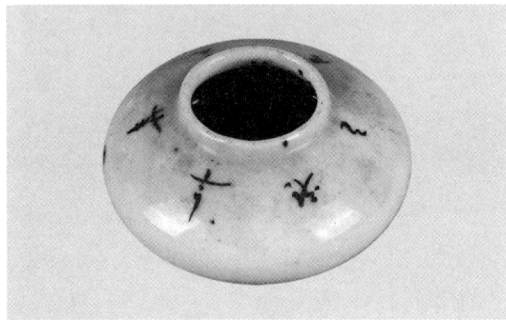

▲ 徐行使用过的字帖、墨水盒

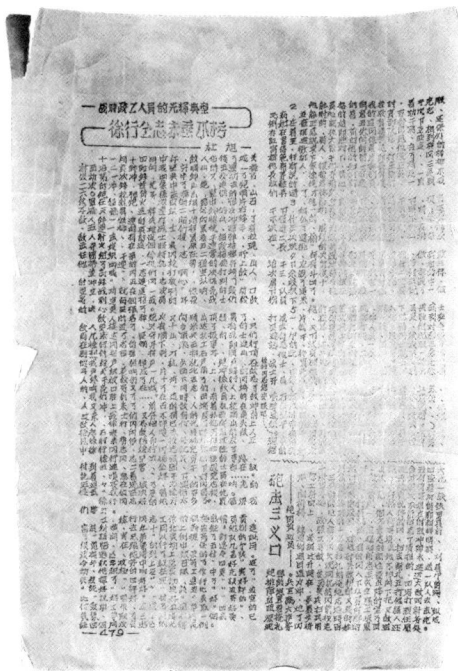

▲ 华东野战军第十一纵队《战线报》刊载的徐行烈士英雄事迹

高喊："同志们，增援部队来了！""勇敢沉着，坚决打垮敌人的进攻！""这是为人民立功的好机会！"一排全体同志看首长亲自率领部队来增援，听到他那激动人心的口号，士气大振，他们在徐行的带领下，跳出战壕，像猛虎一样冲向敌人，山顶上的喊杀声、枪声、榴弹声、拼刺刀声交织着响成一片。仅几分钟的时间，从西北角冲上来的敌人，丢下十多具死尸，狼狈逃窜了。徐行的口号声又响了："同志们，敌人垮了，我们胜利了！""迅速做好准备，打垮敌人的再次反扑！"不多时，敌人在炮火掩护下，又从西南角冲上来，英雄的战士们仍像猛虎一样地反扑过去，徐行的手榴弹已经打光了，他拾起山上的石头向敌人砸去……敌人又被打垮了。在敌人第三次发起疯狂反扑时，徐行指挥五连英勇反击，给敌人大量杀伤，使阵地巍然屹立。但就在这时，敌人的一颗子弹打中了徐行的胸脯，他应声倒下，光荣牺牲！

带头冲锋显模范　淮海大地英名传

模范教导员刘永安烈士

　　刘永安，山东省荣成县苟家庄人，1920年生。1940年10月参军，翌年2月加入中国共产党。历任班长、排长、政治指导员等职。时任华东野战军第九纵队二十五师七十三团一营副政治教导员，曾被授予"模范政治工作者"称号。1948年11月，在淮海战役围歼黄百韬兵团的碾庄圩战斗中光荣牺牲，时年28岁。

　　刘永安出身农民家庭。他20岁时自愿参军，由于工作积极，表现突出，1941年2月光荣地参加了中国共产党。刘永安入伍后，在党的培养教育下，政治觉悟提高很快，在艰难复杂的战争环境的锻炼

▲ 刘永安烈士

和同志们的帮助下，很快成长为革命军队中一位优秀的政治工作者。他担任指导员以来，战斗勇敢、工作积极，凡事以身作则，不怕任何艰难困苦，坚决维护党的纪律政策。每次战斗结束后，他都不取任何战缴物资。而且他善于发动群众的智慧，运用骨干力量，经常进行不间断的动员教育，做好政治思想工作，使部队始终保持饱满的战斗情绪。他对待战友就像对自己的亲兄弟一样的关怀照顾，特别注意倾听群众的反映，关心群众的生活疾苦，有"刘妈妈"之称。1946年，刘永安在全师英模大会上被选为模范政治工作者。

　　1947年新莱战役前，他在二营四连任指导员（后提升为营副政教），部队初出胶东时，由于战士们留恋家乡，思想有些波动，为了解决这些问题，即便是在行军途中休息的10分钟，刘永安也会不断地找战士们谈话，说明道理，打通思想，解除顾虑。每到宿营地时他就找党小组长、支委了解部队的思想情况，并就地研究如何解决。这样不仅保证了部队的政治思想情绪的稳定，又保证了行军作

战任务的顺利完成。在长途行军中部队没有发生任何意外而顺利地到达上级所指定的作战位置。

他除了严格掌握部队的思想情况外，特别注意发挥模范带头作用，每次行军他都是帮助年小体弱的同志背大衣、背干粮袋、扛枪等。到达宿营地后，他不顾自己的疲劳，到各班去检查战士们的吃饭和休息，经常亲自把烫脚水端到战士跟前，用热毛巾轻轻地给睡了的战士擦洗，战士们感动得哽咽着说不出话来。

新莱战役发起后，二营在豁庄一带截击敌人。某日敌人由莱芜方向突围过来，黑压压一片向四连方向窜来，大约有几千人，战士们看到这样多的敌人，有些沉不住气了，这时刘永安向大家说："要沉着，不到跟前不打，敌人是被迫逃窜的，没有战斗力。"他接着命令部队："找有利地形隐蔽好，听指挥。"当敌人逐步靠近了，他突然大声喊道："你们已被包围了，逃走不了啦，缴枪不杀。"敌人被他突然的喊声惊呆了，乱糟糟地停下来，正在犹豫不定，他又不失时机地命令道："通信员告诉炮连、机枪连、四五六连马上准备开火，敌人不交枪就坚决消灭他。"敌人被这命令声吓坏了，纷纷缴枪投降。逃窜的这股敌人是七十三军的，敌军长韩浚见大势已去，就带着几个随从溜走了。走出不远被教导员王济生带的通信班俘虏。这次战役，二营共俘敌三四千人。从这里可以看到刘永安不仅战斗勇敢沉着，而且也很机动灵活。

1948年11月，淮海战役打响，时任华东野战军第九纵队第七十三团一营副政治教导员的刘永安，积极进行战地动员，在淮海战役碾庄圩战斗中歼灭黄百韬兵团司令部时，不顾个人安危，积极投身于一线战斗，不幸被敌人炮火击中，光荣牺牲。

▲ 刘永安戴过的手表

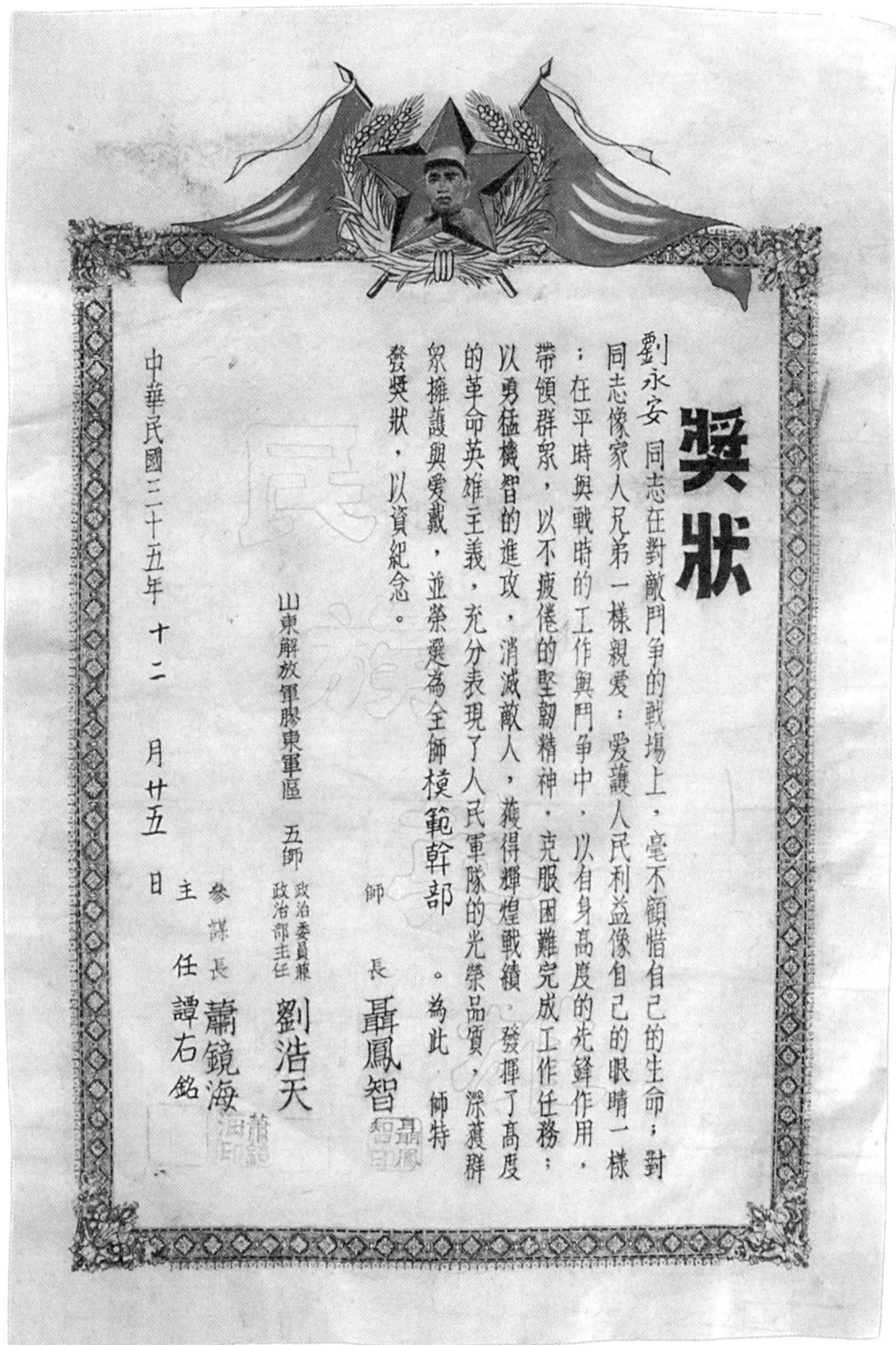

奖状

劉永安同志在對敵鬥爭的戰場上，毫不顧惜自己的生命；對同志像家人兄弟一樣親愛；愛護人民利益像自己的眼睛一樣；在平時與戰時的工作與鬥爭中，以自身高度的先鋒作用，帶領群眾，以不疲倦的堅韌精神。克服困難完成工作任務；以勇猛機智的進攻，消滅敵人，獲得輝煌戰績，發揮了高度的革命英雄主義，充分表現了人民軍隊的光榮品質，深蒙群眾擁護與愛戴，並榮選為全師模範幹部。為此，師特發獎狀，以資紀念。

山東解放軍膠東軍區 五師

師　長　聶鳳智

政治委員會兼政治部主任　劉浩天

參謀長　蕭鏡海

主任　譚右銘

中華民國三十五年 十二 月廿五 日

▲ 刘永安曾获得的奖状

国际友谊情常在　血洒异国终不悔

国际主义战士坂本寅吉烈士

坂本寅吉，中文名蒋贤礼，日本国埼玉县秩父市筱原郡人，1914 年生。"日本反战同盟会"会员，1945 年 5 月参加浙东游击纵队坚勇大队，同年秋加入中国共产党。时任华东野战军第一纵队一师二团炮兵教官。1949 年春节前夕，在淮海战役中不幸牺牲，时年 35 岁。

坂本寅吉少年时代，曾随父亲到过中国，在上海读过书，没有念完中学又回到日本。那时，他虽然还只初懂世事，可是却爱上了这个落后的国度，爱上了这里朴实的中国人民。他回国后，还一直深深地怀念着曾经友好相处的那些中国少年。日本法

▲ 坂本寅吉（蒋贤礼）烈士

西斯当局发动侵华战争时，他已经长大成人，毅然参加了日本地下反法西斯同盟，同成千上万主持正义的日本人民一起，强烈抗议日本法西斯当局的侵华暴行。可是不久他却被强迫征召入伍，随同那些侵略者踏上了中国的领土。他目睹侵略者的铁蹄蹂躏曾经哺育过他的中国土地，心里万分痛苦，眼见他们在中国烧杀抢掠，不禁异常愤慨，常常斥责那些无恶不作的侵略者。

这样过了一段时间，他的上级觉得他不可靠，于 1943 年夏天，将他派到义乌县采伐公司楂林采伐队当队长。当时与楂林相隔一山的就是新四军金萧支队坚勇大队的根据地。坂本寅吉目睹了双方的所作所为，他感觉那些凶残的同胞最终逃脱不了灭亡的命运，而抗日健儿才是真正的英雄。

1943 年秋天的一天，他利用与中国姑娘蒋荷菊结婚的机会，通过地下党情报员与坚勇大队领导取得联系。从此坂本寅吉就经常通过秘密联系的渠道，积极想办法，给我部队送来一批又一批药品、棉衣和粮食，给我部队极大的支持。

　　有一次，县城警备司令部给楂林的日伪军送去一部分军需物资，坂本寅吉得到消息，便及时告诉了坚勇大队。坚勇大队根据情报采取了巧妙的伏击，把全部军需物资都缴获了。

　　为了帮助中国人民，坂本寅吉给坚勇大队送出一份又一份的情报，使河野的军事行动次次失利，无法在楂林立足，不过坂本寅吉的行动也逐步暴露。

　　1945年初，义乌县警备司令部派黑田接管坂本寅吉的队长工作，这时坂本寅吉心里已经明白了，他不甘心束手待毙，想设法除掉凶残的黑田，然后去投奔游击队。他想尽办法送出情报，游击队利用他们在杜门办理移交的机会，将黑田俘获。他连夜赶回家，想接出妻儿，可是迟了一步，河野已经带了一队日本兵把他的家围住了，坂本寅吉被捕了。

　　河野扬言要押他回东京审判。坂本寅吉被捕后，坚勇大队的同志非常难过，大家千方百计地设法营救他。这一天，我地下情报员终于打听到河野要派人将坂本寅吉押送到日军驻义乌警备司令部去，坚勇大队的战士们在路上伏击、拦截，使坂本寅吉顺利地到了我根据地溪后村，受到同志们的热烈欢迎，坂本寅吉激动地握着部队首长崔洪生的手说："你们救了我，从此我也是游击队员了。"

　　经过八年的浴血奋战，中国人民终于取得了抗日战争的胜利。可是国民党反动派却妄图窃取革命果实，悍然发动内战。为粉碎蒋介石的图谋，中央指示江南部队迅速北撤，1945年9月，我坚勇大队奉命北撤，坂本寅吉依依不舍地与妻儿告别，随军北撤，踏上了新的征途。

　　部队北撤到江苏涟水，进行了整编。坂本寅吉在华东野战军第一纵队三旅任炮兵教官兼翻译。不久加入了中国共产党。他在日本参加反战同盟会的关系也由在延安负责这方面工作的野坂参三转到纵队来了。

　　坂本寅吉担任炮兵教官以后，由于他的机智勇敢、技术高超，在砀山战役、豫东战役、泰安战役、孟良崮战役中屡建战功，同志们称他为"神炮手"，部队首长也对他称赞不已。

　　淮海战役打响，坂本寅吉也投身到了这

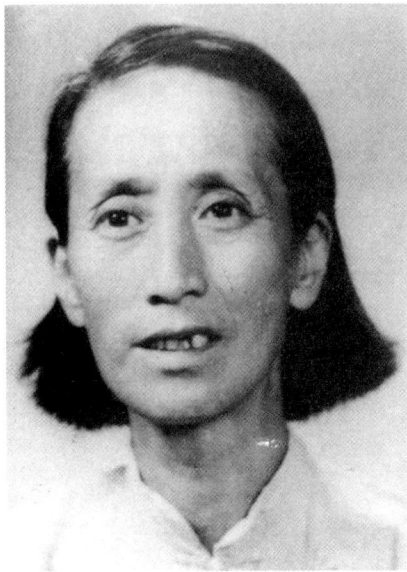

▲ 坂本寅吉之妻

场伟大的战役当中。1949年春节前夕，国民党军在永城的朱小楼和朱小庄之间的开阔地建筑起来许多小碉堡，对解放军的进攻威胁很大，造成部队的伤亡也很大，用炮打命中率不会很高。于是坂本寅吉想出了办法，决定用炮平射。这不仅需要高超的技术，而且也需要冒极大的生命危险。坂本寅吉为了中国人民的解放事业，置个人的安危于不顾，他命令大家把炮身拆开，拖到离敌碉堡两三百米处，安下阵地，黄昏天黑前，迅速安装好炮身，立即平射，随着一声声轰轰声，一个个碉堡飞上了天。但在这时，垂死挣扎的敌人，发动了反击。突然，一颗流弹击中了站在炮旁指挥射击的坂本寅吉，他一头栽倒在地，没有留下一句话，就为中国人民的解放事业贡献了自己的生命。

▶ 坂本寅吉加入人民解放军后使用过的图囊和皮箱

▲ 坂本寅吉的烈士证明书

军政兼优好干部 身先士卒斗顽敌

英雄营长郑仁俭烈士

郑仁俭，山东省商河县常庄乡人，1919 年 9 月生于一个贫农家庭。1939 年 10 月参军，1942 年加入中国共产党。时任华东野战军第十纵队十三团一营营长。1948 年在淮海战役第二阶段常洼（窦洼）守备战中，不幸牺牲，时年 29 岁。

1947 年秋，山东省渤海军区第二军分区新第十三团组建，郑仁俭任一营营长。1947 年冬参加了碱北战役，1948 年春参加了昌潍战役，1948 年夏季在济南北齐河、临邑边境担任夏防任务，接着参加了济南战役。济南解放后，部队归华东野战军第十纵队二十九师指挥，参加淮海战役。

▲ 郑仁俭烈士

郑仁俭战斗勇敢，工作积极，艰苦朴素，待人诚恳，关心爱护干部战士，是一位军政兼优的好营长。

行军时郑仁俭一贯走在前卫连，但在路上遇到过河、过桥、路不好走时，他就等着机炮连上来，照顾驮马、重机、迫击炮、弹药箱等过后，再赶到前卫连指挥行军。如遇前边有情况，为了不失时机指挥战斗，他就让通信员留下，照顾机炮连顺利通过，保证整个部队顺利前进。行军到达目的地，他先安排各连进驻宿营，再带连队干部到驻地周围看地形，明确岗哨位置和构筑工事的要求，指定紧急集合地点，并询问指挥员行军情绪及思想情况，以及战士的休息与生活情况。

郑仁俭关心指战员的衣食住行。行军鞋子供应不上了，他发动大家互相调剂，能补的补一补，并发动老同志组织战士用破衣服搓成绳子打草鞋，以救燃眉之急，保证了淮海战役行军任务的完成。他对自己要求严格，从不叫苦叫累，带病坚持工作。有一次他在行军中，因缺乏维生素，满嘴生口疮，疼痛不能吃饭，便用盐水漱口，用开水泡饭慢慢咽。同志们让他休息，他说，没关系，过几天就好了，仍然坚持工作。

郑仁俭政治觉悟高，立场坚定。十三团在昌潍战役伤亡较大，一、二营合并为一营。在济南战役开始动员后，有个别干部思想有了动摇，并说：昌潍战役活过来，济南战役是攻坚战，规模更大了，战斗更激烈了，解放济南不知能否活着。郑仁俭知道后，严肃地批评道："我们都是共产党员，想的是人民得解放，革命早日胜利，共产主义事业的实现。济南一定能解放，胜利一定是我们的，为什么去想活不活呢？我们要充满胜利信心去积极主动地做好战斗准备，去勇敢消灭敌人，争取胜利。"他的话帮助那位同志转变了思想坚定了胜利信心。

郑仁俭在军事上善于知己知彼，了解敌情，分析敌情，判断敌情。他为了及时了解敌情，一贯是靠前指挥，攻守都能沉着应战，如在徐州东线阻击战，每次担任阻击任务，都能坚守阵地，顶住敌人的炮火，打退敌人的进攻，完成艰巨的阻击任务。

郑仁俭在战斗中善于捕捉战机，把预备队用在刀刃上。如潍县解放后，一、二营合并，接受围歼昌禾敌人的任务时，他所在的一营在北面担任阻击以防敌人突然逃窜。一、二连固守阵地，三连作为预备队。敌人突围后，郑仁俭经过观察分析，当即决定把三连撤出去，正好插在敌人主力的前面，堵住了敌人的逃路，把逃窜之敌大部歼灭，缴获轻重机枪15挺、步枪500余支、弹药物资一部，受到团首长的表扬。

1948年春季，完成昌潍战役，回二分区整顿后，郑仁俭所在部队接受夏防任务，一营活动在济南市以北齐河、临邑边境，沿铁路线南北一带活动。根据分区首长指示，进行夏防保卫麦收。6月17日，郑仁俭带着一个连到铁路南村庄开展工作，遇上鹊山敌人出来抢麦，立即组织部队以火力杀伤敌人，敌人伤十多人，夹着尾巴逃了回去。

6月18日，一营住在铁路北杨庄，早8时侦查员报告发现一股敌人，大约一个排的兵力。郑仁俭分析后认为，这股敌人不可能是一个排，可能有部队隐蔽埋伏，诱我上当。他当即提出要正面监视敌人，并抽两个排从西边绕道插到铁路南，从西向东边侦查边前进。到11时左右，敌人看我们不上当，又派小股部队从铁路北向村庄前进，诱我出击。当敌人快要接近村子时，我迂回部队便向敌人发起进攻，敌人听到背后枪响，旋即往回跑，我们立即发起冲锋，抢占了铁路路基，依靠有利地形给予逃窜之敌重大杀伤，战后统计此战敌人伤亡30余人，并遗尸3具。

我军仅伤 8 人，牺牲 2 人。此战可见，郑仁俭对敌人的判断及决策完全是正确的。

1948 年 9 月 16 日，该团参加济南战役，担任攻下鹊山、控制洛口铁路桥的任务。一营首先接近敌人，进行挖交通沟近迫作业，19 日完成作业任务后，三营接替担任主攻，一营担任二梯队。20 日早上发现鹊山敌人逃窜，并破坏铁桥阻击我军前进，一营接受保护铁桥、相机抢占铁桥过桥向济南城逼近的任务。郑仁俭分析了当时的情况，认为鹊山敌人和守桥敌人逃窜，可能是敌人放弃洛口固守济南，也可能我军正面进攻顺利，因此，要果断通过铁桥。在郑仁俭果断指挥下，部队迅速动作，夺取了黄河铁路大桥，敌人在仓皇撤退下，还没有来得及破坏铁路大桥，从而使部队完成了保护黄河铁路大桥的任务，保证了黄河以北部队及支前民工通过黄河大桥，对围歼济南城里的敌人起到了很大作用。

全团过桥后，团首长命令一营在济南城北小清河五里一线，担任阻击敌人的突围和围歼城里敌人的任务。某日敌人果然突围了，约有一个团的敌人向一营防线扑来，郑营长指挥全营配合兄弟部队，勇敢迅速地围歼了敌人，俘敌数百人，缴获长短枪数百支，使全营又换上了一批美式装备。在解放济南的战役中，胜利地完成了党所交给的任务。

1948 年 12 月 2 日下午，淮海战役第二阶段，接到团首长指示，徐州敌人已向西南逃窜，解放军已占领徐州。该团任务是继续西进追截敌人。郑仁俭接受任务后非常兴奋，他说，第一阶段的伟大胜利，我军促使敌人内部混乱，士兵厌战，军官指挥无信心。现在他们妄图弃城逃窜，保其残命，全营应趁机振奋我军精神，坚持昼夜行军，截住敌人。12 月 5 日晚部队进驻永城唐庙，完成包围徐州逃窜之敌的任务。6 日晚接受守备任务，进入常洼阵地，左翼阵地是八十五团，右翼阵地是八十六团。7 日晚的任务是近迫作业到陈楼方向。8 日拂晓敌人集中 3 个师的兵力，邱清泉亲自指挥，并有坦克六七辆、天上飞机轰炸配合，向我左翼八十五团鲁楼阵地进攻，八十五团指战员英勇顽强，坚守阵地，打退敌人反复突击，至天黑敌人退回原阵地，我军毙伤敌人 5000 余名，并击毁坦克一辆，八十五团的阵地稳如泰山，敌人却已成瓮中之鳖，9 日、10 日国民党军仍企图突围逃窜，都未能得逞。该营阵地也遭敌人炮火轰击伤 10 余人。为了配合友邻兄弟部队巩固阵地，郑仁俭所在一营不断发出火力侧射攻击鲁楼阵地之敌。

1948 年 12 月 10 日午时，郑仁俭在常洼（窦洼）守备战中，指挥九二重机枪射手李永茂向敌人射击时，被敌人发现，不幸头部中弹，送后方抢救无效，光荣牺牲。

冲锋陷阵真模范　身负重伤战沙场

战斗模范苗忠云烈士

苗忠云，山东省日照县沙沟村人，1918 年生。1939 年 8 月投诚，1943 年参加人民解放军，1947年加入中国共产党。历任班长、排长、副连长等职，时任华东野战军第十三纵队三十九师一一五团一营机炮连副连长。曾被选为"战斗模范"。1948 年在淮海战役解放灵璧城的战斗中光荣牺牲，时年30 岁。

苗忠云出生在只有半亩地的赤贫家庭。父亲苗玉祥长年"看青"，母亲天天讨饭，在贫困苦难的生活中，忠云自幼就养成了艰苦朴素的习惯。六七

▲ 苗忠云烈士画像

岁就整天在野外拔草，10 岁以后就学着种地，17 岁时因生活困难的逼迫，给地主当长工。在苦难的岁月里、在痛苦的折磨中，他对旧社会无限憎恨。18 岁时由于生活困难所迫，以 400 斤小麦的代价被雇当壮丁，曾在国民党军队五十七军当兵，三年后，在我党革命的宣传和影响之下，于 1939 年 8 月间，带了六五轻机枪一挺、子弹百余发，投诚我第七区中队，从此，走上了革命道路！

在党的教育培养下，他迅速地成长起来，1947 年 5 月光荣加入了中国共产党，在党内，曾任过支部委员。由于战斗中英勇果敢，被评选为战斗模范。在 1945 年独立团攻打普兰时，还荣获了营三等奖。

苗忠云出身于劳动人民，经过党的培养和锻炼，具有高度的阶级觉悟、顽强的革命斗志和坚定的共产主义人生观。在战斗中，他不避任何艰险，哪里危急、需要，他就到哪里去；在工作中，勤勤恳恳，扎扎实实，不计较个人得失，积极建设连队。

在济南战役前的练兵中，部队经济条件困难，做不起靶子，他想尽办法提高

全连的射击技术，叫战士在墙上挖洞当做地堡眼、射击孔来练习射击。为适应大城市楼房多而密的作战条件，他积极研究技术。没有教材，就集中有射击经验的战士在一起研究、摸索。由于他的积极领导，全连的射击成绩多数人达到良好，比原来的射击水平大大地提高了。

济南战役中，攻打齐鲁大学外围时，在未发起攻击之前，敌人的炮火很猛烈，为避免战士伤亡，他不时穿梭在猛烈的炮火中，到了一连又到了二连（因重机枪分别归属）往返督促检查战士的隐蔽和安全情况，使全连无一伤亡。战斗连续地进行，他几天几夜没睡，眼熬红了，而仍不停息地这里走走，那里看看，检查战斗准备情况，并与战士坐在一起谈心，当发现有的战士思想情绪不稳定时，就耐

▲ 苗忠云的牺牲证明书

心地做思想工作。

从齐鲁大学打到国民党济南省政府时，他随一排前进，除帮助一排排长修仁日指挥外，并亲自带领一个重机枪班冲在前面，俘敌 300 余人。

在攻打国民党的济南司令部时，一排正在逼近敌司令部的运动中，突然，敌炮火袭来，他一个箭步抢上前去，一把将一排长按倒，炮弹在身旁爆炸了，一排长免遭牺牲，仅胳膊受了轻伤。

艰苦朴实的工作作风和深入群众、联系群众的民主作风，是他在工作中的突出特点。他所在的连队，民主气氛很浓，上下团结一致，战士对干部无任何怨言。因为他很重视干部的领导方法，经常教育班、排干部，并以自己的行动做榜样：行军中自己背背包，还帮助战士扛枪、扛弹药，战士疲劳了，他就讲故事给战士听。休息时，他就和一排长摔跤，活跃部队情绪。到达宿营地后，除首先领着干部看好驻村地形外，他最主要的是到每排每班去检查宿营和战斗准备情况，然后到伙房慰问病号。他对下级十分和蔼可亲，深受战士的爱戴，战士们有心里话都找他谈。所以他不仅是个优秀的指挥员，又是一个良好的政治工作者。

1948 年 11 月攻克灵璧城的战斗打响了，他开始在一排阵地，当一排严密地封锁了城西左侧的火力点后，他又跑到二排的阵地去，这时敌人正疯狂地向二排阵地猛烈射击，不幸，二排第一挺重机枪最优秀的射手中弹牺牲了。这正是部队登城急需火力掩护最紧急的时刻，苗忠云为了战斗的胜利，毫不犹豫地操枪进行猛烈射击，在激烈的射击中，不幸中弹牺牲。

岱崮英雄斗顽敌　高风亮节传千古

岱崮英雄胡风诰烈士

胡风诰，山东省潍县人，1916 年生。1938 年入伍，1939 年加入中国共产党。历任班长、排长、连长、营长，时任华东野战军鲁中南纵队四十七师一四一团参谋长。鲁中南军区命名其为岱崮英雄。1948 年 11 月在淮海战役解放郯城的战斗中，胡风诰亲临前线，观察地形，不幸光荣牺牲，时年 32 岁。

胡风诰一家三代都给地主做长工，受尽剥削压迫，终年过着牛马不如的生活。父母为着生活积劳成疾，先后病故。胡风诰为了活命，为了一家七个弟妹的生计，从 16 岁起就肩负家庭重担。每日艰

▲ 胡风诰烈士

苦劳作，却未换来全家的温饱。加之日寇侵占华北，反动军队到处横行霸道。胡风诰在这种黑暗的年代里，为了摆脱封建枷锁，毅然走上了革命的道路，参加了人民军队。

胡风诰参军后，阶级觉悟迅速提高，在艰苦的战斗岁月中经受了严峻的考验，用生命谱写了可歌可泣的英雄事迹。

1947 年 6 月，国民党军重点进攻华东，我军有计划地向北转移，敌人也迅速占领鲁中沂蒙山区一带，为了控制这一军事要地，监护营营长胡风诰奉命率领第一连阻击敌人，坚守南北岱崮，保卫蒙山险要地带，拖住敌人，配合南麻、临朐我主力部队作战。当时全连仅 93 人，坚守在南北岱崮、芦崮的三个高地。当战斗打响后，敌人将岱崮重重包围，以数十门野炮、山炮向山顶疯狂地轰击，空中以 14 架飞机轮番轰炸、扫射，以一个旅的兵力猛烈攻击，岱崮山被炸得烟雾弥漫、碎石乱飞，而敌人所得到的只是一次又一次的溃败。坚守在山冈上的英雄战士在胡风诰的鼓舞下，下定了"有人在就有岱崮在"的坚定决心，把敌人一次一次地

打下去。

在被敌人围困的日子，山峎上阴雨连绵，工事里积满了烂泥污水，战士们就把水从工事里一点点地泼出去，泼完了又满了，满了再泼出去，衣服湿了就索性不穿它。休息时有的同志就睡在泥水里，有的就蹲在工事的横木梁上打打盹。油篓被炸翻了，战士们就不吃油，十几天不见一粒盐，峎顶的野菜都吃光了，同志们的裤腰带一紧再紧。这些困难在人民战士面前似乎都已经不算什么了，最大的威胁是疟疾病在许多同志身上发作了。胡风诰在这种严重困难情况下，不仅处处以身作则，而且处处关心同志，鼓舞斗志。他经常满怀信心地向指战员们讲苏联红军英雄在保卫斯大林格勒的战斗中的英雄故事和保尔·柯察金的生平事迹。同志们备受鼓舞，士气高涨，对胜利充满信心。

胡风诰为了解决峎上部队的给养供应问题，更好地打击敌人，就亲率一个班进行游击战，扰乱迷惑敌人，常在晚上插进敌人的流动哨和峎下群众取得联系。一天晚上胡风诰带着 10 多个民兵扛着 700 多斤地瓜干通过敌人的严密封锁爬上峎来。守峎的战士看到自己亲爱的营长冒着生命危险带来救命的给养，都感动得说不出话来。

当成师的敌人用飞机轰炸、扫射，大炮轰击封锁等围困的办法完全失败后，敌人就采取政治手段送"劝降信"，企图瓦解他们，但敌人这些卑鄙无耻的手段对守峎战士毫无作用。

胡风诰就是采用峎上坚守、山下游击的办法在岱峎上坚守了 42 天，以亡 3 人伤 7 人的代价换取拖住敌人、有力配合主力作战，最终取得了整个战区的伟大胜利。因而鲁中南军区命名胡风诰为"岱峎英雄"，第一连为"岱峎英雄连"的光荣称号。

胡风诰不仅是战斗英雄，而且也是爱兵爱民的模范。一次部队连续行军，他在途中看到一个战士没有鞋穿，就把自己仅有的一双备用鞋子拿出来给战士穿上，到队伍后面一看，又见到一个战士没鞋子穿，脚底磨出了泡，他当即脱下自己脚上的鞋子给战士穿，自己穿着布袜子行军，走一段路又发现一个战士没鞋穿，他又脱下仅有的布袜子让给战士穿，自己就赤脚跑了 30 里路，结果脚上磨满了血泡，战士们感动得直掉泪。

战争年代，老百姓的日子也非常艰难。胡风诰总是想尽办法解决群众的困难。有一次看到一个老大娘没得吃，他想尽办法买了几升麦子送给她。看到群众没得穿，就把自己仅有的破军装送给他们穿。有一年冬天看到一个小孩子没有袜子穿，脚都冻烂了，他就把自己的长袜子剪下两大块缝了缝给孩子穿上。这些事例都深深地感动了群众，因此他深受群众爱戴。

1948年冬，淮海战役揭开了序幕。11月6日，徐州"剿总"国民党军开始全面收缩，向各指定地区撤退。同日，人民解放军也开始向预定作战地区推进。东线，华东野战军之鲁中南纵队于当晚完成了对郯城地区敌王洪九部队的包围，为配合第一阶段总攻，胡风诰部负责侦查郯城地形，攻克郯城，为大部队打开缺口。为了更好地完成任务，胡风诰在黄昏时分亲自查看地形，选择突破点，不幸被守备敌人发现，壮烈牺牲。

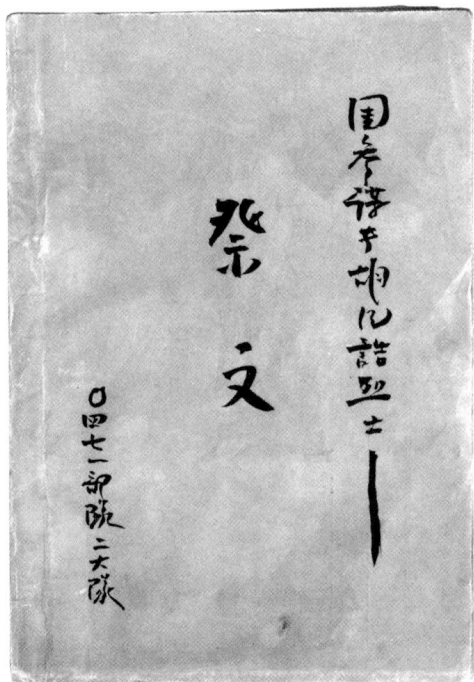

▲ 胡风诰使用过的油灯

◀ 胡风诰烈士祭文

勇炸地堡察敌情　掩护撤退勇捐躯

人民英雄李方兴烈士

李方兴，山东省乳山县人，1930年生。1947年入伍，1948年入党。入伍后在华东野战军第九纵队二十五师七十三团二营五连一排二班当战士。淮海战役碾庄战斗后任副班长，豆庄战斗任代理班长。1948年在淮海战役豆庄战斗中光荣牺牲，时年18岁。

李方兴在1947年国民党大举向解放区进攻的时候，自愿参军，参军后受到党的教育，认识到国民党的本质，尤其经过"三查三整"教育，认识到蒋介石的十大罪状，很快提高了无产阶级觉悟。

李方兴曾参加过济南战役。在历次战斗中都表现勇敢顽强、机动灵活。不管上级交给他什么任务，

▲ 李方兴烈士画像

他都想尽一切办法完成。解放济南后向淮海进军中，李方兴在寒冷的天气里行军而没有鞋穿，脚上开了好几个大口子，他不但不叫苦，而且情绪高昂；不但自己不掉队，而且帮助别的同志拿东西。到了目的地积极做群众工作，向群众宣传党的政策。

1948年冬，在淮海战役第一阶段碾庄战斗中，五连向敌人发起攻击的位置是在碾庄南门外一个较开阔的平地里，连指挥所设在一个土堆的背面，离庄有200米，在南门外有一座宽10多米、长20到35米的石桥。在桥的北头是敌人的阵地，桥的南侧有敌人暗堡，桥的两侧有重机枪10多挺，火力布置很密集。

碾庄战斗整个计划是采用强攻。由于对敌人的火力、桥、水情侦察不明，四连攻击失利。桥被敌人炸断，整个战斗形成僵局。营首长把进攻的任务交给了五连。要想完成任务、打开僵局，侦察敌人暗堡和水情是一个关键性的问题。因此，李方兴主动要求去侦察水情。

在部队火力掩护下，李方兴等 3 人跳出交通壕，直奔敌方。

敌人暗堡以密集的火力封锁李方兴等人前进的道路。他们从桥的左侧匍匐前进，当距暗堡 20 米时，两个战友负了伤，李方兴孤身一人，直爬到河岸。这时敌人发现了他，用激烈的火力封锁他，手榴弹、子弹在他周围轰鸣。忽然，他感到腿上有点发热，一摸湿漉漉的，但他没有在乎，不顾天气的寒冷，扑通一声跳下了壕沟。

20 分钟过去了，李方兴等 3 个同志还不回来，连首长和营长都很着急，全连同志也很担心。突然敌人火力一阵激烈的射击，一个黑影从前沿爬来，连长一看高兴地叫道："快！快！加大火力掩护。"这一声命令，全连阵地上的火力一齐射击，掩护他。

▲ 李方兴的特等功奖状

　　李方兴全身湿淋淋的，拿着一根草棍，爬回来了，大家一拥而上。没有等连长开腔，他就说："报告连长，我完成任务了，请看！"小李将从对岸带回来的草棍交给连长，并说："水不深，开始有腰深，再向里就深一点，靠里边水到胸脯，我爬到对岸，抓住一把草转回来，又向左侧绕了一下，深度没有变化。"李方兴在此次战斗中为攻击部队找出了通路，为碾庄战斗迅速突破起了关键性的作用，为此，上级特授予李方兴"三级人民英雄"的光荣称号。

　　在豆庄战斗中，该连在豆庄东南方，主要任务是配合三营从敌人的侧后歼击豆庄之敌。当该连绕到敌侧后歼击敌人时被敌包围。方兴任代理班长，他领导一个班掩护营长和五连部分人员向外突围。在掩护营长和其他同志撤退时，李方兴负重伤，但始终坚持战斗，子弹打光了，他用刺刀和敌人搏斗。终因寡不敌众，光荣牺牲。牺牲的时候，他还高喊着："中国共产党万岁！"

机智勇敢立战功 甘洒热血染浍河

英勇的班长秦秀林烈士

秦秀林，河南省林县西坡村人，1925 年生。1946 年 9 月参加解放军，曾任炊事员、副班长。时任中原野战军第四纵队某部七班班长。1948 年在淮海战役浍河阻击战中光荣牺牲，时年 23 岁。

秦秀林出生在一个贫农的家里，从 12 岁起就过上了长工的生活，在地主家当全劳力使唤。当时和兄长、父亲三个人当长工，加上母亲、嫂嫂长年种山地，还是维持不了家里几口人的生活，不得已父亲一担子挑了全部家产，带着全家人到山西省襄垣县小椒村逃荒要饭，并继续当长工，直到家乡解放，逃荒十多年的秦秀林和全家才于 1945 年又重

▲ 秦秀林烈士

返故乡。在土地改革运动中，秦秀林一家分到了土地和房子，兄长秦秀生也参加了中国共产党，被选为本村的村长。

1946 年秦秀林参军入伍，被分配到中原野战军某部一营三连当炊事员。在行军的路上，他总是抢着挑油桶、大锅、背粮食，走在部队的前面，烧水做饭，供战士们休息时吃饱饭，喝足水。解放河南嵩岭时，他几天几夜没睡觉，路上偶遇暴雨侵袭，感冒甚重，同志们劝他放下油挑，留在大队后面坐车，他说："感冒不算什么病，用力走一阵出点汗就好了！"带病继续前进，按期到达了目的地。一天正吃早饭，敌人突然袭来，机枪子弹手榴弹乱飞，秦秀林仍然镇静机警地挑了油桶和大锅，从雨点似的子弹里钻出来。由于一贯忠诚老实、艰苦工作，取得了党的信任，参军不到一年时间，即升为炊事班班长。

从此，秦秀林工作更加积极了，常常对本班炊事人员说："做饭就是打仗。往阵地送饭，就好像送枪炮子弹，人是铁，饭是钢，只有吃饱饭，战士们才会打胜

仗。"他以身作则，用自己的言行教育本班的炊事员。在解放河南省南召县战役中，在一个漆黑的夜晚，秦秀林挑着一担子饭，上岭下沟，从羊肠小道往阵地上送饭，上了几座山又过了几道河，累得满头大汗，快到阵地的时候，模模糊糊看见迎面来了几个敌人，截住了去路，脑子里想：立功的时候到了！立即放了饭桶，举起扁担大喊："站住！缴枪不杀，解放军优待俘虏，不交枪我马上用机枪打死你们！"五个溃逃的国民党军，老老实实地当了俘虏，秦秀林缴获了5支大枪，押着5个俘虏，回到了部队，战斗胜利结束后，秦秀林光荣地被评为一等功臣。

活捉俘虏立了功，秦秀林受到了党的考验，被调到三排七班任班长。不管哪次战役，总是冲锋陷阵，勇敢杀敌，带领全班每打一个阵地，都是势如破竹，打得敌人狼狈败退。

1948年11月淮海战役打响，淮河支流的两岸，敌我双方展开激烈战斗，我军的任务是冲过河就是胜利。秦秀林所在部队负责冲锋。敌军在对岸用枪林弹雨往河边扫射，还用了大量飞机，在河流上空袭击，突破非常困难。秦秀林带领全班涉过冰河，予敌重大杀伤，当他身负重伤时，还用手势指示战士们继续前进，就这样击退了敌人。秦秀林带领全班战士英勇拼杀，最后他却因伤势过重，壮烈牺牲。

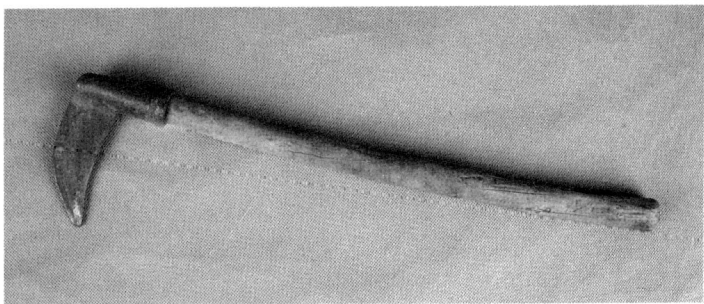

▲ 秦秀林用过的茶缸、镰刀

英勇拼杀显神勇　壮烈牺牲为人民

人民英雄庄琪烈士

庄琪，江苏省无锡市人，1917 年生。1940 年 1 月参加新四军，同年 3 月加入中国共产党。历任班长、队长，时任华东野战军第六纵队十八师五十三团九连连长。曾被评为纵队"战斗模范"，并荣获"华东二级人民英雄"奖章。1948 年在淮海战役围歼黄百韬兵团的彭庄战斗中，不幸英勇牺牲，时年 31 岁。

庄琪出生在一个工人家庭，因不愿受资本家和工头的压迫剥削，和日寇的欺压凌辱，于 1940 年 1 月参加新四军，入伍后不久，即光荣入党。庄琪于 1942 年至 1943 年在苏、常、泰地区任短枪队队长。他所率领的短枪队，在党的领导下，紧紧依靠人民，

▲ 庄琪烈士

进行英勇机智的斗争，经常出生入死，冒着生命危险，出没在敌人周围，先后打死了日寇汉奸 100 余人。在坚持根据地和反清乡斗争中作出了重大贡献。

1947 年他任连长时，在平汉破击战中，曾率领一支 18 人的精锐小部队在河南张集阻击敌新五军之增援，在敌我兵力悬殊几十倍的情况下，先后打垮敌人三路合围，完成掩护任务后突出重围，创造了仅以一人负伤的代价杀伤敌人 100 多人的出色战绩。

1948 年新式整军时，他一面领导连队训练，一面夜以继日地和战士一起刻苦钻研，经过多次研究试验，终于创造掷弹筒送炸药的爆破方法，这在豫东战役围歼陈小楼守敌二十一旅旅部的战斗中发挥了威力，有力地杀伤和震撼了敌人，配合兄弟部队全歼守敌。豫东战役中，他所率领的连队连续担任了阻击、攻坚、穿插等战斗任务，他经常连续彻夜不眠，每次战斗都是奋不顾身，冲锋在前，退却在后，哪里最危险，就在哪里出现，对部队鼓舞很大。在阻击援敌时，连续抗击

敌一个营兵力的 56 次冲锋，在出击时负了伤，仍坚持指挥作战，直到上级命令后撤，撤出阵地后仍念念不忘地拖着伤腿到营指报告情况，帮助营指出主意。阻击任务完成后，部队又接受了新的战斗任务，他忍受伤口的疼痛，拖着拐杖自动跑回连队，坚持要求参战。在围歼龙王店守敌七十五师时，部队攻击受挫，中断指挥，他主动与友邻部队干部共同策谋进攻计划，在友邻部队的支援配合下，完成了攻占任务。杨桥战斗中他所率领的连队担任打援任务时，敌二十五师和伞兵部队前后夹击，情况十分危急，他发现后，随即当机立断，主动向敌伞兵纵队侧背发起猛攻，短兵相接，在兄弟部队大力支援下，歼敌伞兵纵队一个营另两个连，使战斗转危为安。由于在豫东战役屡战皆捷，出色地完成战斗任务，因而被军部评为战斗模范，荣获了"华东二级人民英雄"奖章。

在频繁的战斗行动中，庄琪总是吃苦在先，以身作则，关心战士疾苦。虽然他负过重伤，身体残疾，行军中他总是肩不离战友的枪和背包，一次行军爬山天下大雨，路滑泥泞，九班长脚扭坏了，庄琪亲自扶着他爬过山。每到营地他总是督促卫生员下班里检查病号、替战士挑泡，亲自到各班检查，等战士们睡了，自己才休息。在行军异常疲劳的情况下，庄琪还经常晚上起来查岗和查铺，帮助战士盖被子，他常说："战士靠就靠干部关心。"战士反映："我们九连打仗好、问题少，主要和连长的领导分不开。"

淮海战役发动后，在这个推动中国革命迅速发展的伟大战役中，庄琪更充分地表现了共产党员、革命干部、人民功臣的崇高品质。1948 年 11 月上旬部队渡过沂河首战马头镇。在攻歼马头镇守敌时，当时九连是主攻东门，因部队远途行军后即仓促投入战斗，情况不了解，虽经周密组织，但因地形限制，两次爆破未成。庄琪和干部集思广益共同研究，重新组织火力，亲自扛着机枪，爬到靠近土围的门垒子上，进行抵近射击，封锁敌人枪眼，掩护爆破。一声巨响，缺口炸开，把敌人炸得抛在空中又扔在桥上，突击队蜂拥而上，迅速占领了敌人阵地。当突击进去后，庄琪率领部队主动向纵深发展，支援友邻连，因而取

▲ 庄琪的"华东二级人民英雄"奖章

得此战的胜利，并俘敌 110 名，缴获轻机枪 5 挺，步枪 40 支。在围歼黄百韬兵团之一〇〇军的战斗中，当时上级的命令非常紧迫，团长孙伯威亲自来连授予任务，要九连在拂晓前从彭庄北侧配合友邻攻下彭庄。当时九连只有 4 门野炮配合，战斗主要靠自力更生。但庄琪仍表示："首长放心，一定坚决完成任务。"经过紧张的数小时准备，所有火力准备就绪，庄琪亲率部队运动到距敌 250 公尺处，随即开始勇猛攻击，在火力急袭下掩护爆破鹿砦，但 3 次爆破均未成功，眼看天已拂晓，重新组织爆破时间已不允许，庄琪说："不靠爆破鹿砦用手拔也得拔掉它，只要打开突破口，就是胜利。"随即交代任务：一排突击，二排跟进，三排掩护！当庄琪率领一排向敌冲去，进至敌前沿鹿砦面前，破坏敌副防设备时，不幸身负重伤。当他躺在血泊里已经奄奄一息的时候，口中仍然呼喊："快冲进去！冲进去就是胜利。"就在部队突进敌阵后，连长庄琪也因流血过多而永远地离开了亲密的战友们。

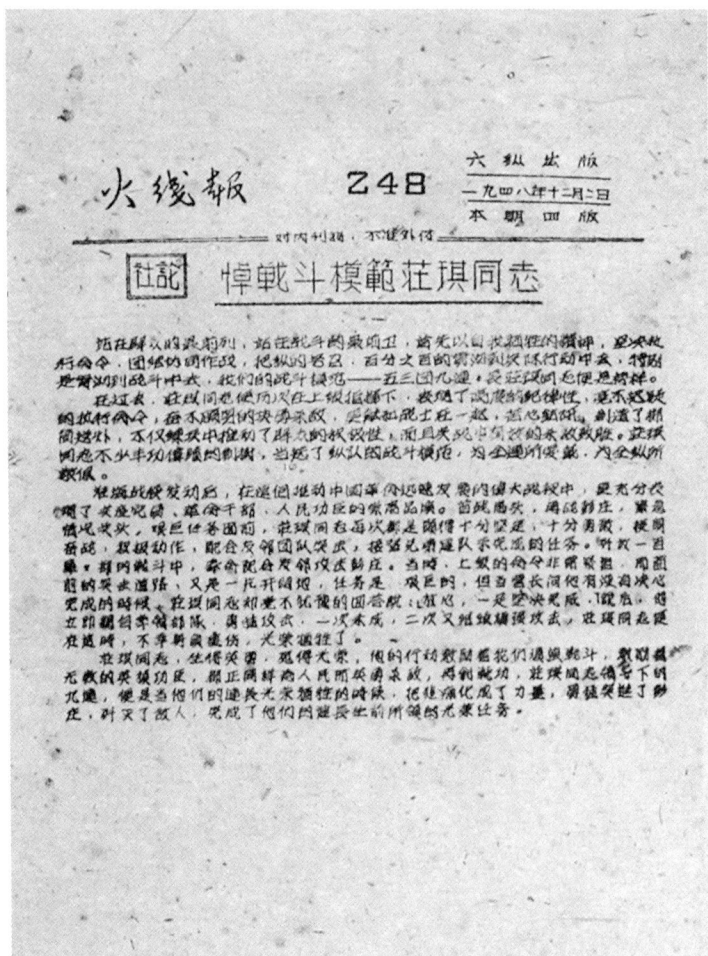

▶ 华东野战军第六纵队
《火线报》为悼念庄琪
烈士发表的社论

血流遍身抗敌寇　孔精神排威名传

优秀基层指挥员孔金胜烈士

孔金胜，安徽省庐江县人，1924 年生。1943 年 4 月入伍，1945 年 6 月加入中国共产党。历任战士、班长、副排长等职，时任华东野战军第七纵队二十师五十九团二连二排排长。1948 年在淮海战役大王庄争夺战中英勇牺牲，时年 24 岁。战后华东野战军第七纵队追认他为中共正式党员和"特等功臣"。同时，五十九团党委命名二排为"孔精神排"的光荣称号。

孔金胜在党的培养下，对党忠诚，待人和蔼，是一个优秀的基层指挥员。他曾在苏中、宿北、莱芜、兖州等战役中屡建战功。

▲ 孔金胜烈士画像

孔金胜是个具有高度阶级觉悟的革命战士，密切联系群众，关心士兵生活。他善于做思想工作，具有高度的原则性。1948 年，连里有十多个人组成小集团脱离党的领导，去大别山打游击。孔金胜发现后，及时主动向组织汇报，很快制止了这种行为，受到团各级党委的表扬。他对士兵教育抓得很紧，如解放战士韦得怀经常在部队散布不满情绪暗地破坏，孔金胜发现后一边汇报组织，一边以实际行动去感化、教育他，行军帮他扛枪，到宿营地帮他端洗脚水，平时一有空就找他个别谈话，调查历史问题。由于孔金胜的耐心帮助启发，韦德怀终于交代了自己是一名特工分子，是个国民党党员，曾去美国受过训练，轻机枪射击技术很高。韦德怀转变后，在莱芜战斗中，他向敌人猛烈射击，打死打伤敌人 70 余名。

1948 年 12 月 9 日，淮海战役第二阶段围歼黄维兵团所在地双堆集外围的大王庄争夺战开始了。大王庄位于双堆集西南一里处，是黄维兵团司令部缩守的双堆集的外围重要据点，守军是国民党军王牌主力十八军三十三团（号称"英雄团"）。

　　为全歼黄维兵团，必先攻克大王庄，给攻击尖谷堆、双堆集的部队创造条件。9日夜我军一部攻占大王庄，国民党军趁我军立足未稳，于夜里12时组织炮火袭击大王庄前沿，40分钟内落弹千余发，炮火延伸至庄内，步枪、机枪声由远及近，这是国民党军反扑的前兆，孔金胜跳出战壕观察，发现通往营部的交通壕已被切断，5尺宽的壕沟里，国民党军一个加强连的兵力反穿着棉衣沿壕沟向二连的结合部袭击，北面和东面的敌人步步逼近，孔金胜所在排三面受敌，已和营部失去联系，在这种情况下，孔金胜一面指挥四、六班集中火力打击，一面指挥五班从侧翼突袭，经激战，歼敌310多名，全歼守敌十八军三十三团。在10日拂晓国民党军以两个团的兵力，在飞机、大炮、坦克配合下，做垂死挣扎，全力反扑大王庄，阵地被夺去了数次，孔金胜排阵地前也有两辆坦克越过了战壕，跟随其后的国民党军扑了上来，战斗中，孔金胜左肩右胸负伤，但他继续战斗，打退了敌人一次又一次反扑，敌狼狈逃窜，激战暂时停止，战场上一片寂静，预兆着更大、更激烈、更残酷的战斗还在后头。

　　敌人自失守大王庄后，时刻策划攻打大王庄的阴谋计划。9时左右，敌人一个加强排开始向二排阵地活动，发起第三次攻击。孔金胜边观察来敌方向，边向大家说："同志们，敌人的最后挣扎开始了，这就是我们立功的机会，我们要把敌人消灭在阵地前，坚决守住阵地，人在阵地在！"孔金胜知道敌人三次进攻失败后，是不甘心的，定会发起更凶恶的第四次进攻。这时阵地上，除继续抢修工事外，擦枪、准备搬运弹药忙个不停。经过连续几次战斗，弹药已消耗差不多了，他就让同志们从敌尸体上搜集弹药，当同志们还未准备好时，敌人一个步兵团在6辆坦克配合下，向二排阵地疯狂的进攻。这次进攻比以前任何一次都凶猛，孔金胜这时已前后负重伤两次，同志们几次让他下去都被拒绝，并说："我是共产党员，要经得起考验。"由于他的感召，六七个负伤的战士也不下火线，并说："排长能坚持，我们为什么不能坚持？我们要向排长——共产党员学习。"孔金胜和全排仅有的几个同志，具体划分了战斗岗位，每个同志以威武的姿态，监视着敌人，并在阵地上传出"坚决打退更凶猛的敌人，只要有一个人也要守住阵地"的响亮口号，随即把所有的子弹、手榴弹摆在自己跟前，等待着"送礼"给敌人。此时轰轰的马达声由远及近，敌人坦克在前、步兵在后疯狂向二排冲来。二排长即令机枪手先打坦克后的步兵，爆破手把四五个手榴弹捆在一起来打敌坦克。敌人倒下一大片，坦克不动了。但后边的敌人还在进攻，就在这紧张时刻子弹也打光了。孔金

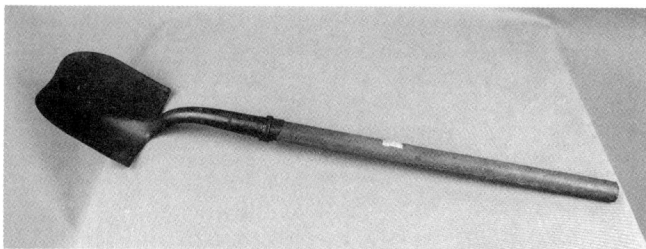

▲ 孔金胜与国民党军搏斗时用的铁锹

胜对大家说："同志们！用铁锹、镐头也要把敌人拼回去。"他第一个跃出战壕，手持缴获的大铁锹与敌人搏斗，上来的敌人被英雄们拼了回去。这时孔金胜已被手榴弹炸伤，同志们给他包扎伤口时发现他的腹部已被炸穿，肠子已露在外边，这时敌人的后续部队又上了来，孔金胜顾不上包扎，仍然继续战斗，坚守阵地，他左手捂住腹部的伤口，右手挥起铁锹砍杀敌人，砍伤数人，砍死 5 人。敌人看到他的勇猛气势不敢前进。就这样孔金胜排一连击退敌人连续 4 次进攻，消灭敌人一个多营，没让敌人前进一步，使阵地仍然屹立在英雄们的手中。孔排长终因伤势过重，流血过多，在这次激烈的争夺战中英勇地牺牲了。此战结束后，为纪念这位英雄排长，上级追认孔金胜为特等功臣，并命名二排为"孔精神排"的光荣称号。

◀ 孔金胜排荣获的奖旗

爆破隆隆显神勇　英勇拼杀为革命

爆破英雄陈佃俊烈士

陈佃俊，山东省莒县念头庄人，1921 年生。曾被抓壮丁当过伪军，1944 年 11 月起义入伍，1946 年参加中国共产党。历任班长、排长，时任华东野战军第三纵队九师二十五团一营二连副连长。曾被授予"爆破英雄"和"华东二级人民英雄"的光荣称号。1948 年在淮海战役徐东阻击战时牺牲，时年 27 岁。

陈佃俊没读过书，少年时期主要以种地为主，14 至 15 岁在家卖过两年煎饼豆腐，家中生活很苦，因日本人的侵略和连年的灾荒，陈佃俊和母亲、妹妹经常逃荒在外，家中没有定居的地方。他曾被抓

▲ 陈佃俊烈士

壮丁当过伪军，1944 年 11 月举义后参加我军，1946 年 7 月入党，每次的战斗他都表现出了英勇果敢、机智灵活的战斗作风和出色的爆破能力。

陈佃俊举义不久，就参加了泊儿战役，战斗中敌人激烈的炮火封锁着前进的道路，班里的同志有些负伤下来了，他毫不犹豫地主动要求参加爆破任务，在百余名敌人封锁的开阔地上，他接连送了 4 包炸药，奋不顾身地冲到鹿砦和铁丝网跟前，炸开了数道强固的防御口，把敌人震昏了，使突击部队顺利地冲杀，解决了敌人，这是陈佃俊入伍后的第一次立功。

1947 年 1 月在围歼蒋匪二十六师的羊桥战斗中，他带领 6 名爆破员，在危急的情况下，他为了提高每个爆破员的战斗信心，打破顾虑，以熟练的爆破技术勇敢地送上了第一包，但因炸药没捆紧，没有响，他又毫不犹豫地送上第二包，胜利地完成了任务。

1947 年 4 月泰安战役，他同样率领他亲手培养出来的爆破员，担负起了打开

突击道路的艰巨任务。他亲自把 30 多斤重的炸药送到敌人盘踞的坚固工事——博济医院的大楼，轰的一声炸开了一个大缺口，敌人的重机枪也不叫了，我们的突击队迅速地冲了进去，解决了敌人。

济南战役时他当副队长，在观音阁战斗中，他亲自指挥一个爆破组，来回 14 趟，完成了爆破任务，全队无一伤亡，创造了爆破指挥上的光辉范例。在突击战斗中，一开始时，他对全体爆破队同志进行了简短的政治动员，按任务情况及每个同志的爆破技术、体力等具体情况分配了任务、交代了爆破方向和爆破方法。当时因为壕沟水深，送了两次都没有奏效，他马上指挥两个人用"交替前进"的办法，刘秀坚、滕王贵两位同志马上按他的办法扛起了 25 斤重的炸药送了上去，并将没响的第一包捆在一起，炸开了敌人的坚固设防，完成了任务。战斗结束后陈佃俊光荣地获得了"爆破英雄"的称号。

1948 年 5 月，开封战役中陈佃俊又一次表现了他出色的爆破技能。他首先领着爆破队的同志，到前沿阵地详细地侦查了地形，他把大家分成了 10 个组，按地形及连续爆破环节共送了 17 包炸药。这次战斗中，出现了连续 4 次在敌人封锁线前的开阔地上实施强爆的英雄，涌现了往返 12 趟的爆破英雄杨玉贵，还出现了在宋门前的开阔地上越过敌人的工事炸开了宋门，战后立了特等功的金建章。敌人号称"铜墙铁壁"的宋门城，在这些英雄的面前却变成了灰土，这对开封的整个战役起了很大作用。战斗结束后陈佃俊所率领的爆破队光荣地被命名为"模范爆破队"的称号。

在每次战斗前他总是先表示自己的决心来激发同志们的战斗热情和积极性，战后能及时带领大家研究学习爆破技术，培养了大批优秀爆破员。他时常这样说："爆破技术不熟练，是难以完成战斗任务的。"他对爆破员的训练是非常耐心的，学爆破的同志开始有很多顾虑，他便耐心地用自己的亲身经验，说明爆破在战斗中的重大作用，讲解炸药的性能等，并细心讲解敌人工事设防的特点、坚固程度，不同工事不同爆破方法，爆破口的选择，炸药的捆绑携带，各种障碍物的通过等等。由于他的培养，在开封战役中出现了刘秀坚、贺军胜、张爱望、王瑞德、赵文贵、徐立保、王方贤、杨玉贵等 8 名出色的优秀爆破指挥员和熟练的爆破手，树立了爆破队伍中的一面旗帜。

1948 年 12 月，陈佃俊已当了副连长，在淮海战役第一阶段配合东线全歼黄百韬兵团的战斗中，为了不叫敌人增援部队前进一步，向敌人的背上插上一把钢刀，一营的健儿们与敌两个团激战了两天，打垮了敌人无数次的反扑。在争夺羊山头前的土山时，陈佃俊带领着二排的勇士们在敌火激烈的射击下与敌一个连的兵力反复冲杀，打垮了敌人的 3 次反扑，在敌人第 4 次的反扑中，陈佃俊带领的二排已伤亡大半，而敌人又增加了一个连的兵力施行疯狂的进攻，根据当时的情况再继续和优势敌人搏斗是很困难的，但英雄与他所领导的勇士们誓与阵地共存亡，战士们在他这种顽强意志的感召下，抱定了宁死不让寸土的决心。敌人在密集的炮火掩护下冲上来了，陈佃俊毫不犹豫，不顾一切地首先跳出工事，一面指挥，一面与数倍于我的敌人拼杀，手榴弹一齐打出去，

▲ 陈佃俊的"华东二级人民英雄"奖章

枪机吐出了火舌，敌人喊叫着退下去了，就在这时英雄陈佃俊也光荣地殉国了。

倾心为国志无悔　博得勋名万古垂

著名的"一英六模"王本刚烈士

王本刚，山东省威海市南汝村人，1925 年生。1943 年 12 月参军，1944 年加入中国共产党。历任战士、班长、排长、政治指导员，时任华东野战军第九纵队二十七师八十一团三营副政治教导员。在艰苦的战斗岁月里，他曾荣获"战斗模范"、"学习模范"、"练兵模范"、"尊干爱兵模范"、"拥政爱民模范"、"模范共产党员"、"华东一级人民英雄"的光荣称号。1949 年在淮海战役第三阶段张庙堂战斗中光荣牺牲，时年 24 岁。

▲ 王本刚烈士

王本刚从小未进过一天学校门，识几个简单的汉字，这给他的工作带来了极大的困难。在战争年代，练兵、行军、打仗一环扣一环，要学识字，一无学校，二无教员，当然也少时间，但王本刚把军队当做学校，把同志们当教师，抓时间挤时间，虚心向同志们学习，看文件时不放掉一个生字，一面看一面在腿上划字，常常学习到半夜三更。他就是这样迅速地提高了文化水平，从不识字到可以看文件和写一般性的总结报告。随着文化的提高，自修能力也提高了，他经常看书、看文件、读报纸，理论和政策水平也得以不断提高。由于他勤学苦练细心钻研，很快成长为一个有文化、有理论，也有实际战斗经验的革命战士。

王本刚严于律己，关心战友。他是战士的知心人、好"妈妈"。他同战士们生活在一起，陪同站岗放哨，摸清思想，进行耐心的说服动员，在生活上问寒问暖。在连队工作时，夜间查岗查铺。当有病号时，他工作再忙也总是抽出时间来看望他们。行军时一面和战士有说有笑，一面帮助战士扛枪扛炮。当他在营里工作时，行军很少骑马，总是先让病号骑，他把战士看成亲兄弟，所以战士就把他看成是知心人和好"妈妈"。

王本刚战斗积极勇敢，指挥沉着机智。1946 年山东楼子底追击战，他身先士卒、射击准确，一连打死 4 个敌人。沟子崖战斗，他负伤坚持指挥。1947 年胶东道头战斗，教导员负伤，他立刻到前面组织部队，保持了不间断的指挥，顺利地完成了战斗任务。胶河战役，情况复杂，困难大，但由于他做了深入细致的思想工作，从而使部队始终保持着高昂的斗志。大麻湾战斗，他率部担任抢救工作，误入敌阵，遭敌火力袭击，他沉着地撤出了部队，后来发觉村中有我们伤员时，又指挥部队坚决打进去，救出了伤员。

淮海战役中，他积极引导全营，完成了很多艰巨的战斗任务。1948 年 11 月 9日，三营担任团的第一梯队，以一夜 130 里的急行军，追歼、截击由海州向徐州龟缩之黄百韬兵团。他们边走边侦察敌情。在他们走完 130 里正想进村住下来的时候，发现敌人刚走不久，而且又发现林家圩子有敌人的尾部。此刻王本刚等营领导当机立断，率部直插林家圩子。在出敌不意的情况下突然袭击，最终将国民党军六十三军的 500 多人全部俘获。这一仗扯住了敌六十三军，又截击一部于堰头镇，为兄弟部队歼灭堰头镇之敌创造了条件。

在完成萧县崮山集阻击任务后，部队继续向河南省永城方向截击徐州南逃之敌。经过一夜加大半天 130 里的行军，部队于 12 月 4 日来到永城地区。此时天色已晚，老乡报告练楼有敌人刚到，干部战士听说后马上忘记了饥饿和疲劳，立即准备投入战斗。练楼的东南两面是一条河流，敌人退路为河水所阻，地形对我军非常有利。于是七、八连就从练楼西北直逼村沿，首先打掉敌人的警戒，继之猛冲猛打迅速突入村内，敌人对这一突如其来的打击蒙头转向，慌作一团，以至失去了指挥。前后历经 1 小时，全歼练楼之敌，活捉徐州警备旅旅长王平南及其残部 2000 多人。

龟缩在练楼以东的国民党新五军二〇〇师，为了摆脱三营对他的钳制，于 12月 5 日以一个团的兵力，在炮火与坦克的掩护下，向练楼发起了数次进攻，敌人的步兵曾几次涉水过河逼近村庄，可是每次都被打得抱头鼠窜。一天的激烈战斗，练楼仍在我三营坚守下屹然不动。在战役第三阶段与敌对峙的 20 余天中，王本刚又积极组织部队，对国民党军展开政治攻势，有时还亲自跑到距敌 30 米处喊话，取得瓦解敌军 160 余人的巨大成效。不幸的是，在淮海战役即将胜利之时，王本刚却在张庙堂战斗中光荣牺牲。

▲ 王本刚寄给母亲的北海币

▲ 王本刚戴过的手表

奋不顾身炸碉堡　粉身碎骨奠国基

特等人民功臣张树才烈士

　　张树才，四川省万县人，1908 年生。童年当雇工，后被国民党抓去当兵，1947 年孟良崮战役中解放入伍，1948 年 4 月参加中国共产党，时任华东野战军第六纵队十七师五十一团八连爆破组长。1948 年在淮海战役第一阶段碾庄外围压缩战时壮烈牺牲，时年 40 岁。战后，上级党委追认张树才为"中国共产党模范党员"和"特等人民功臣"。

　　张树才生于四川万县一个贫苦家庭，从小就饱尝了悲惨的贫困生活，受尽了人间痛苦和折磨，他有点驼背，就是那些残暴的剥削阶级留给他永生难忘的烙印。后被国民党抓去当兵，从军期间，使他

▲ 张树才烈士画像

认清了国民党军队的黑暗与腐败。所以他从 1947 年 5 月在孟良崮被解放过来后，在党短时间的教育下，即迅速地成长为一个坚强的人民战士，光荣地加入了中国共产党。从此，他处处以党员的模范行动带领群众完成党所赋予的各项任务。战时英勇善战，不怕牺牲，平时工作积极，勤学苦练，是班长的好助手，同志们的好帮手。他在睢杞战役受伤至后方休养，伤未痊愈即归队，见连里成立爆破班，便主动要求到爆破班去。在团部集训期间，他不仅起早摸黑地苦练，并协助班长进行思想工作，有些同志对伙食有意见、学习劲头不大，他即开展思想互助工作，告诉大家来此是学习技术，提高本领，不能因伙食不好而影响学习。学毕回队后他被任命为小组长，除平时积极领导小组练习外，行军中也常常带领小组做动作，使全组同志很快地掌握了爆破技术。

　　张树才有一个特点：对待同志亲如手足，胜于兄弟。处处关心同志，团结同志。每次行军不是帮你扛枪，就是帮他背米袋，肩上经常扛着两三支枪。在一天

负重行军结束后，他总是叫班里同志抓紧时间休息，将洗脚水烧好送给同志们洗，端菜、打饭给同志们吃。班里一旦出现病号，他不但经常问寒问暖，还每天提前1小时起床做病号饭给病号们吃，为此，班里同志都称他为"老大娘"。

1948年11月初，淮海战役展开了，他所在部队向陇海路飞驰疾进，黄百韬兵团像被猎人追赶的野兔子一样，争先恐后地向徐州逃命。

11月11日晨，黄百韬兵团被我军包围了，其兵团部设在碾庄圩，一〇〇军在西，六十四军在东，二十五军在北，杂牌的四十四军放在正南，四十四军军部驻碾庄圩车站，外面伸出好几个据点，大张庄便是其中之一。

大张庄位于碾庄圩正南8里多路，8个小村像梅花瓣似的抱在一起，小庄当中都有五六十公尺的空地段，空地之间，不是水沟就是洼地，树木稀少，敌一五〇师四四九团就被困守在此庄，但欲歼其敌，则必先克大张庄外围之小张庄。此庄周围交通壕连绵，正面是一片洼地，西南角筑有核心地堡，西北角由大张庄之敌火力封锁，据守此庄一个营的兵力，妄想凭险据守前沿阵地挽救他们被歼的命运。

11月12日晚上，围歼小张庄之敌的光荣任务落在了张树才所在的八连，当时是敌强我弱，敌兵力为八连的3倍，火力炽盛。当夜1点钟，攻击开始了，该连在5门六〇炮、4挺重机枪的掩护下，开始向敌运动。碾庄圩和车站敌炮兵疯狂地向他们打炮，侧面的敌机枪拼命地射击，阻止他们前进。这时，爆破员李守强夹起了一包炸药，在敌照明弹下，飞快地接近了西南角大地堡，当他距那地堡只有10余步时，突然被击中摔倒，英勇牺牲了。全连同志万分焦急，紧张地等待第二包炸药，但该连的火力又压不倒敌人的火力，敌人子弹交织飞舞，炮弹轰鸣，像刮起的一阵阵风暴，显然，在此情况下送炸药是件极为困难的事。部队伤亡不断增加，时间一分一秒地过去，那西南角的大地堡格外疯狂地嚎叫。这时，爆破组组长张树才怒火冲天，挺身而出，向连长请求任务说："连长，让我去，战士张树才保证完成任务，不炸开这个地堡决不回来。"他随即抱起20余斤的炸药包，飞驰地向那地堡群跑进，当时狡猾的敌人一枪未发，等到张树才距地堡只有20余米时，3个敌兵突然跳出工事，端着明光光的刺刀向他扑来，凶恶地喊："捉活的，捉活的！"随着喊声，张树才连续扔了两个手榴弹，敌人应声倒下去了。但敌人随即又上来一群，蜂拥地向他卷来，在这紧要关头，张树才毫不畏怯，继续前进，这时离地堡只几步远了，他迅速将夹在背后的炸药移到前身，右手一扬，迅速拉开导火线，拼着全身气力，直向地堡群扑去，口里高喊着："只要完成任务，死亦光荣。你们来吧！"敌人一见张树才怀中炸药嗞嗞地冒烟，吓得掉头就跑。在此瞬间，突然一声巨响，熊熊的火焰腾空而起，地堡全部炸毁，英勇的张树才也壮烈地牺牲了。战士们立即踏着烈士的鲜血从炸开的缺口杀进庄去，迅速解决了战斗。战后，军党委决定追认张树才为"爆破英雄"称号。

▲ 张树才炸毁地堡的石头

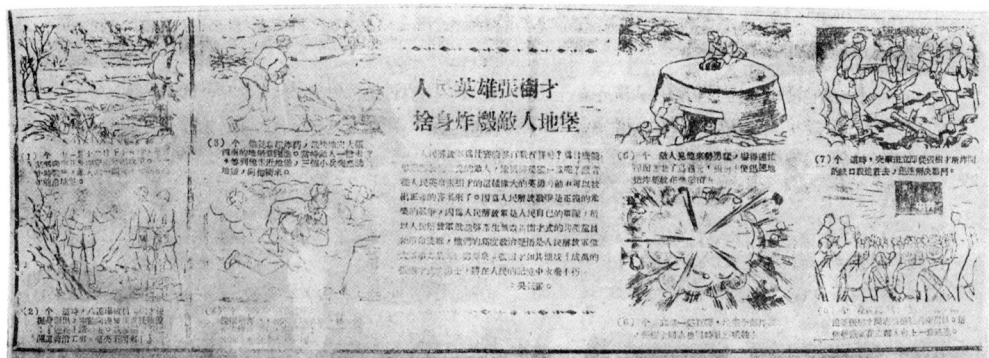

▲《新徐日报》刊载的张树才舍身炸地堡的漫画

平易近人好干部　尖谷堆下留忠魂

模范共产党员李松贞烈士

李松贞，山西省壶关县人，1921 年生。1938年入伍，中共党员。曾任班长、排长、政治指导员等职，时任中原野战军第六纵队十七旅四十九团一营副政治教导员。曾多次立功，并被选为"模范共产党员"。1948 年 12 月，在淮海战役围歼黄维兵团的尖谷堆战斗中，壮烈牺牲，时年 27 岁。

李松贞是一个优秀的政治工作者，又是一个勇敢机智的军事指挥员。在他战斗的一生中，部队流动性大，战斗频繁，生活条件差，他胃病又经常发作，但这一切，丝毫没有影响过他对革命事业无限忠诚的坚定意志。

▲ 李松贞烈士画像

参加襄樊战役途中，他病得很重，几天不能吃饭，甚至走路也很困难，上级数次动员他住院，都被他拒绝了。他认为："六连的任务如此繁重，无论如何不应在战斗的前夕离开自己的部队。"上级为了照顾他的健康，给他派去了担架，他也坚决不用。他说："我坐担架上，让自己的同志抬着走，那比生病还要痛苦得多。"

部队在李松贞这种坚强的革命意志的鼓舞和影响下，很多同志也克服困难坚持工作。该营五连一个排长生病，但在李松贞的直接影响下，也带病坚持工作，不坐担架。还说："李松贞的年纪比我大，身体又比我差，他有病能坚持工作，我应该向他学习。"一次行军，教导员看到李松贞实在走不动了，强迫他骑自己的马，但在途中，当教导员回过头时，骑在马上的不是李松贞，而是另外一个生病的战士。

李松贞在六连工作时期，不论战时或平时，经常深入到班排和战士们在一起谈心。他最熟悉全连所有战士的思想变化、性格及特长等。战士们有什么问题，

也总是找指导员去谈一谈。对有错误或缺点的同志，他能耐心教育，反复讲清道理。他善于依靠组织、依靠骨干来进行思想工作，及时掌握全连的思想动向，进行思想教育。这对巩固部队、完成作战与工作任务，起了很大的作用。

我军跃进大别山之后，在七里坪战斗中，李松贞带领两个排在执行任务时，和大部队失去了联系。单独行动在大别山中。面对地形不熟、供应缺乏、敌人众多的情况，李松贞依靠基本群众，了解当地附近的地形情况，亲自到山头上去绘制地图。他们在单独行动最初的两三天中，部队没有吃过一点油盐；但他们丝毫没有违犯群众的利益。李松贞经常教育全连同志说："宁愿饿肚子，不犯群众纪律。"他们所食用的口粮，都是从地主、老财家里搞的，多余的就分给当地群众。在他们缺粮时，群众就主动给他们送粮。当他们没有棉衣时，群众就主动给他们缝。

在他们遇到敌人时，李松贞坚决执行了"见大股敌人就走，见小股敌人就打；见敌正规军就走，见土顽就打"的原则，若发现大股敌人有弱兵，有胜利把握时，也坚决消灭。在他们单独行动的四个多月中，经过了几十次大小战斗，每战都获得了胜利。他们的战斗力不是削弱了，而是加强了，到归队时，两个排的兵力已发展到一个多连。当时部队还没有穿上棉衣，他们都穿上了。

攻克真武山，是夺取襄阳的第二关。真武山矗立在琵琶山和襄阳城之间，地形险要，敌人有重兵把守。李松贞代表六连主动要求去执行这一艰巨任务，首长批准了他的请求。在两三天的组织准备中，反复地看了地形和攻击路线，广泛深入地开展了军事民主，认真地研究了打法。各排分别编成了突击、火力、爆破、扫雷、砍铁丝网等战斗小组。在投入战斗前，团政委亲自进行了动员，并给他们全连照了相。

傍晚，开始向真武山运动，李松贞亲自带领突击排。部队在敌人猛烈的炮火下，迅速地通过了山下的小河，河泥塞满了鞋子，增加了行动困难。当时，若部队稍有停顿，就会增加伤亡。于是，李松贞当机立断，便高喊："同志们，迅速脱掉鞋子冲吧！"

在前进中，冲在全连最前的第十排，被敌人的火力阻止，不能继续前进。李松贞便果断地指挥突击排冲了上去，在10多分钟之内，消灭了敌人暗堡18个，约20分钟，真武山便控制在英雄的手中，他们胜利地完成了夺取襄阳第二关的战斗任务。

淮海战役第二阶段初期，李松贞升任二营副政教。不久，上级为了照顾他的身体，调他到后方工作。到团后，正当总前委发出向被我军围于双堆集黄维兵团的总攻命令之后，在我军层层削皮、步步深入的攻势下，敌兵团部西南的重要据点——大王庄，已被友邻部队攻克了，在我准备歼灭其东南的最后一个重要据点——金庄以南所谓黄维的"老虎团"的时候，李松贞到一营任副政教工作。他在营组织战斗、边打边补、立功创模等各项工作中，不分昼夜地工作，表现了对革命事业的高度责任感。

战斗开始后，我中原野战军襄阳登城第一营和华东野战军洛阳登城第一营像两把利剑，同时插入敌阵，李松贞带领三连，紧紧地随第一梯队连之后，他冲在全连的最前面，迅速地通过了突破口。正当三连直插敌人心脏、向纵深发展的时候，不幸，李松贞光荣牺牲。

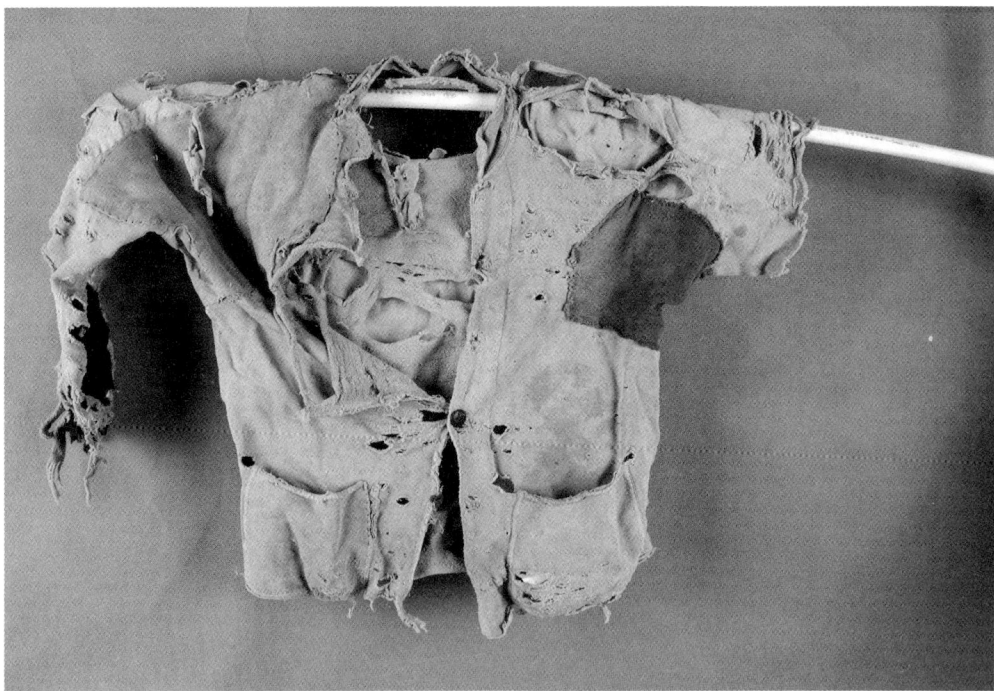

▲ 李松贞穿过的绒衣

出身贫寒意志坚　勇士血洒大宋庄

模范副营长刘德柱烈士

刘德柱，山东省费县第一区青台庄人，1921 年生。1943 年 6 月入伍。1946 年 8 月入党。历任正副班长、排长、连长、副营长。时任华东野战军第十三纵队三十七师一一〇团一营副营长。1948 年 11 月 13 日，在淮海战役大宋庄战斗牺牲，时年 27 岁。

刘德柱出身于赤贫的家庭，五口人只有四亩薄山地，从小就过着缺吃少穿的穷苦生活，整天挖野菜糊口，没读过一天书。在幼年时他又失去了双亲，孤苦伶仃流浪了 12 年。

父母死后，他和 10 岁的弟弟带着仅剩的两亩薄地，寄住在四叔家、姨家，这样度过了 3 年多。16 岁时，刘德柱领着 13 岁的弟弟从亲戚家搬出，靠给别人做苦力为生。

18 岁时，短工不能经常做了，村长常派他给国民党军队出夫，受苦的、危险的、别人不干的差事，都派在他身上。直到新中国成立后，刘德柱的弟弟德盛，在哭述当年哥哥的苦难时，仍记忆犹新，泪湿满襟。

在 21 岁那年，刘德柱不得不忍心弃弟远奔找出路。到沂蒙山去，找到了远房叔叔，在国民党杂牌军队郭马凤部当了兵。1943 年被我军解放了，经教育后，便留在滨北独立团里当战士，从此，他走上了革命道路，他找到了真正的出路！

在人民军队里，党抚育着他成长，他感到党比亲生父母还要温暖，这就更加促使他一心投靠革命。在党的培养教育下，经过抗日战争、解放战争的艰苦斗争的锻炼，培养了他高度的政治觉悟、顽强的革命斗志和埋头苦干、深入扎实的工作作风。1946 年 8 月，他光荣地加入了中国共产党。在部队里，历任过战士、班长，1947 年 7 月齐家埠战斗时任排长，战后任二营机枪连副连长，同年冬任连长，1948 年济南战役后任副营长。虽晋升很快，他却从不骄傲，非常谦虚，总感觉自己的能力不够，还要努力学习、锻炼。在生活作风上，他艰苦朴素，以身作则。

当连长时，在行军中都是自己背背包，帮助战士扛重机枪；到了宿营地，总是先到各班走走，到处看看，把战士先安排睡下他才睡。他爱士兵如亲兄弟，关心下级的生活和进步，经常和战士谈心，与战士打成一片，与下级、同级搞好团结，所以他深受战士的爱戴，在干部中也享有很高的威信，都称他是"好工农干部"，曾被选为模范。

刘德柱对革命事业忠心耿耿，执行任务坚决。他对革命赤胆忠诚，在战斗中，不避任何艰险，穿梭枪林弹雨之中。最危险的地方，总是先看见他的身影。因此同志们给起了个绰号"二愣子"，都称他是"英勇善战、猛冲猛打的指挥员"。

1947 年，追击由莱阳南犯海阳之敌五十四军时，二营是先遣队。在筋疲力尽的情况下，刘连长竟扛着重机枪跑在前面，在距敌仅有三四百米时，敌人大部已经过了河，刘连长便迅速组织重机枪火力射击，杀伤敌人百余名。

1947 年攻克掖县城的战斗中，在爆破前，刘德柱不停地到各班去检查武器和战斗准备，亲自指挥火力掩护爆破，因射击准确，压住了敌人火力，使爆破成功。登城开始时，他亲率两挺重机枪，跟随登城班进攻。刚登上城，正遇上敌人反击来了，紧急中他亲自射击，打退了敌两次反击。由于火力掩护及时、有力，使二营登城及向纵深发展都很顺利，二营荣获师登城第一面红旗。

而后，在兖州、济南战役中，他都是与过去的每次战斗一样，总是跑在最前面，在危急艰险中首当其冲。

1948 年伟大的淮海战役开始了。在大宋庄战斗时，团首长本来把他留在团里，可是当他听到自己的营长胡良民负伤了，他没请示团首长，就直接急急地跑到营指挥所，一看，营长还能坚持战斗，于是，他就跑到四连阵地，亲自组织四连攻击。四连很快地占领了敌第一道堑壕，紧接着，敌以猛烈的炮火、兵力向我军反击，不幸，刘德柱被子弹击中，光荣地牺牲了。

猛追猛打俘敌军 为国捐躯迎黎明

优秀军官朱允弼烈士

朱允弼，安徽省五河县枣林村人，1917 年生。1938 年参加新四军，次年 10 月加入中国共产党。历任宣传员、政治指导员、营长、作战股长、教导队长、团参谋长等职，时任华东野战军第六纵队十六师四十七团副团长。曾被授予"优秀参谋工作者"的光荣称号。1948 年，在淮海战役第一阶段歼敌一〇〇军的彭庄战斗中牺牲，时年 31 岁。

朱允弼 7 岁上学，初中肄业后即在本村小学任教。1938 年秋为了抗日救国参加了当时在淮南地区活动的新四军抗日武装。1939 年至 1945 年在盱眙、凤阳、嘉山地区任大队长和独立营营长期间，在

▲ 朱允弼烈士

党和上级的领导下，他积极组织和发动群众长期坚持与日伪军进行艰苦斗争，同时还要打击当地的地主豪绅及反革命势力。1941 年春紫巷大地主周大鰲豢养的 80 名反动武装，在当地危害欺压人民，朱允弼率部将其围歼，缴获长短枪 30 余支。1942 年秋，日军向古沛一带进行扫荡，朱允弼率部在小朱庄与敌展开了激烈的战斗，敌不支溃退，他即率部猛追，一路上俘敌 10 余人，缴获长短枪 20 余支和其他部分军用物资。同年 10 月伪军副团长张连春率两个营驻守潘村清剿，朱允弼率部协同新四军某部两个连围歼该敌，激战一昼夜解决了战斗，俘敌副团长张连春以下 130 余人，缴获武器 200 余支。1943 年春，敌伪军师长石小磊率部 80 余人向大圣寺袭扰，由于敌人麻痹，朱允弼率一个连轻装急行军奇袭敌人，打敌措手不及，全歼敌伪军师长以下 80 余名。在坚持根据地的斗争中朱允弼作出重大贡献。

为了扩大野战军部队，给予向我苏中解放区进攻之蒋匪军更大的打击，保卫苏中解放区，1946 年 7 月，淮北独立四团由地方武装上升编入我华东野战军第六

纵队十六旅四十六团，朱允弼亦随之任该团副参谋长。淮北独立四团系地方部队，编入野战军后一部分干部和战士乡土观念严重，对大规模的战斗行动存有恐惧。朱允弼对这一情况是非常清楚的，他知道这个问题如不迅速解决，将造成大批干部战士"回家乡革命"的逃亡事件。于是，他迅速而详尽地将编入各营连的淮北独立四团二营的所有干部战士的政治思想、战斗经历以及其家庭、历史等具体情况分别向有关领导介绍，使相关领导能针对各人的具体情况，进行有效的说服教育。此外，他还挤出时间，深入部队分别找其中一些乡土观念较为严重、对大规模战斗行动缺少经验和恐惧的干部、战士进行说服教育，解决其需要解决的各种问题，从而稳定了干部战士的思想情绪，使其逐渐克服了狭隘的乡土观念，巩固了部队。在第一次参加苏中分界战斗中，为了更好地激发由淮北独立四团编来的干部、战士战斗的情绪与荣誉心，在团指挥员分工上，朱允弼毅然要求率领由淮北独立四团二营编入成员最多（约占70%）的第三营参加战斗。在战斗前他就提出该营两个团合编的干部、战士相互间要进行缴枪、抓俘虏竞赛，使当时该营战斗情绪极为旺盛，在这次战斗中，该营以20人的伤亡代价击毙敌100余人，生俘敌官兵500余名，并缴获了大量的武器弹药和马匹，当时在四十六团中无不赞叹"朱副参谋长不仅是位出色的军事指挥员，而且是位优秀的政治工作者"。

"朱允弼是一位模范的优秀参谋工作者。"这是1948年第六纵队政治委员江渭清在全纵队参谋工作会议上总结时对朱允弼的评语，也是第六纵队全体指挥员和参谋人员一致的公认。朱允弼参加革命部队后，在参谋岗位上一贯兢兢业业、任劳任怨，从来不计较个人的荣誉、地位等，特别是他在工作上的冷静、细心、周密和慎重，为一般人所不及。他身体很差，其左臂因作战负伤残废，而且患有严重的肺病与气管炎，但在战斗行动极度频繁、生活环境异常恶劣的抗日战争和解放战争的岁月中，一直坚持昼夜不懈的工作，并经常以"运筹帷幄之中，决胜千里之外"这句军事参谋家对参谋工作的要求格言来要求自己及其所属参谋人员，以司令部之工作"错之毫厘"部队之战斗行动则"差之千里"来警惕自己及其所属的参谋人员的工作。在紧张频繁的战斗行动中，稍有空隙，朱允弼即组织部队训练，而在作战时他又能充分地比较敌我情况及掌握有关资料，协助团的指挥员组织和指挥战斗，保证战斗顺利进行。

朱允弼还十分重视部队的各种工作总结和训练，他不单重视本部队的作战和训练工作经验总结，而且对兄弟部队的作战与训练的经验也加以借鉴，善于将人家的经验变为自己的经验，经常领导与组织其所属司令部参谋人员，营、连指挥员学习和研究兄弟部队的作战与训练工作经验，以提高其作战训练的组织指挥能力。

1948年夏，朱允弼由第六纵队十六师四十六团调任该师四十七团参谋长（后升任该团副团长兼参谋长）时，该团当时在十六师3个步兵团中战斗力是较弱的一个，虽然擅长于野战夜战等战斗，但缺乏攻坚战斗经验。朱允弼调任该团不久，在了解了这一情况后，立即针对部队这一薄弱环节，亲自选择相应的训练内容，吸收兄弟部队攻坚战斗的经验，在战斗空隙组织部队突击训练，从而迅速解决了部队攻坚战斗中的组织指挥、战斗动作及各种爆破技术等一系列问题，提高了部队的作战能力。

1948年，在淮海战役歼灭黄百韬兵团阶段中，我军首先攻占了鱼鳞式鹿砦围绕四周，鹿砦内地堡密伏，堡间堑壕、交通沟蛛网纵横的敌一〇〇军军部所在地——彭庄。在该敌拂晓后企图向碾庄圩突围中，朱允弼指挥部队突入村内，遭敌顽抗，进展困难，他适时指挥二营投入战斗，当敌军向黄滩突围时，他又立即指挥部队猛追，将敌全部歼灭，击毙敌300余人，俘敌一〇〇军少将副军长杨荫及以下官兵1700余名。在战斗即将结束时，朱允弼在其指挥所和他的警卫员、号手、电话员、通讯员等8位同志遭敌人化学迫击炮弹的袭击，全部光荣牺牲。

朱允弼虽然逝去了，但他生前对部队的训练和建设仍然继续发挥作用，该团在淮海战役第二阶段的追击战和蚌（埠）北的阻击战中均出色地完成了师给予的各项艰巨任务，由一个战斗力较弱的团一跃而为全纵队的主力团。四十七团的广大指战员都说："我们团的由弱转强，与朱参谋长是分不开的。"

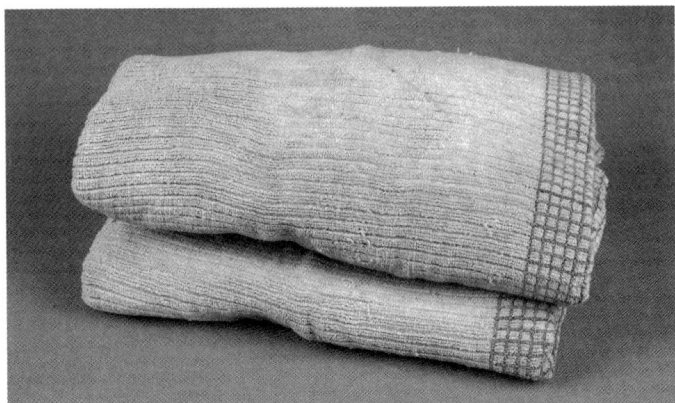

▶ 朱允弼使用过的毛巾毯

奋勇作战不怕死　人民功臣为人民

特等战斗英雄赵法英烈士

赵法英，河南省修武县西村人，1921 年出生。1944 年 1 月入伍，1947 年 9 月参加中国共产党。历任班长、排长、副政治指导员等职，时任中原野战军第九纵队二十六旅七十七团三连政治指导员。曾被授予"特等战斗英雄"、"中国共产党模范党员"和"特等人民功臣"的光荣称号。1948 年在淮海战役总攻黄维兵团时不幸壮烈牺牲，时年 27 岁。

▲ 赵法英烈士

赵法英出生在一个贫农家庭。家里有三间破房，一些贫瘠的田地，打的粮食不够维持一家四口人的生活。赵法英的父亲就是因生活所迫，一直流浪在外，家破人亡，妻离子散。

1942 年八路军转战在太行山里，赵法英听到这个消息后，回家就跟母亲说自己要到八路军当兵。母亲给他准备了一斤小麦、四斤红芋作路费，在他要走的时候，母子俩流泪告别。就这样，赵法英踏上了革命的征程。

赵法英找到太行山时，已经是 1944 年了，几经周折，他终于如愿以偿，参加了八路军。

赵法英参加八路军后，在党和上级的不断培养下，阶级觉悟不断提高，养成了爱同志、爱人民、不怕牺牲的精神。他对同志如亲兄弟一般，对新入伍的同志十分关心，如某次战斗一个同志没有鞋穿，就把自己的鞋脱给新同志穿，自己却赤脚行军，他的行为不仅感动了新同志，也鼓舞了部队士气。

赵法英由于作战勇敢，觉悟提高得快，能自觉地执行党的群众纪律和战场纪律，并能主动积极帮助同志，又能听党的话，党叫干什么就干什么，从不计较个人得失，一切以党的利益为上，所以在 1947 年光荣地加入了中国共产党。

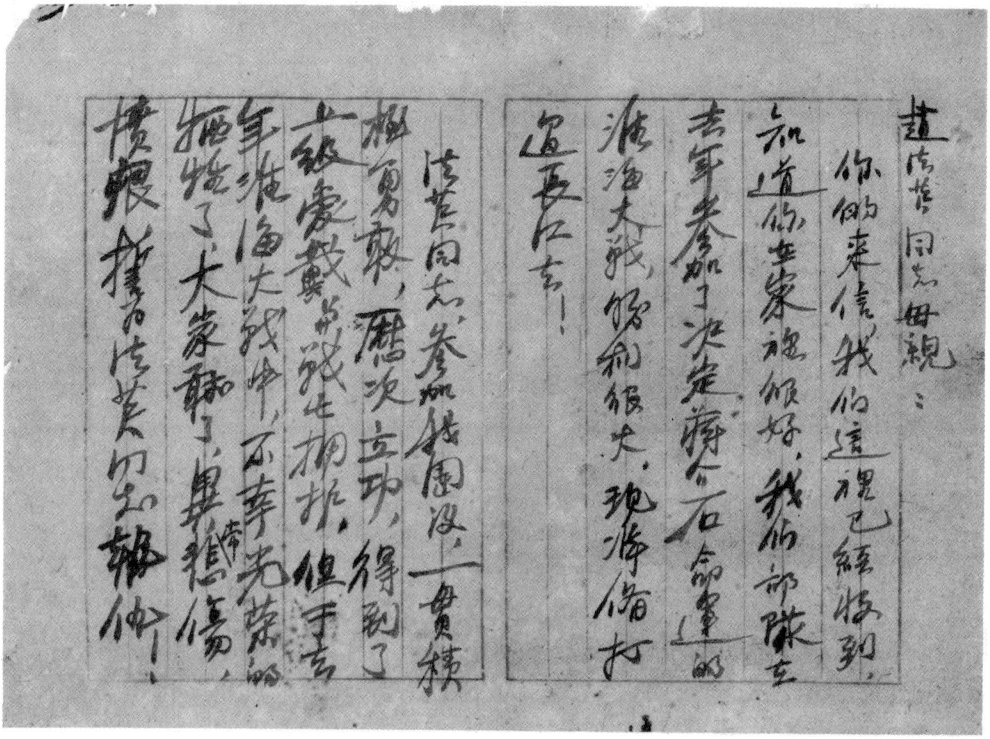

赵法英同志母亲：

你的来信，我们这里已经收到，知道你在家很好，我们部队在去年参加了决定蒋介石命运的淮海大战，胜利很大，现准备打过长江去！

法英同志，参加我团后，一贯积极勇敢，历次立功，得到了上级爱戴与战士拥护，但于去年淮海大战中，不幸光荣的牺牲了，大家听了，异常悲伤，愤恨，誓为法英同志报仇！

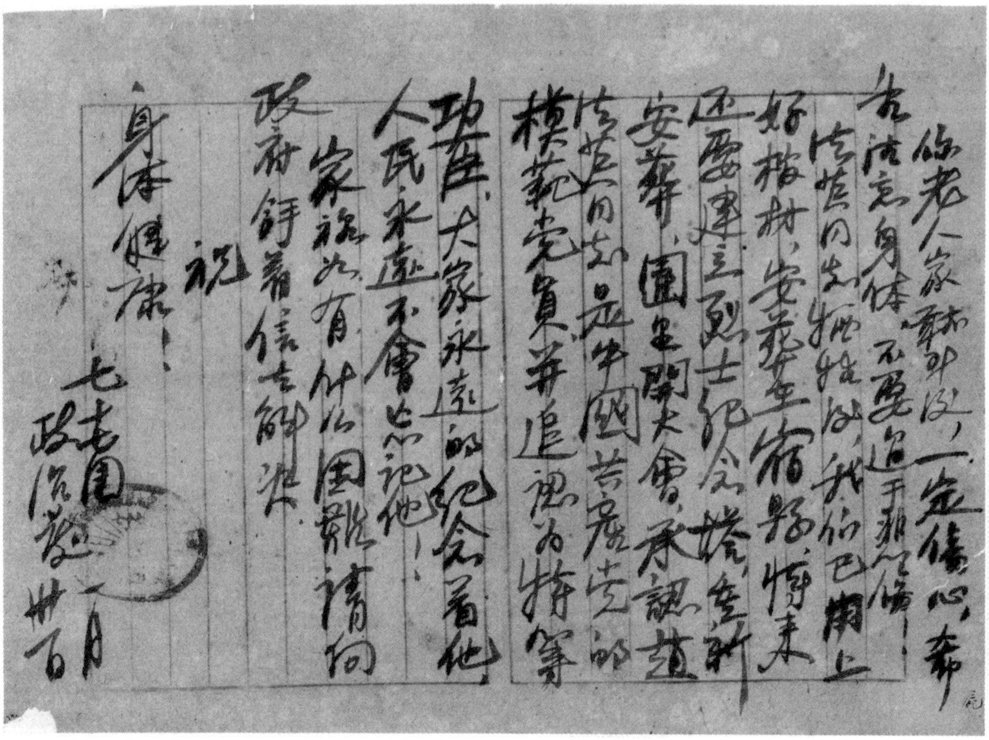

你老人家听到后，一定伤心，希望注意身体，不要过于难过！法英同志牺牲后，我们已用上好棺材，安葬在宿县，将来还要建立烈士纪念塔，重新安葬，开追悼大会，承认这法英同志是中国共产党的模范党员，并追认为特等功臣，大家永远的纪念着他，人民永远不会忘记他！家里如有什么困难，请向政府拿着信去解决。

祝

身体健康！

七七团政治处

一月卅日

▲ 中原野战军九纵七十七团政治处写给赵法英母亲的信

四十五团三连是个战斗作风顽强的连队，号称英雄连，赵法英从二连调到三连任指导员，在清化战斗中打得很出色，一仗捉到上百的俘虏，缴获轻重机枪和步枪等武器，在攻击敌人顽强死守的炮楼时，他亲自带领部队，冲锋陷阵，端掉了敌人的炮楼。

赵法英在郑州战役的动员大会上，向团党委写了请战书，要求把突击任务交给三连，提出："只要头打不烂，三连所有指战员就是死也保证完成任务。不打到郑州守敌的老窝，决不撤下战斗。"团党委根据三连历次战斗的特点，结合他的请战书的战斗决心和战斗步骤，决定把任务的主攻方向交给他们。虽然这次战斗由于敌人撤逃，在城外老鸦陈就被歼灭。但是这次行动却说明了赵法英对党的事业忠心负责、积极求战的革命战士的高度英雄主义精神。

在淮海战役攻打杨四麻子村战斗中，由于赵法英战前动员深入、准备充分，因而三连仅用3分钟便突破了敌人阵地，基本解决战斗，缴获敌各种枪支100余支、迫击炮1门、六〇炮1门，俘敌130余人。

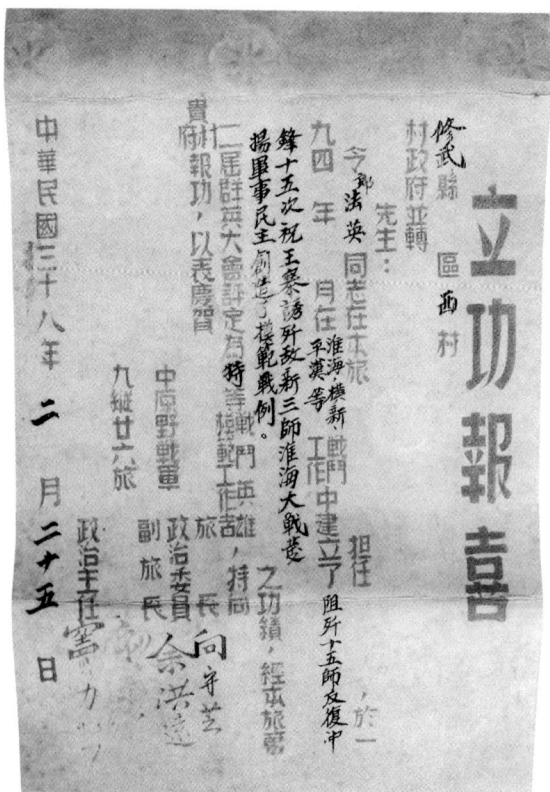

▲ 赵法英的特等功喜报

浍河南下出击之后，上级提出会攻双堆集的任务，团通知一营，作突击营的准备，营里原预定一连是突击队，赵法英所在的三连是二梯队，但赵法英的心中有两套打算，和连长研究：我们除作好二梯队准备外，要做好突击队的组织和思想准备。果然在临近战斗时，一连突击队遭受飞机轰炸，伤亡数人，在这种情况下，营通知三连作突击准备。在接受这个光荣的任务后，赵法英积极进行战前动员和准备工作。

战斗打响了，赵法英和战士同时跳出壕沟，冲向敌人阵地，亲自用自己的行动带领和指挥突击队，在进入到一个院子时，忽然，一个炸弹落在了战友的背后，赵法英迅速抓起扔向敌人阵地，没有落地就炸了，紧接着又是一个，赵法英又扔回，接连又是四五个炸弹打过来，赵法英用自己的身体挡住战士，紧推战士靠在墙角，炸弹片炸伤了他的手和腿，耳朵震聋了，但他没有因负伤退下来，反而在炸弹爆炸后，趁着烟雾，冲到敌人的地堡上，解决了这个大院子的所有敌人。随后他又马上带领两名战士向右边的一个院子打去。这次战斗，赵法英连续6次负伤，一直和战士战斗在一起，但终因伤势过重，光荣牺牲。

沉着指挥战沙场　英雄气概丧敌胆

战斗英雄孔祥坦烈士

孔祥坦，山东省邹县瓦曲村人，1925年生。1940年参加八路军，次年加入中国共产党。历任班长、排长、连长、副营长等职，时任华东野战军第三纵队九师二十团一营营长。曾被批准为"甲等战斗英雄"。1948年11月在淮海战役第一阶段二堡战斗中负重伤而光荣牺牲，时年23岁。

孔祥坦出生在中农家庭，15岁时，抗日战争的洪流引导和鼓舞了他，他毅然参加了抗日部队。入伍后经过8年的残酷战斗生活的磨炼与考验，在党的长期教育与培养下，他成为了一个忠于党和人民的革命战士。他曾经历过大小战斗126次，其中起

▲ 孔祥坦烈士

着决定作用的有16次之多。他所捉的俘虏可编一个营，他所缴获的武器，可以装备4个连。在他健壮的身体上深深地刻着8处伤痕。他在历次战斗中均表现了英勇顽强、机智果敢的战斗作风和自我牺牲的精神，创造了不朽的战斗范例和光辉的战绩。

1941年的春天，日本鬼子清剿扫荡邹东，以优势兵力进攻十八盘山，邹县独一连任务是固守该山，那时孔祥坦担当战斗组长，他所在的突击班，受命坚守崮顶。在一块大石的右侧是一条险要的大沟，从右侧是一定冲不上来的，他们选择这样的地形作为阵地，班长下命令："同志们！准备好，敌人靠近了用炸弹把他们打回去。"第一次鬼子一个个冲上来，战士们将准备好的18颗手榴弹一齐扔过去。在轰鸣声中，敌人叫喊着退缩了。接连第二次第三次冲上来的鬼子都被他们用手榴弹打退了，敌人一看强攻不行，就用猛烈的炮火轰击他们，妄想把他们消灭在山顶上，在这万分紧急的情况下，连长命令该班撤退，固守着山顶的12名勇士最

后只剩下孔祥坦和孔中和两位同志在坚守着。敌人炮击后又冲了上来，他们不但没有动摇，反而更加勇敢，他对孔中和同志说："一定要沉着，只有坚持才有胜利。"眼看着鬼子在轻重机枪的掩护下冲上来了，他俩从牺牲了的同志身上搜集好手榴弹作好反击准备，在残酷的搏斗中，终因寡不敌众，子弹打光了，仅剩下一个手榴弹，孔祥坦坚定地说："宁做战死鬼，也不能做俘虏。"他就转身从右侧的大沟滚下山去，醒来的时候，敌人已经占领山顶，他拖着被重创而剧痛的双腿，在敌人的追击下终于又找到了部队。在这次战斗中虽然全班伤亡了 10 个同志，但他们在敌众我寡的不利情况下，也打死了 20 多名鬼子。

1944 年 7 月，敌顽九十二军向鲁南展开了大规模的疯狂进攻，部队为了争取时间待援歼敌，命令一连固守桃花山。估计敌人在第二天一定会来进攻的，部队拂晓控制了山顶阵地，同志们都知道，此山的守失对整个战场是有很大影响的，这时孔祥坦在该连二班任副班长，在天明时该班被派往前沿，占领了有利地形，凭借着一条石围子，全班展开，孔祥坦首当其冲，把守要口。早饭后敌人开始炮击，妄想以火力夺取阵地，但最终失败。最后敌人集中了数倍于我军的兵力在轻重火力的掩护下，发起了强攻，战士们准备好的炸弹和一挺机枪一齐开了火，把敌人打下去了。孔祥坦利用空隙鼓动大家说："不要怕，只要有手榴弹，敌人就上不来。"过了不多时，敌人的轻重机枪又嚎叫了，第二次攻击又开始了，他们同样像第一次一样英勇顽强地把敌人打下去了。接连顶住了三次四次的反复冲杀，始终坚守了阵地。这场战斗从拂晓一直到傍晚，他们饿着肚子坚守着桃花山，击退了敌人的多次进攻，在这次阻击战中孔祥坦的英勇顽强保证了战斗的最终胜利。

孔祥坦当了排长后，不仅是英勇顽强的战斗员，而且是机智灵活的指挥员。1947 年曲阜战斗，他担任突击队长，主攻西门，他亲自爬到鹿砦前去看地形，当战斗发起，第一包炸药炸开鹿砦后，他立即奋不顾身地将第二包炸药靠近城门，轰隆一声炸塌了城门，他趁着烟雾带领全排一直突到县政府，敌人不支而退，此时孔祥坦没有放松这一机会，马上又带领全排向北发展，占领北门，配合友邻部队，顺利地歼灭了敌人。在这次战斗中，他的排歼灭敌人 150 余人，缴获步枪百余支，火炮、迫击炮各一门。

荆山战斗，由于地形、敌情不详，在行军中遭遇了敌人的据点阻击，他趁敌人与我三连答话时，迅速选定大门为爆炸点，一面指挥爆破，一面组织突击力量。爆炸声一响，他马上组织部队突上去，机智地完成了突击任务。向纵深发展时，部队冲进了一个大院子，敌人从四面向我军投弹，当时部队伤亡较大，情况十分危急，他马上命令四班拿西屋，五班拿北屋，他带领着三班夺东屋，霎时间 3 个屋子的敌人全部解决，俘敌 60 余名，这次战斗的果断指挥使部队减少了伤亡，顺利地消灭了敌人。

孔祥坦在历次战斗中，如洛阳、开封、济南等主要战役中都表现得英勇顽强，指挥灵活，每次战斗，哪里危险他就往哪里跑，哪里有攻坚战，他就请战攻哪里，创造了不少光辉的范例，因而他不但荣获了二级人民英雄奖章，还立了特等功一次和数次二、三等战功。

1948 年 3 月洛阳战役中，他任副营长。因接受任务仓促，他在最前面率二连投入战斗，冲到突破口时，敌人的火力封锁很紧，他命令战士一个个跃进，这时部队伤亡较大，连长有些犹豫了，他低声对连长说："怕死吗？同志！快冲过去。"在他的鼓励带领下，同志们都冲了上去，通过了封锁，夺取了地堡。

开封战役攻击东南角小围子战斗中，刚开始他大腿就负了伤，这时他把连长

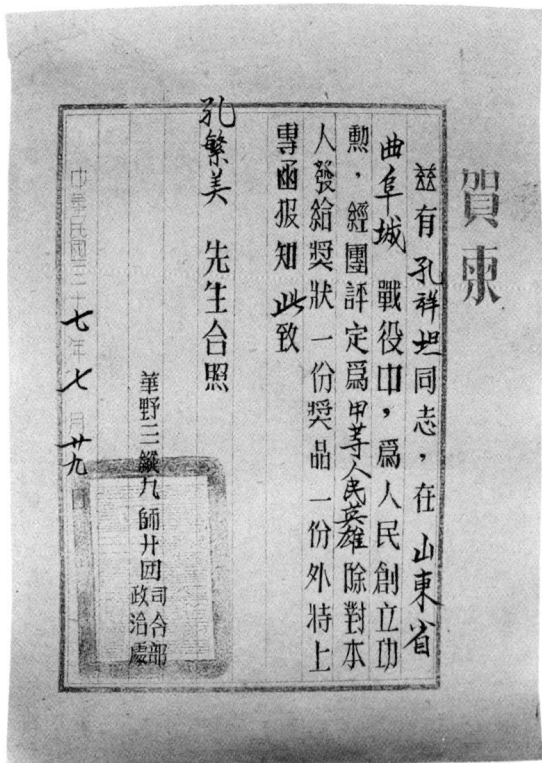

▲ 孔祥坦"甲等人民英雄"的贺柬

▲ 孔祥坦的"华东二级人民英雄"
奖章

张光胜叫到面前说："我负伤了。你看有没有把握攻击，如果能攻下，我就下去，若没有把握我就不下去了。"张连长看他负伤很重，血不停地往外流，很坚定地说："副营长请放心，我一定有把握突进去。"这样他才下了火线，只住了几天就又偷偷地跑回前方去了。

1948年杨店阻击十一师的战斗中，他带领着三连掩护部队转移，被敌人包围了，团里要他马上撤，但他恐怕影响战局，在电话里回答："还能坚持两小时。"情况紧急，但他仍沉着应战，三个排有步骤地掩护撤退，此时离敌人只有十来米，敌人的火力很猛，战士们有些慌乱，他高喊着："打呀，同志们！看我们的机关枪比敌人的更厉害。"鼓舞士气。敌人在他们机枪的猛烈还击下停止了前进。部队安全地撤下来了，战士们都说："要不是副营长用那挺重机枪压制敌人，我们是难以撤下来的。"

在1948年11月淮海战役的二堡战斗中，为了反击敌人占领滕岩，争取战局的转变，孔祥坦亲率全营向滕岩守敌一个团的兵力发起猛攻，部队迅速地向前进发，与优势敌人展开搏斗，但由于敌众我寡，造成我部进攻的困难。此时孔祥坦更表现了无比的英勇和顽强，经过短时的搏斗，将敌人一个营击溃。他在组织部队继续进攻时身负重伤，终因伤势过重而牺牲。

机智勇敢战淮海　英雄精神永流传

华东一级人民英雄郭继胜烈士

郭继胜，山东省微山县王庄人，1921 年生。1941 年 7 月参加黄河支队，翌年因环境恶化，精兵简政动员回家。1944 年 6 月二次从军，1945 年 2 月入党。历任班、排、连长、副营长，时任华东野战军第三纵队八师二十四团一营营长。华东野战军曾授予他"华东战斗英雄"称号，他指挥的连队被命名为"郭继胜连"。1948 年，他在淮海战役董庄战斗中光荣牺牲，时年 27 岁。

▲ 郭继胜烈士

郭继胜家庭出身贫农，自幼以苦力为生。1941 年 7 月他在抗日和爱国的浪潮下，参加了本地党领导的抗日游击队。1942 年 7 月因环境恶化，在袁队长坚持劝说下回家。回家后下煤窑一年，因衣食无着落，又忍气吞声地为地主干活。1944 年 6 月我军恢复该地区的领导，郭继胜又二次从军，并于次年 2 月光荣加入中国共产党。入伍后，他工作一贯积极负责，战斗勇敢机智，很快由战士升任副班长、班长、排长等职。

郭继胜在党的培养教育下，在抗日战争和解放战争的战火陶冶中，百炼成钢，由一个不懂事的穷苦孩子成为一个自觉的无产阶级战士和杰出的指挥员。在华东战场上，这面光辉的英雄旗帜，曾转战苏、鲁、豫、皖四省，津浦、陇海、平汉三线两旁辽阔的原野上，到处留下了英雄的威名，在历次战斗的考验中，证明他是一个"智勇双全、军政兼优"的全面英雄。他思想上最宝贵的品质是"眼睛里藐视敌人，指挥上具体、细致，肯用脑子，在困难危急中挺身而出"。在有名的泗城战斗中，他表现得无比顽强，战后又积极整编部队，表现了惊人的刚毅与坚强，不久即升任连长。泰安战斗他率领二十一团一连创造了光辉的突击范例，战后被提升为副营长，并经华东野战军总部批准为"华东战斗英雄"，一连被命名为"郭继胜连"。此后，他在金刚寿、洛阳、开封等战斗中，均有光辉战绩。

1948年3月，洛阳战役最后夺取小围子核心工事时，第一次突击受挫后，情况危急，他挺身而出，亲率突击队冲上去，扫清侧翼敌人火力，歼灭了反击的敌人，完成任务。同年6月开封战役夺取龙亭时，战前他坚决要求主攻任务，并亲自反复观察地形，晚上一直钻进敌人的鹿砦组织火力，指挥每个突击队员和爆破员的进攻路线和位置，及占领"金銮殿"的步骤，鉴于任务的艰巨和困难，战斗打响后他又跟随突破连上去，使突击队在8分钟后就攻进了龙亭据点，30分钟内就占领了最高点"金銮殿"，歼灭了敌六十六师师部。

他不但善于打仗，而且善于建设部队，这是历次战斗取得胜利的保证之一。他的建设方法是"具体帮助，实际着手，大胆放手，发扬民主，大家出主意想办法"，这样他就使自己紧密地和群众联系在一起，既是大家的榜样，又是大家的学生。练兵中他还创造了沙盘作业和实地演习相结合的教学方法。他不但是个优秀的指挥员，同时又是个政治工作能手。"三查"中自己背上大枪、背包和战士一块诉苦，谈自己当佃户及下煤窑的苦难经历，启发大家打消顾虑。泗城战斗后，全连只剩下19名同志，连长、指导员均壮烈牺牲，他受命代理副连长兼支书，部分战士发生了动摇，他不但丝毫没有受到影响，而且表现了惊人的刚毅与革命英雄主义气概，积极动员，鼓舞士气，以身作则，埋头苦干，部队迅速恢复了元气，保证了三个月没有发生逃亡，从而也提高了他政治工作的威信，影响了很多指挥员积极参加政治工作。

1948年11月7日，淮海战役第一阶段开始了，华东野战军第三纵队首先于商丘东之张公店一带配合中原野战军开始了围歼敌人一八一师的战斗。郭继胜率领的二十四团一营当晚攻占魏庄，次日拂晓该营又奉命向董庄进行搜索性进攻，副营长王继禹率领二连进入董庄东头六七十米处，被敌人火力压倒不能前进，王继禹身负重伤，郭继胜当即把大衣一丢，冒着敌人密集的火力跑上去指挥部队，他根据当时的情况判定：二连撤下去要伤亡，攻上去也要伤亡，但攻上去伤亡比撤下去伤亡有价值，于是他就果断地指挥三连二排协同二连从董庄东南开展攻击。但因火力没有组织好，三连刚冲到外壕又被敌人火力压倒了，此时郭继胜用电话请求团里用炮火支援继续攻击，一阵排炮打击后，敌人开始慌乱动摇，并企图向张公店逃跑，这时郭继胜立即命令三连迅速攻击抓住敌人，此时该连干部大部伤亡，他亲自带领三连战士一起冲了上去，在他们已冲到距董庄只有数十米的地方，他不幸腹部中弹，当即昏倒。当抬下送到卫生队时，团政委杨广立前去看他，他已经无力说话，向政委望了最后一眼。我们敬爱的英雄终于 1948 年 11 月 8 日晚 20 时为人民流尽最后一滴血，光荣牺牲，年仅 27 岁。

▲ 郭继胜的"华东一级人民英雄"奖章

▲ 郭继胜在英模大会上讲话

军政兼优好干部　孤胆英雄美名传

优秀指挥员晋士林烈士

晋士林，山东省聊城人，1913 年生。参加革命前是一名学生。1937 年 9 月入伍，同年参加中国共产党。历任班长、排长、连长、营长、团参谋长、旅训练处长等职，时任中原野战军第一纵队二旅四团团长。1948 年 11 月 19 日，在淮海战役黄家阻击黄维兵团战斗中光荣牺牲，时年 35 岁。

晋士林在党的培养下，努力学习马列主义、毛泽东思想，早在延安抗大时，就是一名学习积极分子。在频繁的战斗年月里，仍表现了非凡的学习毅力，从而不断改造自己，逐渐树立了无产阶级世界观，成为一名忠实于党的革命事业的优

▲ 晋士林烈士

秀指挥员。他对工作一贯积极负责，在工作中从不怕困难，也从不灰心，总是从自己工作中作战中去纠正缺点。如某次战斗，他犯了较严重的错误，组织上对他进行了严厉的批评，他能勇于改正，一到新的工作岗位，对工作还是积极负责，作战勇敢，对组织和上级丝毫没有怨言。平时他很注重部队训练，亲自给战士做示范，整个雨季亲自带部队苦练攻坚、村落战等等。不到一年时间，四团战斗力大大提高。

晋士林不但是天才的军事指挥员，且政治上有很好的素养，非常关心掌握部队的思想情况。他经常参加政治处汇报会，获取连队的思想情况，加以指导，并常常到营、连对战士谈心，他那富有鼓励性的口才、幽默的语调，不论战士、干部没有一个不佩服的。晋团长在生活上不搞特殊，1947 年大别山艰苦的环境里，和战士一样同吃同住，有一次司务长觉得首长们太劳累感到很不过意，就特别做了四个菜，晋团长马上生气地把司务长和团直指导员陈树理找来，非常严肃地批

评说："谁叫你们做四个菜的，我们为啥要这样特殊，快端回去！"他俩被批评得低下了头，最终端回去分给各处吃了。

淮海战役第一阶段，我军的意图是分割包围黄百韬兵团，围歼黄百韬兵团于运动中。为此中原野战军主力和华东野战军一部分钳制徐州之敌，不使增援，另中原野战军一部在攻克宿县后南阻李延年兵团北上援徐，西遏敌十二兵团对黄百韬兵团之增援，以保证华东野战军主力围歼黄百韬兵团。晋士林所在部队为中原野战军第一纵队二旅四团。战役开始后，四团担任主攻张公店，在战斗最激烈之时，晋团长亲自跑到营指挥所指挥突击，次日全歼张公店敌一八一师，活捉国民党第四绥靖区副司令官兼一八一师师长米文和，晋士林命令米文和修书迫令张阁之敌投降，并亲自持信进寨劝降，别人劝他不必冒此危险，晋士林回答说："不入虎穴，焉得虎子。"他单枪匹马不顾危险进敌人营寨和敌团长胡德斋见面，凭着大无畏的气概，以策略的言词说明我党、我军的政策，终于说服了胡德斋，从而不费一颗子弹使敌一个团投降我军。在配合蒙城阻击战中，四团又愉快地接受了突击任务，晋团长就是这样，每遇紧要关头都是挺身而出，表现了共产党员所应有的高贵品德。

11 月 19 日，黄维兵团所属十八军向涡河北岸黄家阵地猛犯，晋士林率领二、三营英勇反击。当枪炮声激烈时，通讯员跑来报告说部队进村了，晋团长一听就兴奋地大声喊着"好呀！"随即

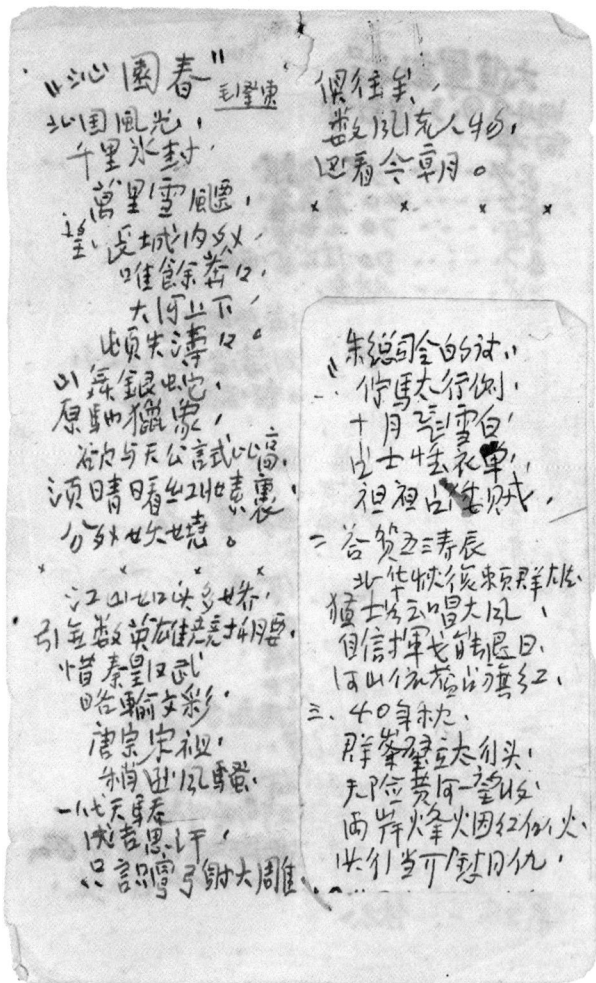

▲ 晋士林手抄毛泽东主席及朱德总司令的诗词

冲了上去，晋士林率领全团与敌展开激烈肉搏战，反复冲杀，予敌重创，终于夺回已失阵地，迟滞敌人的前进。在冲到地堡跟前时，晋士林被一颗子弹击中，壮烈牺牲。

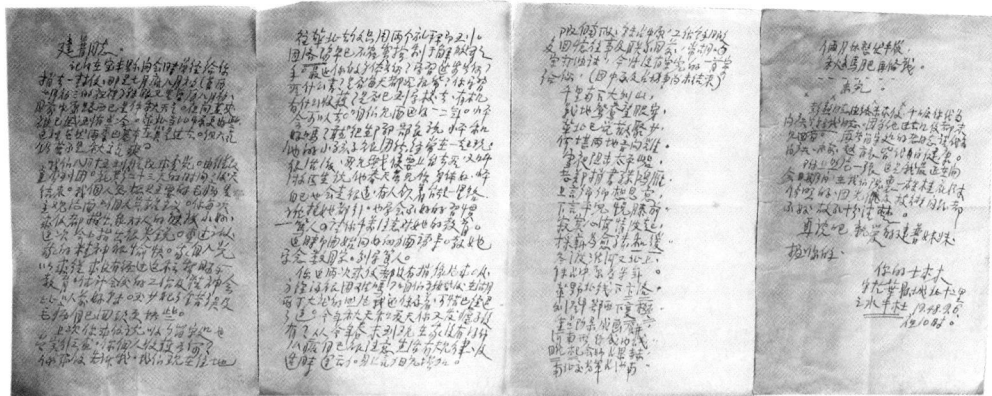

▲ 晋士林写给爱人的信

▶ 晋士林使用过的皮箱

灵活指挥杀敌寇　勇敢巧战传美名

模范共产党员杨侠生烈士

杨侠生，河南省杞县人，1921年生。1938年11月参加了中国人民解放军豫皖苏军区独立旅，1939年加入了中国共产党。曾任战士、指导员、营长、政委、团参谋长等职，时任豫皖苏军区独立旅三十五团参谋长。1948年在淮海战役夹沟战斗中光荣牺牲。时年27岁。

杨侠生出身于一个农民家庭。8岁那年，曾亲眼看到自己的父亲杨本良因一时交不上税捐，被大恶霸杨万聚辱骂殴打，后来，经过母亲跪地磕头求饶，才勉强算完了事。自此在杨侠生幼小的心灵上，就种下了一颗反抗压迫的种子。

▲ 杨侠生烈士画像

杨侠生是个聪明的孩子，在学生中他的成绩是最好的一个。他的笔墨纸张经常让那些较穷苦的孩子们用，而且还主动帮助那些功课较差的同学，给他们补课，与这些较穷苦的孩子们便很自然地建立了友谊，成了好伙伴。

在一个深夜，人们都渐渐入睡，忽然全村的狗狂叫起来，杨侠生全家连忙藏到了草垛里。不一会儿土匪敲门声传来，全家人吓得直发抖，母亲暗中求神祷告。豹狼成性的土匪到他家中，找到了他的父亲杨本良，威胁拷打，逼着要钱要物，当时农民家里食不果腹，衣不遮体，哪里有钱呀！一个家伙就说："把杨本良这不老实的东西搁在这里算了。"接着"砰"的一枪，这样就把一个勤劳善良的农民打死了。

父亲死去了，母子二人陷入了水深火热之中。为了摆脱土匪的骚扰，保全性命，母子不得已迁到杞县城里去住。

1937年，抗战开始，杨侠生正在杞县大同中学上学，一有机会，他就积极地学习革命书籍。由于他从心里钦佩明老师、赵老师，二人均是共产党员，他很快接受了党的教育。于是在大同中学二年级学习时，杨侠生便走出了学校的大门，于 1938 年参加了八路军。

在部队里，他从没放松过学习。特别是在随营学校时，校长吴芝圃、彭雪枫，政治部主任萧望东，他们引导着一大批青年学生，在战斗中一方面学习政治，一方面学习军事，在五台庙、白马驿、书安店等一带进行着抗日救国的革命活动。当时杨侠生不论学习方面、战斗方面、宣传方面都表现特别积极，他经常和同志们谈论："一个青年人应该立志为国，应该为祖国正直地活着，当祖国需要献身的时候，应该毫不畏惧地挺身而出，即使牺牲也是有价值的。"一颗忠于革命的年轻的心，像烈火一样熊熊地燃烧着！

在战斗中，他机智勇敢，英勇善战。他经常穿一身老百姓的衣裳，深入敌人占领区侦察敌情，获取情报。他们的部队就在杞县南乡板木竹林一带进行革命活动，一个月曾打过 29 仗，当时，吃穿都非常困难，给养常常供应不上，枪支弹药异常缺乏，敌人又常常向我军猛攻，情况是非常紧急的，战士们都常常夜宿在野外。这时，他已经当了指导员，但他总是和战士们同患难，共甘苦，每次战斗，他总是到战斗的最前列去痛击敌人。在那艰苦的革命岁月里，自己经常领几个同志，暗自回家探亲访友，托买枪支弹药，支援革命斗争！

1941 年秋末，黑木战斗中，杨侠生把战士们集合起来组织了四五十人的"奋勇队"夜袭敌人。到了黑木庄，奋勇队就先利落地捉了两个活的"舌头"，战士们心里非常兴奋。在杨侠生的率领下，直往村内摸去。村内，寂静无声。杨侠生一瞧一个大院子里，屋里关着灯，院中又空无一人，看样子敌人就在屋里，杨侠生端着机枪带领 8 名战士冲进了屋里，敌人正在那里死睡，全部被战士们活捉，并缴获步枪 62 支。

同年冬天，我军了解到 10 余名敌人正在戚岗村推粮草，杨侠生从铁岗村组织了 20 个人的"奋勇队"，拉了两辆大车，装做娶媳妇，有的战士当了车把式，有的当了新郎，有的当了送客，往戚岗村行进。一到村内，敌人正在张牙舞爪地吃鸡喝酒，他们一看是娶媳妇大车，就向前辆车上蜂拥而去，这时侠生端着机关枪一个箭步从车上跳下来，对准了敌群高喊："都别动，动一动要你们的命！"战士们也都从车上跳下，那 14 个敌人吓得目瞪口呆，一个个举起了双手。结果获得了敌人手枪 1 支，步枪 13 支。这又是一次经典的"巧仗"。从此，杨指导员的巧战故事，一传十、十传百地在民间流传开了。这样的"巧仗"，治服了敌人的多次骚扰，狠狠地打击了敌人。

1942 年巧打柘城。一个寂静的夜里，杨侠生决定以急行军在拂晓前要赶到战地。到达了战地，战士们便迅速地包围了敌人的巢穴——柘城。攻击号响了，步枪、机关枪、迫击炮全都开了火，经过半个小时的激烈战斗，杨侠生率领部队攻入了城内，和敌人展开了肉搏战。正在危急时刻，增援部队赶到了，枪声、敌人的惨叫声响成一片，到天快蒙蒙亮的时候，胜利的号角响了，敌人被我军全部消灭。此次战斗缴获了敌人机枪 11 挺，步枪 180 余支，而杨侠生却身负重伤。他的腿上、腰里、胳臂等 6 处负伤。

1948 年 6 月间，国民党军二十五师在杞县东南西岭寺集上盘踞，当时杨侠生所率领的部队决定前去摸营。部队向着敌人盘踞的地方出发了。

可是杨侠生率领战士们整整摸了一夜，始终没有摸住敌人。天已蒙蒙亮，东方升起了火红的太阳，当部队走近睢县杨拐村时，临近了敌人，他们猛然向部队开了火，敌人打出的枪弹非常激烈，上面还有敌机扫射，杨侠生从杨拐村南的某

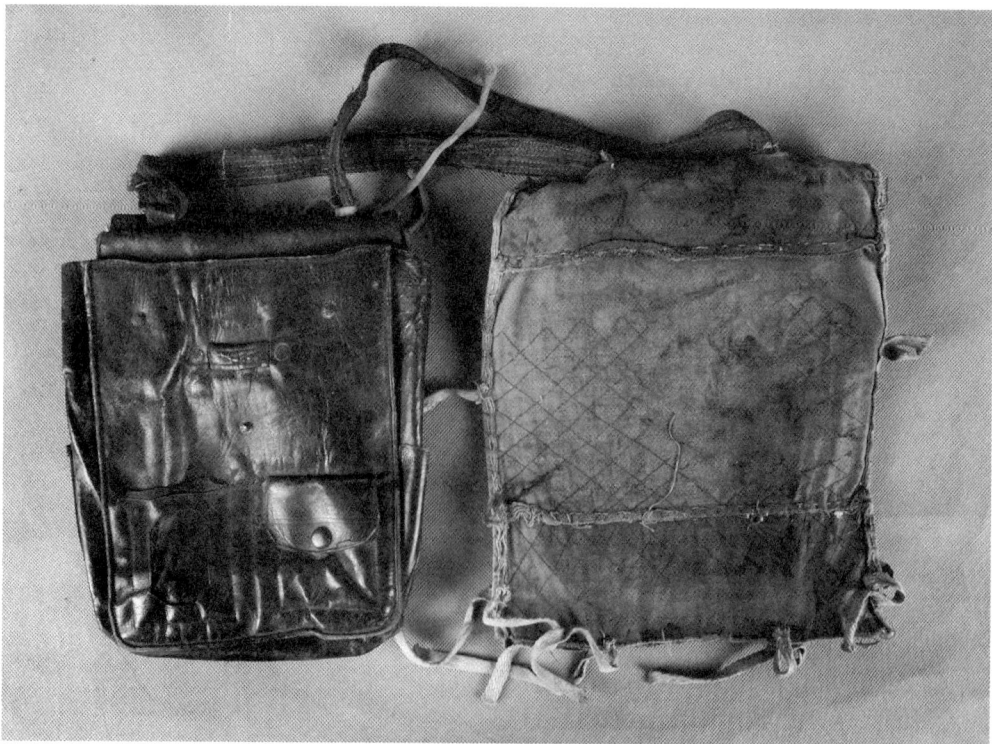

▲ 杨侠生用过的文件包

村，光着脊梁，率领 10 余名战士冲了上去，第三十五团战士，就在杨侠生身先士卒的冲锋中也陆续冲了上去，枪声、炮声、敌人的惨叫声交织在一起，巨响震动着大地，烟火弥漫了天空，经过一天的激战，当夜，被包围在杨拐村的敌人二十五师全部被我军歼灭。

1948 年淮海战役夹沟战斗中，敌有一个团的兵力被包围在津浦线上徐宿段的夹沟和其附近碉堡里，凭借坚固工事顽抗，我军虽猛攻猛打，但始终未攻下。这时候杨侠生又英勇上阵，指挥着打击敌人。战斗发起后，他多处负伤，仍指挥部队以巧妙的战法，夺取数座敌堡。连续 4 个小时的猛攻猛打，最后，敌人终不及我军英勇顽强，只得缴械投降了，参战的所有敌人被我军一网打尽。不幸的是杨侠生因流血过多，在这次战斗中，为党和人民献出了宝贵的生命。

骑兵追击显骁勇　英雄传奇海内传

骑兵队长王广华烈士

王广华，江苏省泗洪县大庄村人，1922 年生。1939 年参军，次年加入中国共产党，时任华东野战军特种兵纵队骑兵团区队长。1949 年在淮海战役总攻杜聿明集团的刘集战斗中光荣牺牲，时年 27 岁。

▲ 王广华烈士画像

王广华生于一个贫苦农民的家庭。因家境贫苦读不起书，母亲遭土匪绑票无钱赎回，由父亲抚养长大，曾讨饭为生。母亲的遭遇，在他幼小的心里深深地埋下了仇恨的种子，艰难困苦的生活，磨炼了他一往无前和刚毅不屈的性格。

1939 年底，刚刚新婚不久的王广华，为了救国救民，毅然参加抗日武装，走上革命道路。

1941 年，新四军组建骑兵团，王广华从九旅调到骑兵团一连当战士。从此跃马挥戈于淮北大地，勇猛拼杀日寇，屡立战功。他还 4 次肩负过迎接和护送陈毅的重任，每次都胜利地完成了任务。解放战争中，他是骑兵团基层一名出色的指战员，屡建奇功。

1944 年 8 月 23 日，在彭雪枫师长率部西征首克小朱庄的战斗中，时任一大队二区队五班班长的王广华，手持马刀，骑着飞奔的小黑马，率先冲入敌军阵地，砍死一个机枪手，随手抓起一挺轻机枪，背在背上，当他转身时，正碰上第二个机枪手把枪口对着他，他紧提马缰绳兜了个弯子，冲向敌人，使出全身力气，一刀将这个机枪手的脑袋劈成两半儿，缴获了第二挺轻机枪。而后，王广华随骑兵团又参加了津浦路西多次战斗和追击敌三百里的战斗。

解放战争前夕，四师骑兵团编入华中野战军，王广华随队伍在泗北岳圩子等地，下马徒步阻击国民党王牌军七十四师和桂军七军。1946 年 10 月，正当涟水保卫战激烈进行时，华中野战军粟裕司令员亲自召见周纯麟团长，即令骑兵团赶往滨海平定叛乱。11 月 17 日，王广华随一大队日夜兼程奔向滨海，连打三仗，不仅解除了我地方前沿阵地李二圩子之围，保卫了滨海大地，免去了我军的后顾之忧，而且歼灭了猖狂一时的国民党新浦商巡纵队徐继泰部 750 余人，缴获机枪、长短枪 500 余支。在第三仗打伊芦山一个圩子中，战斗相当激烈，时任四班长的王广华和一个穿长大褂的敌军头目扭打在一起，相互抓住对方的枪，争夺得难解难分，加之敌护兵在旁，一时难以取胜，就在这节骨眼上，二区队副队长张同振和六班长王福才领骑兵赶到，将敌头目和护兵打死，才解除危险。

1947 年 1 月 18 日，王广华随饶子健率领的挺进支队重返淮北。23 日，部队进至朱湖遇到敌人抵抗，走在前边的七十七团将敌人击败，骑兵团一、三大队进行包抄，将突围逃跑的 40 多名敌人全部砍杀在雪地里。其中有叛变投敌的区长朱士明、保长许存修和敲诈勒索无恶不作的胡德业等。24 日，挺进支队领导人胜利地与坚持洪泽湖斗争 58 天的中共洪泽湖临时工委领导人会面。当时，我挺进支队 3000 余人，面对 8 万之敌的围剿，形势十分严峻。王广华与大家一样，没吃过一顿应时饭，没睡过一个囫囵觉，总是人不脱衣，马不卸鞍，枪不离手，他还经常帮助身边的战友。在最艰苦的 103 天中，正如经过长征的老同志所讲的，在有些方面，比两万五千里长征还艰苦。3 月 5 日，王广华参加挺进支队于孙园、高圩子全歼敌徐州公署二团五个连和泗县保安大队两个中队 600 余人，取得了立足淮北、坚持敌后斗争的胜利。此役，缴获重机枪 4 挺，轻机枪 20 挺，炮 1 门，步枪 200余支，子弹 5 万余发。骑兵还将挖毁我半城烈士陵园彭雪枫师长坟墓劈棺扬尸的罪犯——国民党半城区区长祖宇昌劈死，更是大快人心。

1948 年春，骑兵团转战到黄河以北，在部队"三查三整"时，王广华带头诉苦，极大地提高了阶级觉悟。在山东梁寨、鱼台战斗中，皆因勇猛作战突出，受伤不下火线，而受到团部的嘉奖，并提拔为一大队二区队副队长。6 月 30 日，我军在攻打河南宁陵县城中，王广华和战友王运丰等，身前身后都挂满手榴弹，待冲锋号一响，王广华非常敏捷，凭着平时练就的钢筋铁骨，顺着云梯飞快地登上了西门城墙的突破口，在高高的城墙上，他和战友们比赛着把手榴弹扔向敌群，以一个班的兵力很快地打垮了敌人一个连，并为兄弟部队全歼城内千余守敌与活捉敌大队长铺平了胜利的道路。

宁陵县城解放后，骑兵团一、三大队于一天黎明前向确山东黄楼一带搜索前进，正当六班长万福才等进入刘庄村一个院子里令敌人缴枪投降时，惊动了其他院内的敌人，他们急忙起床向庄南夺路逃窜。此时，二区队副队长王广华骑起小青马，带着四班战士，一下子闯进敌群中间，他一面大喊"缴枪不杀"，一面挥舞马刀，接连砍倒几十个敌人，四班战士紧紧跟上王广华，也是一番大砍大杀，只见数十个敌人如同稻草人遇到旋风一样纷纷倒地，加上赶上来的五、六两班骑兵的劈杀，计砍死砍伤100多个敌人。在继续追击敌人中，我军被一条正在涨水的小河挡住，有的战士骑马过河被水冲走，此时河水已漫桥至腰，王广华就找来高粱秆子做好标志，保障战友们安全过河歼敌。就这样把国民党河南第七公署专员兼"剿共"自卫军司令郭馨波的大部分人马歼灭。

在攻打宁陵城和歼敌郭馨波等战斗中，王广华的英雄事迹，传遍第九纵队，传遍各部队，同时也受到上级的嘉奖。

1948年11月，淮海战役开始，王广华带领二区队随骑兵团对驻马店以东之敌黄维兵团进行战役侦察。12月1日，团部接华东野战军司令部电，令骑兵团日夜兼程向永城、亳县方向急进，以堵截从徐州逃跑的杜聿明集团。12月7日，骑兵团一大队48人在前沿作战，他们手持轻武器，把溃逃的1000多个武器精良的国民党兵围困在亳县刘集近旁仅有几户人家的殷楼里，敌军在我猛烈火力的打击下，升起白旗要求谈判。为了减少部队人员伤亡和争取敌人投降，经大队研究，决定由大队长孟昭贤扮作骑兵团长，由团部来的通讯员林忠兴当警卫员，王广华等几个随行人员身上都前前后后挂着手榴弹，手提冲锋枪，紧随威风凛凛的"团长"，大摇大摆地走进殷楼，会见敌方两个军官，其中一个秃头的因受伤还躺在担架上。双方经过一番舌战，那个顽固秃顶的军官，对我方的宣传极为不服气，遂命令卫兵"准备射击"，在这千钧一发之际，我前往谈判的几个同志毫不示弱，当即打开二十响匣子机枪头、上了冲锋枪的顶门火，枪口对着两个敌军官，王广华把几个手指伸进手榴弹拉索圈子里，沉着应付，面不改色，准备与敌人同归于尽。就这样，在我谈判代表的威逼下，迫使国民党孙元良兵团的四十一军一二四师少将师长严翊和四十一军副军长杨熙宇以下1000余名官兵不得不交械投降。事后，当俘虏们知

▲ 王广华的奖章

道我军只有 48 名骑兵在作战时，无不惊愕万分。

1949 年 1 月 10 日，王广华于晨曦中在河南大刘庄头遛马时，听见远处有枪声，瞭望田间跑着敌坦克，当即，手提汤姆式冲锋枪上马率部追击从陈官庄突围逃跑出来的坦克，在一、三大队战友的配合下，终将 6 辆坦克连同里面 43 个敌人一起活捉，从而创造了军事史上从未有过的骑兵打坦克的奇迹。在会亭集的谢寨与步桥之间，王广华在马背上向陷进泥潭里的坦克投弹，趁着烟雾，从马背上第一个跃上坦克，接着与战友蒋步宽、郭长青一道，硬是把敌坦克上的无线电天线杆子折弯，把潜望镜敲坏，使其变成聋子、瞎

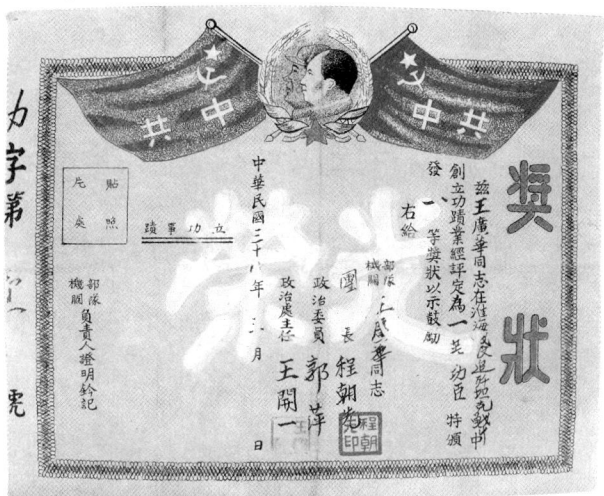

▲ 王广华的奖状

▲ 王广华的功劳证

子，敌人无计可施，只好转动炮塔，王广华他们便跳下坦克，爬到附近坟地，继续向坦克甩手榴弹。当敌坦克驾驶员打开天盖向前面一辆坦克逃跑时，王广华一枪将其击毙，此时，坦克内的敌人只好竖起白旗投降。当行驶在前的一辆坦克发现此情况后，便停止前进，转动炮塔，用平射炮和机枪向投降的国民党士兵和我骑兵战士开火，王广华为了掩护战友们安全撤退，不幸被机枪射中 7 处，壮烈牺牲。淮海战役结束后，这位屡建奇功的战斗英雄，被华东野战军追认为"一等战斗功臣"。

身先士卒战淮海　忠魂永留云龙山

英雄团长佘锜义烈士

佘锜义，四川省苍溪县五里子村人，1916 年生。1933 年参加中国工农红军，次年参加中国共产党。历任班长、排长、指导员、组织干事、连长、副教导员、营长、团参谋长、副团长、团长、师参谋长（未到职）等职务，时任华东野战军第二纵队五师十四团团长。1948 年在淮海战役徐东马山阻击战中牺牲，时年 32 岁。

佘锜义从小给地主看牛放羊，受尽苦难。1933年，16 岁的佘锜义参加了红军第四方面军三十一军九十三师三七九团，进步很快，第二年就加入了中国共产党。佘锜义在 1936 年随军经过二万五千里长征，到陕北根据地。1937 年从延安来到豫皖苏边区发展革命武装。

▲ 佘锜义烈士

佘锜义在 15 年的革命斗争中，一贯英勇顽强，机智灵活，身先士卒。他所领导的部队亦是能攻善守的英雄部队。因此在伟大的八年抗日战争和四年解放战争中，创造了光辉的战绩，在人民中树立了崇高的威望。

抗日战争时期他带一个营打游击，这个营与人民同甘共苦，相依为命，群众自发地赠给"佘营"的称号。"佘营"的名字响遍了淮北，特别是泗灵睢地区。日寇听到他的名字就丢魂丧胆，闻风而逃。1942 年是日寇在华实行最残酷政策的一年，对各个解放区实行普遍的蚕食扫荡。徐州日寇，企图在泗县、五河之间的毫城镇安上一个据点，以便慢慢地向周围扩张，缩小我淮北根据地。9 月间，日寇伪军 200 多人，侵入了毫城镇，仓忙构筑工事，以达长期占领目的。佘锜义闻讯，趁敌立足未稳之际，就率部攻入毫城，经数小时激战，歼敌大部，其残部抱头回窜。"佘营"胜利占领毫城，毫城镇重新回到人民的怀抱，这次战斗给鬼子以沉重

打击，给亳城地区群众的政治影响也很好，"佘营"的威信更加高了。亳城战斗不久，又紧接着在 10 月间打开了亳城附近的道子，消灭了敌人一个营兵力。这两次战斗击破了敌人对该地区蚕食扫荡的阴谋计划，给开辟淮北根据地，创造了有利条件。当时受到了新四军第四师首长的表扬。

在解放战争期间，佘锜义已经成长为一名富有经验的出色军队领导，1946 年任五师十四团副团长，秋泗州战斗后任团长。佘团长在工作上踏踏实实，实事求是，很注意研究工作与战斗的经验，培养部队的作风，既掌握大的原则问题，也注意小的细节。他在生活上艰苦、朴素，虽腿部负伤行动不便，而每次行军却很少骑马，或亲自带队，或站在一旁观察，并和同志们一起跋山涉水，他的衣食住行，毫不特殊。

在宿北、涟水、胶河、莱阳、临朐、马山等战役、战斗中，佘团长都以积极歼敌的思想指挥着全团同志，攻得英勇，守得顽强。在屡次战斗中，佘团长都向上级要求担任最艰巨最复杂、主要方向的主要任务。在战斗的布置上，对多方面的情况分析详细，判断和决策正确。对部署的任务、打法，交代得具体、详细、周到、确切，在战斗过程中，亲自到最主要方向担任主要任务单位的前沿指挥战斗。每次战后，都会集中大家运用多种形式研究与总结战斗经验，以提高全体干部和战士的指挥与作战能力。同时，他还很注意从多方面培养部队的战斗作风。由于佘团长的良好战斗作风和周密具体的组织指挥，所以十四团在屡次战斗中都打得出色。因此佘团长在全团干部战士中享有很高的威信。

战斗中，佘团长对上级命令执行坚决彻底，沉着果断。如在 1947 年夏，山东临朐战斗时，敌重兵扼守，敌我兵力悬殊甚大，加之城高水深、雨大路滑，对战斗大为不利。但这一战斗的成败，对山东战局影响很大。在这一情况下，佘团长按照上级命令，准确地在城西发起攻击，并亲自前往城下，指挥突击部队，强行突破。经反复激烈战斗，在左右两翼兄弟部队未打响和第二梯队团未接上的情况下，佘团长指挥全团 7 个连突进了敌数师防守的城内，并及时向师联系汇报情况和指挥城内战斗。由于敌枪弹密集难以存身，几个团首长有的牺牲，有的负伤，佘团长也是身带战伤继续指挥战斗，坚守到最后。1947 年 9 月胶河战役的三户山战斗中，三营担任主攻任务，他冒着敌人的密集火网，亲往三营组织爆破突击，全歼守敌。

佘团长在战斗中很注意根据敌人的特点制胜敌人，从而也体现出他的指挥艺

▲ 佘锜义与妻子的合影

术。1948 年我军南下华中，佘团长积极贯彻毛主席外线作战的战略方针，首先响应上级提出的打响华中第一枪的号召。4 月间配合兄弟部队四师攻打益林镇，十四团是主攻部队之一，为了全歼守敌，佘团长几次跑到前沿看地形了解情况，当时发现敌人城壕内地堡及火力点很多，城壕不仅宽，而且更不知道其水的深度，这些问题如不解决，势必会增加部队的伤亡。在这种情况下，佘团长发扬了军事民主，把这个问题交给全体指战员讨论，经过讨论提出两个办法：一是挖坑道，就是从城壕外面隐蔽地方向城壕内挖，这坑道一方面可以有力地向敌人射击，另一方面还可以运送突击部队。第二个建议是，组织少数人试验城壕内的水的深度，按水的情况选择突击方向。这两个建议都被采纳了，因此十四团率先攻入城内。敌人企图顽抗，光在五连进攻的方向敌人就组织了 13 次反冲锋，但都被五连打了下去。部队刚攻入城内，佘团长头部就负伤了，但他坚决不离战场，继续指挥部队作战，有效地掌握战机，从而使部队在他指挥下，有力地歼灭了敌人，此次战斗共歼敌人一个旅，仅十四团就俘敌800 多名。

1948 年夏，众兴战斗我部数次攻击不下，敌人也摸到了我军攻击多在拂晓与黄昏的特点，因而每逢此刻敌即有充分准备。佘团长掌握了敌人这一特点，即把拂晓的攻击，推迟到上午 9 时，麻痹了敌人，在出其不意的情况下，一举攻击破城，全歼守敌一个团。

1948 年秋末，淮海战役正在进行中，盘踞在睢宁之敌孙良诚部有逃跑与徐州一带杜聿明等部会合的企图。为抓紧时机消灭这一部分敌人，佘团长率领十四团全体同志，从运河东日夜兼程，先敌到达阻击阵地，在兄弟团配合下，切断了敌之退路，包围了企图西逃的国民党军第一绥靖区副司令官孙良诚部，并实行了军事打击与政治争取相结合的方针，终于使孙良诚在 11 月 15 日率领二六〇师 6000多人投诚。

十四团在接受敌孙良诚部投诚后，11 月 18 日下午，为了兄弟部队顺利地全歼黄百韬兵团，日夜兼程强行，前往马山阻击东援的国民党军七十四军。经过两个多小时的激烈战斗与争夺，十四团终于夺取了马山头这一制高点。佘锜义在黄昏时间向各营布置了具体战斗任务，次日拂晓，十四团与敌人展开了激烈的战斗，当担任主要突击任务的三营，还未攻占再次被敌人占据的马山之峰时，佘团长已带领参谋、通讯排等登上了主峰，也就在敌人溃退之际，忽然一发炮弹飞来，身处前沿的佘锜义被击中，不幸光荣牺牲！佘锜义烈士牺牲后，他的遗体被葬于徐州市云龙山上。

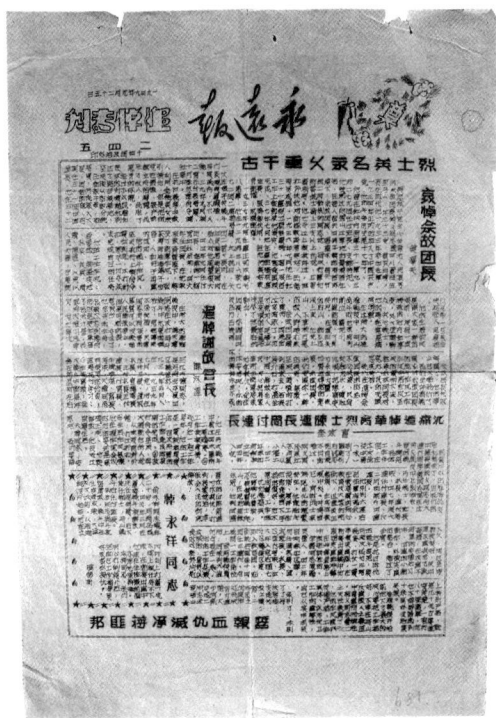

▲ 华东野战军第二纵队《永远报》刊登佘锜义
　 烈士的英雄事迹

▲ 佘锜义烈士追悼会

求知求学为国家　雷厉风行为革命

忠于革命的副团长常建德烈士

常建德，山西省芮城县八户村人，1917 年生。1937 年加入太原"牺盟军"，1938 年入伍，次年加入中国共产党。曾任文书、政治指导员、团政治处主任、团参谋长等职，时任华东野战军第十三纵队三十八师一一四团副团长。1948 年在淮海战役阎庙子战斗中光荣牺牲，时年 31 岁。

常建德出生在一个富裕中农的家庭里，家中经济收入全靠其父以农为生。8 岁上学，16 岁进二庙高小，毕业后，18 岁考入运城菁华中学，中学毕业了又考入太原师范学校。就在 1937 年秋，日本帝国主义大举向我国内地侵略时，他在师范学校加

▲ 常建德烈士

入了薄一波老师为首组织的"牺盟军"。而后参加了抗日工作。后来，在八路军一一五师当过文书、书记，在滨海独立团任副政治指导员、政治教导员，1947 年在一一〇团任政治处副主任，同年调到一一二团任团参谋长，并于同年莱阳夏格庄战役后，调到一一四团任副团长，于 1948 年秋济南战役后，因团长离职休养，他便代理团长工作。

常建德从幼年起，就是一个积极努力求上进的人，在学校里，他是个努力苦学的好学生。在中学时期，除正课外，他还阅读了大量进步的政治刊物，记下了大量读书笔记。他的勤奋刻苦精神始终如一，以致染上了神经衰弱症。

他非常关心政治和时局。在菁华中学时期，在陶老师的教导下，常建德的思想进步很快，政治觉悟也有所提升，已初步树立了正确的人生观和世界观。在他中学时期的笔记《无田地的人》、《今年的乡村》中，记述着在国民党统治下，农民的遭遇和穷人的痛苦生活，他揭露了旧社会农村中地主占有大量土地与农民受

剥削的根本矛盾。在《一个车夫》一文中记述着城市里无产者的痛苦生活与凄惨的处境。同时他认识到了贫困的基本根源是"经济"上受剥削。所以在数篇笔记中，都反映了对旧社会的不满，对帝国主义侵略的反抗，并表明了要积极地行动起来，坚决与敌人作斗争。

由于在我党的影响和领导之下，常建德政治上有了很大进步，所以就在日本帝国主义大举侵略中国，国家存亡的紧要关头，他毅然决然地参加了革命，走上了抗日最前线！

常建德有肠胃病、神经衰弱，身体很不好，但他在工作上却颇有干劲，始终保持着干脆、果断、雷厉风行的工作作风。

他很重视对部队在作风上加强与培养训练，经常进行检查，做到赏罚严明。强调部队要树立雷厉风行、英勇顽强的战斗作风。

在生活上他以身作则，讲军风，按军人姿态、举止严格要求自己，很重视自己的模范带头作用。

在战斗中，他表现得异常勇敢，哪里艰苦、危急，他就到哪里去。不畏任何危险，总是亲临阵前指挥。战前的组织、纪律、部署都肯用脑子，这是他最大的特点。

1947年10月间山东胶东海阳保卫战时，第十三纵队尾追进犯海阳之敌五十四师大部和九师一部，经两天两夜的行军，一一四团在拂晓时接近了神童山东北之茅山，他亲自带领前卫营去包围茅山，在靠近时，被敌发觉，战斗打响了，他又跑到前卫连去指挥。玉皇顶是一一四团一营的阵地，居高临下俯瞰着城防守敌前哨——神童山。所以玉皇顶阵地对敌威胁很大，于是敌人就拼命地夺取玉皇顶。常建德完全明白玉皇顶在战术上的重要地位，就及时地组织部队反击，经过两小时的激战，把玉皇顶阵地夺了回来。

1947年12月23日胶东莱阳城西将军顶阻击战，当时的任务是配合兄弟部队由正面阻击敌人，敌人每天都进攻数次，企图夺下将军顶取得莱阳城，并疯狂地扬言："三天之内占领莱阳，到莱阳过年。"23日9时，冯格庄之敌约一个营，附6辆战车（3辆未投入战斗），向禾家岭我一一四团三营阵地进犯。10

▲ 常建德使用过的笔筒

时 50 分我击溃敌战车 1 辆。就在 11 时敌先后增至约一个团兵力，用密集的炮火掩护向我军阵地猛犯。12 时我前沿阵地被敌突破一部，就在这危急中，常建德副团长亲自组织炮火向敌坦克反击和支援我步兵。战斗中由于他能很好地组织部队，干部、战士打得都很顽强，始终坚守阵地。

1948 年 9 月 18 日，在济南战役扫清济南外围的兴隆山战斗中，他亲自率领一营，经一小时的战斗，消灭敌人一个连。9 月 24 日，在全歼南门外芜富之敌五十七团、一七一团全部、一六九团一部的战斗中，他患了疟疾，发高热，但他仍坚持参加战斗，直至战斗胜利结束。

1948 年 11 月，我军为了寻敌作战，全线向南挺进。敌第七兵团（黄百韬兵团）为了摆脱被歼命运，拼命顺陇海路向徐州方向靠拢。为了切断敌人退路，分别围歼敌人，我纵队日夜兼程向陇海路急进。当时三十八师——一一四团（无团长）为我部先头部队，在行军途中，部队不时遭到敌空军的扫射轰炸，常建德总是沉着机智地指挥部队动作，不断向前挺进。路上他总是带领尖兵分队走在前头，边走边侦察边打边前进，及时处理了路上遇到的一些小情况，保障了部队顺利向前抵进。当时通讯联络主要是电话，他为了提高架线速度，保证前后联络不中断，亲自指挥电话排架线，做示范动作给他们看。11 月 10 日 16 时许该团进占曹八集以北之李集，经过侦察了解，发觉敌人是刚到曹八集不久，立足未稳，宿营混乱，他便不失时机地迅速组织干部看地形、分配任务、部署火力，经过一个多小时的准备，向敌发起了攻击，打得敌人措手不及，慌乱一团，他们顺利占领了曹八集外围北部，歼敌 200 多人，取得了初步胜利。他为了不让

▲ 常建德用过的作文簿

敌人得到喘息达到全歼守敌的目的，又乘胜组织部队迅速向围子内敌主力发起了攻击。当先头部队一营攻入围内后，突破口被敌截断，后续部队上不去，一营在围内虽进行着顽强战斗，但敌众我寡，人员伤亡，弹药减少，只得停止前进固守待援。在这种危急困难情况下，常建德仍沉着果敢地研究情况，改变原来部署，将二、三营从两侧抽过来，重新组织火力指挥部队向里攻击，在兄弟部队配合下，终于取得了胜利，全歼了守敌。他所带领的一一四团在淮海战役"血战曹八集"的战斗中，一个多营打敌人一个师，激战 12 小时，最后剩下 40多人而且在弹药极缺的情况下，打退了敌人数十次的反击，坚守了阵地。这种英勇顽强的战斗作风，与他平日积极建设部队的工作是分不开的。

阎庙子战斗中，他接受任务后，为了不打无把握无准备之仗，利用早晚时间，反复到距敌仅百十米地方观察地形、了解敌情。夜晚作业中，他不辞辛苦深入作业场地，指导检查部队作业。就在发起战斗前一天，他率领干部看地形，离敌只有五六十米，现地勘察基本结束后，他正在向二营长单恺交代战斗任务时，不幸被敌人发现，一颗六〇炮弹夺去了他的生命。

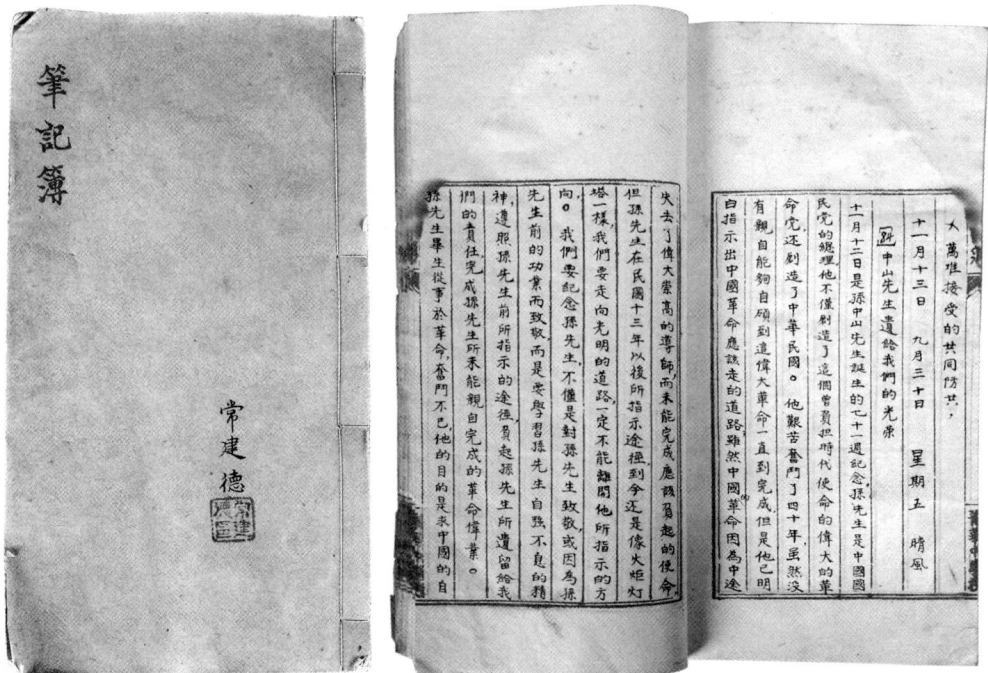

▲ 常建德的笔记本

追求真理出闽南　身经百战建奇功

畲族战斗英雄蓝阿嫩烈士

蓝阿嫩，福建省霞浦县柏洋特区（今柏荣县）富溪乡东溪草籽坪村人，畲族，1919 年生。1933 年参加霞浦红色游击队，1936 年加入中国共产党。曾任班长、排长、政治指导员、营长、团参谋长等职，时任华东野战军第一纵队一师一团副团长。1948 年 11 月 27 日，在淮海战役中遭国民党军飞机轰炸不幸牺牲，时年 29 岁。

▲ 蓝阿嫩烈士

1933 年 9 月，中秋刚过，在闽东深山一个畲族聚居的小村里，传说着年仅 13 岁的牧童"失踪"了。消息不胫而走，且越传越神奇。于是，惊动了县城里的国民党军警，也惊动了地主豪绅。他们从走了一个牧童，似乎嗅到这一带有红军游击队的气味。于是，他们不断派人到草籽坪（现柏荣县富溪乡的一个畲族自然村）来搜查。开始，只是找人问这问那；后来，就有荷枪实弹的士兵进村了，捉到几个人，肆意拷打，还是一无所获。恼怒的敌警，一把火烧了牧童家的草舍。大火延烧开来，草籽坪成了一堆废墟。畲民们被迫挑起劫后仅存的家什，携老扶幼，走入荒无人烟的深山老林……

小牧童一走几天，毫无音讯。人们有过种种猜测，但谁也说不准。小牧童的家人整天伴着眼泪祈祷佛爷保佑小牧童平安无事。那些日子里，唯有小牧童的二姐未曾落过泪。她记得很清楚，小弟走的前几天，她俩在山上挖野菜，遇见两个外乡人，讲一口闽东话，小弟听得很出神。在回家路上，小弟曾流露过想跟他们走的念头，好几次她都找到与小弟一起放牧的同伴钟福娇，问她有无小弟的情况，她总是吞吞吐吐，欲言又止，只有一回，她说了小弟走前的一些迹象，她说："小麻子（蓝阿嫩幼年得天花，留下满脸麻斑）走的那一天，我们一块放羊时，他从兜里掏出一块红布条，把它扎到鞋上，我笑他：男童爱巧，难看死了。他却手指西北方向的大山岭，一本正经地说：我要到那个地方找人，劳你把两只羊交给姐姐。说完，就飞快地跑了，连大声呼喊也不回头。"小弟到底去干什么？福娇没有讲，但作为姐姐，心里清楚了。她记起那两个外乡人说过，西北方向的大山岭中是他们活动的地方。她明白小弟做得对，他是投奔红军去了。

闽东北早在 1921 年就有共产党人的革命活动。1930 年 5 月间，燃起了人民武装斗争的烽火。但是，连续 4 次的农民暴动，都因经验不足而没有成功。失败的革命者，一部分坚持在原地，一部分流亡他乡。不久，这些革命者大都到了霞浦县的山区。霞浦，是个面临东海、背靠连绵不断的群山的地方，众多的贫苦群众，缺衣少食挣扎在死亡线上。这是革命者赖以坚持斗争、壮大革命力量的基础。这里还聚居着少数民族——畲族。在闽东，畲族只有三个姓，姓蓝、姓雷是一族，还有姓钟的一族，他们千方百计地掩护革命者，许多畲族的青壮年，还有上了点岁数的人，在 1932 年 9 月的福安县兰田暴动胜利影响下，纷纷参加工农游击队武装队伍，或在当地参加土地革命。

兰田暴动的成功，似驾着春风的野火，遍及闽东各地。在党领导下，相继取得了胜利，先后建立了闽东工农游击第一、第二、第十三支队等九支红色游击队。在此基础上，1934 年 2 月 14 日组建了闽东工农红军独立团，马立峰任团长，党又派共青团福州中心市委书记叶飞任政委。

闽东工农红军独立团的成立，被国民党反动当局视为眼中钉，扬言要斩草除根，限时限刻的令八十四师、教导团和省保安队，由福州和浙江的泰顺分两路进逼闽东，沿途联合反动大刀会、民团，妄图把闽东苏区、闽东游击武装扼杀在摇篮中。闽东工农红军独立团在特委领导下，与敌人展开了频繁又艰苦的游击战。以"彭杨红校"优等生赖金彪任连长的十六连，奉命进入霞浦、宁德县境，在当地党领导的农会骨干为主的群众武装组织"红带会"配合下，横扫民团和反动大刀会。在这个连里，有个小号兵，背个小背包，斜挎着一支崭新的铜号，一块红绸布随风飘荡，显得十分精悍、矫健。3 月中旬的一天，十六连辗转来到霞浦县大坪岗附近。得悉这一带聚集着一股反动大刀会，不断袭扰群众，残酷杀害红带会会员和革命干部，在宁德的官岭、龟山配合八十四师、省保安队围剿地方游击队。赖金彪连长决心把它一锅端掉，以长革命群众的志气。

黎明到来之前，十六连以迅雷不及掩耳之势，直抵大坪岗庄前，恰有一条宽约丈余、水深流急的河流挡住了前进的道路，给溃逃的敌人保了驾。过河的敌人抽掉河面上的跳板，致使工农红军无计可施。

十六连的战士和红带会队员，苦于弹药太少，谁也没扣动扳机。就在这时，只见一个人忽然把一柄一丈多的杖刀向河中一插，犹如撑竿跳高那样，呼地"飞"了过去。这人是谁？原来是连里的小号兵，他飞过河后，立即吹响军号，在冲锋号的鼓舞中，许多人都仿照这个办法，疾驰而过，终于把嚣张一时的反动大刀会歼灭了。

战斗结束之后，十六连里从干部到战士对小号兵称赞不绝，都说："这个小鬼好机灵，简直身轻如燕，一下就飞过了河。"消息也迅速地向大坪岗四周扩散，群众中传说着：红军真是神兵天将，个个会飞。

这个小号兵，正是半年前在草籽坪"失踪"的畲族小牧童，大号叫蓝阿嫩。当时，他才满14周岁。

大坪岗一仗，闽东工农红军的军威大振。在连续战斗中，红十六连又相继消灭了大岭、黄岭、阮洋、勇南、柘荣、洋中等地的反动大刀会。整个霞浦县的局面大为改观。在县委领导下，又深入进行了土地革命，建立起一批村、乡、区级苏维埃和区委。从此后每次战斗，蓝阿嫩既是司号员，又是通讯员、战斗员，哪里战斗紧张，他就出现在哪里。以他的机灵、勇敢，赢得了指战员齐声称赞，说他是"畲族雄鹰"。后来，蓝阿嫩被选调到第二纵队，作陈挺队长的通讯员。直到今天，陈挺回忆起蓝阿嫩来，总是夸他："别看阿嫩是个牧童，没有念过一天书，可他传递命令、通知，不只是复诵一遍无差错，传到下面去的也丝毫不走样。这个通讯员能顶半个参谋用。每次执行任务回来，还捎来些连队情况和敌情，为我考虑全盘工作、制订作战方案帮助极大。"

蓝阿嫩能够这样做，靠的是什么？正如他在当了营、团指挥员以后常说的那样："我当红军，是为挣脱贫穷的枷锁，这不是为个人，是为革命，为全人类的解放。"蓝阿嫩在战斗中成熟，从一个受地主剥削、鞭挞的牧童到团级指挥员，十五年征程，他用言行谱写了自己光荣的历史。

后来，他被调到闽东特委，作几个领导的特务员（今称警卫员），工作中也总是把关心首长的生活和安全保卫两件事，做得一丝不苟。在工作之余还抓紧学文化、学政治。不久，特委机关转移到柘洋（今柘荣）一带，这儿离他家草籽坪不远。有一天，特委书记占如柏问他："你家不就在草籽坪吗？"自从蓝阿嫩长到桌子一般高时，就在这方圆十几里的山上放羊，对这里的一山一水、一草一木再熟悉不过了。他清楚从驻地到自己家里用不到一餐饭时间，可是，蓝阿嫩对占如柏书记的问话感到意外，睁大眼睛直看着书记一句话也没说。占如柏却拉起他的手说道："我们到外边走走。"他俩顺坡而上，来到山巅。占如柏指着山雾弥漫处，说："那个地方是草籽坪吧？"蓝阿嫩点点头，他想念父母亲，想念兄姐啊！占如柏对他说："准你半天假，这就回家去一趟。"蓝阿嫩高兴得忘记是站在首长身边，连声问道："我马上走吗？"

"这就去！"占如柏又说："向你爹妈宣传宣传当红军是为了解放普天下的穷苦人；向村里人讲讲自己当了红军后的想法，以及这几年的见闻，扩大党的影响。"

蓝阿嫩朝山顶走去。占如柏直到见不着他的人影，才慢慢往回走。

十来里路，不费一个小时就到了，然而出现在蓝阿嫩眼前的却是一片劫后惨状：几间东倒西歪的茅舍，还有一堆堆草木灰，他的家已不存在了。蓝阿嫩大声地呼叫着父母兄姐，呼喊着放牧的同伴，均没有人应声。他用木棍翻拨着草木灰，发现一片妇女上衣的大襟，再仔细辨认，正是他妈妈仅有的那件双襟和领边都绣了花的平时舍不得穿的上衣。那么，一家人呢？是被保安队杀害了，还是葬身于大火之中？蓝阿嫩急匆匆地来到村后乱石堆，以期寻到双亲的尸体，却未见有松土，也无坟包。或许是和族里人钻入深山老林，有了新的居所。再不，是叫敌人抓走了？他寄希望于前者，不再滞留草籽坪，向周围山沟飞奔而去。直到太阳西沉，仍未碰上一个村里人。他明白了，草籽坪的畲民遭了灾。这是敌人欠下的血债，血债要用血来还！他怀着悲愤、仇恨，走回祖坟地，给在九泉之下的先辈墓穴添上几把新土，脱帽鞠了个躬，默默地哀悼。而后离开了劫后的故土，飞跑着赶回柘洋……

从草籽坪回来，蓝阿嫩没有把实情向占如柏书记汇报，他把对敌人的仇恨深埋在心底，暗下决心要在战场上多杀敌为父母亲、为草籽坪的族人报仇。1936年2月间，他以战斗中英勇顽强、工作上埋头苦干、学习上勤奋努力的出色表现，光荣地参加了中国共产党，成为无产阶级先锋队的一员。

主力红军长征之后，福建省的国民党当局妄图一举消灭闽东的工农红军，急令八十七师、新十师倾巢出动。一时间，闽东地区大有"黑云压城城欲摧"之势，斗争显得十分紧张。蓝阿嫩想到杀敌报仇的时间到了，他向占如柏书记提出：要回战斗连队去。其实，占如柏早已发现他近来的情绪变化，料想他一家人遇到了不幸。在那时，谁家有人当了红军，让敌人知道，不仅这一家人要遭难，同村人也受株连。特委的几位领导尽管舍不得蓝阿嫩离开，最后还是让他走了。临行那天，占如柏似兄长那样指点他："工农红军的每一个成员，不只是因为贫穷要活下去才参加革命，而是为了在全世界消灭贫困和剥削，为整个无产阶级的解放，不要以为自己已经是个共产党员就放松了锻炼，仍需在斗争中不断提高政治觉悟；战斗中一个人勇敢还不够，要带领大家都具有勇往直前、顽强战斗的精神才行，只有这样，我们才能打败敌人，苏区才能巩固、发展，我们的闽东工农红军才能壮大……"

蓝阿嫩走了，带着首长的关怀、期望，离开了特委机关，重返陈挺同志的第二纵队。他随部队转战罗源、霞浦、宁德、福安，直至闽浙边界。在福安境内奔袭西洋战斗中，一马当先，挥刀智劈民团小头目，迫使附近的敌人闻风逃窜；由罗源返宁德途中，率一个班猛打猛冲，直捣敌人老窝；以后，第二纵队集中兵力，在古田松洋、西洋和宁德七都、八都进行连续作战，蓝阿嫩勇往直前，多次为战斗的胜利创造了条件……连续不断的战斗，使他经受着血与火的锤炼；艰苦、困难的生活也使他经受住了考验，从一个战士被提升为排长。

战斗接着战斗，闽东工农红军发展了，独立师由原来的三个纵队发展到五个纵队，在恢复老区、开辟新区的斗争中，建立了不可磨灭的功勋；战斗紧接着战斗，闽东红军与广大群众在一起，取得了三年游击战争的胜利。

抗日战争爆发，南方八省的红色健儿改编为新四军。闽东工农红军独立师组建为新四军三支队第六团，蓝阿嫩任五连政治指导员。到达皖南军部时，六团正待命进行军政训练。这个团的干部、战士多为闽东籍人，而闽东的方言既复杂且难懂，有些还夹带着畲族语言，成为进入江南敌后，发动群众、组织群众、武装群众的大困难。为适应斗争的需要，蓝阿嫩与其他一些同志被派往军部教导队的训练班，专门学习普通话。蓝阿嫩专心致志地学习，在不长时间里，他基本上掌握了普通话的要领。1938 年 5 月，六团由皖南岩寺东进，来到茅山地区。蓝阿嫩在频繁战斗中，能同驻地群众交谈，做群众工作，完全归功于在训练班学到的普通话。团里相熟的人都说："若不知阿嫩的籍贯，很难断定他会是闽东的畲族。"

部队向上海近郊挺进了。跨过澄锡公路，来到江阴的黄土塘。不巧，与下乡"扫荡"的日寇遭遇。拂晓时，前卫第五连刚进入街头，传来一阵密集的三八式步枪射击声。随五连行动的"江南抗日义勇军"吴焜副总指挥，大声喊道："快，占领房屋！"蓝阿嫩带着一个排直扑过去，抢占了临街的一线房屋，把机枪架上屋顶，以猛烈的火力掩护部队向河边冲击。战斗正顺利地发展着，机枪手不幸中弹扑倒在机枪身上，射击顿时停止，而日寇的掷弹筒弹连续飞来，步骑枪组成的火力似暴雨倾泻，部队被压在桥边。此时，天色大明，蓝阿嫩冒着敌火，赶到连长身边，接过司号员手中的军号，立即吹响冲锋号，随即挥着驳壳枪率先向敌人冲去，一排排手榴弹，终于摧毁了敌寇的火力网。被压在桥边的部队，也在庄严的冲锋号声中，从左右侧向敌寇猛杀过去，扭转了三面受敌的局面。最后，日寇弃尸百余具，狼狈逃窜，六团取得了威震江南的大胜利，五连在连长和指导员蓝阿嫩指挥下，首建殊勋。

"江抗"二路二支队和五路，又在吴焜副总指挥率领下，继续向上海近郊挺进，在嘉定与活跃在这一带的一支抗日游击队会合，跨越沪宁路来到一条大河边，这条河是紧靠上海的吴淞江。拂晓，又发现满载日寇的大卡车由上海方向疾驶而来。情况已经摆明，部队闯入了日寇的包围圈内。吴焜副总指挥当机立断，必须险渡吴淞江。在他指挥下，巧妙地跳出了敌人的包围圈，进入与上海只隔一条黄浦江的浦东地区，与"浦东支队"配合行动；又在青浦的观音堂联系上"青浦抗日游击队"。当晚，分成左右两路向"忠救军"许雷生部出击。廖政国支队长带着五连、六连和两个机枪排的左路，一口气打下几个城镇，来到一个样子很怪的地方。有洋房、有围墙、有大片广场……在这里，翘首可望上海，入晚，灯光映满半边天，霓虹灯的光色变幻莫测，大烟囱林立，一幢幢高楼大厦拔地而起。然而，她为日本侵略者所占领，廖政国问随行的地下党员："这是什么地方？"

地下党员说："到了虹桥飞机场。"

"飞机场？"旁边的侦察员有点好奇，"进去看看什么样？"好些战士也应和起来，廖政国想：既然钻到鬼子的心脏里，敌人不一定有防备，一下子突进去，打他一下倒是个意外收获。他马上交代蓝阿嫩、张锡能、叶克守几个连干：用快速、勇猛的动作突入机场，伺机歼灭敌人。

部队似离弦之箭，迅捷地突进去了。在宽阔的跑道上转了一圈，未见敌人影子。冲在前头的五连指导员蓝阿嫩冲进一座玻璃房一看，那些伪警察和办事员正在里面睡得像死猪一般，于是和战友们揪着他们的耳朵一个个地从被窝里将他们拖出来，缴了他们的枪，关到一起。搜索前进时，又发现了四架停着的敌机。廖政国知道这个情况后，考虑到小部队不宜迎战，即下令收拢，把能带走的缴获物品带着，迅速撤出，又命令火烧飞机。侦察员们把揭开的汽油筒，一个个推近机身，把汽油浇泼在上面，蓝阿嫩也和大家一起举着蘸上汽油、点燃了的火把掷过去。顷刻之间，熊熊烈火冲天而起。大火染红了夜空，浓烟向四野里飘散。这才震动了守在碉堡里的日寇，却弄不清来了多少新四军，头也不敢往外伸，只是胡乱地打枪。

停机坪上的四架敌机转眼成了一堆废铜烂铁，而廖政国已率领两个连队，带着胜利的喜悦，走在上海近郊的小道上。

"夜袭虹桥飞机场"，鼓舞着数百万上海人民，吓呆了占据着上海的日本侵略者。新四军的威名在江南更加光辉灿烂，人民把希望寄托在他们身上。

在江南的一连串战斗中，蓝阿嫩锻炼得更加坚强了。1939年10月，"江抗"北渡长江，他所在的部队改编为苏北挺进纵队，参加了江都大桥战斗、西援半塔集战斗，以及郭村保卫战、黄桥决战……由于战斗中表现出色，他被调往二团任作战参谋。不久，又任命为一团二营长。到1941年秋，一、二团合并，改任一团二营营长。经历了一年多的"反扫荡"、"反清乡"的艰苦斗争，进一步扩大、巩固了苏北抗日根据地。蓝阿嫩也在军事指挥艺术上，有了很大的提高。

这以后部队有一段短暂的休整时间。蓝阿嫩深感读书识字不多而带来的不便，在这段难得的时间里，他便如饥似渴地学习文化，终使自己从一个文盲达到能看懂文件、报纸的程度，还在文化教员的帮助下，读了不少文学作品。对茅盾写的农村三部曲《春蚕》、《秋收》、《残冬》，体会尤深。在给战士上政治课中，常常运用书里的内容，深入浅出地讲解地主、资本家是怎样靠剥削穷人起家的。当时，新四军一师一旅政治部的报纸《斗争生活》，专门介绍了他的事迹，文章的题目就是《学习模范蓝阿嫩》。

1944年春，在著名的苏北车桥战役中，一团担任阻击打援任务。3月4日午夜，部队准时赶到芦家滩、小李庄一线，立即构筑工事。5日下午4时左右，日寇500余人，加上数百伪军，乘着汽车、拖着火炮，分两批从淮安、淮阴赶来增援车桥守敌。日寇的汽车到了韩庄停住，先是200余名鬼子展开散兵群，沿公路向三营阵地接连猛扑，都被我军打了下去。7时许，在正面阻击阵地上，突然炮声不绝，金属的尖锐呼啸声、枪声浓密，排子榴弹的爆炸声一阵紧接一阵，呐喊声、呼叫声，越来越响，稍停，一片大火绵延，烧红了半边天。敌人凭借强大的火力，突破了我军阵地。

情况紧急，团指挥员决定：立即组织部队向韩庄之敌发起总攻。从侧翼打击向三营攻击之敌，并将其切断在韩庄外围予以歼灭。正当指挥所下达命令时，二营营长蓝阿嫩汗淋淋地赶来了。他对团指挥员说："敌人在正面攻得太猛，迟出击，三营阵地要吃亏。"蓝阿嫩还建议：二营提前投入战斗。他的建议得到批准后，即率部出击。

增援车桥的第二、第三批日寇，像一条长蛇似的横在公路上，蛇头直朝三营阵地，被四连、五连扫下去了。蓝阿嫩当机立断，指挥六连首先在韩庄西北突破敌军阵地；四连也从北面攻入韩庄，把敌寇截成四段。然而，垂死挣扎的敌寇仍在顽抗，一场白刃格斗在各个阵地上剧烈地展开着。蓝阿嫩在营指挥所待不住了，他赶到五连阵地，举起驳壳枪，率先向敌寇冲去，消灭了敌人。敌酋三泽大佐也被击毙，缴获了一把银鞘指挥刀。

韩庄白刃战的胜利，创造了聚歼日寇的条件。整个芦家滩阻击战，一团以打死日寇400余人、活捉24人的辉煌战果，保证了友邻部队解放车桥，而载入中国人民抗击日本侵略者的史册。

蓝阿嫩从红军时期到抗日战争的百余次大小战斗中，当战士时是个子弹见到他都怕的硬骨头，人们称誉他是"畲族雄鹰"；当了干部，一贯身先士卒，是个技高胆大、智勇双全的指挥员。1945年春末夏初，他随苏中军区教导一旅，渡江南下进入浙西天目山区，部队改编为苏浙军区第四纵队，蓝阿嫩在十支队二营当营长，这儿遍地高山，对于出生在闽东山地、长期游击战于崇山峻岭的他，真是如鱼得水。浙西反顽战打响，他率领二营巧妙地利用山地条件，避开正面之敌，迂回于敌人侧背，一举抢占顽军五十二师的制高点螺丝山，为全歼顽军创造了条件。对此，纵队首长高度评价他的指挥艺术高超，称赞二营是"奇兵制胜"的部队。

天目山反顽战一结束，部队又挥师南进，向日寇盘踞的浙赣线进击。十支队一直打到金华市曹宅。一天傍晚，蓝阿嫩和教导员胡益，刚对全营做了战斗动员，从团部传来了"日本鬼子无条件投降"的消息。队列中立即爆发出一片欢呼声："鬼子投降啦！""我们胜利了！""毛主席万岁！""中华民族万岁！"口号声此起彼落，响彻云霄。周围的群众，也连奔带跑地汇集拢来。大家一起叫啊、笑啊、唱啊、跳啊，人人都以自己特有的动作来表达欢悦。蓝阿嫩敲着胡益的背脊，高兴地说：

"老胡，部队就地宿营了，让我们尽情地庆祝吧！"

抗战胜利后，蓝阿嫩升任团的副参谋长，以后又升任参谋长、副团长。在整个解放战争中，他一如既往，总是带着前卫营参战。无论是在解放山东重要城市泰安的攻坚战，还是在莱芜战役、鲁南反击战、宿北战役、孟良崮大战……哪里情况危急，都有他在战士中间，既是出色的指挥员，又是勇猛顽强的战斗员。1948 年夏天的豫东战役常朗屯鏖战中，在部队突击失利的情况下，蓝阿嫩带着随行人员，于危险中重新组织战斗，扭转不利战局。然而，这时已是白天，敌机在空中盘旋，轮番扫射、投弹，地面的火网，犹如泼水似的吐着火舌，整块整块的高粱被削去了穗子，树木也变成光秃秃的，炎热的太阳要把人烤焦，谁都喘不过气来。蓝阿嫩却似什么也看不见、听不到，沉着地指挥部队与敌人拼搏，终于歼灭了敌人。

1948 年冬，蓝阿嫩在曲阜参加了华东野战军召开的作战会议，聆听首长的指示，孜孜不倦地吸取兄弟部队宝贵经验。回来之后，传达会议精神时，又结合本团战例，总结经验教训。淮海战役前夕，纵队曾下命令调他去二团任团长。然而，他几次找到师的领导，请求缓调，让他在淮海大战中仍留一团，他的请求纵队首长同意了，蓝阿嫩不知有多高兴，他对爱人李励说："我要在淮海大战中，为哺育我长大的一团贡献自己的一切，为一团增添新的光荣。"

一团在受领任务后，因团长负伤住院未归，由他在全团干部会上布置战斗行动工作，他把各方面的问题讲得十分明确、十分细致、十分周到。许多老战友，还有老部下在会后都说："副团长进步真大！"一团的干部、战士都期待着蓝阿嫩带领队伍，在淮海战役中再显身手，使这个以闽东工农红军独立师为前身的团队，在与国民党军最后决战中，取得更大胜利。

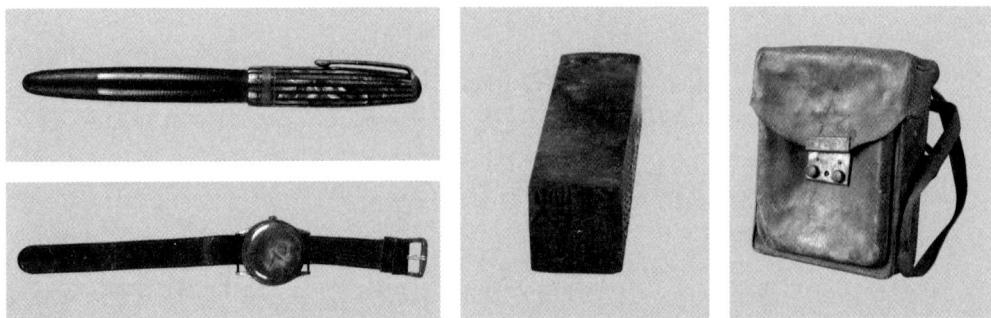

▲ 蓝阿嫩用过的钢笔、手表、印章、文件包

经过几天的连续战役行动，一团到达临战地域。11月7日，华东野战军首长命令所部向徐州以东的敌人发起猛烈进攻，揭开了淮海战役的序幕。一团在纵队的编成内，追歼由新安镇西逃的黄百韬兵团第六十三军，直追到运河边的窑湾镇，与兄弟部队一起，把敌人紧紧地包围起来，遂即发起强大攻势。一夜之间，就全歼了敌军，仅一团俘获敌军达3000余人。

部队追击又追击。有天晚上，巧与坚持苏北敌后斗争的一支队伍会合了，蓝阿嫩见到好些老战友，他们叙谈别后的友情、交流作战的经验，描绘着今后的图景……

▲ 蓝阿嫩的挽词

天明后，伤愈归来的团长，以及政委、蓝阿嫩，召集各营干部在参谋处大院里开会，进行战斗部署。突然，有几架敌机在庄子上空低飞盘旋，马达的轰鸣声越来越大。有经验的蓝阿嫩转身来到屋外，往四下里一看，庄前、庄后，拥塞着人群，还有后勤辎重、民工，人来人往，熙熙攘攘，又见敌机的圈子越转越小。他一个箭步跨入屋内，高声地说："快，会议赶紧结束，敌机要轰炸！"散会了，蓝阿嫩立即叫大家沿隐蔽处出庄，再三叮嘱要注意防空，然后，他来到参谋处，刚进屋，一阵尖厉的呼啸声，一片轰隆隆的炸弹声交织在一起，墙倒屋塌，大火升空，整个村庄被烟尘笼罩住了。未待蓝阿嫩跨出门槛，参谋处的房子也呼啦啦地倒塌了。紧随蓝阿嫩身后的通讯班长吉和海猛叫一声"副团长！"一头扑向倒塌的房屋，通讯员们跟着赶了过去。七、八个人，冒着敌机的扫射、轰炸，把砖瓦、梁柱搬开。救出了压伤的通讯参谋、作战参谋、人事参谋，见到了压在中间的蓝阿嫩副团长。吉和海用手在他鼻子上一摸，失声地痛哭起来……

年轻的、经历长期革命斗争考验的蓝阿嫩牺牲了！

中国共产党的优秀党员、畲族人民的好儿子蓝阿嫩，为着解放全中国，为着崇高的革命理想，把自己的鲜血洒在了淮海大地上，人民将永远怀念他。

第二篇

缅怀

　　岁月如歌，沧海桑田。过去硝烟弥漫的淮海战场，如今已是高楼林立。岁月带走了战场的硝烟，却带不走亲人的思念、战友的追忆。站在巍巍纪念碑下，我们依稀又听见嘹亮的号角、战士的冲杀。对烈士的追思，直至 60 多年后的今天，一直都没有终止。看着一篇篇感人肺腑的追忆，我们仿佛又看到了烈士们当年的英姿。本篇精选不同年代的 16 篇追忆文章，真实展现了烈士战友及亲人对烈士的崇高敬意和无限思念。

回忆朱涛烈士

秦相平

在淮海战役纪念馆里，邓小平同志曾写下寓意深刻的题词："中华儿女们永远记着：你们的幸福是先烈们用血换来的。"它时时刻刻提醒着人们，不要忘记在这块土地上流过血的先烈……

朱涛烈士，就是在这块土地上英勇倒下的。1948年，当人民解放军取得辽沈战役伟大胜利、进入战略决战的重要时刻，他在淮海战役第一阶段围歼黄百韬兵团的战斗中壮烈牺牲。

立志革命　初露锋芒

朱涛，原名朱善埃，1914年生于江西省武宁县一个穷苦农民家庭。1931年参加红军，同年加入中国共产党，历任红军班、排、连长，侦察队长，新四军教导队长，特务团长等职。牺牲时任华野四纵三十一团副团长。

朱涛祖籍湖北省阳新县龙港朱家村，在其高祖父时迁至江西省武宁县大洞乡岭下村。其父朱维德，土地革命时期是武宁县箬田区书坊乡（即现大洞乡）赤卫队大队长，共产党员，1932年牺牲。

朱涛少时，正值汪精卫、蒋介石叛变革命，轰轰烈烈的大革命惨败，全国一片白色恐怖之时。在中共"八七"会议精神指引下，鄂南、湘赣边、赣北等地相继举行了秋收暴动和秋收起义，革命形势如火如荼。在此期间，武宁北部地区箬田、彭坪、泉口、辽里等地亦建立起了革命组织，在他们的带领下，贫苦农民抗捐、抗税、抗租、抗粮，掀起了土地革命的高潮。在革命思想影响下，朱涛懂得了只有彻底推翻封建制度，才能使劳苦大众过上幸福的生活，自身也才能得到彻底解放。于是，当1929年红色政权在他家乡建立时，他毅然参加了少先队，担任书坊乡十三村少先队班长，积极带领少先队员站岗、放哨、巡逻、训练、抓坏人、捉土豪劣绅，配合游击队和赤卫队作战。

1930年，朱涛加入"少共"组织，同期参加游击队，任班长。时值蒋介石发动第一次反革命"围剿"期间，敌人出动五个师的兵力，合击在武宁、修水地区活动的红十六军，同时还调集江西保安第三团及当地团防等反动武装，对武宁苏区进行清剿。一次，一小股"清乡"兵来到十三村，杀猪赶牛，抢掠财物，十三村人民横遭劫难。年少的朱涛带领全班游击队员机智地抄到敌人背后，打退了"清乡"兵，将人民的财产夺了回来，保卫了十三村人民的安全。

该年，在中共武宁箬田区委组织的全区游击队、赤卫队攻打伊山六公祠和三公祠敌据点的两次战斗中，朱涛都冲锋在前，奋勇杀敌。攻打六公祠时，朱涛杀死敌人一名，缴枪一支。

因朱涛作战勇敢，半年后，调箬田区游击队当排长。

参加红军　中流砥柱

1931年2月，湘鄂赣边区取得第一次反"围剿"斗争胜利后，中共鄂东特委决定以鄂东南地方武装为基础，吸收沿江游击队和赣北武宁、瑞昌等地游击队及大批工农群众，在阳新县龙港成立中国工农红军独立第三师（以下简称"红三师"）。朱涛从此参加红三师，任排长。参加红军后，朱涛的阶级觉悟日益提高，为了劳苦人民的翻身解放、为了推翻黑暗的旧社会，朱涛作战更加勇敢。他常骑一匹白马，舍生忘死，冲锋陷阵，驰骋在赣北和鄂东南大地上，不久，即升为连长，并加入了中国共产党。

1931年8月，红三师率部攻打武宁横路镇，朱涛带领所部战士机智灵活，英勇作战，与大部队一道，全歼了敌人新七旅一个营，取得了首战横路镇的胜利。翌年7月，朱涛又参加了红三师和红十六军联合攻打横路镇的战斗。由于敌人工事坚固，又有飞机支援，我军久攻未克。战斗中，朱涛英勇顽强，不怕牺牲，一直冲在前面，与敌人反复争夺阵地。

1933年，在第四次反革命"围剿"中，敌人采取"步步为营，稳扎稳打"的做法，在箬田区的港子口、岭内、石井等地修筑碉堡和炮台，对我苏区人民进行残酷的军事压迫。根据敌人"分兵把守"的形势，我红三师和游击队采取"集中优势兵力，各个击破"的战术，分割包围敌人。朱涛带领所在连袭击敌人石井炮台，经过一夜激战，消灭了炮台守军，拔掉了敌人的据点。

在敌人五次反革命"围剿"期间，朱涛随红三师参加的重要战斗有：玉岭山战斗（1931年7月），全歼新店守敌战斗（1931年10月），通山大畈战斗（1931年11月），武长路外围之战（1931年12月），通山、山口、马桥三捷（1932年7月），通山之战（1933年11月），木石港大捷（1934年1月）等，1932年10月参加了龙港保卫战，曾几度受伤，为粉碎敌人的反革命"围剿"，建立、巩固和扩大鄂东南苏区作出了英勇的贡献。

1934年1月下旬，红三师王文驿战斗失利，鄂东南第五次反"围剿"斗争失败。之后，朱涛随突围部队转移到修武崇通的高山密林里，从此，进入了三年艰苦的游击战争。在险恶的环境里，在日益残酷的斗争形势面前，朱涛始终保持着高昂的斗志，坚信革命一定能胜利，毫不动摇地坚持党领导下的武装斗争。

1934年10月，湘鄂赣省委将第五次反"围剿"斗争中剩下来的红三师和红十六师两师合编为红十六师四十六团，取消红三师番号。朱涛从此随红十六师转战于鄂东南和平（江）浏（阳）之间。曾参加了著名的大源桥战斗，两战高枧、虹桥之战等数次重要战斗。1935年6月，由于省委主要领导麻痹大意，致使红十六师5000余人被敌重兵包围在平江的长庆地区，经麦市突围和沿途敌军伏击，红十六师遭到巨大损失。朱涛和千余幸存者迁回到修武崇通，常年住在人烟稀少的深山野洞或大森林里，喝稀粥、吃野果，经受着令人难以置信的各种困难的磨炼和残酷斗争的考验，在敌强我弱的敌我力量极其悬殊的情况下，与国民党反动派进行了艰苦卓绝、不屈不挠的斗争。

抗日前线　奋勇杀敌

1937年8月，湘鄂赣苏区抗日民族统一战线建立后，活动在湘鄂赣地区的红军游击队改编为新四军第一支队第一团。1938年2月3日，朱涛随第一支队第一团从平江嘉义出发，开赴抗日前线，进入皖南岩寺地区，任新四军军部教导队长，改名汪其祥。不久，回到第一支队当营长。1938年6月，新四军第一、第二支队在陈毅、张鼎丞率领下，挺进苏南敌后，创建了全国六大山区抗日根据地之一的茅山根据地。1939年11月，朱涛所在的第一支队与第二支队合编为新四军江南指挥部。翌年7月，江南指挥部主力渡江北上，与挺进纵队和苏皖支队会和，改成新四军苏北指挥部，朱涛在苏北指挥部第一纵队任营长。此时，由汪其祥更名为朱涛。

皖南事变后，为了对抗蒋介石的反动命令，继续坚持华中敌后的抗日斗争，新四军新的军部在苏北盐城成立，原苏北指挥部所属部队编为第四军第一师，师长粟裕。朱涛所在的第一纵队改为第一旅，活动在苏中地区。2月中旬，苏皖游击纵队副总指挥李长江趁蒋介石发动反共高潮之机，率所部7000人在泰州打起"反共救国军"旗号，公开投敌。为了消灭李部，新四军一师主力立即兴师讨伐。战斗中，朱涛与全体将士同仇敌忾，奋战三天，将李部消灭。

1941年4月20日，苏中军区成立，朱涛在第三分区任军事科长。不久，调三分区特务团当团长，主要活动在泰兴、如东一带。同年7、8月间，日军对盐阜地区发动第一次大"扫荡"，在苏中军区的统一部署下，朱涛带领特务团参加了围困泰州、泰兴之敌和破坏敌交通的战斗，把敌人紧紧地拖在南线，有力地配合了盐阜地区的反"扫荡"。

1942年，日本帝国主义为了扩大太平洋战争，加紧对我华中地区进行"梳篦式"大"扫荡"和大"清剿"。8月，我苏中新四军根据毛泽东制定的敌后游击战争的战略战术，以分散削弱敌集中之优势，以集中突击敌分散之弱点，贯彻执行中共中央精兵简政的方针，实行主力地方化，将部队化整为零，分散到各地与敌人兜圈子。此时，朱涛下到营里当营长，带领部队深入到敌占区，断敌交通，攻敌薄弱，采取速战、速决、速离的作战方针，与敌人开展了灵活机动的游击战争。

1944年，朱涛进苏中"抗大"第九分校学习。该年12月下旬，新四军第一师师长粟裕率主力南下，与苏浙地区十六旅会和，于1945年1月成立苏浙军区。"抗大"毕业后，朱涛调苏浙军区第三纵队当副团长。1945年2至6月，朱涛所在团随军区部队在浙西天目山地区胜利地进行了三次反顽自卫战，有力地打击了国民党顽固派的进攻。而后，部队回师苏南和苏皖边境，对日寇进行全面反攻，直至抗战胜利。

八年抗战中，朱涛跟随新四军征战南北，战斗足迹遍及华中大地，参加了著名的苏南延陵大捷（1939年5月）、黄桥战役（1940年10月，打击顽军韩德勤部）、车桥战役（1944年3月）、三垛河伏击战（1945年4月）和讨伐逆匪李长江（1941年2月）等大小百余次战斗。并与华中军民一道，进行了艰苦的反"扫荡"、反"清乡"、反"蚕食"斗争和反击顽军的进攻，为创建、坚持和保卫苏南、苏中、苏浙等抗日根据地、开辟华中敌后战场，建立了不朽的功勋。

解放征途　横扫千军

抗日战争胜利以后，新四军苏皖边区部队编为华中野战军，朱涛在华中野战军第八纵队所部任副团长。1946 年 6 月，蒋介石在美帝国主义支持下，撕毁"双十"和平协定，向我解放区发起全面进攻，第三次国内革命战争全面爆发。1946 年 7 月，国民党军队集中五个整编师共约 12 万人，在第一"绥靖区"司令汤恩伯的指挥下，向我苏中解放区大举进犯，我华中野战军奋勇迎战。自 7 月 13 日至 8 月 27 日，朱涛参加了粟裕、谭震林指挥的以第八纵队为主力的苏中战役，七战七捷，歼敌 5 万余人。此后，朱涛还参加了 1946 年 12 月的宿北战役和 1947 年元月的鲁南战役。

1947 年 1 月，中央军委取消新四军番号。华中野战军和山东野战军合编为华东野战军。朱涛所部，改为华东野战军第四纵队，朱涛任第四纵队十一师三十一团副团长。

华东野战军刚组建不久，国民党即集中 30 多万兵力，分南北两线进攻山东解放区，妄图消灭华东我军。2 月中旬，我华东野战军采取诱敌深入战术，将国民党李仙洲集团吸引到莱芜地区加以歼击。在这次战斗中，朱涛所在的第四纵队和第八纵队组成东突击兵团。在 23 日的最后歼灭战中，朱涛所部勇猛冲击，楔敌纵深，协同大部队，一举全歼李仙洲集团，首创了解放战争中一次歼敌七个整编师的光辉范例。

这年 4 月，国民党又调集重兵向山东解放区发动"重点进攻"。5 月中旬，我华东野战军将推进最快、又最为突出和骄横的敌整编七十四师包围在沂蒙山区的孟良崮地区。朱涛所在的第四纵队是担负中央突破的主力之一，其三十一团为正面主攻团。战斗发起后，朱涛奋不顾身，冒着枪林弹雨，指挥部队顽强冲击。经第四、第九两纵队彻夜猛攻和全军将士浴血奋战，全歼号称蒋介石"王牌军"的七十四师，击毙师长张灵甫。

之后（6 月 30 日），朱涛跟随华野四纵队越过临蒙公路向鲁南挺进。7 月 10 日，歼灭峄县、枣庄之敌后，向西攻占邹县、滕县、临城、韩庄，切断津浦路，吸引桂系及欧震（国民党第三兵团），直接威胁徐州，策应刘邓大军。

这时，人民解放军已由战略防御转入战略反攻。该年 7、8 月间，刘伯承、邓小平率晋冀鲁豫野战军从鲁西南强渡黄河，千里跃进大别山。为了配合刘邓大军，陈毅、粟裕率华东野战军主力组成外线兵团，挺进豫皖苏地区，执行外线作战任务。朱涛随陈粟大军于9月27日越过陇海路南进，参与了破击陇海路、津浦路，威逼徐州之牵制性作战。12月中旬，又参与了破击平汉路的作战。

1948年3月，陈（毅）粟（裕）、陈（赓）谢（富治）两路大军发起洛阳战役，朱涛所在团参加了战斗。朱涛骁勇善战、指挥若定，带领所部为全歼守敌青年军第二〇六师等部作出了很大贡献。

其后，朱涛还参加了1948年6月的豫东战役和9月的济南战役，均给敌人以重创。

血洒疆场　为国捐躯

1948年11月，辽沈战役以后，伟大的人民战争进入战略决战深入阶段，党中央、毛泽东同志审时度势，作出了震惊中外、气势磅礴的淮海决战的伟大决策，华东野战军和中原野战军，于1948年11月6日至1949年1月10日，在以徐州为中心，东起海州，西止商丘，北自临城，南达淮河的苏、鲁、豫、皖广大地区，对国民党南线主力集团进行了一次巨大规模的歼灭战。朱涛所属的华野第四纵队，担负着第一阶段围歼黄百韬兵团、切断徐蚌线的任务。在华野我军的分路攻击下，11月11日，将黄百韬兵团四个军七个师合围于纵横10余公里的碾庄圩地区。从12日起，"围黄"各纵队转入村落攻坚，深入到敌人前沿阵地，进行大规模近迫作业。朱涛所在部队，属北面主攻集团。连日激战中，朱涛发扬勇猛顽强的战斗作风，日夜不下火线，指挥战士，出色地完成了历次战斗任务。18日清晨，朱涛刚从团指挥所值完夜指挥班下阵地吃饭，突然枪声骤起，炮火密集，敌人在空军掩护下突围。朱涛立即放下饭碗，奔回前

▲ 朱涛结婚照

沿阵地，在指挥部队反击敌人当中，被敌机弹片打中额头，不幸牺牲。

22 日，在华东各纵队的猛烈攻击下，黄百韬兵团终于全军覆没，兵团司令黄百韬被击毙。

朱涛自 15 岁参加革命，出生入死，身经百战，披坚执锐，戎马一生，经历了土地革命、抗日战争、解放战争，二十年如一日，无限忠于党的事业，为中国人民的翻身解放事业，立下了不朽的战功。他作战勇敢，指挥灵活，足智多谋，顽强刚毅，是一位英勇善战的军事指挥员。朱涛牺牲后，淮海军民对他寄予了深沉的哀悼，遗体葬于碾庄之正北。新中国建立后，迁葬于松柏苍翠的台儿庄革命烈士陵园。烈士的遗像、遗物，陈列在宏伟壮丽的徐州淮海战役纪念馆内，接受人们崇敬的哀思和永久的怀念……

朱涛同志永逝了，但他的光辉业绩和英名永载青史，彪炳千秋，将永远激励着人们在建设社会主义、共产主义的壮丽事业中奋勇前进！

1989 年 11 月 10 日

根据 1989 年江西武宁县委党史办公室秦相平提供资料刊印

英灵垂千古　碧血化长虹——怀念我的父亲周镐

周慧冰

今年（1986 年）农历十二月十一日，是我父亲周镐烈士诞生 78 周年纪念日。缅怀他老人家的一生，更激起我深情的思念和回忆。

父亲周镐，又名继文、治平、道隆。出生于罗田三里桥乡七里冲周家湾一个农民家庭。祖父周玉廷靠租种佃田和卖柴维持全家生活。因家境贫寒，无力供子女读书，但为了不受地主豪绅的欺压，又希望能培养一个"读书人"来支撑门庭，父亲从小聪慧好学，全家便节衣缩食供他入私塾读书。

父亲 14 岁时，由伯父继先送往武汉，考入成城中学。1928 年，国民党第四集团军桂系的第十八、十九两军驻汉，创办随营军官学校，父亲考入该校（后改为中央军校武汉分校第 7 期）学习，在一次政治测验中，父亲试卷中因有反蒋言论，被开除学籍。

父亲离开军校时，正值李济深等在福建成立人民政府，父亲便前往福建。闽变失败后，十九路军被撤销，父亲取道上海返回武汉，被国民党特务追踪，到武汉下船时即被宪兵四团逮捕，后被迫加入了军统组织。

1942 年，父亲被军统局长戴笠派往南京和上海，就在这一年，父亲在南京结识了在汪伪机关工作的共产党员徐祖光同志，从而开始了人生的重大转折。

1945 年，父亲在地下电台中听到日本宣布投降的消息，便开始筹备接管南京日伪政权工作。这时，重庆方面已怀疑父亲与中国共产党有联系，命令日军司令冈村宁次不准向父亲管辖的指挥部投降。父亲先被冈村宁次以假意商谈投降事宜软禁，后又被戴笠关押审查，戴笠死后，军统对父亲的问题又查无实据，才获释出狱。

父亲出狱后，于 1946 年秘密加入了中国共产党。党将他派往苏区工作，任京、沪、徐、杭特派员。淮海战役时，父亲因策动国民党孙良诚、刘汝明部起义而不幸被捕，于 1949 年 1 月被敌人杀害于南京雨花台。牺牲时年仅 40 岁。

父亲的一生，是追求真理的一生，在他留下的日记中，有这样一句话："十死余生，以尽全力为革命而奋斗！"为了告慰九泉之下父亲的英灵，我们子女更应该继承先辈的光辉业绩，为四化建设作出最大的贡献！

原载《黄冈报》1986 年元月 21 日第四版

粉身碎骨为人民——纪念李铁群同志

李剑锋

2003 年 12 月 7 日，是我的江苏省铜山县的老乡、老战友，一个营共同战斗，生死与共，互相关心的老大哥，原江淮军区独立旅一团四营教导员李铁群牺牲 55 周年纪念的日子。怀念！怀念！怀念！

1948 年的 11 月，淮海战役第一阶段，当时江淮军区的部队，在完成碾庄歼灭黄百韬的任务之后，又配合十三纵队，歼灭灵璧县国民党十二军二三八师，之后进驻豪城准备袭击津浦铁路，这时上级传达毛主席的命令，要江淮军区部队到淮南切断津浦铁路徐蚌段，断敌后援，保证全歼黄维、杜聿明部。据此，部队迅速从豪城地区日夜兼程，开往泗南县双沟、鲍集地区，准备抢渡淮河。12 月 6 日晚部队渡河，我们一营是先头营，在先期进入淮南的兄弟部队接应下，顺利过河于河稍桥登岸，进到十里长山。四营在后，因有骡子和炮兵，到 7 日早晨 7 点左右才渡完。正在部队准备开进时，敌机却在上空盘旋扫射，铁群立即指挥部队疏散隐蔽，自己随即也躲藏到附近的高粱秆子丛中，此时，美国造大个头 B2 重型轰炸机临空，既不盘旋，也不俯冲，竟直丢下一串重磅炸弹，其中一个，恰巧落到铁群隐蔽的高粱秆子丛上，所有高粱秆子都炸飞了，铁群也随之被炸得粉身碎骨牺牲了。突来的不幸，深深刺痛了活着的每一个人，可由于部队随即还要向古城方向开进，执行明光、三界地区津浦铁路的击破任务，打阁集、打沙河等连续战斗，没有机会悼念，更无法造个坟，自然无法寄托哀思。直至一○一师三○二团驻迈皋桥时，才简单地举行了一个悼念仪式。但李铁群却没有留下一点纪念遗物，实在遗憾。还好，他曾给过我一张在永城照的小照片，这应是极为宝贵的唯一的纪念品。后来，我在参加警备区会议住山西路招待所时，路对面有个照相馆，就把照片翻拍、放大，加洗若干张，分送老战友，并寄一张到他家乡——江苏省睢宁县双沟乡对河流村李光锦（铁群原名）家收，在相片背面写上四句话：淮海大战震全球，横渡长淮歼蒋寇，河稍桥前粉身骨，光荣牺牲美名留（遗憾的是，在相片上牺牲的日子写错了），以表达我对牺牲者的怀念之情，对亲属的慰问之意，寄托我的哀思。1950 年春节，我收到铁群的叔叔李兆伦老人的回信，一片热情，给我很大鼓励，也是很好的安慰。以后每年这一天，只要在家，我总要翻开照片看一看，回忆一番，怀念一番，他的言谈举止，音容笑貌，就在我的眼前。现在是第五十五个年头了，依然如旧，写此短文表达回忆、怀念之情。

2003 年 12 月 7 日

悼战友孙即明

张 明

我们年轻而活泼的教导员孙即明，在这次配合中野兄弟部队围歼黄维兵团的双堆集战斗中，为党为人民英勇地牺牲了。这不幸的消息是在战斗紧张的时候通信员告诉我的，当时，我说不出的难过与悲痛，几乎流出泪来。可是我没有流泪，我忍着悲痛，我要更加坚决地歼灭这些顽固的敌人，为我亲爱的战友报仇！

孙即明虽和我们永别了，他对工作的热情、大胆、负责的精神是值得我们学习的！孙即明14岁参加革命，经过抗日战争艰苦斗争的考验，曾因年纪小而两次被精减，但他坚决不回家，终于在党的培养抚育下长大了，扛起了大枪坚持战斗在山东莱芜区分散斗争的环境中。自从到营后，他战斗一贯积极勇敢。济南簸箕山战斗，他指挥一连从东面攻击，不到20分钟即攻占山顶。此次战斗在未发起攻击前副营长负伤了，他即挺身奋勇代替副营长带领突击连进行战斗，他不顾个人安危，站在地堡上指挥部队，最后终因身负重伤而光荣牺牲了。

孙即明的工作一贯积极大胆泼辣，在每次战斗的胜利或受挫等复杂的情况下，他的工作精神始终愉快而紧张，从未表现消沉；他对干部批评教育大胆，思想掌握很紧，即便个别干部感到批评方式态度不好，但事后回想又感到教导员真是直爽诚恳；他对工作有预见性，当开封战役部队伤亡较大，思想有些混乱，当时他在营委扩大会上提出开展"保持光荣传统运动"，发动全营干部战士检查不良思想倾向，保持"洛阳营"的光荣，这对当时稳定部队情绪恢复战斗力起了很大的作用。

孙即明遵守政策纪律，对上级指示认真严肃地执行，在洛阳、开封、济南的历次战斗中，他都是精细地布置，亲自掌握动员，对能力弱的干部亲自帮助，战斗中亲自检查督促维持战场纪律。济南战役后南下，上级动员不准找一辆车、一个牲口、一个民夫，他在执行上很坚决，全营20多个病号未找民夫，始终是执行着上级的指示。这种作风始终坚持！

他对同级干部很团结、很体贴，也很耐心，记得在开封战役，他对我提出："老张，我听通信员说你很不注意自己的身体，为了要照顾全盘战斗任务的完成也必须注意，一般任务我和副营长都可执行。"当每次看地形回来，他总是说："你们休息，有事算我的！"至于一切战斗组织、动员及战斗准备等工作，行军或战斗，他都精细周密的布置工作，处处感到他的热情体贴。

亲爱的教导员，你为了完成光荣的战斗任务而英勇的与我们永别了，全营同志在你英勇壮烈的激励下，决心干脆彻底迅速地把敌人歼灭，你放心吧！你未完成的革命事业，我们全营的同志将继续努力，完成上级所给的一切任务，为你报仇！保持我们"洛阳营"的光荣！

根据 1991 年征集资料刊印

忆烈士戚琏瑚

佚　名

　　烈士戚琏瑚，苏北泰兴人，出身于一个不十分富裕的家庭里。他肄业于南京栖霞高级师范学校。1939 年参加江南抗日纵队，同年即光荣地参加了中国共产党。他在十余年的革命过程中，历任文教、政治指导员、组织干事、总支书、宣教股长、营政治教导员、组织科长、团副政委等职。1948 年 11 月 25 日在淮海战役中（他牺牲时任华野七纵五十七团副政委），不幸中弹殉难，年仅 28 岁，遗体安葬于皖东北灵璧县时村西南十余里之湖集底。

　　琏瑚是一个优秀的共产党员和模范政治工作者，他十余年斗争中有许多宝贵的德行品质，是值得我们活着的同志经常追忆与学习的，这里我们介绍的仅是他生平的点滴材料，我们希望熟识他的同志今后能再加补充。

　　（一）待人诚恳虚心，并有高度的原则性与说服力

　　琏瑚待人是诚恳虚心的，他无论对同级、下级及上级，都能相处得很好，譬如：他在繁忙的时候，你去找他商谈工作，他总是很热情地与你交谈和负责地向你提出一些意见，因此同志们都愿意同他接近。他任政教的时候，营长丁桂山是一个工农出身的干部，但他同丁桂山相处得很好，从来没有发生过什么知识分子与工农分子不协调现象。同时，他在工作上又具有高度的原则性与说服力。如他在当组织科长时，对有些难处理的问题，他总是反复地对当事人给予教育说服和启发诱导，使干部很愉快地服从组织意见，安心到工作岗位上去。

　　（二）组织观念强，对自己严格，生活一贯艰苦朴素

　　琏瑚具有高度的组织观念，从不计较个人名位得失和讲究生活待遇，他对自己要求极严格，在他的日记中经常可以看到彻底的尖锐的自我批评。他原在苏中部队任政教，经党校学习后调至七师独立团任宣教股长，但他从没有因而发一句怨言。他总是愉快积极地工作，如他当宣教股长时就积极地为军《武装报》组织部队通讯稿件，曾一时为全师来稿最多者。

他的生活作风是朴素的，如公家发的一条被子，他足足盖了三、四年没有更换，我们从没有看到他因个人生活问题而有什么计较。

（三）作战表现勇敢，并具有高度的自我牺牲精神

1945 年在皖江的一次反顽战斗中，桂顽控制了制高点，把独立团压缩在一隅，并用猛烈火力封锁我们狭窄的圩堤，使部队伤亡较大，当时琎瑚正任宣教股长，在这种危急情况下，他沉着镇静地鼓舞战士们，使部队安全转移。这次战斗他自己光荣负伤。

1946 年苏北上杨庄反顽战斗，我军通宵攻击未成，翌晨桂顽援军从两侧插下，致我军处于完全不利的情况下，不得已其余部队都突围撤退，只有五十六团二、七连尚坚持在阵地，当时琎瑚正任该营政教，他英勇沉着地协同丁营长把部队安全地撤下来了，并且没有受到任何损失。

根据二十五军政治部提供资料刊印

忆董怀祥

于志民

淮海战役时董怀祥在华野七纵二十一师六十一团五连一排当副排长。

那时，我刚从医院回来，连里分配我去一班当副班长，我回到班里见到许多同志，大家亲热得很。这时从外面来了一个矮矮的瘦瘦身材的同志，大家向我介绍说："这是我们新来的副排长董怀祥。"他上来握住我的手，说："来得好，咱们又多了一个老同志。"就这样认识了他。从别人那里知道，董怀祥是个一等功臣、战斗英雄，知道他打仗沉着得很。在一次战斗中，敌人炮火打得很激烈，他关照其他同志怎样躲避炮火，在敌人冲上来的时候，他用准确的枪法一枪一个敌人，他和同志们一起，守住了阵地，就这样得到了战斗英雄的称号。

从我和董怀祥的接触中，我看到他不仅是一个勇敢的战士，而且具有关怀别人、体贴别人，把困难留给自己、方便送给别人的高贵品质。在济南阻击战修筑工事当中，我因伤口尚未愈合，不能干重活，他就特别照顾我，不让我去干，只让我打开水、翻土。每天晚上收工，已经深夜十几点钟，我们都累得要命，躺在那里一动也不愿动。但在这时，我却看到我们的副排长董怀祥悄悄地从外面走来，轻轻地把我们伸出来的腿和胳膊盖上被子。在行军当中，一走一个整夜，天明到达目的地大家都瞌睡得很，一沾铺草上，立刻就打起呼来，这时晚饭也不吃了，脚也不洗了，可是董怀祥却去烧了水，把水端到同志们面前，扶他们坐起来，让他们洗脚。他在战斗中有伤残，每次发了残废金，他从来不自己用，搞一个水壶，打点白酒背上，行军时，腰痛、腿痛、脚起泡，他就倒出一些让全排同志搽腿搽脚。有时，也买一只母鸡，找个锅炖一炖，他先送给病号、身体弱的同志，然后大家分一点，往往剩下来的就很少了，他只吃个鸡爪子，喝一点汤。总之，在董怀祥身上，闪耀着我军光荣传统作风的光芒和共产党员坚强党性的光辉。

淮海战役开始了，我们连在万年闸、大许家打过两仗，以后又通过几夜急行军，到达双堆集，在这里围歼黄维兵团之敌。那时正在总攻前的准备阶段，我们连执行近迫作业的任务，这是一个艰苦的任务。战士们要匍匐在毫无掩蔽的开阔地上，在敌人火力威胁下，迅速挖出一条条的交通沟。12 月的寒风，夹杂着雪花，冰冻的土地，硬邦邦的。每天晚上去挖，每天都有伤亡，有的战士说："干这个倒霉事，还不如当突击队，冲杀一阵，痛快利索，现在受敌人的窝囊气。"面对着这样的情况，董怀祥及时召开党小组会，根据团首长的指示，向大家进行说服："近迫作业是总攻的准备工作，一条条的交通沟，就是一支支插向敌人心脏的刺刀，也就是通向胜利的阶梯。"在坚强的政治思想工作支持下，我们一连干了一个星期，纵横交错的交通沟挖成了，一直通向敌人的鹿砦前面 50 米，突击队可以从这里一鼓作气，冲向敌人阵地。我们连用平凡艰苦的劳动，打开了通向胜利的大门。

敌人恐慌了，一条条交通沟的逼近，就像一支支刺刀正指向敌人的心脏，他们感到死亡的来临，他们绝望地开炮，可是战士们都隐蔽在交通沟，弄得敌人没有任何办法。但就在这时，一发炮弹落在交通沟里，骤然夺去了董怀祥宝贵的生命。第二天敌人动摇了，妄想突围，被仇恨激怒的战士踏着董怀祥用鲜血铺成的道路，冲向敌人，迅速干净利落地全歼了黄维兵团，结束了淮海战役第二阶段。

1960 年 7 月 21 日于北京

根据 1960 年人民解放军高级航空学校政治部于志民提供资料刊印

回忆陈洁

赵 杰

陈洁是一位热爱革命事业的女同志。广东人，生长在上海，讲一口流利的普通话。虽然她生长在繁华奢侈的旧城市里，但由于她家庭地位（城市贫民）以及受到抗日救亡运动的渲染，从而激发了她的爱国热情，因此参加了人民军队。

她曾两次参军，第一次是 1940 年，那时她 18 岁，入伍后由于她身材不高、体质一般，便在 1942 年部队在转战长江南北时精减回了上海。1944 年又再次参军在浙东纵队，日寇投降后便随军北上。

1947 年秋天，那时华野一纵三师成立文工队，在各团连里抽调文教和爱好文艺工作的老战士及通讯员，陈洁就是这次被调到文工队的。由于陈洁工作出色、作风顽强，1947 年 7 月她便被批准参加中国共产党，当时在支部大会宣布后，她激动地流下了热泪，并表示："这是我正式为党工作的开始，从今起我永远也不会忘掉，我是名共产党员，我懂得今后该怎样为党工作而贡献我的终身。"

陈洁入党后，工作更起劲了。记得在新解放许昌城后，文工队都分下去调查研究发动群众，找出地主的窝藏，把浮财发还给农民，当时群众不敢要，怕我们走了地主要报复，陈洁就和文工队中其他两名女同志一起对老大娘和青年妇女开展思想教育工作，经过

▲ 陈洁（站立者）与战友

努力，老百姓顾虑打消了，使文工团顺利地完成这个任务，这三位女同志功不可没。

当时，文工队排演了一个剧目《白毛女》，由于文工队人员少，完成这个任务是艰巨的，必须把二三十人的积极因素都调动起来才行。文工队就不顾行军的疲劳，抓时间排练，在行军中找一个较好的环境地点，在部队或军民联欢晚会上演出。每次演出前，文工队里的男同志负责堆土墩舞台和装置等，女同志则负责就地向群众借服装道具等，在陈洁负责这一任务时，始终是一丝不苟、任劳任怨，颇受群众欢迎，还服装道具时还对演出工作向群众征求意见。在这一剧目中的主角喜儿原是吴彬全场演出，为了保护吴彬的身体，陈洁建议说："我愿担任前半场的喜儿。"果然，她这样勇敢的担任，演出的效果也是很好的。

随着全国局势的发展，我军已由自卫反击转为外线出击，转战在苏鲁豫边区，接连打了几次胜仗。记得有一次把敌二十七军打垮了，军乐队全被俘虏过来，而这些被俘者只有经过一定的阶级教育和思想改造，才能更好地为人民服务，对他们进行思想教育的工作再一次落在了陈洁和其他队员同志的身上。经过一番教育和耐心体贴爱护，解放过来的几个小青年也列入演出队伍，和老队员一样背起小背包、乐器，愉快地行军、学习、工作，陈洁尤为注意关心解放来的青年们的思想，团结他们，常以自己的行动来感化和转变他们在敌人那里的奢侈堕落的生活方式和某些反动的意识形态。

淮海战役的序幕揭开了。当时我华野和兄弟野战军在党中央和毛主席的正确领导下，已经取得辽沈战役的胜利，淮海战役也已在运动中将国民党军杜聿明集团的几十万人马包围了起来，辉煌的战果就快到来。可是，敌人的飞机非常猖獗，企图用轰炸来阻挠我军前进的步伐。有一次在朱小庄，我们队里的

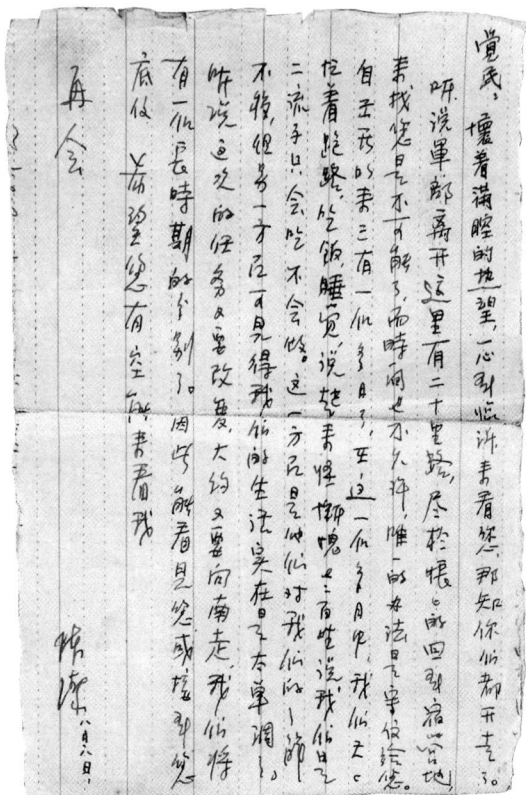

▲ 陈洁写给未婚夫觉民的信

▲ 陈洁写给未婚夫觉民的信

金英（女）在敌人的炸弹下光荣牺牲了，全队悲愤含泪，掩埋了自己同志，继续前进。随着对敌人的包围圈越缩越小，文工队的同志便组织前线（火线）鼓动工作和后方勤务工作，当时陈洁身体不太好，留在后方，可是她坚决要求上前线工作，作为一个光荣的共产党员，她一定要斗争在最前线。1949 年 1 月 10 日胜利的消息传开了，战场上的俘虏成群地一连串一连串地押了下来，这时陈洁知道前面有我们负伤的同志，便奋不顾身地在战场上抢救伤员，就在这时，就在胜利的曙光已经来到时，我们优秀的文工团员陈洁却在敌机的轰炸扫射中献出了自己年轻的生命。

陈洁为人民的解放事业，为党的共产主义事业贡献出了终生，虽死犹生，陈洁烈士可爱的"角色"形象深深地印在了每一位战友的心上！

1963 年 7 月 13 日

根据 1963 年安徽公安总队提供资料刊印

追记战斗英雄黄世荣

高勉祥　关　祥　陈　明

安徽省定远县靠山集黄家围子村，有一个贫寒的农家，这就是我军战斗英雄黄世荣的家庭。因为家庭贫穷，世荣自幼就没有读书的机会，在他懂事的时候，抗日战争爆发，为了民族的解放，18 岁的那年（1939 年 6 月）他就参加我军定、寿、风游击大队当游击队员（属新四军四支队十四团指挥）。该游击队于同年 11 月编入十四团，他就在特务连任通讯员。他自参加部队后，就树立坚决抗日的志愿，表现在工作积极苦干，战斗机智勇敢顽强，上级交给他每一项任务不管怎样艰巨，总是不顾生命的危险而坚决完成。他深知旧社会穷人没有念书的苦，所以到部队后就抓紧学习，由一字不识到粗通文字。他个性刚强耿直，对待同志忠实诚恳、虚心和蔼，对上级一贯尊重，彻底执行上级的一切命令和指示。记得在 1940 年的 4 月间，凶恶的日本强盗和伪军，集中兵力分四路向我路西（浦津路西）根据地进行疯狂的"大清乡"和"扫荡"。当时情况很严重，敌人在 4 月下旬就侵占了定远县城。在该城北边的十里铺，我军与敌遭遇，团首长交给他一项艰巨而光荣的任务，就是要他从敌人包围圈的空隙里钻出去，联络后勤，叫后勤撤退到某某地。当时参谋长朱鹤云所带领的后勤已被敌人冲散，但他仍从敌人层层的包围圈里往返数次勇敢机警地询问老百姓，终于把这封信送到了参谋长手里，使后勤安全脱险。经过战斗考验后，他光荣地成为了一名共产党员。

在某年春季，国民党军广西系一七六师消极抗日而积极反共，向我皖江根据地进攻，我军遵照毛主席的自卫政策，在无为县周家大山一带阻击敌人。当时他在五连当班长，有一次反击战中，他率领一个班，首先冲出战壕，全班用大刀砍死敌十余名，缴到了枪，最后又胜利地完成阻击任务。

1947 年敌人重点进攻我山东解放区，为了粉碎敌人的进攻，我军发起了南麻战役。在前进的道路上耸立着一个独立的陡峭山峰，这就是我们永远忘记不了的染满我们烈士鲜血的英雄的"牛心崮"。当时是国民党军六十四师一个多排兵力蹲在上面，借着较为坚固的工事拼死阻挡着我军前进的道路。这时上级交给我二一七团歼灭这股敌人的任务，虽然敌人的数量不多，但地势险要，居高临下，所以攻取这个阵地是不容易的。攻击时，要四肢攀登，若一不小心就要跌倒滚下山来，又因我们的炮兵已到前面去了，故几次攻击没有成功，部队伤亡较大。此时世荣在八连任一排长，深知如果不拿下这个山头，部队是无法通过的，会影响整个战役计划完成。在这紧张情况下，他勇敢地挺身而出，向上级要求说："交给我30条枪，保证立即把它打下来。"全排同志在他的鼓动与率领下，带了足够的手榴弹，组织好了火力，一鼓作气冲到陡峭的崮下，他毫不犹豫一面用机枪掩护，一面把全排手榴弹集中，自己冲在最前面，把步枪背在身上，两手攀爬，两脚踏着石缝，带领同志们向崮顶攀登。因步枪受地形限制，失去效能，他即叫大家传递好手榴弹，自己一手攀树，一手打手榴弹，连续打了40余发手榴弹，然后冒着敌人的密集火力，像猛虎一样地率领部队勇敢抢占了崮顶，终于，守崮之敌全部被歼（有部是逃下山后被歼的），打开了全师顺利运动的通路。黄世荣身先士卒英勇指挥，对抢占牛心崮起了决定性作用。战斗中他两次负伤，未下火线，第3次负重伤后，仍然指挥作战，"牛心崮"的美名传遍了全军，战后他被评为特等功。

在全军第二届庆功会上，他被选为战斗英雄，他的英勇事迹及高度顽强的战斗精神，迎得同志们的无限尊敬。他那时任华野七纵五十五团警通连连长，回连后，更加虚心学习，密切联系群众，当闻名中外的淮海战役发起时，他又数度要求到步兵连工作，上级答应了他的要求后，在大练兵中，他日夜和战士一起紧张练兵，钻研战斗技术，他渴望在伟大的淮海战役中，贡献出自己的力量，谁知在淮海战役第二阶段——主攻小周庄战斗中，就被一颗美国造的曳光弹夺去了生命。

今天我们想起黄世荣的时候，就联想到我们无数死难的战友。为了祖国美好的明天，我们还需要千千万万的黄世荣，来保家卫国，促进世界和平。虽然黄世荣已被敌人夺去了生命，但是我们活着的人要英勇地踏着烈士的血迹，为我们伟大的祖国、为我们千千万万的人民，亦为了完成黄世荣未竟之志而奋斗到底！

根据 1960 年二十五军政治部提供资料刊印

战友对陈绍痕烈士的回忆

廖坚持　徐　超　卓　飞

陈绍痕系四十八团参谋长（学名为陈有节），生于福建省惠安县洛阳桥后房村。1937 年 8 月自愿入伍，1938 年 5 月入党。

陈绍痕出世才几个月父亲便离开了人世，过着清苦的生活，7 岁时依靠亲戚关系去厦门读书，10 岁时不幸又死去了母亲。后由叔父陈晏枝、叔伯姐姐陈远扶养，继续读书至 14 岁（初中一），终因生活困难而辍学，继而学习裁缝至 17 岁，3 年出师后即与童养媳叶牵结婚，因感情不好，婚后不足三个月即去菲律宾做裁缝。

在菲律宾陈绍痕虽年幼，但由于饱受大买办资本家的残酷剥削，曾参加过本业工会、总工会等组织，进行罢工，示威斗争。抗日战争开始后，又参加民族武装自治会菲律宾分会、华侨救国义勇队等。1936 年冬，18 岁的陈绍痕由菲律宾回国至厦门，1937 年 8 月（19 岁）自动参加我闽南游击队。

入伍后历任小组长、正副班长、正副排长、政治指导员、短枪队长、连长、正副营长、团正副参谋长等职。1948 年 11 月 28 日于安徽固镇西北怀远叶家湖阻击南逃之敌李延年兵团的战斗中壮烈牺牲。

陈绍痕生活一贯艰苦朴素，穿着一身补了又补的旧军装，从不计较个人得失，黑黝黝的面颊上凸起高高的颧骨，帽檐下闪烁着炯炯有神的眼睛，在训练和战斗中对战友们管理教育很严，但平时对战友们亲如弟兄，待人热情、谦逊、坦率，同级和部属很愿意与他接近。

抗日战争时期绍痕一直战斗在南京城外茅山地区。在一次苏南西阳的反扫荡中，绍痕所指挥的一连打得很出色，他本人表现得亦很果断勇敢。1946 年 7 月间，我们团队的任务是配合兄弟部队全歼进犯的蒋军十九旅于江苏泰兴地区（陈当时任四十七团副参谋长），战斗于当天即打响了，我军在当地人民的配合下，以一当十，以十当百，奋不顾身地向来犯之敌进行有力的自卫，经过一昼夜的激烈战斗，大部敌人被歼。在战斗中，绍痕不仅对艰巨任务奋勇抢先，而且坚决贯彻了团党委和团长的指示，及时抓紧军事胜利时机，对症下药地布置部队开展政治攻势，向溃退至泰兴城东门之残敌进行军事压力和开展政治攻势，进行火线喊话，瓦解敌人，使溃退之敌于 7 月 15 日下午 4 时全部放下武器投降。共缴获迫击炮两门、重机枪 9 挺、轻机枪 13 挺、步枪 80 余支，弹药一部，俘获国民党军 316 名。

此次战斗中，绍痕在上级首长英明的指挥下，认真执行毛泽东主席提出的运动战的战术原则，与兄弟部队一起共同赢得了首战泰兴战斗的胜利，为苏中七战七捷的伟大胜利奠下了坚实的基础。

1946 年 12 月间，在第二次保卫涟水城的战斗中，四十七团第二营担负坚守南石阵地的任务，绍痕当时任二营营长，该营进入阵地后，绍痕立即组织部队修筑工事，做思想鼓动工作，战斗发起后，全营指战员表现得很顽强，与进攻之敌寸土必争，直到涟水城失守，该营阵地从未被突破。

1948 年杨拐战斗的第 3 天晚上，我军攻击受阻，绍痕亲自率领爆破组实施爆破，由于他组织严密、行动果断，克服了重重困难，迅速爆破了敌人数道障碍，从而为部队扫清了前进的障碍，最终取得了战斗的胜利。

1948 年 5 月间陈绍痕调四十八团任参谋长，在豫东睢杞战役中，绍痕的英勇善战，在困难面前从不叫苦而勇于抢先的共产主义高尚品质和精神，经常受到团首长的表扬。他那种英勇顽强的战斗精神和艰苦朴素的生活作风，不断感染着身边的战友们。

1948 年 12 月淮海战役中期，四十八团当时的主要任务是阻击南撤之敌李延年兵团，当战斗进行到第三阶段时，该团在安徽固镇西北的叶家湖（灵璧县境内），插入敌人心脏，切断敌之退路，与敌人奋战一昼夜，先后打退敌人 6 次反击，在战斗进行到紧要关头，绍痕带领一营三连向敌反击时不幸被蒋匪美造炮弹夺去了年轻的生命，为祖国的光明流尽了最后一滴血。

当同志们陆续听到这个噩耗后，都悲愤异常，纷纷誓师，血债要血来还，鼓舞了全团的斗志。

在毛主席军事思想的指导、上级首长的正确指挥、广大解放区党政民全力支援和战士们的英勇奋战下，终于取得全歼蒋军 55 万余人的伟大胜利，淮海战役的辉煌战果向全世界人民宣告了中国人民革命战争的巨大胜利。只遗憾陈绍痕在此次战役中为中国人民解放事业英勇地献出了他的一生。

虽然绍痕已离我们远去，但他黝黑而刚强的面孔、一双炯炯有神的眼睛、热情谦逊坦率和英勇的性格、在艰难面前奋勇抢先的精神，和那全心全意为人民而战的优秀品质还不时涌现在我们的眼前，深印在我们的心坎里！

1960 年 8 月 2 日

根据 1960 年二十四军提供资料刊印

我所了解的郑克

张应谦

郑克 1920 年生于广东饶平县黄岗市郊贫农家庭。4 岁时，因兄弟姐妹众多，其父将他同大姐送给远房叔父为子，7 岁时叔父死后，其婶母将他们姐弟二人带往泰国谋生，姐姐在泰国曼谷某工厂做工，维持一家 3 口人的生活。后婶母与彭姓裁缝结婚，郑克乃为彭姓父亲养子。郑克幼年时代随着养母过着饥饿流浪的生活，直到 7 岁才有机会进入小学读书。在高小即将毕业时他结识了一位亲密的同学方斌，他介绍给郑克一些进步小说，如：蒋光慈的《四年飘浪者》、《鸭绿江上》，鲁迅的《呐喊》，高尔基的《母亲》等书。这些书给郑克思想以新的启示，他开始对当时生活不满，有一种强烈摆脱这种生活的欲望，但是他还不懂得这是社会制度所造成的，而单纯对家庭不满，特别是当他养父要他退学回家学手艺（裁缝）时，就更增加了他对家庭的不满，一度出走流浪，寄居在同学家中。渐渐长大后，他才明白做个有文化的人，是摆脱困境的唯一道路。

1933 年他又转入大东中学念书，经方斌的介绍参加了校外的业余篮球队（是党领导的，取名黑猫队），同时他又参加了"生力"读书会（也是党领导的），在这一段他受到了党的教育，特别是当他看到党在"五一""五四"纪念节所发的传单时，思想起了急剧变化，他也从这时候开始有了献身于革命的要求。

从他与方斌等同志的接近中，以及党对他的教育，他开始羡慕无产阶级革命者的勇敢、艰苦与伟大的革命意志。1934 年底组织上介绍他加入学生联合会，编入大东中学支部。从这时起郑克以一个革命者的身份从事秘密活动，他丢开唱歌、打球、一般学习的兴趣，开始摸索着学习政治理论，参加领导了一次学生罢课运动。郑克因罢课失败后暴露了身份，即转入崇实学校附办的师范班读书。从这时起就成为一个工读生了。

1935 年初，郑克参加了赤色普罗工会，领导一个火柴厂的工会支部，1936 年 6 月间由方斌、阿咪介绍参加了共产主义青年团，1937 年郑克又由郑坚介绍转党。

由此郑克成为一名光荣的正式共产党员。在革命斗争的实践中，进一步锻炼了郑克坚强的斗志与冷静沉着的性格。

抗日战争爆发后，泰国党派遣大批干部回国参加抗日战争，郑克被批准回国。回国时组织临时支部，由黄德生负责到南方局。到南方局后，一部分同志去延安，一部分同志留新四军二支队。这样，党的介绍信由去延安的同志带走了，郑克由于缺乏组织生活的记录，而失掉了组织关系。于 1938 年 6 月在皖南新四军军部由胡明介绍重新入党。1947 年由王集成证明恢复从 1937 年 5 月起至 1938 年这一段的党籍。

郑克参加新四军后，曾任皖南教导总队政治处宣传干事、三支队教导员。皖南事变后，郑克突围出来到苏北盐城新四军军部，调华东局党校一期学习，后调军部组织部工作，1942 年调新四军五十二团任总支书记，后调任苏中二团政治处主任、苏中新四军七纵队六十一团政治处主任，1946 年调新四军四纵队二十九团任政治处主任，后为华东野战军第四纵队二十九团政委。淮海战役第三阶段总攻杜聿明集团时光荣牺牲，时年 29 岁。

郑克同我相识于 1938 年皖南新四军教导总队。同郑克 10 年相处的日子里，我深深感觉到郑克是一位优秀的革命战士。

郑克在皖南时期，是个热情天真好动的和带有稚气的青年同志，工作认真，学习勤奋，作风顽强。皖南事变中，他冒着生命危险突围成功，经过这一场尖锐的残酷的战斗考验，郑克得到锻炼，进一步提高了阶级觉悟。从此郑克更加注意自己的学习与思想作风的锻炼，他常常讲："我有信心将自己锻炼成一个像样的干部。"他变得冷静、沉着多了，当时很多同志开他的玩笑，"阿克，你装模作样啊！"可是他并没有受到影响，反说："我不能吊儿郎当了。"1945 年日本投降后，郑克在战斗中已养成了他较好的学习、生活、工作、战斗的作风，他已经能够比较冷静、沉着地处理各种问题，还经常在战斗空余时间坚持学习。二十九团的一个同志说："郑克从没有对下级乱发过一次脾气，但是又能够严肃认真地指出我们的缺点。"他在牺牲前在兖州乡下还读完了"中国革命史简编"上下两集（详细书名我记不得了），并做了读书笔记。他读毛主席的指示非常仔细，他好几次同我说我们要好好学主席的东西，如果能将主席的文章变成自己的，我们就会打漂亮仗了。在很长的一段时间里，郑克在写日记，他用简短的文字，记下战斗中的一切，但是由于战争环境，在每个紧张的斗争到来之前，这些日记都付之一炬，郑克说："这多

◀ 郑克与妻子的合影

可惜啊！我们要将它留下来到全国解放了，看看多好呢！"即使这样，郑克还是坚持写他的日记，他认为写日记可以促使他回忆做过的事情，有什么缺点，自己也有所警惕。郑克牺牲时还在身上留下了半年的战斗日记。

在战斗中，郑克也是积极努力地学习战斗的指挥艺术，他也梦想着自己可以做个军事干部，同他接近中从没有感到过他对战争有丝毫畏缩、惧怕的情绪。也曾听到过他批评他的警卫员，不要在战场上时刻提醒他注意这个、注意那个，并说战斗中不能老是想到会不会碰到危险，这样做要影响一个指挥员的战斗意志。

在与郑克的共同生活中，从没有听他发过哪位同志的牢骚、讲过哪位同志的怪话，他同团里的同志相处得都十分融洽、密切。他爱他的团，常常以这个团在战斗中的进步而高兴。在他的日记中也留下了同志们对他的意见、师首长对他的批评，对于自己缺点，他以真诚的态度来对待，记得在山东濮阳休整时他说："我有了骄傲自满情绪啦，个人英雄主义还不轻呢！可得好好警惕，不然要犯大错误的。"丝毫没有任何灰心或不满情绪，他始终精神愉快。

郑克热爱运动，如：游泳、打球、玩单杠，也喜欢唱歌，就是在自卫战争中，还常常在几天的休整中同警卫员同志支起一个单杠来锻炼，强健的身体使他在整个十年战争中没有得过重病，没有离开过一天工作岗位。

郑克虽然已离开了我们，离开了深爱着他的战友，但他的光辉形象永远不灭，就像一盏长明灯永远深植在每一位活着的人心中。

根据 1960 年南京药学院张应谦提供资料刊印

张树才永远活着——忆舍身炸毁敌堡的英雄

陈先达

每当我想起张树才，一个有着方方的脸庞、黑红色的皮肤，经常睁着两只大眼的英雄形象，便在我的脑子里活现并久久不忘。他生在四川万县一个贫农的家里，从小就过着悲惨贫困的生活，他左额上那个明显的伤疤，就是残暴的地主留给他永生难忘的烙印。虽然，他在旧社会三十几年的生活中，受尽了人间的痛苦和折磨，但也使他认清了真正的敌人和学会了如何仇恨，所以自从 1947 年 5 月在孟良崮战斗中他被解放过来后，在党的教育下，便迅速成长为一名坚强的人民战士和光荣的共产党员，在伟大的淮海战役中张树才为了人民解放事业而舍身牺牲的壮举永远印在我们每个人的心里。

1948 年 11 月初，淮海战役的第一阶段全面展开了。我们的部队向陇海东路挺进。蒋军黄百韬兵团像被猎人追赶的野兔一样，争先恐后地向徐州逃命。

重获解放的鲁南人民，饱含热泪欢迎着自己的军队，我们每到一庄，都有受害的人民自动前来诉苦，人民的仇恨像电流般地传给了我们，在我们心中烧起了杀敌的万丈怒火。

"追呀！决不让敌人跑掉！"

11 月 11 日早晨，黄百韬兵团被我军紧紧包围了。

黄百韬兵团部就设在碾庄圩子那个龟壳里，一〇〇军在西，六十四军在东，二十五军在北，而把杂牌四十四军摆在正南，活像四只伸出的乌龟爪。四十四军军部放在碾庄车站上，外围伸出好几个据点，大张庄便是当中较大的一个据点。

大张庄位于碾庄正南八里多路，八个小村像梅花瓣似的抱在一起，小庄当中都有不到五六十公尺的空地，空地之间不是水沟就是洼地，庄子地基都高出地面两公尺多。庄外四周是一片平坦的开阔地，树木稀少，没有炮火的配合，这种地形是"易守难攻"的。

四十四军一五〇师四四九团困守着这个庄。

趁敌立脚不稳的时候，在 11 日晚上我们五十一团就打下东、南、西四个小庄。第二天晚上，我们八连接受任务，要单独攻占小张庄。

我那时是八连的指导员，和连长看过地形回来，向战士们作简单的战斗动员说："小张庄有敌人一个营的兵力，庄子四周都围起交通壕，正面是一片水洼地，不利攻击，我们的冲击道路选择在洼地的左侧，西南角有一座大地堡，爆破点就选在那里，冲锋道路没有隐蔽，一片水洼地，只是在接近前沿五六十公尺处，有几个小坟包，那就是冲锋出发地，西北边还有敌人的火力点侧射着攻击道路……"

下半夜 1 点钟，攻击开始了。

因战斗打得非常仓促，炮兵掉在追击部队后面，还未上来。只是在 5 门六〇炮、4 挺重机枪掩护下开始向敌方运动。碾庄和车站上敌人朝这庄直打炮，侧面敌人机枪也拼命扫射，阻止我们前进。

部队要立刻攻上去，脱离这个不利的地区。

爆破员李宗强夹起第一包炸药，在敌人照明弹下，飞快地接近西南角大地堡，当他接近地堡还有十几步时，突然摔倒，英勇牺牲了。

全连同志万分着急，紧张地等待着第二包炸药，然而，我们火力压不倒敌人的火力。敌我子弹交织飞舞，炮弹轰鸣，刮起一阵一阵射击的风暴。显然，在这种情况下送炸药，是件极困难的事。

小坟包侧后的敌地堡，也配合着正面敌人乱扫机枪，我们这时正处在敌炮火下，伤亡不断增加。

时间一分钟、一分钟地过去，敌阵地前照明弹成群地飞在天空，战场好似大白天。

同志们冲上前去，见西南大地堡内敌人的机枪还在疯狂地嚎叫。大家气极了，可是光急有啥用？正在这紧急关头，有一个非常坚定的声音说："连长，叫我去，战士张树才保证爆开突破口！"

我转脸一瞧，正是爆破班第一爆破小组组长张树才。他两眼闪闪发光，怒气冲冲地靠在班长身边，连长想起张树才战前写给支部的保证："我不怕一切牺牲，坚决完成任务！"所以连长非常放心地说："好！你去！"用绝对信任的眼光朝张树才看了一下。

我脑子里忽然泛起很多回忆，提起张树才的平日，我完全可以相信他出发前说的那一句话。从他在诉苦中的悲愤宣誓："我知道谁是我的敌人，我知道为谁打仗。"从他从后方养伤回来说的话："我在后方养伤，老大娘给我端屎端尿，我真正体会到人民军队爱人民，人民军队人人爱。"从他战前所表示杀敌复仇的决心，从一切的一切，我们都完全可以信任张树才。

这时我们集中所有的火力，轻、重机枪一起怒吼。张树才夹起 20 斤的炸药包，拔起腿，飞奔上去。

在照明弹闪闪的光芒中，张树才的身影，出现在同志们的眼前。他穿过洼地，离大地堡只 20 多米了，更加靠近了，看样儿只不过还剩十来米。

突然间，从敌人阵地前沿冒出 3 个敌兵，端着明晃晃的刺刀，凶恶地喊："捉活的，捉活的！"随着喊声，张树才连续扔出了两颗手榴弹，敌人应声倒下。但敌人随即又来了一群，疯狗似地向张树才扑来，英雄张树才并没被吓倒，继续前进，这时他离大碉堡只有几步远了。

我们隐约看到，他把夹在背后的炸药转到身前右手一扬，迅速拉开导火管，挺直腰板儿，迎面冲向敌人。

匪军一见张树才怀中的炸药嗤嗤冒烟，吓得掉头就溜。就在这一刹那，英雄像一座泰山一样，连人带炸药压在敌人地堡上了。

轰隆一声震天巨响，熊熊的火焰腾空而起，敌人的大碉堡给炸得粉碎，敌人正面的火力立刻中断，战场顿时一片沉默。

我们的英雄张树才，就这样壮烈地牺牲了！

张树才英雄用自己的血肉，为冲锋部队炸开了突破口，我们的部队踏着烈士的鲜血猛冲上去，立刻全部占领前沿地堡。被炸药吓破胆的敌人，惊惶地往庄东头逃命，我们顺着交通沟一口气追下去，把敌人全部压到北面大庄上去了。我们八连拂晓以前全部占领了小张庄，天快大亮，我们从电话里接到"坚守小张庄，等待攻击"的命令。

我们再次观看了周围情况，我们八连正处在三面敌人包围之中。背靠一片水洼地，北面大庄上还有千把敌人，两庄相距不过 50 多公尺，敌人从两侧的坟包随时可以迂回反扑小张庄。我们还有 37 位战斗员、3 挺没有打哑的轻机枪，子弹消耗差不多了，手榴弹已拼光。显然，这是个非常艰巨的任务。

但战士们非常沉着，张树才英勇牺牲的事迹鼓舞着全连。37 位人民战士在英雄面前宣誓："坚决和阵地共存亡"。

我们 37 个人守住了小张庄，顽强坚持了一整天。打垮敌人连续 6 次的迂回反扑，粉碎了敌人夺回小张庄的梦想。逼得敌人不得不在当天下午开始从北面大庄上逃跑。

我们全体同志，高喊着："为张树才报仇啊！"勇猛地追着敌人……

整个部队这时已逼近碾庄，对敌人最后展开了排山倒海的攻击，在11月22日这天，黄百韬兵团10万人马全部覆灭，我军取得了淮海战役第一阶段的重大胜利。

战斗结束后，支部呈请上级党组织批准，庄严隆重地宣布："追认张树才为模范共产党员！""追认张树才为人民特等功臣！"

根据 20 世纪 60 年代二十四军政治部提供资料刊印

回忆王克己

田希增

王克己是一位优秀的共产党员，任华野三纵八师二十四团副参谋长。我曾经和他两度在一起工作，他无限忠于党和人民事业的优秀品质、勤勤恳恳的工作作风和高度的革命乐观主义精神，都给我留下了深刻的印象。

我第一次和王克己在一起工作，是 1943 年至 1944 年之间，相处约有一年，当时我们同在抗日敌后根据地鲁南军区三团一连，他当副连长，我当副政指。当时我们部队处于日寇、伪军、国民党顽固派和土匪武装的夹击之中，战斗频繁，生活艰苦，几乎每天晚上都要行军，转移驻地，和

▲ 王克己烈士

敌人兜圈子，寻找战机，每隔几天，总要打仗，而部队有时吃的是豆饼，能吃上高粱煎饼就很好了。王克己体格比较瘦弱，经常闹胃病，但他在这种艰苦的斗争中，仍然保持着高度的革命乐观主义精神。有时胃病发作了，吃过豆饼胃疼，直呕清水，他躲在一旁，捂着肚子，休息一会就行了，从不要什么照顾。在行军、战斗的空隙时间，他经常和战士在一起做游戏、讲故事，战士们都很喜欢他，他会唱京戏，战士们老爱要求他"来一段"，他那响亮的唱腔，总会赢得战士们的热烈掌声。要是有机会全团全营在一起开军人大会，副连长又会大显身手，指挥全连"拉"别的单位唱歌，他会出点子、会编词，因此战士们又亲昵地给副连长起个外号，叫"拉拉队长"。总之，王克己到了哪个班排，哪个班排情绪就特别活跃，他那种蔑视敌人、蔑视困难的乐观主义精神和坚定的革命信心，给了战士们极大的鼓舞。

王克己在自己同志面前是那样有说有笑、和蔼可亲，但在敌人面前却像猛虎

般地英勇刚强。

1943年旧历除夕的晚上，我们连从费县的唐村出发，到20里外的庞庄去消灭敌人一个伪军小队。这股敌人是一支公开投降了日寇的地主武装，他们依仗着庞庄坚固的砖石围子，经常与我军作对，阻挠我们行动，勾结日寇对我袭击，并且在那一带无恶不作，残酷地压迫老百姓。我军为了拔除这颗钉子，解放劳苦群众，巩固和扩大根据地，就决定消灭敌人。并且依靠基本群众，探明敌人当官的在除夕晚上都回家过年去了的消息，便把攻击时间选择在这天晚上。黄昏时候，我们连冒着纷纷的鹅毛大雪，踏着厚厚的积雪向目的地挺进，王克己带着突击排走在最前面。突击排隐蔽地接近了围子，摸掉了围子外面的敌人哨兵，然后搭上带来的长梯子，王克己指挥突击班发起攻击，我们的战士一上去就和敌人打响了。刚上完一个班突然梯子断了，上去了的同志和敌人展开了英勇的搏斗，而围子上的敌人却越来越多，我们的突击班在围子上的处境越来越困难了，眼看难以立足，而我们的后续部队又上不去。在这千钧一发之际，王克己一面鼓励突击班的同志："同志们，坚决顶住！把敌人打下去！"一面指挥身后的同志："搭人梯，快上！"他首先背靠围子做了个骑马姿势，叫同志们踏着他的肩头往上爬。战士们想到副连长身体那样瘦弱，都有些迟疑，王克己说："快，这是命令！"战士们踏着他的肩头，一个接一个，爬上了两丈多高的围子，接着他带领突击排冲进庞庄，很快地歼灭了敌人。

春节这天雨停了，王克己又带领着连里组织的文娱队，去向首长拜年，并参加全团文艺竞赛。同志们敲锣打鼓，扭着秧歌，玩着狮子、花灯，欢庆新年，欢庆胜利，好不热闹。

王克己对战士很注重思想教育，在训练中要求也很严格。在每个新课目开课之前，他都要对部队作好思想动员工作，交代清楚目的和要求。在教育中也是一点不含糊，哪怕在雨地雪地里进行操练，谁要是有一点做得不对的地方，他都三番五次地耐心指导，直到完全做对为止。他懂得怎样才是真正的爱护部队，他说："只有在平时经受过严格锻炼，到战场上才能保存自己，消灭敌人。"但是课目一完毕，他就关照大家擦身子不要受了凉。要是在冬天他就立刻督促炊事班做辣椒汤，让大家喝了发汗，还叫司务长买些高粱秸发给各班烤火。在生活上，他关心到了战士们每个细小的地方。

1944年6月，我因调动工作，和他分开了。将近3年以后，到1947年5月打过泰安战斗，我们又在一起工作了。

那时，我在纵队教导大队连干队（主要是训练连长、副连长）当指导员，王克己调来当队长。老战友久别重逢，自然是说不出的高兴。但这时他的右臂已经残废了，那是他在当副营长打邹县的时候负伤残废的。一见面他伸出左手来和我握手，并且风趣地说："我的左手比右手还有劲哩！"他仍然是那样生气勃勃，热情洋溢。他随身还添置了一件东西，就是一把京胡，有空时他就自拉自唱。声音仍像三年前那样响亮、高昂。

这时他的身体更瘦弱了，胃病也未见减轻，但他把全部精力投入到工作中，从不考虑自己的健康情况。因当时缺乏训练的教材，全靠自己编教材来教育学员，他经常备课到深夜，在一盏小油灯下，思索着、写着，好像一点也不知疲劳。

他对学员要求很严格，当时的训练内容主要是火力、爆破、运动三结合的进攻战术动作。在学习场上他决不容许有一点马虎的地方。为了把学员教好，他总结自己的战斗经验，并经常召集学员开座谈会，叫大家谈战斗中的亲身体会，然后归纳起来，再教育大家。这种走群众路线的、联系实际的教育方法，效果很好，深受群众欢迎。

他对同志们的生活非常关心，每顿开饭前他总要把全队的菜饭都看一遍，然后才开饭。他说："不看一下，总不放心。"炊事员在他的检查督促下，总是把饭菜做得香香的。每天晚上总要到各班去看一下，给大家盖好被子，然后自己才休息，他在各方面都严格要求自己，注意用自己的实际行动去教育学员，他对大家说："你们在部队都是连长、副连长，到这里来学习，我是你们的连长，希望大家用连长尺度来要求我。"

1947年夏秋之间，山东正是蒋军重点进攻的地区，我们的教导大队也经常随部队转移，王克己的身体更弱了，但他一点不怕艰苦，斗志很旺盛，经常对我说："老田，咱还是想回前方去和敌人面对面打个痛快！"

1948年1月我调离教导大队，他说："我们到前方见！"果然，以后听说他到了纵队八师二十四团当副参谋长了。因为工作不在一起，就再也没有见过面，但我仍时时想念他。淮海战役以后忽然传来一个消息，说王克己在淮海战役中，英勇顽强，指挥战斗，不幸光荣牺牲。

王克己的一生是光荣的一生，他把自己的生命献给了中国人民伟大的解放事业，他没有辜负党对他的教导，尽到了共产党员应尽的义务。我们纪念他，永远学习他的光辉榜样，为完成他的理想，照着党指引的方向奋勇前进，为保卫和建设祖国而奋斗到底。

王克己永垂不朽！

1960 年 10 月 25 日于金华

根据 1960 年河南焦作市民政科提供资料刊印

李家海，你永远活在我们心里

刘玉声

中野三纵七旅十九团二排排长李家海，系中国共产党党员。浙江省孝丰县王锦坪村人。小时给地主放牛。1941 年，他还只有 17 岁时，就被国民党抓走，补入蒋军五十九军七十二旅十六团当壮丁，过着牛马不如的生活。抗日战争胜利后，五十九军整编为八十八师，他又由中士班长降为上等兵。1946 年冬，蒋军八十八师开到冀鲁豫地区，进行反人民的内战。1947 年 1 月，在鱼台外围作战中，他被解放了，从此，李家海挣断了身上的枷锁，由蒋军里的一个愚昧的奴隶，变成了人民军队的一个革命战士。

在革命大家庭里，党和上级的培养教育，使李家海阶级觉悟提高很快，上级和老战士的热情关怀，更使他明确了两种军队的不同。新解放的南方战士开初吃不惯小米，老同志就把领的白面全给新同志吃。李家海非常感动，首先要求上级让他也吃小米。并说："我们在家时，受地主压迫、剥削，连糠都吃不饱，今天能有小米吃，怎么会吃不惯？"

李家海刚补到七连的第三天，部队接受了歼灭盘踞在单县国民党军八十八师一个营的任务。因为刚解放不久，上级担心他不懂我军战术，分配他和副排长在后面看守俘虏和战利品。他再三向连首长要求参加战斗，并说："我虽然解放了，但是，还有许多阶级弟兄在蒋军里受压迫，我一定要帮助他们得到解放。"连里见他决心很大，批准了他的请求。冲锋时，他跑到全班的前面，部队沿单县大街向前发展，在一个院子里发现了敌人，他一面向院内投手榴弹，一面用浙江腔高喊着："弟兄们！快缴枪吧！八路军优待俘虏，我就是八十八师十六团的上等兵，前几天才得到解放的。"敌人交枪了，李家海扛着一支新缴获的三八式步枪，上着雪亮的刺刀，一面走，一面向俘虏介绍自己解放后的情形，叫他们不要害怕。

豫北战役后，李家海提升为八班代理班长。羊山战斗时，副排长受了伤，他自动指挥全排作战，战后被选为战斗模范。这时，连里补充了大批新解放战士，因任务紧迫，没有很好休整就千里跃进大别山，所以改造和巩固新战士，成为当时的中心任务。在炎热的夏季里，在连续紧张的艰苦行军作战中，李家海毫不顾惜自己的疲劳，利用行军途中大小休息的空隙，和新战士谈心，用自己的亲身经历来说服教育新战士，帮助身体弱的同志背枪、背背包，用自己节省下来的津贴费，给战士们买烟吸、买瓜吃。由于他本身的模范行动和耐心说服教育，使新解放的战士迅速得到改造。直至进入大别山，全班无一逃亡。

李家海非常虚心，经常主动向上级和战士征求意见。他常说："我们文化程度低，看不懂文件、报纸，只有靠大家多帮助，才能很快进步。"当他被提升为排长后，他仍然和过去一样，同战士打成一片，对下级也非常注意帮助培养，他们排副排长是山东新参军的地方干部，缺乏部队工作经验，李家海经常帮助副排长，并说："有工作，你大胆地干，不要怕出错，经一事才能长一智。"在战斗时如果情况不大紧张，他就叫副排长多锻炼，在他的培养帮助下，使副排长战斗能力和工作能力迅速提高，成为了一个坚强的革命干部。

1948 年 3 月和 7 月，部队先后补了两批毫无战斗锻炼的新战士，有的连炮响都没听过，秋季攻势开始了，部分新战士对战斗有顾虑，李家海及时召开排务会，他向战士们提出保证："作战并不难，只要我们平时抓紧时间勤学苦练，在战时，服从命令听指挥，就一定能打得好。有好地形先让大家利用，不会冲锋我带头。"并组织了互助组，平时，展开学习互助；战时，展开战斗互助。经过这次会议后，新战士的顾虑消除了，人人情绪高涨，信心百倍，决心要在秋季攻势中团结立功。

虽然七连二排是一个新排，除了班长外，战士们几乎全是昔阳参军的新同志，他们第一次参加战斗，就是攻打宿县东关。二排原来是预备队，但是，当李家海看到敌人溃乱了，就积极主动地带领全排冲上去，不到几分钟就捉住了 80 多个俘虏。第二天，总攻宿县的战斗开始了，二连首先从东门登城，当突击队发出突破前沿占领城墙的红绿信号弹后，二梯队像潮水一样涌进了城内，七连二排按上级指定的作战区域，沿着东大街向西南方向发展，进至中山街时，地堡内敌人突然向他们射击过来，李家海喊口号叫敌人缴枪，顽固的敌人仍向他们射击，于是，他命令机枪封锁住地堡枪眼，自己带着四班从侧翼向地堡猛扑过去，手榴弹刚响，刺刀就直逼到地堡门前，三名企图顽抗的匪军被打死了，其余的 10 余个敌人驯服地举起了双手，卡宾枪、汤姆式、司登式手机枪等许多美式装备，全成了二排的战利品。

消灭了地堡的敌人后，二排又继续前进。这时，敌人的装甲车吼叫着沿西大街向他们扑过来，机枪在大街上横扫着。少数新战士没见过装甲车，有点恐慌，他立即鼓励大家："装甲车比牛还笨，在这窄小的街道上不便于转动，它的机枪口只能打远处，不能打近处，我们愈靠近，它愈没有办法，大家沉住气，准备好手榴弹。"当离装甲车不远时，他命令各种武器，一齐朝车身开火，指导员崔廷彪和司号员也向装甲车投出了手榴弹，这一阵猛打，把这辆装甲车打得像砍掉脑袋的死猪一样，一动也不动了。车上的两挺崭新的马克沁重机枪、两挺轻机枪、三支冲锋枪连同全部人员，都成了我们的战利品。

东方发亮了，战士们扛着新缴获的卡宾枪，押着一群群的俘虏朝集结地押来，我在十字街口碰到了李家海，他指着新缴来的一大堆武器和70多个俘虏对我说："营长，这都是我们排的胜利品，光这还不算，我们还在西大街打坏了一辆装甲车哩！"

宿县战斗刚结束，我们又接受了歼灭蒋匪黄维兵团的新的战斗任务。开始包围黄维兵团的时候，二排奉命坚守罗庄阵地，李家海细心检查工事，战士瞌睡了，他就亲自监视敌人，一连几夜没有睡觉，两眼红肿得快睁不开了，同志们劝他休息，他说："年轻人，几天不睡算不了什么，这次打黄维，不管上级交给我们什么任务，要坚决完成，不要忘了我们和一、三排的挑战条件，只能前进一尺，不能后退一寸，哪怕全排只剩下一个人，也要完成任务。"并告诉副排长说："你是我的代理人，我在前面打，如果光荣牺牲了，你要好好掌握部队，坚决把敌人消灭掉。"

总攻开始了，我团负责主攻马围子，消灭国民党军"主力中的主力"——十八师五十二团。七连是营的预备队。前沿突破后，二排沿交通沟向纵深发展，发觉前面钢盔晃动，仔细一看，原来是敌人正向突击队的侧翼迂回，李家海立即命令全排开火，用炸药包和手榴弹将敌人打退，并紧紧地追过去。

敌人反扑过来了，用手榴弹、机枪不停地向他们射击，这时，五班长杨国喜、纪丰、王喜陆等同志都负了伤。李家海马上向大家说："同志们，轻伤不下火线，打呀！我们誓死不退，坚决把敌人消灭！"在李家海的鼓动和英勇精神的影响下，伤员和全排的同志不顾一切地又与敌人拼炸弹。敌人除几个跑掉外，其余都被打死。七连二排乘胜又夺取了敌人四个地堡。

敌人不死心，又组织第二次反扑，都被顽强的勇士们打回去。后来敌人又增加了兵力，组织第三次反扑，想切断二排的后路。李家海机警地命令四班向敌侧翼扑去，步枪班和机枪班都拿起炸弹和敌人拼，结果又把敌人拼回去了。

全排在李家海的英勇领导下，又出现了杨怀栋、王喜陆、纪丰、武德泽、杨国喜等五位新英雄。杨国喜因二次负伤不能支持了才下去。这时全排只有两个没负伤、三个轻伤的，连同李家海共剩下 6 个人。李家海又对这 5 位同志说："同志们，我们有一个人在，也不能让敌人过来，我们用血换来的阵地，不能让敌人夺去，要为牺牲的同志报仇。"敌人一次再一次的连续反扑，都被他们打回去了。在打退敌人最后一次反扑时，不幸一粒子弹打中李家海的头部，他当时就昏了过去，一直抬到团救护所，才稍省人事，但因伤势太重，在转送医院后光荣牺牲了。

战后，总结评模会上，李家海被评为一等杀敌英雄，全排荣立大功一次，为了永久纪念李家海，经十九团党委会批准，命名七连二排为"李家海排"。

李家海，你永远活在我们心里。

根据 1960 年十二军政治部提供资料刊印

悼念我的父亲徐对烈士

徐金华

2009 年，是淮海战役胜利 60 周年。想起葬于异乡黄土的父亲，我心情沉痛，悲从中来。记不清多少次在细雨纷纷的清明节前夕，我只身或是带着家人，踏上东去的列车，奔向父亲的安葬地安徽省宿县南坪集小张庄村后的一排无名无姓的烈士墓，祭奠为淮海战役而亡的父亲和他同生共死、同墓而眠的战友们（他们集体掩埋，没有墓碑）。父辈们在这里沉睡了 60 余年，他们是为中华人民共和国而牺牲的无名英雄的英灵，据说大部分为河南人。

我的父亲姓名徐对，又名徐三禄，生于 1920 年，河南省荥阳县城关镇惠厂蒲坑村人，他是奶奶生前唯一的儿子。

1948 年初，父亲辞别年轻的妻子和年迈的母亲，在荥阳解放时，作为地下接应人员的他毅然投奔革命，从戎于中国人民解放军中原野战军第九纵队二十七旅八十一团一营三连。他随革命大军先后为解放河南重镇郑州、开封、洛阳立下战功，后转战到淮海战役。1948 年 12 月 3 日在淮海战役发起最后决战胜利的前夕，牺牲于小张庄战斗，时年 28 岁，正值英年。

我的父亲和他的战友们死得轰轰烈烈，没有留下遗言和遗物，一夜之间全连战士先后壮烈牺牲，又是一夜之间村后埋了一堆堆新坟。那年雪下得特别大，天公在为英灵哭泣。

我是父亲的唯一遗孤，他至死都不知道世上还有我。在淮海战役开战前夕，借部队在河南境内休整之际，父亲让母亲到部队探亲，他们才孕育了我。我生于 1949 年农历四月二十一日，是父亲的遗腹子，当我呱呱坠地，迎接我的是刚强的母亲和白发苍苍的奶奶，没有机会像别人家的孩子那样在父亲怀中撒娇，更没有严父的关爱和呵护。我是父亲留在人间的一棵小草，但我依然想念父亲，想念我从未谋过面的父亲。

父亲生前孝敬老人，在当地远近是出了名的。战斗间隙他给奶奶来信说："等全国插遍红旗，再回家看望您老人家。"没想到这封信却成了与全家人的诀别。奶奶因想念父亲哭坏了双眼，双目失明思儿心切的奶奶每每等到夜深人静之际，就对着寂静的旷野呼唤着父亲的名字："对儿，你回来吧！"传说用这种无休止的呼唤是会把亲人从远方喊回来的。由于战争激烈残酷，在父亲牺牲后，我们家没有及时收到烈士牺牲证明。日久天长父亲就这样变成了"下落不明，杳无音信"，父亲的失踪成了我们家的悬念。奶奶为唤回父亲，无论是刮风下雨或是在天寒地冻的大雪深夜，不间断地惊天动地地呼唤了三载，当时只有20多岁的母亲天天在被窝里蒙头哭泣，婆媳双方都在为减轻对方的痛苦而克制着，我们祖孙三代相依为命，望眼欲穿盼着父亲的归来。姥姥常对我们提起父亲，说他在家很孝敬，姥姥无儿，女婿就成了她的整个儿子，家里的重活、日常杂事都是父亲打理。

自父亲随部队南征北战后，年轻的母亲替父亲尽孝并侍奉年过花甲的奶奶。在失去父亲联系的三载后，奶奶悲痛欲绝去世。是母亲替父亲披麻戴孝，举债把奶奶亲手掩埋。

父亲与母亲情深意笃，幼小的我随母四处寻父。母亲带着3岁多的我，四处打听父亲的踪迹，只要听说有人见到过父亲就去询问。日复一日，年复一年，从荥阳县到开封府，再到昆明大军区，至今我还保留着1955年司令员刘文周回复母亲的安慰信。

母亲目不识丁，信息闭塞。上世纪50年代初，当母亲在国内到处打听父亲下落之际，父亲的老部队，也就是激战在朝鲜战场上的上甘岭战役的黄继光部队已跨过鸭绿江。父亲的老部队一去一返又是近十年之久。母亲领着我奔波找父亲的一幕幕记忆颇深。记得那是初夏的一天，母亲带着我到当时驻在荥阳的开封军分区寻找父亲的下落。天刚麻麻亮母亲就把我从睡梦中叫醒，顾不得吃早饭，就领着我上路。一路上我走不动了，母亲就背背扛扛。待赶到时，工作人员刚吃过早饭。接待我母女俩的是位穿白衬衣的女同志，我则拉着母亲的衣角怯生生地躲在身后。母亲从衣角口袋里掏出父亲的三封家书，边落泪边向穿白衬衣的女同志诉说着，这位女同志又找了一位大概是首长的什么人吧，看了信后又递回给母亲，记录了母亲提出的问题。母亲把三封书信又小心地装了起来。这时天已晌午，在回家的路上，我又累又饿，实在走不动了，母亲哄我在一棵大柳树下睡了一觉才回家。

又过些日子，开封军分区由荥阳搬回开封。那是农闲的冬天，母亲为寻到父亲，又一次坐火车到开封……

在失去父亲这座山，那风雨飘摇的日子里，我们家赖以生存的三间破草房摇摇欲坠。坚强的母亲每逢刮风下雨就会在屋子里床上、柜子上放上几个盆子接房上漏进屋里的水。村里的干部动员母亲搬到学校里去住，母亲从来不肯，坚定地对我说"怕你父亲回来找不到家人"。常回忆起当年下大雨黑夜的电闪雷鸣声、屋内滴答的漏雨声和伴有母亲的哭泣声，不知有多少个风冷凄雨夜，母亲怕房倒屋塌抱着我坐到天亮。母亲常对我说夜里好像听到门开的响声和门外脚步声，现在回想起来，母亲盼父亲归来已产生幻觉。母亲向父亲发下誓言：砸锅卖铁也要供我读书，把我养大成人。

1966 年 6 月份，"文革"开始，我当时在县城中学读书。在那"红五类，黑七类"分得极清的年代里，"失踪"、"下落不明"又一次冲击着父亲所谓"历史问题"，也直接关系到我的家庭历史问题。为澄清父亲的身份，我接过母亲交给我的父亲遗书，又一次只身踏上了漫漫寻父路，随红卫兵串联大军北上北京南下武汉。

曾和父亲一个旅的惠秀山、张新牛两位老同志向我提供线索，老首长、部队都在武汉。并向我说明：情报部部长宋新安可帮助你找到父亲。到了武汉，我被红卫兵组织安排住在武师大。一天晚上公演露天电影《英雄儿女》感动着我。电影中，王芳的亲生父亲从上海监狱转移到其他地方，怀抱中的王芳面对离去的父亲，大喊："爸爸，爸爸"，撕心裂肺的哭叫声震撼着我的心灵，联想到从我出生到长大没有喊过一声"爸爸"，禁不住黯然泪下，也更加坚定了我要找到父亲的决心。在宋部长的安排下，部队取走了父亲生前所有证明材料。

父亲的老战友王福新已是师参谋长，是父亲当年牺牲时的目睹者。当我历尽千辛万苦找到部队见到他时，他动情地说："没想到 20 年了，老徐的女儿找来了。"立即为父亲写了旁证。

父亲牺牲近 20 年后的 1967 年 12 月，北京总参追认父亲为革命烈士，父亲徐对在中国大地上有了名分，在淮海战役烈士英名录上，补上了一页简历。从此，我上学有了全额助学金，直到大学毕业。

1970 年夏，我拜别母亲和姑母，带着全家人的嘱托前往淮海战役战斗要地，安徽省宿县小张庄——父亲的墓地。我首先来到徐州淮海战役纪念馆。站在巍巍高耸的淮海战役烈士纪念塔前，仿佛烈士英魂犹在。凝望高塔不禁高喊："父亲，你在哪里？"

热情接待我的是龙明和于世景两位老同志。他们自我寻墓离去就牵挂着我，嘱托我有什么困难来信联系。

到了宿县，村名为小张庄的有好几个，大部分村子后都埋着烈士墓，我找了一个又一个却无法确认。我住在宿县招待所向"娘家"发出求助信。淮海战役纪念馆的同志根据当年作战兵力部署，回信详实地标明了九纵二十七旅八十一团的确切位置。在纪念馆的帮助下，我最终找到父亲的埋葬地——南坪集北七、八里远的七里桥向东一里路的小张庄。

我找到南坪公社武装部，林瑞先部长接待了我。他也是淮海战役负伤后留在当地的老战士。第二天，骑自行车陪同我前去小张庄寻父亲的墓。

到了村上，把当年抬担架的老同志召集来，开了个小型座谈会，回忆当时埋葬父亲的情形。担架队队长张玉先回忆说："我们村当年确实驻过九纵二十七旅八十一团一营三连这个部队。但是，战争打得非常急，部队都是白天休息晚上发起总攻。我们村离浍河很近，只有三里路远，战士们都是边挖工事边向前推进。打过浍河就预示着决胜。晚上隔河相望，敌我双方的大炮打红了天，八十一团就驻扎在村里，这里还是个临时卫生所。驻在这里的八十一团伤亡很严重，村后的十八座墓是一夜之间牺牲的三连集中埋在这里的烈士，来不及挖坑，都是两人一个墓，头朝哪边就按头朝向在前方用木棍劈开做墓碑，写上籍贯、姓名、部队番号，唯有前面两个较大的墓室是连长和指导员，后面一排墓里都是两个人。建国初期，还没来得及换石碑，反动会道门暴乱，将木牌拔去，至今没有墓碑。这是造成无法辨认哪位是你父亲的真正原因。你若想把你父亲搬回家，就在后三排中间的三个墓里，其中有两个姓徐的，都是河南人，打开三个墓六个人，才能确认出其中一个是你父亲，不知道你如何辨认。要打开墓很容易，当时战争急，坑最多有三尺深，能埋下人就行。现在的墓大，是每年学生添的土。你若真想移灵，我们现在就帮你打开。"我茫然了，站在我身边的林部长对我说："常言道：阴间动一动，阳间害场病。你家是人，人家家也是人呐！"我猛然想起在淮海战役纪念馆查看烈士英名录的一幕：在厚厚的几大本里，烈士的名字一个挨一个，其中让我感触最深的是一位河南林县姓徐的18岁司号员，和父亲同在一个连队，眼前仿佛出现了天苍苍，雪茫茫，将士们力挺淮海战役胜利而英勇牺牲的悲壮。我的敬仰之心油然而生，亲人找不到他们，也从无亲人前来扫墓，烈士们和父亲一样无法魂归故里。我认下了这些烈士同为自己的亲人。放弃了把父亲搬回家的决定。

父亲，安息吧！

父亲生前未完成的孝道母亲替父完成，是母亲独自一人把双方老人养老送终。父亲生前的三封家书，其中完整的两封在母亲入土为安时带着随葬，也算了却了父亲回家的心愿。

我们的生活在党的帮助下得到很大的改善。昔日的"漏上漏下"，今日已住高楼大厦，也早已用上了电灯电话。在父辈们的英勇不屈精神的感染下，历练了我的人生，子女也事业有成，父亲在天之灵若有知，也该安息了。

父亲，人民不会忘记你们，我们全家世世代代都不会忘记你们，无论是清明节或是出差路过此地，我们都会按民间风俗，带上许多纸钱和供品到墓前祭奠。愿父亲和他的战友们有福同享，有难同当，有钱分花，继续同甘共苦吧！

相信不久的将来政府会为烈士们立下墓碑，集中供养。会把坟墓修葺一新，能有专人管理，不再杂草丛生。让人民永远记住烈士们的丰功伟绩。淮海战役烈士永垂不朽！父亲，安息吧！

谨以此文悼念我的父亲。

淮海忠魂——记七十八团参谋长陈洪汉

黄瑞甫

1992 年岁末，山西省夏县胡张乡西晋村的陈家墓地里，又添了一座新坟。坟前的碑石较大，猩红的碑文格外耀眼："中原野战军第九纵队二十六旅七十八团参谋长陈洪汉烈士之墓　一九四八年十二月七日"。

烈士当年牺牲在淮海战场。烈士忠魂曾长眠于昔日沙场 44 年之久。魂兮归来纯属偶然——1992 年春上，一个从安徽宿县来做布生意的小贩说，陈洪汉就在他的家乡。后经查实，果然不错，正是那位被家乡人民引以为荣、被向守志上将称赞为"作战勇敢，不怕牺牲；指挥有方，沉着冷静；工作认真负责，执行任务坚决，是二十六旅最优秀的营长之一"的陈洪汉。

陈洪汉，1919 年生在一个并不富裕的农民家庭，兄弟五个，排行老二。8 岁入大里村私塾读书，因才思聪颖，深得高崇业先生厚爱。16 岁时由高先生带往西安"熬相公"（当店员）。三年的店员生活，使他亲眼看到了中国社会光明与黑暗两种势力的激烈抗争，于是弃商从军、立志报国的欲望愈来愈强烈。

1937 年，日寇入侵，社会动荡，店铺被迫停业。1938 年 2 月 9 日，陈洪汉愤而还乡，组织热血青年宣传抗日。2 月 14 日，农历正月十五元宵节，他利用自编自演的活报剧《活捉鬼子兵》登台揭露日军侵华罪行，宣传我党抗日主张。演员们在台上以木棒、梭镖和笤帚当枪，撵得"鬼子兵"抱头鼠窜、跪地求饶，观者为之振奋，一片欢腾。"打倒日本帝国主义！""小日本滚回去！"的口号声接连不断。

2 月 16 日，一股日军从水头镇窜入西晋村，全村男女纷纷四散外逃，陈洪汉举家迁往枣园亲戚家避难。日本兵牵走了他家的牛和驴，又烧了他的房子。望着毁坏的村舍田园和远去的日军背影，陈洪汉决意立即参军，报仇雪恨。时值晋豫地委军事部部长兼抗日游击队政委嘉康杰受山西省委和河东特委指示，在夏县、闻喜一带发动青年参战抗日，陈洪汉迅速与嘉康杰取得联系，并先后被派往东南张村、西南张村和西晋村进行抗日宣传活动，选送王德焕、王满女等人参加八路军。6月13日，陈洪汉和本村青年陈文丁、陈汉朝、陈英杰等五人也结伴参军。临行前，陈洪汉对母亲说："我要去当兵打日本鬼子了。"母亲说："做生意挣钱不去，偏要去当兵。好汉不当兵，好铁不打钉，你知道吗？"陈洪汉风趣地回答："我要是不去当兵，您该在枣园住一辈子啦。"惹得站在旁边的大嫂也笑了。接着，他背起自己的白色衣袍就要走。大嫂奇怪地问："这么热的天拿袍子干什么？"他说："白天能穿，夜晚能盖。"说完便告别亲人，与陈文丁等人一起离家远行。一路上，他们边走边谈，一口气走了100多里，当天夜里赶到泗交乡马家窑村。嘉康杰对陈洪汉等五人的到来十分高兴，尤其是陈洪汉，有文化、有抱负，聪明机智，是难得的好青年。嘉康杰当即决定送陈洪汉到晋豫边抗日游击队康杰支队当班长。

到部队后，陈洪汉果然不负众望，行军打仗、工作学习样样争先，很受支队长黄狄秋赏识。一次，黄狄秋命令他带两个班袭扰日军运输队。陈洪汉将伏兵隐蔽在郭牛村庙后树林里，日军一到立即开火，七八个人的日军小队被打得七零八散。他又让一名班长带队从正面追击，自己带两个战士绕到侧翼，当即毙敌一名，击伤3名，缴获粮食两车、步枪一支。这次战斗是陈洪汉首次参战，旗开得胜不仅使本人深受鼓舞，支队领导也格外高兴。

1938年8月，康杰支队并入晋豫边唐支队。第一次战斗是王屋山战斗。9月18日黎明，晨雾迷蒙，寂静的山林悄然无声。忽然，支队所在地的山坡上发现敌军，有日军，也有顽军，情况十分紧急。陈洪汉班受命迅速进入阻击阵地，掩护司令部转移。陈洪汉带领全班在距敌约百米的掩体里，静静地守候了大约半小时，只见几名顽军似乎有所察觉地端着枪，偷偷地摸了过来。陈洪汉轻喊一声："打！"两名顽军应声倒地，其余几个撒腿就跑。顿时，寂静的山林不再寂静，枪声、喊叫声乱成一片。乘敌混乱之际，陈洪汉急令全班撤退。当撤到支队原驻地时，他又对屋里屋外迅速搜寻了一遍，发现昨天晚上煮的马肉还焖在锅里。好香的马肉啊！丢掉岂不可惜？遂令两名战士抬上一条最大的马腿追赶部队。此时，天已大亮，追上部队一检查：人没丢，枪没丢，马腿也没丢，偏偏把自己那个装有张秀堂三块大洋的小包袱丢了。这三块大洋是战友张秀堂参军时他母亲送的，一直没有舍得花。跟首长一汇报，首长哈哈大笑："这条马腿很宝贵啊！军中无粮，不战自败。你做了一件大好事。这三块大洋么，先记上账，以后还。"

由于陈洪汉作战勇敢，完成任务出色，参军三个月就由黄狄秋介绍加入了中国共产党。职务也很快从班长、排长、文化干事、组织干事，提升到指导员、教导员和营长。党的培养教育和革命战争的锻炼，使陈洪汉很快由一名普通农村青年，成长为一名军政兼优、有勇有谋的军事指挥员和模范的政治工作者。

1943 年冬，敌"剿匪"二师在日本指导小队的"指导"下，向我太行根据地的凌川、高平地区进行"铁壁合围"。身为新一旅二团五连指导员的陈洪汉，奉命率全连设伏槐树岭，专打日本指导小队。战前准备会上，陈洪汉言语不多，但句句有力。他明确规定：（一）听从指挥，沉着应敌；（二）讲究战术，敢打巧打；（三）党员、干部是一面旗帜，一定要冲锋在前，退却在后。要以"反维护、反抢粮"的实际行动，粉碎敌人的"围剿"，保卫家乡父老，保卫根据地。准备会后，他又深入班排谈心，发动大家出主意、想办法，研究歼敌对策。扎实细致的战前准备，为战斗胜利打下了坚实的基础。战斗打响后，陈洪汉按照作战预案，首先组织手榴弹、炸药包和轻重火器，截住日本指导小队的两头，又指挥各排阻击手射杀敌有生力量。敌人往西山爬，阻击手就从东边打，敌人向东山冲，阻击手就从西边打，而且，不早不晚，专等敌人爬到半山腰开火。打得敌人晕头转向，叽哇乱叫。战斗中，陈洪汉右腿被子弹击穿，腿骨打断，但他一直坚持阵前指挥，直到把日本指导小队全部消灭。战斗结束后，陈洪汉荣记一等功。在旅的英模大会上，陈洪汉被授予"人民功臣"称号，并被旅党委评为"优秀指导员"。

陈洪汉对部队要求十分严格，部队所到之处纪律严明，军民关系十分融洽。他经常教育部属：人民是爹娘，我们是儿女，没有群众的支援，我们就寸步难行。有的人随地大小便，他非常生气地说："我们是八路军，不是屁（粪便）路军，不能随地大小便。老百姓的家就是我们的家，你能在自己家里这么做吗？"部队每到一地，他总是帮助老乡劈柴、挑水，带头做好事。出发前查纪律：上门板，捆铺草，水缸满、庭院净，损坏东西要赔偿。一次，一个战士打破了一只碗又无钱赔偿，他就责令把军用水壶留给老乡。老百姓都高兴地称赞："从没见过这样的军队。"刚解放过来的战士感触更深："没想到八路军这么好。难怪国民党军队净打败仗，他们专门欺负老百姓，老百姓恨透了他们。"

军民联欢晚会上，陈洪汉自编自导的短剧"赵老太太和二班"，又一次揭示了他对毛泽东关于"兵民是胜利之本"光辉思想的深刻理解。舞台上，二班战士帮赵大娘修房子，赵大娘从战士踩在沙土上的脚印量好尺寸，为战士做鞋。战士病了，大娘女儿做病号饭，喂汤、喂药，精心照料……这一幕幕军爱民、民拥军，水乳交融的动人情景，不正是他们真实生活的再现吗？这个节目内容真实可信，扮演赵老太太的张秀堂演得形象逼真，妙趣横生，很受欢迎，连演三场，场场火爆。最后，又在焦作军民联欢会上演出，太行军区司令员秦基伟、副司令员黄新友等首长高兴地带头鼓掌。演出结束，部队首长和地方领导人一起上台，与演员们亲切握手。副司令员黄新友亲自燃放鞭炮，以示祝贺。

陈洪汉待人和蔼可亲，把士兵视为阶级兄弟，战士们有了思想疙瘩或实际困难，都愿意向他求助。行军途中，帮助战士背米、背枪，把自己的马让给伤病员。冬天宿营时，别人住里间，他住外间，唯恐冻坏了部下。有一回，他把热腾腾的荷包蛋端到一名刚"解放"过来的士兵床前，感动得这名战士痛哭流涕。两个军队一比较，他终于明白为什么总是看到蒋军官兵往这边跑。他说："在国民党那边当兵，死了都没人管。在解放军里，不但负伤光荣，就连着凉生病都有首长看望，我已经'解放'了，我还要告诉那边的兄弟们过来，让他们也得到解放。"

岳德公是焦作北面九里山的土匪头子，他仗着山寨的高墙、深壕和一帮装备着土炮的土匪武装占山为王，称霸一方，经常下山骚扰百姓。1944年底，陈洪汉受命率二营会同三营一起攻打九里山，为民除害。经过长途奔袭，陈洪汉率部队乘暗夜越过护城壕，将山寨团团包围。敌发现后恐慌万状，岳德公亲自指挥炮楼里的土匪向我射击，并叫匪兵点燃草捆扔到墙下，企图阻挡进攻。但是，火光一亮，正好暴露了他们自己。在火光的映衬下，墙头上的匪兵身影历历在目。陈洪汉即刻组织射手，按垛口分工瞄准射击，弹无虚发，枪枪命中。接着，攀登小队架起云梯突入寨中。匪首岳德公被擒，土匪武装除小部逃跑外，大部被歼。我部仅伤8人。

1946年6月，国民党第三十二师沿陇海线向焦作推进，上级命令二营于待王镇一带阻击敌人。待王镇位于焦作、修武之间，系敌西进焦作的必经之地，因此，敌军一开始便向二营驻地张弓铺发起猛烈攻击。一个营抵御一个师，敌众我寡，力量悬殊。但是，陈洪汉毫不畏惧，硬是带领部队以房屋、土坎、壕沟做掩护，打退敌人3次冲击，挡住了敌人的去路。张弓铺过不去，敌人便掉转方向进攻十里铺。十里铺与张弓铺相邻，是一片开阔地，由二营四连防守。陈洪汉又火速赶到十里铺，同连长、指导员一起指挥战斗，在三营配合下打退敌人两次进攻。敌见此路不通，只好绕道北上。尽管最后敌三十二师仍占领了焦作，但是，陈洪汉营的阻击任务圆满完成，上级首长十分满意。

1946年10月，我军收复焦作。春节期间，陈洪汉与秦秀珍喜结良缘。婚后生一子，名小白。

1947 年 9 月 10 日，国民党第十五师师长武廷麟，率六十四旅两个团和三个保安团，由洛阳经横水向新安开进，企图驱逐我二十六旅，堵塞黄河渡口。上午 9 时，敌先头部队一个团通过尚庄到达正村，遭我七十八团阻击不能前进，陈洪汉奉命带七十七团一营占领尚庄阵地制高点，并迅速向敌发起攻击。敌发现被我拦腰斩断后，集中四个团的兵力向一营阵地连续冲击，企图夺路突围。在数倍于我的敌人面前，陈洪汉镇定自若，他没有忘记"集中优势兵力，各个歼灭敌人"的作战原则。他沉着、冷静地指挥部队，依托有利地形，打击重点目标，又及时调配兵力和火器，造成战场局部优势，以多胜少。一营的主力是三连。为留有过硬的预备队，陈先用一连和二连大量消耗敌人。他一会儿在这个山头，一会儿又跑到另一个山头，从上午到傍晚，一直在山上指挥阻击了 7 个小时，打退敌人 17 次进攻。下午 3 点，我部全线出击，陈洪汉亲率三连奋勇追击。追击中，陈左臂中弹，仍继续坚持战斗，直到大获全胜，凯旋而归。此次战斗，毙（俘）敌中校副团长晁松义以下 1000 余人。庆功大会上，陈洪汉榜上有名。虽然他因伤住院未能参加，但他的立功喜报仍被家乡父老敲锣打鼓地送进了家门。

1948 年 11 月，决定蒋家王朝命运的淮海战役开始了。1948 年 12 月，陈洪汉从七十七团一营长调任七十八团参谋长。12 月 6 日，七十八团奉命协同十一纵队三十一旅某团攻打张圩子。张圩子守敌为蒋军嫡系黄维兵团第七十五师二二三团，号称"青年团"。该团兵员充足、装备精良，战斗力较强。该敌在张圩子村外构筑了以地堡群为核心，以交通沟、堑壕相连接的环形防御体系，既能扼守前沿，又有纵深配置，既可得到炮兵群火力支援，又有随伴火器近距协助，很像一枚外壳坚固的硬核桃。当日下午，方文举副旅长亲临七十八团研究作战部署，制订作战方案。党委分工副团长史昭清负责突击队，陈洪汉指挥炮兵火力队，并规定突击队的冲击信号由火力队发出。对此规定，史昭清与陈洪汉均有异议，但提出后未被采纳。

16 时许，我炮火试射，17 时，炮火急袭。由于炮兵位置距前沿工事较远，炮手看不清打击目标的具体位置，致使炮火准确效果很不理想，一些对我威胁最大的敌火力点基本未动。17 时 20 分，突击队按照规定信号冲击，立即遭到敌前沿火力压制，不能前进。加之我迫击炮发射的炸药包尚未凌空爆炸，突击队员便已冲到跟前，造成严重误伤，先头部队进攻受挫，首战失利。

首战失利后，上级首长十分重视，邓小平政委亲自给正在阵地前沿的纵队司令员秦基伟打电话，了解情况，下达命令。旅长向守志迅速调整部署：仍以七十八团担任主攻，另以七十六团作助攻，两把尖刀齐头并进。进攻时间定于7日16时30分。

此时，陈洪汉的心情十分沉重。征战10年，参加战斗180余次，从未打过这样的窝囊仗！旅政委余洪远的批评是对的，尽管言词尖刻了点，但并不过分。陈洪汉心中只有一个念头——赶紧做好战前准备，一定要拿下张圩子，为团队争光，为牺牲的烈士报仇！

当天夜里，陈洪汉与副团长史昭清商谈后，即刻向上级提出三条建议：（一）改善步炮协同关系，同地指挥，统一下达突击命令。（二）营、连增加随伴火器，专打敌残存火力点。（三）交通沟继续向敌阵地延伸，抵近敌前沿阵地50至70米，缩短冲击距离。天刚放亮，陈又赶到阵地前沿，与正在挖战壕的干部战士一道边干边谈，认真听取并记录他们介绍的敌火力点位置，以及对炮兵火力队的意见。接着，又召集突击队和火力队的负责同志，详细研究并解决了如何集中炮兵火力摧毁敌地堡工事，火力分工，步炮协同，战炮平射、曲射方法和冲击姿势、队形等一系列问题。

7日16时，敌军先发制人，以30多门大炮对我方阵地狂轰滥炸，企图破坏我进攻计划。16时30分，七十八团炮兵火力队在陈洪汉指挥下，对敌阵地实施破坏性射击。由我迫击炮发射的炸药包，首先飞向敌阵地凌空爆炸，炸得敌地堡塌陷，鹿砦横飞，堑壕、掩体变成了埋葬敌人的坟墓。接着，陈洪汉又令山炮、战防炮采用直接瞄准平射，向敌火力点连续轰击，敌阵地防御工事几乎全被摧毁。突击信号发出后，一营长张信元带领一连立即跳出战壕，一个跃进，就越过了与敌相距不足40米的平坦地段，攻入敌人战壕。当他看到大部分敌人已被我炮火消灭后，便率队迅速向第二线——张圩子村内进击。接着，二营长贾清水带领五连开始冲击。五连一排上去了、二排……只见陈洪汉猛地拔出手枪，跃出战壕，紧随突击队向敌纵深扑去……

天亮了，张圩子村解放了，横行一时的敌七十五师二二三团在我军面前消失了。但是，党的优秀干部、人民的好儿子陈洪汉，却在率队冲击时被敌化学炮弹击中，为人民的解放事业献出了宝贵的生命。

空军政治部、空降兵第十五军政治部组稿，黄瑞甫根据张秀堂、张显扬、张纯清、张斌、史昭清、陈忠新等同志提供资料编写

鹰击长空

曾如清

畲族雄鹰

1940 年 8 月初，苏北新四军刚刚东进黄桥，我由苏北指挥部调到第一纵队第一团任政治处主任，从这时起，我认识了蓝阿嫩同志。

如果单从干部花名册上的名字去判断，我感到这个名字似乎脂粉气重了点。然而站在我面前的蓝阿嫩却是个 20 出头、虎头虎脑的小伙子。他个头适中、身板结实、脸盘方正，一双炯炯有神的大眼睛更增添了勃勃英气。别看阿嫩年轻，当时他已经是参加革命 7 年的老红军了，职务是二营四连指导员。

蓝阿嫩给我的第一个特殊印象是，他喜欢光脚。我曾关切地提醒他当心扎伤脚底，阿嫩却跷起一只长满厚茧的宽脚板，面露自豪的神色，满不在乎地说："从小在山里打惯了赤脚，这里是苏北平原，没有事的。"原来蓝阿嫩同志是畲族人，该民族只有 20 多万人，大半散居在福建东部太姥山脉、鹫峰山脉的崇山峻岭之中，自称"山民"。他们深受阶级、种族的双重压迫，地位最低下，生活最贫困，因而反抗性也最强。当时同情、支持和参加革命斗争的畲民很多。闽东革命老同志范式人评价说："那时山上最可靠的是畲民，海中最可靠的是船民。"

阿嫩这个小"山民"，1919 年出生在福建东部霞浦县草籽坪村（今柘荣县富溪乡）。这是个踞山临海、畲民聚居的贫瘠的山村。阿嫩自幼给别人放牧，过着衣不蔽体、食不果腹的穷困生活。

1932 年共产党领导下的福安县兰田暴动成功，闽东各地相继开展武装斗争，进行土地革命，建立了全国最后一个苏区。

家乡的革命风潮在蓝阿嫩幼小的心灵中煽起了火一般的激情。13 岁时阿嫩悄然离家，投奔了工农红军，在闽东独立团第十六连当上了一名小号兵。他随军转战罗源、霞浦、宁德、福安，直至闽浙边界，参加大小战斗 50 多次。期间先后担任通讯员、警卫员、班长、排长等职务。曾经担任闽东工农红军独立师第二纵队队长的陈挺同志如今回忆起蓝阿嫩来，情不自禁地赞道："阿嫩给我当通讯员能顶半个参谋用。每次派他出去执行通信任务，他都主动捎回有价值的情报，对我的工作很有帮助。"

说到蓝阿嫩同志英勇善战，陈挺同志举了一个例子：1936年年底，阿嫩调到三纵队任排长。在消灭宁德县马坑和罗源县毗楼反动刀会的战斗中，由他率队担任突击任务。他挑选10多名身体强壮、会拳术的战士，手执长竹竿为先锋，每一长竹竿后配一持枪战士，组成若干小组。当反动刀会的"法兵"挥舞梭镖冲过来时，我们先以长竹竿挡住梭镖，阻敌前进，后面的战士迅速开枪射击。一批"法兵"中弹倒下，反动刀会阵势大乱，很快垮了下去。这时的蓝阿嫩已经是很不错的基层指挥员了，他以机智勇敢著称，被大家誉为"畲族之鹰"。1936年2月，蓝阿嫩同志光荣地加入了中国共产党。

雄鹰展翅

抗日战争爆发后，闽东工农红军独立师改编为新四军第三支队第六团。蓝阿嫩同志担任连队指导员。

新四军整编后云集皖南，历兵秣马准备挺进江南敌后，而语言却成为部队开展工作的重大障碍。蓝阿嫩和他所在的三支队六团尤为突出，因为闽东方言既复杂又难懂，有的还夹带着畲族土语。例如行军中口渴了向老百姓要"水"，竟会被听成要"匪"而闹出笑话。为适应新的斗争环境，蓝阿嫩参加了军教导队为基层干部举办的语言训练班，专门学习普通话。阿嫩同志学得专心认真，他模仿教员的口型，对着镜子一字一句地纠正自己的发音，经过一番刻苦学习，很快掌握了讲普通话的要领。六团进入苏南茅山地区后，阿嫩很快就能操普通话同当地群众交谈了。不知底细的人很难相信他竟是闽东畲族人呢！

说起蓝阿嫩的学习精神，战友们无不交口赞誉。阿嫩从小无钱念书，参军时目不识丁，他的名字"蓝阿嫩"还是文书根据他的口音和年龄小的特点择字而起的。在霞鼎县委当特务员（即警卫员）时，蓝阿嫩在县委书记许旺同志的指导下开始文化学习。当了干部之后，阿嫩同志越来越感到提高文化的重要。他抓紧戎马倥偬的间隙，如饥似渴地学习，长期坚持不懈，终于达到能看懂命令、文件，能写战斗小结的程度。1943年，蓝阿嫩在文化教员的帮助下，读完了茅盾的《春蚕》、《秋收》、《残冬》等名著，并能将书中的内容运用于连队政治课中。当时，苏中抗日根据地三分区出版的报纸，曾专门宣传他刻苦学习的事迹，文章的题目就是《学习模范蓝阿嫩》。

我和阿嫩在斗争中建立了深厚的感情，彼此间都很信任和了解，枪一响是上下级关系，战斗一结束便像亲兄弟一样随便。他经常到我住处"扯乱谈"，一来便自己动手将我的香烟翻出来"扫荡"一空。心里有什么话，他对我从不隐瞒，真是喜则大笑，怒则大吼，直抒胸臆，一吐为快！但有件事却使他费了一番踌躇。

那是1941年的事了。一团的两个年龄较大的闽东籍战士怀乡恋土，暗中劝说蓝阿嫩一起回老家另拉队伍打游击。这使他一时陷入了矛盾。向上级汇报吧，觉得对不住同乡，闽东佬之间是非常注重感情的；不汇报吧，又感到他们这样"开小差"事关重大。经过一番思想斗争，阿嫩同志终于战胜了私人感情，向我（当时任一团政委）汇报了上述情况，使组织上及时掌握思想动态，经过批评教育，作了妥善处置，避免了严重事件的发生。

蓝阿嫩所在的一团善打硬仗、恶仗，素以"打得、跑得、饿得"著称，是新四军的主力团之一。群众亲切地称之为"老一团"，日寇遇见也惧怕三分。但是当时部队中一度存在干部责骂、体罚下级干部和战士的不良现象。1943年10月，一师首长粟裕同志指示部队开展"反对军阀主义残余作风"的思想斗争。一团党委在深入领会了上级意图，认识到这场斗争的重要意义之后，廖政国团长带头在全团干部大会上做了深刻的自我检讨。紧跟着，阿嫩同志"霍"地站了起来，讲从小饱受地主豪绅、国民党反动派欺压凌辱的亲身感受，讲参加革命后在组织和同志帮助下的成长过程，对自己身上存在的军阀主义残余作风进行了无情的鞭挞，他痛心地说："我蓝阿嫩忘了本，对不起战友，对不起阶级兄弟！"廖团长和蓝营长的自我批评深深触动了全团指战员，一些平时有同类错误行为的干部纷纷效仿，公开认错，赔礼道歉。许多基层干部和战士感动得失声痛哭，体验到革命军队的温暖。在旧军队生活过的士兵更是翘指赞道："从来官大一级压死人，长官向士兵认错检讨，只有共产党的军队才有啊！"从这以后，一团上下级之间、干部战士之间的关系大为改善，战斗力更进一步加强了。

文化素养和政治素质的提高，使蓝阿嫩如虎添翼。在团司令部作战参谋的岗位上他能文能武，十分胜任；担任营长职务后，他更如雄鹰展翅，屡建功勋。

1944 年 3 月的车桥战役，是新四军抗战史上一次生俘日军最多的大胜仗。是役，我一团奉命在芦家滩阻援。4 日下午，淮安、淮阳出援的日寇分批向我芦家滩阵地进攻。我担任正面阻击任务的一团三营和泰州独立团一营，依托两道防线，巧设地雷阵，硬是顶住了敌人波浪般的攻击。黄昏时分，日军急于增援车桥，攻势更加猛烈。二营营长蓝阿嫩从枪炮声觉出阻击阵地战斗激烈。他主动向廖政国团长建议担负突击任务的一团二营和一旅特务营提前出击，以减轻正面阻击部队的压力。经廖团长同意后，二营和一旅特务营各分两个箭头从侧翼迂回上去，猛冲猛杀，将敌人切成数段，一举歼敌七八十人，使我正面阵地化险为夷。接着，阿嫩从二营分兵一部，先协助特务营解决了周庄以东的敌人，然后集中全力收拾掉退踞韩庄的鬼子。企图利用夜幕掩护偷涉草荡增援车桥的敌伪一部亦被我阻击部队围歼于小马庄外的坟摊上。芦家滩一战，我阻援部队取得歼敌 400 余人（其中活捉 24 人）、击毙敌酋山泽大佐的显赫战果，完成了围点打援的预定作战计划。战斗中蓝阿嫩顾全大局，勇担重任，他指挥的二营发挥了特殊的作用。由于突击部队打得顺手，作为总预备队的一团一营几乎没有动用，只是临近尾声时才用到小马庄方面。

鹰击长空

解放战争时期，蓝阿嫩同志已经是日趋成熟的中级指挥员了。他先后担任华东野战军第一纵队第一师第一团参谋长、副团长等职务。

鲁南战役中的齐村战斗，是蓝阿嫩同志指挥艺术提高的一个例证。齐村是临枣铁路上的要点，国民党军整编五十一师一一三旅旅部率三三七团盘踞该处，深沟高垒，设防坚固。我一纵一旅第一、二团攻打齐村，一团为主攻。在这次战斗中，蓝阿嫩亲自掌握爆破队，在他的指挥下，由 21 名爆破手组成的 7 个爆破组，一连炸毁 17 座碉堡、一个门楼、一道围墙。由于连续爆破和连续突击的巧妙结合，一团率先从东北角、东南角突入围子，顺利地夺取了敌军核心据点，与二团一起全歼齐村守敌，生俘敌旅长以下 2500 余人。

围歼蒋军区寿年兵团的睢杞战役中，蓝阿嫩的指挥更为突出。当时一师先打穿插，一、二两团并肩出击，一夜之间插入敌阵 10 余里，拿下敌纵深 16 个庄子，前锋直逼敌兵团部所在地龙王店。在敌七十五师和七十二师之间硬是撕开一条 10

余里长、约 4 里宽的豁口，切断了两师之间的联系。继而在三面受敌的不利态势下坚守一个白天，稳住了阵地。是夜，一师又连续作战，参加了围歼常郎屯守敌六旅旅部和十八团的战斗。无论是穿插还是攻坚，身为副团长的蓝阿嫩总是在第一时间指挥，及时掌握情况、调整部署，确保战斗胜利。打常郎屯时，阿嫩同志亲临攻击点，指挥战斗。他巧施战术，采取多头爆破，分散敌火，然后出其不意地直攻主堡，一举炸毁敌子母堡群，打开了突破口，显示出娴熟的战术指挥技巧。

1948 年冬，伟大的淮海战役拉开序幕。我华东野战军第一纵队于 11 月 12 日在徐州以东的窑湾首战告捷，将由新安镇西窜的黄百韬兵团所属第六十三军一举全歼。此后，华野一纵队参加阻击兵团转入防御，在徐州东南攻占并坚守狼山、鼓山制高点，配合正面防御兵团阻击由徐州东犯的邱清泉、李弥兵团，掩护兄弟部队攻击碾庄圩，歼灭黄百韬兵团。

11 月 23 日，当战役转入第二阶段时，我华东野战军已在徐州以南 50 公里宽大正面严密设防，全力阻击杜聿明集团从徐州南下，掩护我中原野战军聚歼被围困在双堆集的黄维兵团。当时，我一纵队位于防御集团的最右翼，共设置了三道防线。一师为第一线，三团、一团、二团分别沿水口、小店、下洪一带展开，依托黄河故道南岸的高堤，构筑工事，向北阻击。在这里同敌七十军激战了整整 6 个昼夜。

27 日上午，伤愈归来的栗亚团长和朱启祥政委、蓝阿嫩副团长在小店南面的一个小村庄召集各营干部开会，部署次日向友邻十二纵队移交阵地和向南转移等任务。会议刚完时，几架敌机突然窜至村庄上空低飞盘旋。机警的阿嫩同志大喝一声："敌机要轰炸，赶快疏散！"他挺身而出，组织大家撤出房屋，转移出庄，并再三叮嘱警卫班注意防空，务必保证与会同志的安全。自己则返回团部，帮助参谋处的同志清理和疏散。就在这时，随着一声凄厉的呼啸声和轰隆隆的爆炸声，墙倒屋塌，村庄一片硝烟火海。蓝阿嫩不幸被压在残砖断梁下面……当警卫班长吉和海率人将他从瓦砾中挖出时，阿嫩同志已经停止了呼吸！当时，他年仅 29 岁。

蓝阿嫩同志牺牲后，华野首长粟裕、唐亮、钟期光联名给正在后方妇女干校学习的、阿嫩的爱人李励同志发了唁电，表示慰问，同时勉励她化悲痛为勇气，为烈士复仇！阿嫩同志的遗体被送至当时第一纵队的后方山东费县安葬。1963 年 5 月，组织上将其遗骨迁葬于南京雨花台烈士陵园内。

转眼 40 多年过去了。我这个战争的幸存者已经垂垂老矣，而阿嫩同志留在我脑海中的形象却永远是那样年轻，那样虎虎生气。可以告慰英灵的是：阿嫩烈士为之献身的祖国已经发生了翻天覆地的变化，如今正遵循着党的大政方针，不断深化改革。阿嫩烈士遗下的女儿蓝谷平和儿子蓝海柯均已长大成人，成为解放军的军医和通讯干部，他们正从事着父亲未竟的事业。蓝阿嫩同志将自己年轻的生命融进了祖国的解放事业，以自己短暂的一生谱写了一曲战斗交响曲。他那刚健的身影像一只矫捷的雄鹰，展翅翱翔在万里蓝天上。

原载《大江南北》1989 年第 2 期

第三篇
淮海战役烈士英名录

当我们每年清明节来到淮海战役烈士纪念塔祭扫时，人们总会在纪念塔周围的回廊前驻足，这里镌刻着 3 万多名烈士的姓名，一个个简单的姓名整整齐齐地排列成行，虽不是华丽的辞章，亦不是激昂的檄文，却给人无比的震撼。正是这些烈士，书写了淮海战役的伟大诗篇。本篇章集中整理了馆藏的 3 万多名烈士的英名（同姓名者略），让我们永远记住这些简单却不朽的名字吧。

淮海战役牺牲的团以上干部英名录

中原野战军

王锡山	中野第一纵队二团	副团长	30 岁
晋士林	中野第一纵队四团	团长	35 岁
郑　鲁	中野第一纵队二旅	政治部副主任	
	中野第一纵队四团	政治委员	30 岁
刘　杰	中野第二纵队十二团	副团长	28 岁
申文俊	中野第二纵队十六团	参谋长	29 岁
范治平	中野第二纵队炮兵营	营长（团级）	33 岁
何谓信	中野第四纵队通讯科	政治委员	32 岁
张志武	中野第四纵队三十八团	副团长	34 岁
张　铎	中野第四纵队六十六团	参谋长	34 岁
铁　克	中野第六纵队十七旅训练科	副科长	31 岁
杨寿山	中野第六纵队五十一团	团长	29 岁
陈洪汉	中野第九纵队七十八团	参谋长	29 岁
李光前	中野第十一纵队九十一团	团长	27 岁
何炳确	中野第十一纵队九十二团	副团长	36 岁
刘志显	中野第十一纵队九十八团	副政治委员	25 岁
杨侠生	豫皖苏军区第三十五团	参谋长	27 岁
李登印	陕南军区第十二旅五十一团	参谋长	38 岁

华东野战军

蓝阿嫩	华野第一纵队一团	副团长	29 岁
佘锜义	华野第二纵队五师	参谋长	
	华野第二纵队十四团	团长	32 岁
王克己	华野第三纵队二十四团	副参谋长	38 岁
李 吉	华野第四纵队十师管理科	科长	25 岁
胡常胜	华野第四纵队二十八团	参谋长	29 岁
郑 克	华野第四纵队二十九团	政治委员	29 岁
马长声	华野第四纵队二十九团	参谋长	29 岁
朱 涛	华野第四纵队三十一团	副团长	34 岁
赖 峰	华野第四纵队三十二团	政治处主任	31 岁
贺新奎	华野第四纵队三十三团	副参谋长	33 岁
朱允弼	华野第六纵队四十七团	副团长	31 岁
陈绍痕	华野第六纵队四十八团	参谋长	31 岁
周 敦	华野第七纵队五十五团	政治处主任	31 岁
戚琏瑚	华野第七纵队五十七团	副政治委员	28 岁
张 坚	华野第七纵队二十师作战科	副科长	24 岁
周连三	华野第七纵队五十九团	参谋长	40 岁
赵益三	华野第八纵队六十四团	参谋长	
李树桐	华野第八纵队六十六团	政治委员	29 岁
杨志英	华野第八纵队六十七团	参谋长	31 岁
王浩军	华野第九纵队二十六师作战科	科长	25 岁
车汉卿	华野第九纵队八十团	副团长	27 岁
马佩珠	华野第十纵队特务团	副团长	31 岁
陈 彬	华野第十一纵队九十四团	副参谋长	39 岁
常建德	华野第十三纵队一一四团	副团长	31 岁
朱宝承	华野渤海纵队第十八团	团长	47 岁
郭文祥	华野鲁中南纵队保卫科	科长	28 岁
胡风浩	华野鲁中南纵队第一四一团	参谋长	32 岁

韩联生	华野特种兵纵队	参谋长	47 岁
刘金山	华野特种兵纵队工兵团	副团长	39 岁
陈　品	冀鲁豫军区第二团	团长	
马开旗	冀鲁豫军区第十五团	政治处主任	31 岁
王　萍	冀鲁豫军区第十五团	参谋长	29 岁

淮海战役烈士英名录（以姓氏笔画为序）

二画	丁友芝	丁玉海	丁成标	丁连山	丁承基
	丁少青	丁正荣	丁成德	丁连柳	丁相占
丁　文	丁日瑞	丁正统	丁光生	丁希仁	丁香之
丁　玉	丁长山	丁世海	丁光林	丁怀正	丁种文
丁　正	丁长太	丁生善	丁同银	丁怀江	丁保石
丁　记	丁长民	丁尔球	丁竹林	丁启禄	丁保忠
丁　明	丁长宝	丁乐琴	丁仲文	丁现友	丁保珍
丁　查	丁长根	丁立玉	丁华之	丁现桂	丁俊芳
丁　道	丁仁秀	丁立叶	丁自然	丁其计	丁胜和
丁万方	丁仁昌	丁立兰	丁自谦	丁昌珂	丁彦邦
丁万芝	丁月正	丁立选	丁庆雨	丁明文	丁炳和
丁万盛	丁月连	丁兰延	丁兴德	丁明海	丁洪宝
丁义田	丁文志	丁必友	丁如见	丁和顺	丁祖信
丁广友	丁文科	丁必叶	丁观义	丁金岭	丁姚兰
丁小九	丁引龙	丁永生	丁进臣	丁金鸿	丁桂先
丁小山	丁孔山	丁永桂	丁志成	丁念平	丁桂芳
丁子元	丁书巨	丁动禄	丁志华	丁念青	丁振阁
丁天福	丁玉民	丁有之	丁志连	丁学生	丁海长
丁元华	丁玉任	丁有法	丁志旺	丁学礼	丁海林
丁元南	丁玉如	丁存发	丁志周	丁学孟	丁家田
丁元洪	丁玉明	丁达宗	丁志能	丁泮勤	丁家财
丁云峰	丁玉春	丁成仁	丁志清	丁宝道	丁祥寅
丁友文	丁玉亭	丁成志	丁更生	丁建功	丁能义

丁继文	卜祥永	于　章	于仁鼎	于田志	于存艮
丁培华	卜德山	于　斌	于月光	于生水	于成仁
丁清云	刁广湖	于　渭	于风岗	于白廷	于成水
丁隆喜	刁化民	于　德	于风林	于乐三	于此云
丁提富	刁化堂	于一存	于风亭	于乐臣	于光敏
丁善芹	刁永杰	于一爱	于风桐	于立全	于光德
丁善桂	刁列法	于八才	于欠田	于立志	于同云
丁瑞林	刁成俊	于士同	于风明	于立峰	于同泽
丁魁元	刁全忠	于义作	于风源	于记浩	于同起
丁新亚	刁和训	于子万	于文寿	于永全	于年伦
丁新超	刁科兴	于开顺	于文厚	于永安	于先华
丁福臣	刁清田	于开胜	于文香	于永武	于廷公
丁福宝	刁惠林	于天广	于文卿	于永周	于竹修
丁福康	乜友功	于天记	于文彬	于永宝	于传明
丁镇高	乜常照	于天会	于文得	于永顺	于传善
丁德兴		于元废	于方贤	于永宽	于传增
丁德程	**三画**	于韦琴	于为东	于永祥	于伍孝
丁磨锅		于云侦	于双林	于永盛	于仲文
卜元华	干　海	于云密	于正刚	于永章	于伦田
卜水全	干子清	于日传	于世义	于民华	于华伦
卜而昌	干田吉	于日华	于世良	于发云	于华庆
卜庆厂	干华友	于中华	于本修	于发财	于华福
卜庆孔	于　元	于见祥	于丕林	于发冼	于全康
卜庆祥	于　方	于长有	于丕法	于邦峰	于全惠
卜贤祥	于　礼	于长全	于丕祥	于吉云	于会文
卜忠全	于　行	于长志	于平义	于吉庆	于会明
卜春来	于　江	于长春	于东才	于在英	于会道
卜洪忠	于　坤	于长保	于东林	于在洋	于兆元
卜洪勇	于　林	于仁昆	于东深	于有支	于兆奎
卜洪祺	于　明	于仁宽	于占章	于有绪	于兆泉

于庆中	于希茂	于金新	于保珍	于海波	于新廷
于庆功	于言文	于周礼	于保新	于海荣	于新亭
于庆甲	于怀德	于京祥	于信德	于家喜	于新桂
于庆芝	于良言	于学珍	于俊石	于理恩	于福成
于兴才	于良和	于学智	于俊言	于培义	于福多
于兴文	于良然	于法江	于俊相	于常林	于福春
于兴关	于青林	于泽云	于恒纪	于崇高	于福顺
于兴宪	于其中	于泽春	于恒桂	于得福	于殿和
于安常	于茂同	于宝珍	于洪权	于焕章	于静江
于进江	于松法	于宝堂	于洪贞	于焕增	于增福
于孝贤	于松德	于宗义	于洪范	于清元	于震才
于志民	于拍如	于宗礼	于洪海	于清本	于德才
于志信	于国志	于宗福	于洪教	于清全	于德万
于志亭	于昌衣	于建圣	于洪常	于清秀	于德山
于志禄	于明月	于承清	于洪禄	于清俭	于德义
于花全	于明臣	于绍臣	于宣仁	于深代	于德云
于芳全	于明在	于绍典	于耿琢	于绪小	于德友
于克正	于明春	于绍贵	于原亭	于维永	于德水
于克潞	于明勤	于春大	于振生	于维成	于德永
于连尖	于明德	于春云	于振华	于维富	于德成
于连京	于忠厚	于春海	于振法	于喜柱	于德坤
于连沿	于忠斌	于春霭	于振奎	于智辉	于德忠
于连修	于忠善	于政延	于振清	于善亭	于德春
于连模	于忠碌	于荣洲	于振斌	于属生	于德信
于连增	于和田	于荣清	于振德	于登科	于德洪
于岐山	于欣杰	于相芝	于恩功	于照后	于德珠
于秀山	于金山	于树升	于高德	于锡才	于德海
于作车	于金田	于奎秀	于效起	于锡勋	于德章
于伯思	于金尧	于顺叶	于海山	于锡铅	于德隆
于伯恩	于金寿	于保田	于海江	于新台	于德喜

于潮英	万庆海	门国庆	马 山	马子云	马文兰
于鹤章	万兴玉	弓兴德	马 丰	马子东	马文吉
大 梅	万艮伏	弓怀松	马 正	马子坊	马文成
才邱剑	万寿昌	弓海法	马 代	马子佃	马文光
才绍荣	万志荣	卫水田	马 冬	马开湖	马文良
万 成	万花庭	卫玉福	马 吉	马开旗	马文国
万 华	万连桂	卫世昌	马 延	马天成	马文学
万 希	万希振	卫世高	马 华	马元瑞	马文荣
万 杰	万明义	卫生福	马 杰	马云昌	马文亮
万 新	万庭照	卫守义	马 拾	马云瑞	马文清
万十一	万祖喜	卫守忠	马 贵	马太昌	马文德
万之营	万桂芳	卫安成	马 笃	马友山	马方仁
万云昌	万焕仁	卫志忠	马九备	马少伦	马为田
万日光	万清发	卫连东	马士龙	马少武	马心言
万长江	万清法	卫启仁	马士权	马少波	马丑花
万长春	弋三保	卫青元	马士安	马日欢	马玉生
万正柏	上官志禄	卫国秣	马士益	马中强	马玉华
万世才	山作珍	卫明亮	马士智	马长兴	马玉林
万世芝	千荣华	卫和堂	马大壮	马长声	马玉明
万世财	千清顺	卫金在	马万庆	马长恩	马玉岭
万世维	义兴存	卫金魁	马万峄	马长榜	马玉德
万立文	凡江龙	卫孟才	马山喜	马仁心	马正兰
万加善	广 大	卫星鸟	马义顺	马仁杰	马正有
万考金	广 全	卫清坏	马义勤	马从礼	马正彬
万西镇	广士长	卫勤有	马小土	马从安	马正斌
万在干	广如民	卫福有	马小山	马月明	马世安
万延成	门云谦	小鸿用	马小行	马凤太	马世昌
万华元	门书勋	习云胜	马小驴	马凤功	马世家
万全发	门如江	习明善	马小驹	马凤坤	马世培
万合才	门秀风	马 二	马小德	马文才	马世堂

马本来	马成宗	马兴有	马体正	马佩珠	马春松
马丙臣	马成春	马兴安	马佃庄	马金才	马春贵
马丙银	马成群	马兴昌	马佃轻	马金山	马树本
马丕侦	马光学	马兴照	马言杰	马金中	马树永
马石侦	马光福	马兴德	马怀仁	马金升	马树光
马石堂	马同修	马汗乡	马沈才	马金文	马树良
马平法	马同喜	马汝专	马宏太	马金生	马要水
马东考	马先开	马守明	马启林	马金尧	马星堂
马北万	马先贵	马导君	马启德	马金合	马贵才
马占山	马廷文	马如山	马纲义	马金洪	马贵生
马付光	马廷章	马如玉	马武银	马金堂	马贵则
马玄彬	马传宗	马如堂	马青山	马金银	马贵良
马永员	马休元	马红业	马青堂	马学义	马思海
马永清	马延增	马纪正	马其佐	马学民	马思维
马加福	马任轻	马纪泉	马若仁	马学忠	马香顺
马吉庆	马华文	马寿山	马直忠	马学高	马顺祥
马权忠	马华正	马麦清	马松林	马法林	马保花
马臣昌	马全祯	马孝热	马松亭	马法庭	马保贵
马协生	马全增	马志全	马具兵	马河增	马俊礼
马西芳	马合明	马芳瑞	马国胜	马注玲	马俊忠
马西富	马兆生	马克心	马明廷	马治良	马俊荣
马有田	马兆彬	马克亮	马明安	马宝火	马亭文
马有斌	马各前	马克德	马明贵	马建江	马庭贵
马成山	马庆山	马来旺	马明堂	马承德	马庭高
马成义	马庆贺	马连方	马明崑	马孟志	马炳文
马成之	马庆喜	马连庆	马明德	马春元	马炳兴
马成元	马庆善	马连弟	马典训	马春长	马洪水
马成礼	马兴义	马连德	马忠贤	马春文	马洪式
马成训	马兴天	马钊寅	马忠盛	马春成	马洪奎
马成明	马兴元	马秀生	马和增	马春华	马洪彬

马洪富	马章海	马德全	王　仁	王　秀	王　振
马祖雨	马清涛	马德志	王　凤	王　良	王　铎
马珠怀	马绪清	马德林	王　六	王　启	王　海
马敖召	马维山	马德昌	王　正	王　青	王　祥
马桂芝	马维彦	马德建	王　石	王　林	王　萍
马配荣	马喜安	马德顺	王　平	王　国	王　乾
马振业	马喜昌	马德胜	王　田	王　明	王　梯
马振江	马朝元	马德庭	王　汉	王　忠	王　章
马振法	马朝友	马德祥	王　礼	王　罗	王　清
马振奎	马朝印	马德章	王　民	王　岳	王　琦
马振清	马辉文	马德强	王　发	王　育	王　森
马换明	马富旺	马德操	王　吉	王　泽	王　景
马晏平	马富祥	马熟民	王　臣	王　定	王　幅
马高训	马登山	子　涛	王　有	王　契	王　锁
马效温	马登江	乡安甫	王　存	王　荣	王　斌
马益三	马登善	乡科生	王　成	王　南	王　遂
马益荣	马登福	乡家德	王　当	王　栋	王　湘
马海明	马照武		王　团	王　柱	王　禄
马润德	马照起	**四画**	王　仲	王　奎	王　强
马家合	马路肖		王　庆	王　昭	王　龄
马家福	马新国	丰连才	王　兴	王　贵	王　福
马展臣	马福兴	丰国民	王　安	王　顺	王　静
马继达	马福辰	王　才	王　孙	王　修	王　德
马培风	马福昌	王　山	王　进	王　保	王一良
马培顺	马福胜	王　义	王　远	王　俊	王一亭
马培德	马端喜	王　井	王　芹	王　恺	王二立
马常龙	马媾清	王　韦	王　苍	王　宣	王二保
马常突	马德方	王　云	王　连	王　桂	王二根
马银华	马德功	王　木	王　钊	王　桐	王二德
马船林	马德礼	王　太	王　利	王　校	王丁成

王丁家	王士爱	王万禹	王广华	王小黑	王开昌
王几和	王士清	王万洪	王广兴	王习文	王开和
王九田	王士续	王万祥	王广法	王马夫	王开宣
王九根	王士良	王万路	王广顺	王子云	王开祥
王乃文	王大友	王万福	王广胜	王子友	王开银
王乃贵	王大本	王山成	王之春	王子玉	王开彩
王三士	王大生	王山林	王之庭	王子田	王开喜
王三刚	王大尔	王山岭	王之道	王子礼	王夫金
王三艮	王大民	王川廷	王已义	王子加	王天才
王三岗	王大臣	王义开	王已青	王子成	王天山
王三狗	王大华	王义邦	王飞廷	王子刚	王天义
王三柱	王大全	王义华	王小二	王子全	王天久
王三思	王大州	王义全	王小三	王子安	王天也
王三娃	王大甫	王义江	王小山	王子良	王天龙
王三魁	王大金	王义亩	王小丑	王子明	王天兰
王三德	王大法	王义昌	王小四	王子泽	王天成
王干平	王大顺	王义忠	王小生	王子奎	王天则
王于清	王大海	王义京	王小贞	王子宣	王天华
王士才	王大祥	王义学	王小米	王子敖	王天和
王士元	王丈岐	王义法	王小孙	王子乾	王天鱼
王士玉	王才天	王义录	王小来	王子彬	王天海
王士丕	王才礼	王义祥	王小英	王子福	王天喜
王士兴	王才有	王义强	王小昌	王丰仁	王天富
王士体	王万才	王久才	王小法	王王在	王天福
王士林	王万友	王久如	王小春	王开水	王元长
王士昌	王万叶	王久朝	王小顺	王开生	王元仕
王士明	王万仙	王广才	王小保	王开礼	王元礼
王士忠	王万永	王广山	王小俊	王开当	王元成
王士和	王万法	王广云	王小孩	王开轩	王元均
王士贵	王万春	王广从	王小调	王开英	王元芦

王元明	王云銮	王少春	王见法	王长海	王公才
王元凯	王专玉	王少荣	王见南	王长琪	王公平
王元治	王专根	王少钦	王见银	王长喜	王公田
王元修	王木如	王少亭	王见维	王长雷	王公先
王元祥	王木金	王少勇	王牛全	王长新	王公法
王元清	王五林	王少堂	王牛和	王仁山	王公路
王元湖	王五保	王少银	王升义	王仁友	王公德
王元富	王不侦	王少清	王升太	王仁成	王月庆
王元禄	王不根	王少壹	王升均	王仁安	王月岭
王元福	王不赞	王日文	王升荣	王仁建	王月秋
王韦堂	王太胜	王日芝	王长义	王仁贵	王月洪
王云才	王友才	王日成	王长云	王仁祥	王月堂
王云太	王友之	王日昭	王长水	王仁盛	王风大
王云生	王友中	王日恒	王长玉	王仁堂	王风元
王云汉	王友仁	王曰才	王长代	王仁常	王风友
王云发	王友成	王中才	王长发	王仁辉	王风龙
王云成	王友庆	王中发	王长有	王仁滨	王风兰
王云庆	王友连	王中兴	王长存	王什玉	王风芝
王云齐	王友知	王中和	王长合	王化山	王风同
王云志	王友欣	王中顺	王长兴	王化之	王风伟
王云青	王友贵	王中校	王长安	王化日	王风兴
王云法	王友祥	王中海	王长身	王化苍	王风池
王云波	王友富	王中惠	王长其	王化明	王风志
王云桃	王车利	王中道	王长林	王化美	王风林
王云峰	王少云	王中勤	王长松	王化堂	王风雨
王云祥	王少兰	王冈太	王长贵	王化清	王风明
王云常	王少后	王冈生	王长顺	王介义	王风垌
王云章	王少安	王冈喜	王长俊	王从仁	王风保
王云琴	王少明	王见太	王长胜	王从训	王风智
王云新	王少周	王见功	王长铃	王从信	王凤兰

王凤池	王文各	王文斌	王书田	王玉伦	王玉绿
王凤岐	王文兴	王文善	王书生	王玉华	王玉琢
王凤林	王文汗	王文富	王书贞	王玉合	王玉景
王凤歧	王文江	王文福	王书花	王玉庆	王玉斌
王凤金	王文远	王文德	王书林	王玉池	王玉富
王凤春	王文志	王方武	王书昌	王玉体	王玉禄
王凤皇	王文秀	王方贤	王书贵	王玉忍	王玉楼
王凤胜	王文灿	王方荣	王书浜	王玉坤	王玉德
王凤亭	王文英	王方南	王书堂	王玉英	王示祥
王凤阁	王文林	王为芸	王书森	王玉林	王正山
王凤宽	王文明	王为何	王书善	王玉杰	王正友
王凤章	王文忠	王斗尧	王书楠	王玉贤	王正东
王文山	王文金	王斗起	王书德	王玉昌	王正生
王文友	王文周	王计发	王水木	王玉明	王正礼
王文功	王文京	王计昌	王水成	王玉忠	王正其
王文丙	王文泽	王心和	王水亭	王玉金	王正明
王文田	王文宝	王心诚	王水浒	王玉宝	王正海
王文生	王文绍	王心等	王水孩	王玉春	王正祥
王文仙	王文柱	王以田	王玉才	王玉珍	王正富
王文训	王文贵	王以亭	王玉见	王玉贵	王正勤
王文民	王文修	王允秀	王玉凤	王玉修	王正福
王文发	王文保	王允诚	王玉文	王玉炳	王功成
王文吉	王文俭	王允恭	王玉书	王玉珠	王功德
王文芝	王文海	王双山	王玉本	王玉桂	王世三
王文成	王文宾	王双吉	王玉田	王玉豹	王世才
王文廷	王文祥	王双成	王玉生	王玉海	王世友
王文伦	王文彬	王双喜	王玉民	王玉祥	王世六
王文华	王文堂	王孔宣	王玉臣	王玉彬	王世平
王文全	王文章	王书云	王玉西	王玉堂	王世仙
王文会	王文喜	王书文	王玉成	王玉清	王世发

王世成	王可琪	王东柱	王生园	王立国	王记良
王世贞	王丙玉	王东秋	王生良	王立和	王记明
王世华	王丙宏	王东宣	王生法	王立春	王记章
王世安	王丙良	王东桂	王生钱	王立荣	王永才
王世良	王丙林	王北宣	王生辉	王立俊	王永山
王世君	王左才	王占元	王生锁	王立津	王永之
王世英	王左兴	王占云	王矢觉	王立祥	王永方
王世昌	王左林	王占东	王仕聚	王立堂	王永功
王世明	王左福	王占田	王代朝	王立谋	王永平
王世忠	王丕玉	王占华	王付山	王立绪	王永礼
王世和	王丕刚	王占武	王付功	王立道	王永吉
王世法	王丕明	王占春	王付田	王立福	王永成
王世河	王丕斋	王占保	王令堂	王立德	王永年
王世泽	王丕超	王占高	王印刚	王兰书	王永传
王世泉	王石伦	王占榜	王印取	王兰诗	王永庆
王世亮	王石海	王占愿	王外兴	王兰思	王永志
王世庭	王右强	王业琪	王外青	王兰香	王永芳
王世恩	王龙才	王甲臣	王乐昌	王兰美	王永良
王世爱	王龙桂	王申有	王乐堂	王兰举	王永坤
王世海	王龙海	王叶先	王主俊	王汉三	王永松
王世清	王龙藩	王叶洪	王立万	王汉宾	王永昌
王世喜	王平山	王叶琪	王立凡	王汉祥	王永和
王世联	王平芝	王田廷	王立水	王汉潮	王永备
王本立	王东仁	王四安	王立平	王礼万	王永珍
王本刚	王东生	王四明	王立东	王礼平	王永城
王本贤	王东汗	王四珍	王立冬	王礼荣	王永柱
王本法	王东杆	王四喜	王立成	王礼锁	王永顺
王本起	王东秀	王生山	王立华	王必祥	王永胜
王术高	王东明	王生太	王立江	王记生	王永恒
王可彬	王东和	王生礼	王立红	王记存	王永桂

王永根	王圣明	王西方	王存金	王成举	王光道
王永清	王台新	王西周	王存修	王成起	王同义
王永绪	王邦泽	王西举	王存保	王成桂	王同文
王永道	王邦荣	王在中	王存勤	王成章	王同心
王永福	王吉长	王在训	王达礼	王成喜	王同民
王永德	王吉玉	王在永	王达彬	王成道	王同成
王加才	王吉叶	王在召	王成才	王成慈	王同纪
王加山	王吉民	王在同	王成元	王成德	王同来
王加义	王吉存	王在境	王成文	王扣宝	王同青
王加文	王吉安	王在模	王成玉	王师子	王同昊
王加全	王吉林	王有才	王成龙	王光力	王同春
王加法	王吉贤	王有山	王成册	王光下	王同柱
王加黄	王吉亭	王有中	王成存	王光才	王同贵
王加谋	王吉倍	王有田	王成仲	王光山	王同顺
王加棋	王吉祥	王有庆	王成全	王光文	王同根
王加富	王吉堂	王有希	王成合	王光玉	王同演
王加鹤	王吉福	王有库	王成庆	王光龙	王回太
王召文	王吉德	王有青	王成兴	王光东	王年本
王召田	王老成	王有雨	王成里	王光印	王年宏
王召考	王老汗	王有明	王成其	王光汉	王先臣
王召进	王老肥	王有根	王成钓	王光良	王先如
王召良	王老德	王有高	王成和	王光杰	王先知
王召祥	王芝才	王有祥	王成叁	王光奇	王先栋
王召琴	王权尊	王有清	王成栋	王光明	王先觉
王召善	王臣山	王有温	王成贵	王光学	王先洪
王发全	王再田	王有富	王成思	王光厚	王先银
王发财	王再永	王有德	王成勋	王光亭	王先德
王发荣	王再柬	王存干	王成保	王光举	王廷成
王发保	王西山	王存平	王成胜	王光理	王廷珍
王发祥	王西久	王存希	王成亮	王光清	王廷俊

王廷孩	王华典	王合小	王庆光	王兴海	王守峰
王廷福	王华荣	王合书	王庆年	王兴祥	王守祥
王廷德	王华胜	王合如	王庆华	王兴谦	王守福
王竹伦	王华溪	王合志	王庆会	王江美	王安斗
王竹君	王华德	王兆二	王庆江	王汝生	王安玉
王传文	王自范	王兆生	王庆荣	王汝军	王安龙
王传戌	王自经	王兆礼	王庆海	王汝沛	王安东
王传伦	王自顺	王兆有	王庆堂	王汝法	王安申
王传江	王向南	王兆来	王庆福	王守干	王安民
王传红	王向魁	王兆雨	王庆增	王守山	王安全
王传启	王后均	王兆和	王齐顺	王守义	王安国
王传贵	王后里	王兆荣	王衣美	王守文	王安明
王传胜	王行伦	王兆南	王冲礼	王守心	王安荣
王传营	王行法	王兆柱	王冲尧	王守玉	王安奎
王传康	王全升	王兆香	王冲武	王守叶	王安根
王传路	王全司	王兆宣	王兴三	王守田	王安堂
王休田	王全则	王兆绪	王兴元	王守训	王安福
王休必	王全泮	王兆瑞	王兴仁	王守成	王字功
王延成	王全宝	王兆新	王兴民	王守同	王军华
王延均	王全珍	王兆镒	王兴矛	王守先	王许子
王延希	王全柳	王名盘	王兴有	王守竹	王如见
王延凯	王全洲	王庆山	王兴成	王守全	王如古
王延法	王全哲	王庆义	王兴歧	王守合	王如庆
王延亮	王全德	王庆云	王兴国	王守若	王如怀
王仲水	王会杉	王庆友	王兴忠	王守林	王如初
王仲林	王会明	王庆中	王兴周	王守忠	王如林
王仲福	王会保	王庆仁	王兴查	王守保	王如朋
王任标	王会根	王庆书	王兴贵	王守俭	王如珍
王华中	王会斌	王庆生	王兴俊	王守信	王如垣
王华轩	王合义	王庆加	王兴亮	王守泉	王如信

王好良	王远和	王志孟	王克贞	王连申	王听相
王好春	王运兴	王志春	王克华	王连叶	王岐会
王观义	王运奚	王志栋	王克昌	王连生	王岐亭
王观津	王坛善	王志钦	王克忠	王连全	王岚通
王红友	王孝玉	王志俊	王克金	王连兴	王财仁
王红玉	王孝延	王志亮	王克学	王连昆	王秃子
王红成	王孝忠	王志洪	王克法	王连昌	王秀山
王红祥	王孝政	王志卿	王克洪	王连金	王秀风
王红营	王孝敬	王志海	王克恩	王连庚	王秀生
王红楼	王志仁	王志祥	王克祥	王连泽	王秀伟
王纪广	王志平	王志敏	王克梅	王连绍	王秀江
王纪运	王志叶	王志清	王克斌	王连奎	王秀启
王纪春	王志发	王志番	王克勤	王连香	王秀其
王纪顺	王志有	王志道	王克滨	王连保	王秀法
王纪素	王志成	王志谦	王克德	王连泉	王秀峰
王纪常	王志光	王志强	王苏武	王连举	王何香
王纪寅	王志廷	王芸山	王甫琴	王连珠	王佐兴
王孙邦	王志华	王芸芝	王甫锦	王连根	王佃生
王寿生	王志远	王花成	王来小	王连堂	王佃皆
王寿年	王志运	王花光	王来世	王连清	王佃俊
王寿延	王志财	王芬生	王来央	王连富	王作下
王寿岭	王志君	王芳山	王来成	王连强	王作云
王寿堂	王志坤	王芳兰	王来江	王连福	王作生
王寿福	王志英	王克己	王来坡	王报民	王作则
王进才	王志杰	王克元	王来法	王求晓	王作合
王进仁	王志虎	王克友	王来香	王步高	王作芳
王进民	王志昌	王克仓	王来顺	王步德	王作君
王进兴	王志明	王克汉	王来景	王肖强	王作品
王进祥	王志忠	王克发	王技本	王里头	王作道
王进营	王志学	王克成	王连飞	王时恒	王伯才

王伯良	王怀吉	王君科	王茂才	王贤臣	王国荣
王伯茂	王怀杰	王迟加	王茂龙	王贤廷	王国选
王伯祥	王怀修	王阿水	王茂有	王贤庆	王国亮
王余亭	王怀度	王阿恭	王茂胜	王贤均	王国炳
王希才	王怀彬	王纯孝	王茂堤	王贤林	王国洪
王希文	王怀德	王纵吉	王茂提	王贤标	王国栓
王希玉	王汪营	王武山	王英文	王贤儒	王国清
王希令	王沛江	王武身	王英林	王尚信	王国策
王希成	王宋玉	王武林	王英孩	王尚斌	王国富
王希光	王宋生	王武城	王直立	王旺模	王昌仁
王希荣	王宏山	王武珠	王直源	王国大	王昌年
王希奎	王宏发	王青山	王林田	王国山	王昌华
王希洪	王宏亮	王青及	王林保	王国书	王昌明
王希桂	王良云	王青林	王林祥	王国正	王昌禄
王希盛	王良臣	王青建	王林锁	王国东	王明才
王希常	王良贵	王青香	王松之	王国生	王明山
王妥亭	王良顺	王青海	王松田	王国代	王明义
王言才	王良俘	王现夫	王松江	王国民	王明五
王言汉	王启山	王现标	王松林	王国臣	王明分
王言思	王启风	王表景	王松建	王国西	王明吉
王应文	王启文	王坤山	王松泉	王国华	王明成
王应臣	王启全	王坤保	王松清	王国庆	王明伦
王辛春	王启法	王者俭	王松裕	王国齐	王明全
王辛盛	王启亭	王其才	王杰师	王国志	王明好
王怀山	王启道	王其生	王述芝	王国体	王明声
王怀义	王补狐	王其成	王述廷	王国青	王明君
王怀心	王初文	王其连	王雨登	王国其	王明林
王怀玉	王初春	王其良	王顶参	王国侦	王明枯
王怀正	王初洪	王其忠	王虎嘴	王国怡	王明奎
王怀生	王君台	王其培	王贤玉	王国法	王明顺

王明俭	王和书	王金方	王金香	王店玉	王学商
王明珠	王和礼	王金玉	王金科	王放船	王学清
王明祥	王和全	王金正	王金亭	王废只	王学智
王明堂	王和连	王金龙	王金恒	王炎富	王法才
王明章	王和尚	王金平	王金屏	王学士	王法云
王明琛	王和昌	王金生	王金莫	王学才	王法友
王明富	王和忠	王金令	王金桂	王学义	王法长
王明强	王和保	王金兰	王金桥	王学云	王法文
王明新	王和常	王金有	王金根	王学太	王法光
王明福	王和琴	王金存	王金岭	王学中	王法合
王明德	王和瑛	王金廷	王金徒	王学仁	王法你
王易昌	王季文	王金华	王金海	王学仅	王法兑
王典生	王秉礼	王金江	王金宾	王学方	王法良
王忠文	王秉身	王金红	王金堂	王学田	王法明
王忠田	王岳贵	王金芳	王金敏	王学生	王法保
王忠臣	王佩斗	王金更	王金超	王学礼	王法胜
王忠成	王佩桥	王金来	王金富	王学邦	王沼臣
王忠孝	王佩峰	王金怀	王金楷	王学成	王泽民
王忠良	王佩祥	王金良	王金福	王学廷	王泽新
王忠杰	王依三	王金坤	王金德	王学全	王治伦
王忠宝	王征山	王金苗	王朋友	王学连	王治安
王忠荣	王径珍	王金林	王朋非	王学财	王治军
王忠秋	王所方	王金昌	王朋恒	王学尚	王治傲
王忠顺	王所艮	王金明	王周顺	王学典	王宝山
王忠信	王金山	王金岭	王京云	王学忠	王宝云
王忠亭	王金义	王金荣	王京孔	王学胜	王宝太
王忠裕	王金太	王金标	王京立	王学桂	王宝臣
王忠慎	王金友	王金柱	王京来	王学海	王宝庆
王鸣凤	王金月	王金树	王京海	王学堂	王宝贵
王和及	王金文	王金贵	王京福	王学章	王宝堂

王宝森	王细刚	王春盍	王柄文	王奎保	王贵诗
王宗义	王细细	王春桂	王相山	王奎起	王贵栋
王宗文	王孟加	王春海	王相之	王战才	王贵保
王宗玉	王孟春	王春堂	王相玉	王战南	王贵亭
王宗礼	王孟相	王春第	王相宝	王战柱	王贵庭
王宗圣	王孟森	王春景	王相保	王是云	王贵高
王宗成	王绍元	王春福	王相举	王显伟	王贵祥
王宗孟	王绍伍	王春殿	王相集	王显法	王贵清
王宗亭	王绍华	王珊田	王相魁	王星恩	王贵朝
王宗祥	王绍良	王城重	王相德	王曷华	王贵锁
王宗堂	王绍林	王政新	王柏林	王昭光	王贵瑞
王定文	王绍堂	王某义	王树山	王昭纯	王思本
王官文	王经云	王荆山	王树元	王昭建	王思龙
王官经	王经正	王荆桂	王树风	王昭相	王思学
王房考	王经桂	王茬兴	王树权	王昭洪	王思荣
王视敏	王经善	王茶水	王树臣	王贵才	王思修
王建才	王经魁	王荣山	王树成	王贵山	王思前
王建之	王贯甲	王荣广	王树竹	王贵元	王思堂
王建飞	王春大	王荣书	王树岐	王贵云	王思湖
王建开	王春山	王荣成	王树初	王贵友	王思模
王建云	王春云	王荣光	王树坤	王贵分	王品清
王建斗	王春升	王荣芳	王树昌	王贵田	王钢一
王建华	王春仁	王荣连	王树忠	王贵生	王钦明
王建部	王春芳	王荣坡	王树南	王贵臣	王秋小
王建康	王春茂	王荣和	王树厚	王贵全	王秋冬
王建章	王春旺	王荣胜	王树恒	王贵兴	王秋安
王建喜	王春和	王荣祥	王树宾	王贵江	王秋来
王居功	王春帮	王茹林	王树堂	王贵良	王秋常
王参云	王春保	王南方	王树喜	王贵林	王秋棠
王承礼	王春亭	王南针	王树德	王贵尚	王秋魁

王重小	王保财	王俊来	王美有	王洪利	王起风
王重轩	王保良	王俊英	王美银	王洪林	王起连
王复成	王保坤	王俊杰	王逆兴	王洪金	王起青
王顺三	王保金	王俊学	王炳三	王洪周	王起随
王顺山	王保荣	王俊法	王炳千	王洪法	王莫生
王顺友	王保贵	王俊春	王炳仁	王洪治	王获山
王顺西	王保胜	王俊海	王炳玉	王洪禹	王桂才
王顺兴	王保珠	王俊堂	王炳礼	王洪亮	王桂山
王顺贵	王保根	王俊得	王炳有	王洪起	王桂元
王顺亭	王保振	王俊清	王炳成	王洪海	王桂云
王顺高	王保祥	王胂友	王炳尧	王洪浜	王桂法
王顺祥	王保堂	王胜元	王炳华	王洪清	王桂荣
王顺喜	王保常	王胜方	王炳英	王洪喜	王桂香
王修见	王保锁	王胜节	王炳南	王洪斌	王桂超
王修武	王保善	王胜全	王炳俊	王洪道	王桂锡
王修洪	王信五	王胜来	王炳菓	王洪锡	王桂福
王修章	王信布	王胜松	王炳琢	王洪福	王桃文
王保才	王信成	王胜科	王炳锡	王洪德	王根长
王保山	王信姚	王胜起	王炳福	王洞亮	王根水
王保仁	王信登	王胜盛	王洁贤	王活宝	王根生
王保文	王泉生	王独立	王洪义	王宣成	王根来
王保玉	王泉林	王度只	王洪元	王宦忠	王根昌
王保龙	王侯山	王庭才	王洪五	王宪岭	王原山
王保成	王俊山	王庭善	王洪友	王祖庆	王振义
王保年	王俊义	王亲忠	王洪玉	王祖林	王振之
王保华	王俊升	王彦成	王洪本	王神牛	王振元
王保全	王俊水	王彦法	王洪立	王勇武	王振友
王保庆	王俊仙	王彦信	王洪成	王勇扈	王振玉
王保安	王俊地	王恒建	王洪早	王秦生	王振甲
王保连	王俊汗	王恒顺	王洪江	王班林	王振生

王振兰	王峰明	王海升	王读怀	王培选	王崇堂
王振西	王钱富	王海水	王祥林	王培笑	王铭奎
王振同	王铁山	王海龙	王祥保	王培基	王银牛
王振华	王铁成	王海先	王祥根	王培富	王银书
王振庆	王积敏	王海汝	王展达	王培福	王银成
王振江	王称廷	王海芸	王通思	王培端	王银坤
王振希	王健仁	王海林	王能书	王培德	王银城
王振武	王健民	王海树	王绥之	王萝生	王银祥
王振国	王爱元	王海贵	王继云	王营芝	王银章
王振明	王爱生	王海清	王继孔	王乾曾	王银聚
王振忠	王爱良	王流元	王继申	王梦华	王敏山
王振和	王爱琴	王浪法	王继生	王梦恩	王得水
王振亭	王留所	王宽顺	王继身	王梦海	王得成
王振恒	王高云	王宽洪	王继英	王盛元	王得兴
王振铎	王高见	王家山	王继凯	王盛林	王得斩
王振海	王高升	王家友	王继岱	王雪芝	王得明
王振祥	王效锡	王家让	王继善	王雪成	王彩臣
王振菊	王悦心	王家训	王继德	王雪科	王康仁
王振乾	王益山	王家会	王理义	王捷林	王康延
王振堂	王益仕	王家茂	王教义	王辅义	王康盛
王振停	王益兴	王家林	王教武	王砦廷	王章巨
王振强	王兼级	王家忠	王培元	王常小	王章臣
王振福	王凌初	王家和	王培仁	王常法	王章秀
王振德	王浦松	王家荣	王培方	王常胜	王章和
王换章	王浙金	王家庭	王培礼	王常福	王章顺
王紧法	王浩江	王家爱	王培训	王晚玉	王章保
王恩全	王浩军	王家盛	王培孚	王崇孔	王惟香
王恩明	王浩章	王家喜	王培林	王崇兰	王焕荣
王恩和	王海山	王家瑞	王培忠	王崇和	王焕章
王峪春	王海云	王容昌	王培实	王崇官	王焕斌

王焕勤	王维兴	王敬先	王景贤	王曾元	王瑞祥
王清千	王维志	王敬廷	王景泽	王曾训	王瑞清
王清元	王维信	王敬明	王景春	王寒振	王瑞敬
王清华	王维桂	王敬金	王景唐	王富本	王勤和
王清江	王维清	王敬起	王景彬	王富武	王献臣
王清如	王维朝	王敬祥	王黑计	王富信	王献禄
王清轩	王维道	王朝义	王锁成	王富恒	王献瑞
王清明	王维富	王朝认	王傅芳	王富锁	王照友
王清和	王维福	王朝田	王傅猛	王富斌	王照文
王清法	王维德	王朝坤	王然群	王裕生	王照邦
王清春	王超楼	王朝顶	王善宁	王谢臣	王照先
王清泉	王超群	王朝忠	王善至	王登川	王照伦
王清亮	王喜丁	王朝法	王善忠	王登云	王照坤
王清富	王喜川	王朝亮	王善贵	王登玉	王照明
王清瑞	王喜云	王朝珠	王尊玉	王登甲	王照帮
王鸿惠	王喜太	王朝根	王尊贤	王登有	王照相
王鸿德	王喜芝	王朝群	王道山	王登贵	王照彬
王淹山	王喜同	王植冻	王道云	王登高	王照常
王淑玉	王喜则	王森林	王道中	王登福	王锡九
王深海	王喜合	王惠芬	王道仁	王瑞山	王锡山
王禄瑞	王喜均	王确正	王道生	王瑞元	王锡加
王寄亭	王喜贵	王辉军	王道成	王瑞风	王锡庆
王随福	王喜顺	王辉明	王道全	王瑞玉	王锡英
王绪成	王喜堂	王景万	王道兴	王瑞训	王锡昌
王绪光	王喜禄	王景山	王道贤	王瑞兴	王锡和
王绪先	王喜增	王景义	王道明	王瑞武	王锡所
王绪明	王葬小	王景玉	王道金	王瑞和	王锡海
王绪鲁	王敬仁	王景杉	王道香	王瑞侦	王锦秀
王维玉	王敬玉	王景秀	王道胜	王瑞法	王锦德
王维礼	王敬叶	王景良	王道洪	王瑞详	王腮南

王新义	王福庆	王静山	王德民	王德修	王耀守
王新友	王福来	王聚福	王德臣	王德胜	王耀林
王新双	王福启	王榴印	王德成	王德亭	王耀祖
王新民	王福英	王翠群	王德光	王德起	王耀善
王新臣	王福林	王增仁	王德同	王德振	井大路
王新成	王福忠	王增有	王德华	王德恩	井建通
王新年	王福和	王增华	王德全	王德高	井锡岱
王新全	王福侦	王增如	王德庆	王德海	开小其
王新坤	王福金	王增国	王德兴	王德祥	开来义
王新贤	王福绍	王增学	王德进	王德桑	开改的
王新奎	王福相	王增奎	王德志	王德虚	开德修
王新贵	王福贵	王增祥	王德利	王德常	亓化荣
王新亭	王福俊	王增善	王德余	王德崇	亓风顺
王新孩	王福亭	王霄峰	王德宏	王德章	亓玉河
王新盛	王福泰	王德九	王德良	王德清	亓平吕
王满仓	王福起	王德三	王德陈	王德善	亓西名
王满引	王福祥	王德大	王德武	王德富	亓同芝
王满东	王福堂	王德才	王德坤	王德禄	亓传志
王满贵	王福得	王德元	王德英	王德福	亓守公
王满孩	王福喜	王德友	王德林	王滕山	亓连玉
王满喜	王福道	王德见	王德国	王遵法	亓春芝
王福中	王殿义	王德仁	王德明	王鹤亭	亓树资
王福牛	王殿刚	王德从	王德周	王燕春	亓振山
王福仓	王殿华	王德玉	王德法	王镜秀	亓逢顺
王福田	王殿君	王德正	王德春	王儒兴	亓海吉
王福生	王殿和	王德功	王德标	王曙光	天少卿
王福礼	王殿珉	王德龙	王德奎	王耀山	天夏松
王福邦	王殿标	王德平	王德香	王耀龙	无　略
王福芝	王殿敏	王德头	王德复	王耀东	元中国
王福成	王殿福	王德训	王德顺	王耀光	元文全

元文何	韦虎生	历廷荣	戈云生	牛立岭	牛猛虎
元玉华	韦国福	历金山	戈法英	牛立章	牛清胜
元胜利	韦明珍	历保全	戈相瑞	牛礼远	牛祺贵
元起堂	韦金生	尤 中	戈树田	牛至先	牛填松
元理法	韦金堂	尤二锁	戈德章	牛贞地	牛新春
元德孟	韦法刚	尤世清	中洪典	牛合生	牛德胜
韦 山	韦思荣	尤任先	贝飞廷	牛庆堂	牛颜秋
韦 元	韦保炎	尤克云	贝龙连	牛志华	毛 言
韦 权	韦炳吉	尤伯审	贝洪尧	牛秀清	毛 善
韦 光	韦振荣	尤松喜	内廷福	牛尚成	毛 富
韦 杰	韦基正	尤学义	见新江	牛知文	毛士余
韦九科	韦绪长	尤春山	牛 丑	牛和淑	毛山林
韦士均	韦瑞良	尤树奇	牛 林	牛金堂	毛义富
韦子龙	韦锦祥	尤胜富	牛 金	牛学胜	毛友红
韦长生	韦新里	尤洪林	牛士才	牛治安	毛化山
韦仁忠	韦福高	尤恩学	牛士贤	牛宝贵	毛文先
韦月国	韦德高	尤章奎	牛万平	牛建谣	毛文明
韦以明	云 洁	尤德福	牛万魁	牛春太	毛文献
韦占林	木克寿	友日礼	牛及褚	牛春玉	毛文德
韦生明	木金忠	车文信	牛天贵	牛树林	毛玉成
韦记顺	五中尧	车文卿	牛元森	牛衍和	毛玉享
韦有光	五目友	车汉卿	牛长富	牛亭尧	毛玉亭
韦成义	五付妮	车守鹤	牛风友	牛莫正	毛东芳
韦光玉	五汗家	车金成	牛书富	牛根红	毛东法
韦光和	五清友	车洪和	牛玉春	牛殊举	毛令安
韦廷秀	支 持	车淑之	牛占山	牛振华	毛令明
韦如桂	支宗才	车景治	牛申银	牛振花	毛永法
韦志明	支崇万	车瑞廷	牛生堂	牛海望	毛加树
韦连吉	支景新	巨本基	牛生道	牛家成	毛吉平
韦宋正	历成法	巨和平	牛立武	牛停女	毛吉祥

毛吉群	毛洛生	化书信	公丕明	文立宗	方广长
毛有功	毛桂田	化玉堂	公发绅	文西逊	方广文
毛廷章	毛桂康	化志青	公相善	文州柴	方太安
毛自德	毛根山	介云卿	月起花	文汝彦	方长义
毛关球	毛振宇	从 九	风刚兰	文守全	方长元
毛志盛	毛常迎	从文兰	风锡芝	文安纪	方长银
毛时科	毛眼光	从书明	丹国青	文如言	方化伦
毛岐山	毛清山	从正安	卞天有	文应清	方文宽
毛秀田	毛淇业	从丕公	卞友仁	文宋武	方以明
毛伯春	毛喜朱	从旦云	卞风林	文武贤	方玉兴
毛希勤	毛朝西	从兰芬	卞文忠	文青平	方玉春
毛启明	毛森林	从宁希	卞占科	文庙晴	方玉亭
毛青龙	毛登山	从尖雨	卞其山	文学丁	方东成
毛其堂	毛瑞升	从年升	卞法金	文树云	方白合
毛尚余	毛德卫	从年琴	卞昭南	文贵枝	方乐田
毛学尧	毛德友	从其相	卞科利	文炳春	方永严
毛学余	毛德胜	从英兹	卞洪有	文振旅	方加田
毛泽和	壬天战	从林坤	卞洪登	文祥辛	方西眉
毛宝富	长云风	从林擅	卞德满	文盛安	方在福
毛建臣	长春珍	从学德	文 纪	文得全	方有堂
毛春余	仁同志	从树秀	文 英	文喜生	方有智
毛树海	仇介法	从树林	文 楷	文雄珍	方成义
毛树福	仇光华	从树保	文一庭	文善良	方毕元
毛奎元	仇里和	从树德	文中元	文澄锦	方光启
毛思敬	仇国方	从树璞	文公义	方 云	方向艮
毛修付	仇肿祥	从海芝	文公善	方 兴	方兆修
毛信法	仇锦才	从喜滋	文风其	方 泉	方兴格
毛美堂	仇福聚	从禄芝	文文林	方 策	方守公
毛洪义	仇德安	公玉臣	文双狗	方 斌	方如信
毛洪章	化文车	公丕论	文正祥	方士友	方纪良

方寿仁	方顺福	尹上春	尹守云	尹洪才	邓大金
方寿亭	方修圣	尹云江	尹守亮	尹洪武	邓才楷
方志芳	方保昌	尹少安	尹守道	尹起春	邓天章
方志金	方胜三	尹少春	尹纪林	尹桂南	邓元珍
方克英	方炳都	尹中金	尹志劳	尹高友	邓云飞
方坚桃	方振茂	尹长春	尹更善	尹焕臣	邓云远
方呆玉	方振美	尹从竞	尹来星	尹游谦	邓云亭
方秀臣	方海友	尹文高	尹佃福	尹裡福	邓木泽
方秀荣	方继胜	尹方林	尹作贞	尹锡岗	邓少海
方秀福	方硕正	尹丙德	尹作忠	尹福田	邓见元
方启山	方敬堂	尹左田	尹作胜	尹德民	邓见兵
方启权	方增元	尹东生	尹序世	尹德成	邓长单
方启南	方德成	尹立祥	尹良才	尹德明	邓为光
方其山	方德胜	尹兰新	尹启岗	引　产	邓玉彩
方林荣	斗　争	尹永华	尹者荣	巴元安	邓玉清
方松山	斗心高	尹吉林	尹述康	巴风起	邓正术
方国祥	斗根子	尹考德	尹国和	巴本顾	邓古生
方昌荷	计人放	尹成吉	尹佩玉	巴福学	邓左田
方忠玉	户元风	尹成芳	尹京云	邓　才	邓主义
方和兴	户华同	尹成坡	尹建吕	邓　开	邓立同
方金田	尹　六	尹成柱	尹孟才	邓　五	邓立华
方金锡	尹　礼	尹成楷	尹孟弼	邓　东	邓永学
方法兵	尹　环	尹光兴	尹春宽	邓　汉	邓发冉
方官才	尹　杰	尹光君	尹相周	邓　先	邓发辉
方官明	尹　桂	尹同兴	尹相登	邓　林	邓亚胜
方诗会	尹士君	尹同法	尹树林	邓　河	邓臣友
方绍全	尹士德	尹传章	尹修启	邓　彭	邓有成
方绍泉	尹大明	尹华同	尹施衍	邓　辉	邓成金
方贯祥	尹大根	尹兆来	尹迷生	邓　澎	邓光平
方秋耀	尹万盈	尹庆生	尹举安	邓士勋	邓传吉

邓全山	邓保安	孔凡秀	孔现景	孔银明	甘友全
邓合宝	邓肿松	孔凡金	孔现瑞	孔寅臣	甘水旺
邓守玉	邓炳仁	孔卫生	孔其下	孔焦明	甘仪志
邓进发	邓炳坤	孔小毛	孔范义	孔普坤	甘白义
邓志廷	邓班德	孔元祥	孔范元	孔遂芝	甘安一
邓志明	邓留柱	孔云录	孔范西	孔登明	甘国炎
邓志新	邓海龙	孔五德	孔范信	孔照义	甘忠金
邓克正	邓润生	孔反友	孔林吉	孔照功	甘金东
邓秀山	邓继达	孔仑峰	孔贤忠	孔照辛	甘治全
邓秀歧	邓培九	孔风乐	孔金才	孔德金	甘炳荣
邓良德	邓寄生	孔占怀	孔金荣	孔繁玉	甘祖南
邓林友	邓超玉	孔令元	孔金拴	孔繁永	甘致才
邓林全	邓湘玉	孔令华	孔金胜	孔繁庆	甘朝忠
邓奇财	邓瑞海	孔令弟	孔学武	孔繁春	甘禄才
邓昌义	邓锦祥	孔立奎	孔宛时	孔繁祥	甘福财
邓明玉	邓新仁	孔成保	孔显德	孔繁智	世德财
邓明新	邓福云	孔先珍	孔昭续	毋玉幸	艾　明
邓忠孟	邓德义	孔会五	孔宪生	毋法玉	艾文明
邓忠信	邓德利	孔庆才	孔宪武	毋新清	艾同秀
邓金带	双　全	孔庆山	孔宪亮		艾传池
邓金荣	双孝兴	孔庆发	孔宪斋	**五画**	艾志刚
邓金贵	孔　均	孔庆全	孔烦新		艾明生
邓念元	孔　禄	孔庆芳	孔祥五	未金堂	艾家发
邓学德	孔　零	孔庆范	孔祥正	邗云发	艾盛森
邓宝钧	孔　耀	孔庆举	孔祥贞	邗束生	艾眼明
邓宗茂	孔万山	孔庆珠	孔祥亨	邗国庆	艾清林
邓承礼	孔万银	孔庆福	孔祥坦	邗瑞玉	古云辉
邓春亭	孔凡义	孔求知	孔祥雨	正德正	古占云
邓思高	孔凡芝	孔怀祥	孔祥顺	甘九李	古传明
邓复赓	孔凡兴	孔现章	孔继祥	甘才全	古志贤

古国荣	左保明	石天喜	石兆元	石思普	石德善
可成玉	左振寸	石天德	石守义	石秋印	石燕宗
丙传科	左振国	石元城	石许清	石顺山	石徽庆
左 存	左振祥	石云锁	石如意	石亮正	右少云
左 凯	左盛和	石友福	石级殿	石恢华	布吏全
左 展	左康才	石少和	石志法	石洪叶	龙 王
左 雄	左维山	石长江	石芳胡	石洪杰	龙 庆
左士富	左蒙辉	石仁轩	石来公	石洪奎	龙广礼
左友孝	左端柏	石风明	石连堂	石振才	龙小清
左化彬	厉见法	石凤祥	石怀贵	石振丰	龙马根
左水贵	厉荣山	石书臣	石怀章	石振峰	龙日清
左生高	厉保全	石水生	石沛林	石祥迎	龙介兰
左付章	厉福善	石水根	石宋义	石球宋	龙文富
左立芳	丕青山	石玉洪	石陆玉	石章德	龙巧林
左礼照	石 义	石玉峰	石尚寅	石清太	龙正状
左永福	石 全	石玉德	石国化	石绪秋	龙世清
左兴俭	石 英	石世柱	石国民	石敬云	龙丙祥
左连均	石 明	石叶绪	石明本	石敬龙	龙田生
左言实	石 清	石田城	石明轩	石森众	龙立味
左怀玉	石 磊	石乐三	石明岭	石景慈	龙永吉
左英逸	石力欣	石立相	石和生	石登山	龙加未
左尚友	石三次	石永山	石金山	石瑞堂	龙达寿
左昌海	石士洪	石永安	石金德	石锦章	龙成茅
左金龙	石万银	石永祥	石朋友	石福为	龙守章
左学义	石广山	石在堂	石朋玉	石榴田	龙安明
左学知	石广文	石有玉	石朋林	石毓富	龙利黄
左绍朴	石子明	石光山	石学信	石德友	龙启坤
左贵之	石开元	石光元	石珍东	石德余	龙君茂
左贵友	石开银	石传生	石树云	石德朝	龙国芳
左顺堂	石天虎	石伏来	石贵子	石德童	龙明东

龙和礼	卢文成	申才凯	申红运	叶 时	叶兰田
龙金玉	卢书堂	申小郎	申红章	叶 俊	叶汉球
龙金华	卢世佐	申子平	申来珠	叶 养	叶发林
龙保登	卢永庆	申元坤	申步云	叶 康	叶发毫
龙侯立	卢存成	申元勋	申怀堂	叶 新	叶圣荣
龙振云	卢庆云	申木生	申怀望	叶 德	叶年音
龙培海	卢寿林	申中贵	申张怀	叶义方	叶仲华
龙常毛	卢来厚	申长松	申昌功	叶广发	叶兴才
龙麻子	卢其君	申月亮	申明堂	叶广坛	叶守法
龙喜章	卢松柏	申风成	申金斗	叶元才	叶安禄
龙善条	卢忠法	申文廷	申金头	叶云法	叶志华
龙普德	卢季康	申文俊	申金成	叶云兹	叶志富
龙德俊	卢金龙	申为喜	申金瑞	叶少景	叶来华
平太只	卢金亭	申丑孩	申孟喜	叶见相	叶松阅
平长柱	卢学芳	申水金	申荣秀	叶长良	叶宝科
平文和	卢学顺	申玉德	申贵廷	叶长荣	叶细枝
平乐天	卢重喜	申白枝	申保才	叶仁贵	叶贯涛
平常柱	卢洪如	申立全	申保元	叶仁美	叶春华
东 俊	卢洪杰	申礼金	申彦海	叶介裕	叶春银
东方才	卢培信	申永泉	申洪典	叶从华	叶柱有
东鲁家	卢鸿义	申有茂	申济林	叶文武	叶树云
占 山	卢福荣	申存则	申家师	叶以法	叶树青
卢 双	卢德龙	申光德	申瑞廷	叶以银	叶树林
卢 沙	卢德胜	申廷义	申福兴	叶书长	叶树春
卢 辉	旧红军	申廷远	申福辰	叶书贵	叶树清
卢 照	旦进财	申会九	申福余	叶书洛	叶胜全
卢云之	甲敬顶	申合用	申殿英	叶书章	叶胜新
卢五善	申 四	申兴叶	申殿惠	叶玉太	叶恒清
卢少生	申 忠	申守业	申疆余	叶玉法	叶美仁
卢中田	申 星	申守智	叶 龙	叶丙金	叶洪庆

叶祖德	田文盛	田成思	田启迪	田贵荣	田德俊
叶珠有	田心廷	田光林	田茂爱	田贵原	由风玉
叶根生	田心更	田光荣	田英木	田香森	由建云
叶爱龙	田双林	田光绿	田英礼	田顺风	由留泉
叶润青	田双圄	田华化	田英杰	田恒逐	史 天
叶清松	田书贵	田华堂	田松存	田迷山	史 田
叶清查	田水永	田会德	田杭州	田洪升	史 更
叶照真	田水楼	田合生	田国安	田洪高	史大林
叶增成	田玉干	田兆坤	田昌亭	田起兰	史大厚
叶德元	田玉山	田庆洛	田明云	田根贵	史大善
叶德华	田玉买	田江龙	田明起	田振山	史广永
叶德雨	田玉良	田守信	田明喜	田流长	史小水
叶德明	田玉坤	田守福	田易成	田家贯	史小高
叶德银	田玉柱	田安林	田忠修	田家福	史子田
田 华	田玉堂	田好仕	田和根	田常希	史天林
田 芳	田世珍	田志远	田秉权	田崇玉	史友科
田 翠	田平盈	田志恒	田金才	田惠德	史化清
田士杰	田占安	田克武	田金山	田景胜	史文太
田才同	田生水	田连台	田金东	田景章	史文香
田小昌	田付有	田步祥	田庙生	田赐福	史火林
田小保	田立纯	田秀正	田学成	田道文	史书生
田马礼	田立旺	田秀生	田学海	田富生	史玉各
田子经	田永才	田秀贞	田孟顺	田瑞昌	史玉阁
田友仁	田永兴	田秀亭	田春成	田新茂	史正林
田牛富	田永昌	田希茂	田相林	田福钧	史正海
田仁凤	田永增	田应礼	田树木	田福海	史本良
田仁祥	田加山	田应标	田树宽	田增贵	史丕开
田凤龙	田考林	田辛洪	田树增	田德玉	史业振
田文礼	田在桐	田怀春	田厚喜	田德兴	史头银
田文悦	田成文	田启成	田贵明	田德荣	史汉林

史汉岭	史学五	史福海	代书庆	付云堂	付守考
史永山	史宝珍	史聚宝	代玉建	付云清	付如升
史吉开	史宗印	史德夫	代玉堂	付太良	付进才
史达夫	史居成	史德胜	代永瑞	付历松	付作达
史成全	史孟德	史德亮	代怀柱	付长友	付青云
史光才	史春郎	史德福	代初才	付文和	付坤山
史光义	史春秋	叩南书	代奇忠	付文祥	付坤河
史光中	史相参	冉 雍	代忠彦	付文德	付贤荣
史光全	史相森	冉天详	代树清	付为积	付季荣
史光里	史贵增	冉龙胜	代俊奎	付玉田	付岳成
史先琴	史俊山	冉发明	代洪瑞	付玉祥	付金山
史竹培	史养玉	冉成戟	代振方	付丙文	付金生
史传起	史炳林	冉光相	代振明	付东仁	付金思
史行战	史洪顺	冉廷三	代振忠	付东生	付金堂
史会得	史振青	冉寿廷	代营明	付立发	付学士
史江频	史家忽	冉昌泉	代清海	付兰玉	付学根
史汝成	史家柱	冉春明	代寅华	付西章	付泽祥
史孝春	史家宽	冉堂德	代联登	付存礼	付昭和
史来全	史圈全	冉崇玉	代照星	付成凤	付香落
史作培	史得胜	冉瑞禄	代新发	付成礼	付秋子
史怀有	史清仁	生义水	代福余	付成贤	付秋吉
史怀杰	史清泉	代 先	代福深	付成顺	付保斋
史青红	史清福	代 明	代德志	付成德	付保增
史旺成	史朝玉	代 恩	付 飞	付同泰	付亭臣
史明义	史鲁玉	代子明	付 长	付传礼	付炳恒
史明康	史富贵	代王堂	付 文	付延廷	付炳起
史忠台	史登山	代中有	付士元	付华贵	付洪高
史佩哲	史照生	代中华	付万全	付自治	付根长
史金山	史新近	代月洪	付山海	付庆全	付振可
史金贵	史福贵	代书元	付云标	付齐榜	付景瑞

付瑞康	白廷川	丛万磁	包颜礼	兰国兴	冯　可
付瑞满	白廷雪	丛文艺	乐小亭	兰佩玉	冯　用
付殿甲	白红汗	丛丕民	乐目衣	兰孟其	冯　贤
付增明	白连友	丛代云	乐有才	兰保贵	冯　明
付德礼	白连庆	丛吉兹	乐庆林	兰洪忠	冯　侃
付德忠	白怀东	丛廷兹	乐家光	兰积超	冯　勇
付德贵	白宋玉	丛华芝	乐献文	兰理法	冯　莲
付德喜	白茂甲	丛树芝	立　堂	兰梅真	冯　涛
仪法文	白国梁	丛树华	玄文庆	兰清亮	冯　梅
白　勇	白金怀	丛树译	玄孔元	兰朝旺	冯　超
白三昌	白金泉	丛树坤	玄玉英	汇林高	冯　谦
白士年	白念章	丛树萌	玄纪中	宁　侠	冯二小
白士流	白学敏	丛培义	玄保树	宁乃富	冯三运
白小风	白定元	丛增珠	玄德庆	宁万寿	冯大法
白子耀	白宜元	印玉贤	兰　奎	宁小顺	冯万成
白天才	白奎有	句火富	兰　桂	宁天河	冯万明
白云龙	白贵廷	包云长	兰九斤	宁文成	冯广东
白云生	白俊峰	包支书	兰元瑞	宁文忠	冯之池
白云南	白莲云	包以同	兰少光	宁永德	冯天祥
白长亮	白振和	包左伦	兰中合	宁老法	冯元池
白文款	白海下	包立成	兰玉艮	宁廷钦	冯云连
白双和	白海侠	包亚合	兰四庞	宁自贤	冯太平
白水海	白海清	包权才	兰生活	宁安正	冯中义
白玉平	白家训	包传有	兰永安	宁明元	冯中和
白玉喜	白培山	包阿孝	兰自芳	宁忠良	冯长顺
白生智	白康成	包树奇	兰合亭	宁学昌	冯长根
白令武	白禄庆	包胜熙	兰守启	宁春荣	冯化高
白存科	白福梆	包振升	兰守路	宁积玉	冯文兴
白灰荣	全胜熙	包脸成	兰纪玉	宁象坤	冯方佐
白光珍	丛　兰	包满志	兰国合	冯　元	冯心正

冯水来	冯光春	冯现文	冯宝禹	冯清义	司全法
冯玉生	冯光荣	冯坤云	冯宗先	冯超林	司志恒
冯玉芝	冯光宽	冯英岐	冯建义	冯粪孩	司金销
冯玉华	冯同甫	冯林仁	冯建书	冯富昌	司建增
冯玉贵	冯先文	冯科祥	冯居明	冯瑞东	司孟全
冯玉亭	冯廷斌	冯虎西	冯居鸾	冯照玉	司思俭
冯玉超	冯传清	冯贤富	冯荣山	冯锡典	司养天
冯正友	冯延益	冯尚武	冯树怀	冯新段	司善德
冯世来	冯全保	冯旺课	冯奎亭	冯满秋	司德仁
冯龙光	冯合光	冯旺梁	冯贵财	冯福云	司德发
冯龙芳	冯江喜	冯国丰	冯秋满	冯福兴	弗兴红
冯叶胜	冯守道	冯国兴	冯保贝	冯殿宾	皮山金
冯代跟	冯孝才	冯国安	冯保正	冯碧云	皮启言
冯令云	冯志材	冯国祥	冯保臣	冯增胜	皮洪昌
冯立发	冯志德	冯国富	冯胜克	冯增喜	边玉亭
冯立华	冯克昌	冯昌富	冯胜奎	冯德付	边有信
冯立均	冯来义	冯明礼	冯恒元	冯德林	边传孔
冯礼金	冯来生	冯明安	冯祖贵	冯德莹	边庆兴
冯永祥	冯来印	冯明武	冯配明	让美能	边庆现
冯永章	冯连杰	冯忠先	冯配鸣	必风云	边艮立
冯加绍	冯连琴	冯凯印	冯振廷	必风鸣	边志号
冯加胜	冯秀其	冯金云	冯振海	永能才	边志帮
冯召共	冯秀奇	冯金仁	冯振谦	司士女	边宋信
冯圣奎	冯何平	冯金生	冯海云	司小元	边青贤
冯吉先	冯应贤	冯金转	冯海春	司开香	边家伦
冯臣祥	冯完昌	冯金星	冯继堂	司开顺	边容元
冯协秀	冯良臣	冯周伏	冯培兴	司中蒲	边清波
冯存付	冯君公	冯学臣	冯堂绪	司东林	发小七
冯成禹	冯青有	冯学坤	冯晚成	司传恩	
冯光元	冯青河	冯宝金	冯清山	司华廷	

六画

	邢召达	邢冠后	吉洪祥	成文明	扬春区
	邢有君	邢振金	吉排成	成汝福	扬清白
匡志诚	邢成云	邢峰春	吉善平	成守勤	扬景州
匡炳南	邢成贤	邢家修	吉登林	成明雷	扬集贤
匡爵现	邢成修	邢祥林	吉德如	成和坤	扬瑞清
邦连清	邢光友	邢祥郎	考中库	成济英	尧玉才
刑　岭	邢光东	邢继禹	老　广	成桂南	尧玉成
刑安泰	邢光芝	邢培侦	巩子美	成梅生	师　强
邢　廷	邢光富	邢菅胜	巩王法	成新民	毕　成
邢　农	邢年义	邢焕叶	巩玉成	成德贤	毕小元
邢士军	邢会高	邢清玉	巩玉法	夹东存	毕天庆
邢之德	邢兆龙	邢善世	巩占鳌	扬　民	毕元伦
邢云山	邢庆洪	邢福昌	巩光利	扬　俊	毕凤云
邢云天	邢汝勤	邢模范	巩安学	扬　雄	毕文学
邢巨新	邢志先	邢德胜	巩纪斌	扬　德	毕书喜
邢日宝	邢志明	吉　昌	巩荣韦	扬小保	毕玉贤
邢长玉	邢连兴	吉义成	巩振本	扬元邦	毕玉春
邢长炎	邢连福	吉天宝	巩海清	扬介臣	毕玉荣
邢仁志	邢秀国	吉凤起	巩继斌	扬玉祥	毕玉瑞
邢书明	邢希清	吉成银	巩博厚	扬汉钦	毕世怀
邢玉才	邢良才	吉传朋	巩福林	扬有江	毕世昌
邢玉义	邢林士	吉传法	巩德志	扬达才	毕可云
邢玉廷	邢佩福	吉华礼	巩德知	扬光生	毕可太
邢功亭	邢学标	吉秀庆	巩德智	扬同昌	毕可礼
邢世田	邢春芝	吉沟吊	共秀美	扬志英	毕可成
邢世法	邢俊汉	吉林金	吏清甲	扬志新	毕可明
邢本仁	邢彦明	吉典如	厌同昌	扬明芳	毕可治
邢本功	邢觉如	吉忠臣	百姓安	扬忠祥	毕可斌
邢本望	邢洪田	吉金生	成风清	扬金芝	毕代昌
邢付祥	邢洪洲	吉荀吊	成文武	扬孟启	毕永安

毕永祥	师长珍	曲书胜	曲金才	吕川章	吕世升
毕发绪	师兰廷	曲书盛	曲宝山	吕川殿	吕世仁
毕光明	师存红	曲世发	曲宝福	吕义公	吕东城
毕先埠	师如珍	曲世昌	曲宗谔	吕义明	吕由远
毕传道	师道南	曲世和	曲审修	吕子贵	吕四真
毕延才	光少云	曲世基	曲建镇	吕天增	吕兰彩
毕庆高	光进文	曲本玉	曲承范	吕元生	吕永利
毕艮林	光景祥	曲本福	曲春来	吕太白	吕永选
毕希贞	当锦山	曲永才	曲荣山	吕牛牛	吕永淦
毕序范	曲 牛	曲永华	曲荣法	吕毛南	吕永谨
毕尚福	曲乃贞	曲永坤	曲面正	吕长春	吕召友
毕明先	曲义孝	曲永范	曲修章	吕长荣	吕召光
毕忠意	曲义蕃	曲永恩	曲信福	吕仁义	吕召忠
毕秉坤	曲之光	曲吉堂	曲桂芝	吕仁连	吕亚月
毕建安	曲井学	曲西乡	曲配振	吕仁祥	吕西河
毕柄胖	曲元五	曲成福	曲振华	吕化付	吕西堂
毕相臣	曲元禄	曲延昆	曲振斋	吕文木	吕西福
毕秋子	曲云山	曲延奎	曲常耀	吕文化	吕有言
毕秋只	曲太广	曲延崇	曲维章	吕文序	吕成芝
毕宽新	曲友理	曲延敏	曲绵洪	吕文忠	吕成全
毕家增	曲日晓	曲延维	曲喜寿	吕文楷	吕成忍
毕曹会	曲升学	曲延路	曲棉恩	吕方玉	吕成相
毕庶德	曲仁奎	曲行孟	曲锦洪	吕计正	吕成德
毕敬礼	曲仁喜	曲秀海	曲增绍	吕以留	吕光炳
毕敬甫	曲化山	曲近右	吕 彻	吕以增	吕同浦
毕敬德	曲风明	曲近诗	吕 坤	吕孔敏	吕同喜
毕朝辉	曲风某	曲明月	吕 庚	吕书伯	吕廷云
毕路德	曲风奎	曲明苏	吕 郎	吕水思	吕传殿
贞自信	曲文澄	曲明建	吕 强	吕玉亭	吕似山
师天文	曲心堂	曲委廷	吕士南	吕玉润	吕会科

吕兴田	吕忠民	吕桂平	吕增群	朱　涛	朱子成
吕兴年	吕忠法	吕桂成	吕德义	朱　琦	朱子清
吕如林	吕忠莱	吕校友	吕德功	朱　楷	朱子富
吕好坑	吕金山	吕烈福	吕德奎	朱一造	朱井龙
吕纪文	吕金斗	吕徒典	同花芳	朱儿其	朱天喜
吕纪武	吕金华	吕郭保	同金狗	朱力元	朱元武
吕还良	吕金亭	吕部君	同修贵	朱又成	朱云秀
吕肖信	吕学良	吕海波	团炳来	朱士木	朱云林
吕秀珠	吕建积	吕宾徐	刚志义	朱士牟	朱云贵
吕作福	吕孟友	吕宾绪	刚希旺	朱士坤	朱太平
吕身珍	吕孟文	吕祥义	刚福界	朱士英	朱太应
吕希和	吕绍光	吕祥功	年兴照	朱士清	朱友孝
吕言国	吕春林	吕能文	朱　三	朱士福	朱友顺
吕宏泉	吕荣得	吕继绪	朱　干	朱土山	朱友秦
吕启先	吕相廷	吕清元	朱　广	朱土清	朱少华
吕张兴	吕奎序	吕淇才	朱　飞	朱下高	朱少江
吕青山	吕贵成	吕梁志	朱　元	朱大林	朱少卿
吕青道	吕顺和	吕维华	朱　云	朱大喜	朱见义
吕现明	吕顺亭	吕维贵	朱　龙	朱万友	朱手江
吕茂先	吕顺喜	吕景正	朱　生	朱万华	朱长付
吕范仁	吕顺福	吕善高	朱　纪	朱万忠	朱长兰
吕杰民	吕修扬	吕富科	朱　武	朱义同	朱长庆
吕抬忠	吕保祥	吕登春	朱　坤	朱广友	朱长林
吕尚信	吕俊土	吕瑞详	朱　旺	朱广宝	朱长胜
吕国公	吕俊昌	吕献文	朱　忠	朱小龙	朱长宽
吕明文	吕胜来	吕新年	朱　凯	朱小有	朱仁让
吕明市	吕前均	吕福庆	朱　定	朱小栓	朱仁甫
吕明安	吕洪生	吕福保	朱　胡	朱小祥	朱仁梅
吕明旺	吕济山	吕殿君	朱　顺	朱小锁	朱月武
吕忠义	吕宪根	吕翠妮	朱　炳	朱马骏	朱凤龙

朱文山	朱正根	朱讯廷	朱光庆	朱如银	朱言龙
朱文义	朱正福	朱永义	朱光怀	朱好明	朱怀义
朱文甲	朱世木	朱永臣	朱光武	朱观顺	朱怀志
朱文早	朱世杰	朱永祥	朱光德	朱进和	朱怀保
朱文君	朱世炎	朱司公	朱先觉	朱进佳	朱怀泉
朱文昌	朱世荣	朱司喜	朱先清	朱运福	朱怀清
朱文忠	朱世溃	朱召生	朱先福	朱志臣	朱君开
朱文看	朱本田	朱发灵	朱传才	朱志凯	朱陆希
朱文祥	朱可一	朱吉辰	朱传发	朱志金	朱阿财
朱文耀	朱可让	朱吉凯	朱传后	朱志哥	朱奉金
朱心有	朱丙万	朱老发	朱任戒	朱志强	朱青云
朱队明	朱丕仁	朱西之	朱华美	朱克臣	朱其连
朱以明	朱石开	朱西魁	朱华堂	朱克荣	朱茂友
朱允弼	朱石头	朱有成	朱华敏	朱杠炎	朱茂根
朱双明	朱东永	朱有明	朱后年	朱来友	朱英海
朱水长	朱东狗	朱有根	朱后进	朱来存	朱直祥
朱玉山	朱东卿	朱有照	朱行春	朱来保	朱奇金
朱玉田	朱东章	朱而叶	朱全云	朱连生	朱拉丁
朱玉兰	朱田斋	朱成义	朱全水	朱连立	朱虎臣
朱玉作	朱四明	朱成元	朱全英	朱连海	朱贤会
朱玉林	朱令新	朱成臣	朱全海	朱里发	朱贤曹
朱玉杰	朱用干	朱成华	朱会高	朱里禄	朱贤德
朱玉国	朱印修	朱成英	朱合言	朱足顺	朱国成
朱玉堂	朱尔页	朱成宜	朱庆友	朱秀田	朱国良
朱玉清	朱立桥	朱成修	朱庆源	朱秀庭	朱国祥
朱玉朝	朱汉明	朱成美	朱米山	朱作良	朱昌华
朱玉雁	朱汉勤	朱成喜	朱冲东	朱伯明	朱昌明
朱正川	朱礼文	朱光元	朱守好	朱希正	朱明仁
朱正元	朱训昌	朱光仁	朱守林	朱希远	朱明全
朱正周	朱训忠	朱光华	朱安贵	朱希建	朱明英

朱明贵	朱宝承	朱俭良	朱振华	朱道德	朱德才
朱明亮	朱宝荣	朱信文	朱钻旦	朱渭富	朱德礼
朱明祥	朱宝森	朱信芝	朱家汉	朱富三	朱德法
朱忠成	朱宗山	朱泉强	朱家春	朱富怀	朱德荣
朱金才	朱宗高	朱亭张	朱家庭	朱富贵	朱德秋
朱金之	朱定彬	朱恒芳	朱祥吉	朱富桂	朱德修
朱金仁	朱绍良	朱美江	朱祥更	朱富银	朱德喜
朱金水	朱绍俊	朱首嘉	朱理标	朱禄廷	朱德斌
朱金龙	朱绍谋	朱炳章	朱黄年	朱谦其	朱颜军
朱金秀	朱绍斌	朱洪山	朱梅生	朱登文	朱耀才
朱金英	朱绍富	朱洪义	朱硕年	朱瑞芝	朱罐之
朱金贵	朱春亭	朱洪元	朱常祺	朱瑞林	朱罐锣
朱金美	朱城花	朱洪升	朱银增	朱瑞宽	先就芬
朱金陶	朱荣光	朱洪训	朱得胜	朱瑞蓝	乔 玉
朱金堂	朱荣福	朱洪发	朱清龙	朱锡山	乔 扬
朱周体	朱相生	朱洪思	朱清权	朱锡田	乔 红
朱京平	朱相吉	朱洪信	朱鸿昌	朱锡良	乔 遂
朱京州	朱相坤	朱洪海	朱谓夫	朱锦成	乔二红
朱店卿	朱树檀	朱祖根	朱隋堂	朱新民	乔万方
朱庚林	朱星邦	朱素云	朱绪敬	朱新贵	乔万全
朱单平	朱贵金	朱耿富	朱维生	朱新彦	乔万和
朱学伦	朱贵新	朱桂生	朱维祥	朱新德	乔万泽
朱学明	朱思公	朱桂兰	朱维普	朱源美	乔小先
朱河桥	朱思明	朱桂芝	朱喜元	朱福山	乔丰盈
朱治富	朱保友	朱根山	朱喜武	朱福元	乔王民
朱宝才	朱保全	朱根生	朱景明	朱福永	乔开松
朱宝玉	朱保国	朱根华	朱景城	朱福荣	乔元君
朱宝成	朱保亮	朱根连	朱傅银	朱殿乡	乔太君
朱宝伦	朱保善	朱根秀	朱善昌	朱殿贵	乔长生
朱宝华	朱保銮	朱振平	朱道清	朱聚生	乔风来

乔文学	乔和文	伍全有	仲福成	任玉安	任光三
乔文祥	乔往华	伍每镇	任 平	任玉明	任光明
乔书兰	乔朋友	伍宏桂	任 杰	任玉槐	任光道
乔正坤	乔定松	伍金环	任 波	任正礼	任则根
乔生福	乔孟娃	伍学功	任 锁	任正吉	任仲先
乔永云	乔经仁	伍培祥	任 富	任正兴	任会曾
乔加仔	乔经斋	伏根本	任大毛	任世良	任兆明
乔存学	乔荣法	优信东	任大发	任本志	任江龙
乔成生	乔柏绿	仲一志	任大海	任丙轩	任江兰
乔同汉	乔保增	仲太法	任万山	任东志	任守甫
乔廷章	乔胖仁	仲从胜	任万立	任东青	任守连
乔伐山	乔炳林	仲文生	任义合	任生才	任守良
乔会心	乔家僧	仲玉威	任王双	任立凡	任安定
乔兆会	乔常庸	仲光义	任开太	任立范	任纪和
乔庆山	乔崇汉	仲伟同	任天广	任记福	任寿甫
乔兴邦	乔维秀	仲兆芳	任天华	任永乡	任志叶
乔兴秀	乔德生	仲兆基	任天祥	任永水	任志同
乔兴伯	乔德昌	仲齐标	任元之	任永孟	任志红
乔汝元	伟 光	仲忙甫	任元生	任永福	任志坤
乔级本	伟用芝	仲其山	任云青	任吉东	任志和
乔志书	传长友	仲秋保	任友和	任吉更	任志贵
乔连之	传兆合	仲济标	任从富	任西庚	任志思
乔连禄	传青伦	仲济祥	任风明	任在良	任志科
乔秀山	休香山	仲济慎	任丹云	任在校	任连臣
乔作胜	伍 各	仲振德	任丹龙	任有生	任里贞
乔尚廷	伍中山	仲继甫	任文山	任存新	任何民
乔国成	伍西锁	仲第金	任文修	任成太	任希东
乔国锡	伍在玉	仲维臣	任书常	任成训	任怀富
乔明德	伍光龙	仲维先	任玉才	任成明	任启会
乔忠玉	伍光成	仲景生	任玉山	任尧先	任现和

任茂松	任炳贵	任耀忠	伊茂升	全广福	庄兆顺
任英其	任洪山	伦保山	伊虎娃	全太合	庄守章
任林才	任洪付	华书信	伊固生	全龙堂	庄进前
任林英	任洪良	华玉书	伊柳宾	全百生	庄秀春
任雨福	任洪涛	华正杰	伊树青	全有和	庄辛忠
任国华	任洪道	华成信	伊保恒	全光福	庄茂长
任明山	任起祥	华光盛	血 同	全安太	庄茂兰
任明公	任格保	华秀宗	向 云	全克义	庄林士
任明有	任振川	华况山	向 生	全炳言	庄金乡
任明庆	任恩孔	华其芬	向子安	会毕高	庄金秀
任明林	任家福	华顶山	向元德	合元信	庄学彬
任明谦	任继玉	华忠恕	向少吉	危永保	庄宝彩
任明路	任得时	华桂喜	向文良	危均书	庄荣放
任忠奎	任焕章	华庶令	向世百	旭永池	庄荣朝
任金仁	任清山	仰化芝	向龙喜	邬士泉	庄思聪
任金水	任清锁	自双贵	向乐之	邬云堂	庄俊銮
任金安	任景奎	自青云	向安才	邬善心	庄洪海
任京兰	任登尧	自春元	向安财	庄 琪	庄海山
任放成	任锡昌	自胖仁	向红伸	庄士志	庄陵前
任学良	任锡桂	自炳群	向志宝	庄万年	庄乾密
任泽思	任新永	自康成	向国友	庄云九	庄绪海
任宗臣	任满柱	自景群	向昌明	庄风平	庄维义
任绍卿	任福新	自锦田	向春荣	庄文德	庄殿行
任珍保	任福德	自福海	向彬山	庄世玉	庄德和
任赵林	任殿华	伊大胜	向维贵	庄世先	庄德佳
任战英	任增柱	伊小成	向道光	庄龙德	庄灏廷
任贵祥	任德兴	伊风廷	向道安	庄永奎	庆国安
任贵堂	任德金	伊方玉	向湘吾	庄发志	刘 二
任贵锁	任德胜	伊永祥	后永顺	庄成法	刘 三
任保松	任德禄	伊庆福	全 森	庄光华	刘 义

刘开	刘苟	刘通	刘三汝	刘万银	刘小铺
刘云	刘林	刘理	刘于鸿	刘义丁	刘子九
刘木	刘松	刘基	刘士元	刘义元	刘子云
刘五	刘杰	刘捷	刘士仁	刘义成	刘子仁
刘毛	刘明	刘堂	刘士平	刘义光	刘子龙
刘仁	刘忠	刘清	刘士华	刘义寿	刘子成
刘文	刘凯	刘谐	刘士闫	刘义春	刘子华
刘方	刘和	刘萱	刘士芳	刘义清	刘子会
刘玉	刘备	刘斐	刘士作	刘义湘	刘子红
刘平	刘学	刘辉	刘士明	刘义德	刘子芳
刘生	刘法	刘禄	刘士金	刘凡德	刘子其
刘兰	刘郎	刘新	刘士奎	刘久风	刘子林
刘臣	刘珍	刘静	刘士举	刘久成	刘子昌
刘成	刘标	刘聚	刘士领	刘广才	刘子春
刘廷	刘奎	刘兢	刘士章	刘广平	刘子顺
刘伍	刘星	刘锻	刘大平	刘广田	刘子堂
刘任	刘贵	刘德	刘大生	刘广寿	刘子普
刘华	刘科	刘一飞	刘大全	刘广林	刘子廉
刘全	刘俊	刘一中	刘大茂	刘广明	刘子新
刘兴	刘彦	刘一民	刘大和	刘之兰	刘丰昌
刘纪	刘炳	刘二永	刘大珍	刘之进	刘王林
刘进	刘洁	刘二的	刘大保	刘之甫	刘井生
刘均	刘洪	刘二保	刘大屏	刘之荣	刘井江
刘志	刘宣	刘二梅	刘才全	刘之德	刘井秀
刘芳	刘勇	刘丁玉	刘才顺	刘卫孝	刘开礼
刘更	刘桂	刘九成	刘万同	刘小牛	刘开英
刘连	刘根	刘乃观	刘万寿	刘小平	刘开祥
刘武	刘原	刘乃君	刘万里	刘小先	刘天心
刘青	刘涝	刘三儿	刘万法	刘小沛	刘天玉
刘坤	刘海	刘三兴	刘万胜	刘小桐	刘天尧

刘天兴	刘元基	刘太昌	刘中庆	刘仁云	刘文斗
刘天宝	刘元章	刘太俊	刘中怀	刘仁会	刘文玉
刘天相	刘元臻	刘太胜	刘中启	刘仁安	刘文本
刘天贵	刘云山	刘尤钦	刘中范	刘仁贵	刘文龙
刘天保	刘云广	刘友于	刘中明	刘仁基	刘文生
刘天洪	刘云平	刘友仁	刘中焕	刘仁清	刘文同
刘天桂	刘云生	刘友文	刘见五	刘仁福	刘文华
刘天晓	刘云成	刘友玉	刘见仁	刘仁德	刘文全
刘天销	刘云光	刘友平	刘见吉	刘化堂	刘文庆
刘天群	刘云廷	刘友芝	刘见修	刘公仁	刘文甫
刘元三	刘云安	刘友和	刘毛秋	刘公有	刘文秀
刘元夫	刘云判	刘牙山	刘毛喜	刘公剑	刘文启
刘元云	刘云英	刘少五	刘长太	刘月元	刘文林
刘元方	刘云昌	刘少为	刘长玉	刘月增	刘文松
刘元功	刘云波	刘少石	刘长龙	刘风才	刘文明
刘元田	刘云树	刘少白	刘长永	刘风山	刘文珍
刘元成	刘云保	刘少先	刘长肋	刘风义	刘文柱
刘元全	刘云亭	刘少安	刘长林	刘风仁	刘文选
刘元弟	刘云烂	刘少奇	刘长贤	刘风玉	刘文科
刘元启	刘云高	刘少忠	刘长庚	刘风西	刘文保
刘元茂	刘云涛	刘少和	刘长法	刘风英	刘文亮
刘元林	刘云堂	刘少俭	刘长春	刘风林	刘文举
刘元明	刘云章	刘少铎	刘长贵	刘风柱	刘文桂
刘元侠	刘云焕	刘少卿	刘长胜	刘风亭	刘文卿
刘元金	刘云辉	刘日山	刘长桂	刘风才	刘文砦
刘元法	刘云善	刘日喜	刘长根	刘风林	刘文琢
刘元宝	刘五奎	刘日燥	刘长祥	刘风昌	刘文喜
刘元春	刘太平	刘中山	刘长敬	刘风柱	刘文智
刘元珍	刘太兰	刘中吉	刘长道	刘文才	刘文斌
刘元莫	刘太华	刘中华	刘仁义	刘文之	刘文嘉

刘文翠	刘玉书	刘玉柱	刘正海	刘左求	刘生瑶
刘文耀	刘玉水	刘玉香	刘正清	刘石尊	刘代玉
刘方池	刘玉龙	刘玉修	刘正富	刘平夫	刘代荣
刘火炎	刘玉生	刘玉保	刘正德	刘平先	刘代祥
刘为有	刘玉吉	刘玉亭	刘功臣	刘平安	刘付山
刘心科	刘玉芝	刘玉美	刘去山	刘平德	刘仝善
刘心泉	刘玉成	刘玉桂	刘世义	刘东二	刘用平
刘心宽	刘玉尧	刘玉浩	刘世友	刘东山	刘印保
刘以珍	刘玉同	刘玉祥	刘世公	刘东元	刘印胜
刘以堂	刘玉华	刘玉彬	刘世玉	刘东田	刘尔新
刘双太	刘玉全	刘玉堂	刘世正	刘东昌	刘主兴
刘双武	刘玉庆	刘玉清	刘世兰	刘占介	刘立田
刘书礼	刘玉州	刘玉琢	刘世汉	刘占圣	刘立成
刘书成	刘玉安	刘玉喜	刘世林	刘占芳	刘立同
刘书芳	刘玉芳	刘玉敬	刘世昌	刘占奎	刘立江
刘书连	刘玉连	刘玉斌	刘世凯	刘占亭	刘立材
刘书明	刘玉足	刘玉照	刘世金	刘占起	刘立明
刘书春	刘玉坤	刘玉新	刘世奎	刘占高	刘立垣
刘书俊	刘玉茂	刘玉福	刘世贵	刘占景	刘立柱
刘书亭	刘玉林	刘未星	刘世香	刘田清	刘立胜
刘书晋	刘玉松	刘正义	刘世海	刘由才	刘立渤
刘书爱	刘玉昆	刘正孔	刘世清	刘四苏	刘立勤
刘书豹	刘玉明	刘正生	刘世魁	刘四青	刘兰松
刘书锦	刘玉忠	刘正讯	刘本田	刘四维	刘兰波
刘书魁	刘玉岭	刘正华	刘本后	刘生才	刘兰泽
刘水生	刘玉法	刘正花	刘本恒	刘生太	刘汉山
刘水金	刘玉宗	刘正良	刘本锡	刘生友	刘汉兴
刘水渔	刘玉春	刘正和	刘可江	刘生春	刘汉如
刘玉山	刘玉珍	刘正顺	刘可孝	刘生信	刘汉林
刘玉乡	刘玉南	刘正高	刘丙山	刘生祥	刘汉明

刘汉炳	刘召胜	刘西亚	刘成美	刘吕彦	刘优妮
刘汉铁	刘边英	刘西安	刘成宣	刘同太	刘延发
刘汉卿	刘发动	刘西金	刘成敬	刘同月	刘延芝
刘汉增	刘发有	刘西海	刘成福	刘同汉	刘延收
刘训言	刘发利	刘在太	刘成群	刘同吉	刘延顺
刘必华	刘发松	刘在甫	刘成德	刘同安	刘延禄
刘永山	刘发宜	刘在昌	刘扬名	刘同来	刘仲秋
刘永风	刘台述	刘百栓	刘扬褚	刘同财	刘仲修
刘永正	刘邦平	刘有正	刘光才	刘同秀	刘任泽
刘永成	刘吉云	刘有生	刘光山	刘同奇	刘华民
刘永兴	刘吉文	刘有君	刘光仁	刘同春	刘华庆
刘永安	刘吉玉	刘有品	刘光平	刘同章	刘华青
刘永进	刘吉未	刘有清	刘光成	刘同喜	刘华明
刘永希	刘吉成	刘有群	刘光华	刘刚销	刘华清
刘永武	刘吉其	刘存友	刘光池	刘则良	刘华智
刘永茂	刘吉明	刘存保	刘光守	刘先仁	刘伪书
刘永明	刘吉和	刘成山	刘光希	刘先定	刘自友
刘永保	刘吉法	刘成义	刘光初	刘先胜	刘自连
刘永祥	刘吉春	刘成友	刘光武	刘廷石	刘行辉
刘永清	刘吉顺	刘成玉	刘光林	刘廷录	刘全五
刘永森	刘吉修	刘成功	刘光信	刘廷栋	刘全州
刘永福	刘吉祥	刘成让	刘光恩	刘廷咸	刘全江
刘永馨	刘吉堂	刘成休	刘光营	刘廷善	刘全明
刘民生	刘圪裁	刘成安	刘光维	刘乔礼	刘全保
刘民亭	刘老魁	刘成英	刘光辉	刘传珍	刘全德
刘加仁	刘老德	刘成忠	刘光新	刘传科	刘会则
刘加孔	刘再坤	刘成和	刘光德	刘传新	刘会祥
刘加申	刘再祥	刘成周	刘光禧	刘伍金	刘合凤
刘加胜	刘西元	刘成经	刘光壁	刘伏洪	刘合玉
刘加宽	刘西民	刘成科	刘早章	刘优杭	刘合俊

刘兆元	刘兴田	刘如海	刘志五	刘克祥	刘秀春
刘兆民	刘兴华	刘如新	刘志中	刘克道	刘秀清
刘兆廷	刘兴怀	刘好时	刘志仁	刘克楼	刘秀福
刘兆江	刘兴春	刘好法	刘志月	刘克群	刘兵煌
刘兆安	刘兴德	刘好俊	刘志成	刘克增	刘伵云
刘兆君	刘汗明	刘好美	刘志光	刘苏生	刘伵甲
刘兆林	刘汗清	刘好珠	刘志庆	刘苏仪	刘伵均
刘兆明	刘汝玉	刘观胜	刘志兴	刘杨民	刘伵否
刘兆忠	刘守义	刘观都	刘志远	刘李生	刘伵君
刘兆轻	刘守生	刘观章	刘志青	刘李妮	刘伵富
刘兆桂	刘守礼	刘红福	刘志英	刘来臣	刘作义
刘兆喜	刘守志	刘纪元	刘志林	刘来昌	刘作民
刘兆新	刘守昌	刘纪合	刘志忠	刘来春	刘作武
刘旭光	刘守信	刘纪喜	刘志学	刘来科	刘作球
刘名杨	刘守校	刘寿章	刘志显	刘连民	刘伯玉
刘多正	刘安苏	刘麦环	刘志真	刘连先	刘伯廷
刘庄才	刘安其	刘进川	刘志海	刘连伍	刘伯亭
刘庆云	刘安金	刘进法	刘志祥	刘连合	刘伯瑞
刘庆邛	刘安胜	刘进亭	刘志堂	刘连松	刘余专
刘庆会	刘安祥	刘进善	刘志清	刘连忠	刘希义
刘庆明	刘冰安	刘远文	刘志富	刘连法	刘希元
刘庆京	刘农云	刘远安	刘志强	刘连波	刘希文
刘庆治	刘尽山	刘远修	刘志德	刘连勋	刘希平
刘庆荣	刘阳顺	刘运生	刘克永	刘连胜	刘希同
刘庆祥	刘如仁	刘运全	刘克芹	刘肖华	刘希忠
刘庆新	刘如龙	刘运献	刘克明	刘里钟	刘希森
刘交亭	刘如存	刘均道	刘克忠	刘岐河	刘希德
刘兴一	刘如林	刘均温	刘克珍	刘秀云	刘迎有
刘兴义	刘如松	刘孝文	刘克俭	刘秀成	刘应生
刘兴龙	刘如奎	刘志才	刘克炳	刘秀扬	刘怀芝

刘怀其	刘其中	刘虎山	刘明连	刘秉信	刘金城
刘怀保	刘其文	刘虎志	刘明良	刘岳山	刘金荣
刘怀浦	刘其民	刘贤玉	刘明荣	刘岳斌	刘金柱
刘沛功	刘其成	刘尚义	刘明顺	刘佰亭	刘金贵
刘沛海	刘其华	刘尚成	刘明俊	刘岱胜	刘金顺
刘沟囤	刘其胜	刘尚汤	刘明亮	刘佩秀	刘金修
刘沟昌	刘其高	刘尚志	刘明桃	刘佩良	刘金保
刘完成	刘其海	刘旺义	刘明祥	刘迫德	刘金亭
刘宋平	刘其堂	刘昆仑	刘明清	刘欣德	刘金亮
刘宏纪	刘茂兴	刘国友	刘明曾	刘金才	刘金洪
刘宏法	刘茂林	刘国财	刘明德	刘金万	刘金祥
刘良玉	刘英志	刘国昌	刘典令	刘金山	刘金堂
刘良恒	刘英路	刘国侦	刘忠才	刘金义	刘金喜
刘良锁	刘范新	刘国珍	刘忠山	刘金韦	刘金福
刘启庭	刘林池	刘国保	刘忠义	刘金升	刘金榜
刘初生	刘林桂	刘国祥	刘忠云	刘金月	刘朋和
刘初星	刘板成	刘国辉	刘忠仁	刘金申	刘京山
刘初顺	刘松山	刘昌龙	刘忠江	刘金生	刘京长
刘武俊	刘松年	刘昌吉	刘忠茂	刘金同	刘京奉
刘青山	刘松海	刘昌安	刘忠和	刘金池	刘京福
刘青云	刘松德	刘昌政	刘忠春	刘金安	刘享长
刘青年	刘杰三	刘昌勤	刘忠荣	刘金寿	刘学山
刘青来	刘杰山	刘明友	刘忠崇	刘金言	刘学太
刘青春	刘杰小	刘明礼	刘忠德	刘金良	刘学友
刘青珍	刘杰夫	刘明光	刘忠璞	刘金昆	刘学中
刘青喜	刘杰初	刘明庆	刘和一	刘金明	刘学仁
刘坤孝	刘述春	刘明齐	刘和中	刘金忠	刘学分
刘坤明	刘述清	刘明江	刘和亚	刘金鸣	刘学至
刘坤锁	刘择贵	刘明寿	刘秉田	刘金宝	刘学全
刘其义	刘到升	刘明运	刘秉兴	刘金春	刘学来

刘学贤	刘诚玉	刘春清	刘树维	刘香亭	刘信堂
刘学忠	刘建先	刘春绪	刘树鑫	刘秋贵	刘俊立
刘学法	刘建君	刘春富	刘要山	刘秋顺	刘俊礼
刘学荣	刘建其	刘春禄	刘奎杰	刘秋喜	刘俊明
刘学奎	刘建国	刘政清	刘显礼	刘重光	刘俊建
刘学贵	刘建勋	刘荣山	刘显明	刘复礼	刘俊政
刘学俭	刘建斋	刘荣心	刘星三	刘笃学	刘俊信
刘学胜	刘建德	刘荣安	刘星田	刘顺尧	刘俊彦
刘学根	刘承成	刘荣昌	刘星彬	刘顺来	刘俊起
刘学宽	刘承祥	刘荣和	刘贵月	刘顺林	刘俊峰
刘学堂	刘孟侠	刘荣欣	刘贵东	刘顺俭	刘俊德
刘学敬	刘孟俭	刘荣奎	刘贵生	刘顺维	刘胜才
刘学程	刘孟桂	刘荣载	刘贵芬	刘修生	刘胜元
刘法枝	刘绍武	刘荣祥	刘贵南	刘修柱	刘胜永
刘法忠	刘绍勋	刘荣德	刘贵品	刘保山	刘胜伦
刘泮和	刘绍亭	刘南章	刘贵恒	刘保玉	刘胜林
刘治元	刘绍真	刘栋维	刘贵海	刘保平	刘亭铅
刘治仁	刘经先	刘相生	刘贵章	刘保田	刘亭善
刘治安	刘春儿	刘树山	刘思义	刘保生	刘庭海
刘治彩	刘春文	刘树友	刘思玉	刘保印	刘彦贤
刘宝文	刘春平	刘树令	刘思生	刘保礼	刘恒玉
刘宝玉	刘春华	刘树华	刘思如	刘保全	刘恒连
刘宝功	刘春农	刘树行	刘思明	刘保贤	刘恒敏
刘宝贵	刘春芳	刘树兴	刘思信	刘保金	刘恒超
刘宝堂	刘春林	刘树春	刘思洼	刘保法	刘恒朝
刘宗文	刘春杰	刘树相	刘思涅	刘保河	刘美兴
刘宗主	刘春明	刘树信	刘思敬	刘保宝	刘美钦
刘宗林	刘春岩	刘树祥	刘品春	刘保贵	刘美章
刘宗奎	刘春阁	刘树陶	刘选一	刘保顺	刘送仁
刘宜和	刘春耕	刘树盛	刘香永	刘保谋	刘炳山

刘炳未	刘起利	刘振河	刘海清	刘银山	刘绪顺
刘炳伍	刘桂田	刘振清	刘润轩	刘银生	刘绪海
刘炳任	刘桂成	刘振傲	刘润和	刘银礼	刘维元
刘炳汗	刘桂廷	刘振锡	刘润涛	刘敏德	刘维平
刘炳昌	刘桂林	刘振鳌	刘家东	刘彩忠	刘维江
刘洪才	刘桂春	刘捉叶	刘家典	刘麻友	刘维贤
刘洪义	刘桂荣	刘晏海	刘家春	刘章成	刘维荣
刘洪升	刘桂亭	刘恩列	刘家泉	刘章来	刘维高
刘洪文	刘栖敬	刘恩明	刘家福	刘章科	刘维德
刘洪生	刘栖静	刘恩欣	刘祥忠	刘焕邦	刘琴绍
刘洪立	刘桐林	刘峰竹	刘通礼	刘焕光	刘堤河
刘洪吉	刘根成	刘峰池	刘继春	刘焕祥	刘喜才
刘洪臣	刘根顺	刘铁贵	刘继盛	刘焕蔚	刘喜玉
刘洪江	刘配郎	刘铁骊	刘堵基	刘清山	刘喜芝
刘洪林	刘振九	刘候顺	刘教德	刘清之	刘喜成
刘洪雨	刘振山	刘逢山	刘培文	刘清元	刘喜先
刘洪起	刘振义	刘逢春	刘培芳	刘清云	刘喜名
刘洪高	刘振云	刘高广	刘培经	刘清汉	刘喜得
刘洪海	刘振五	刘郭礼	刘菱吉	刘清发	刘敬三
刘洪祯	刘振冈	刘益寿	刘乾义	刘清西	刘敬明
刘洪祥	刘振月	刘浦海	刘乾光	刘清明	刘敬忠
刘洪清	刘振文	刘浩兴	刘梦汪	刘清绍	刘敬峰
刘洪喜	刘振玉	刘海云	刘梅新	刘清效	刘朝阳
刘洪儒	刘振华	刘海仓	刘曹妮	刘清常	刘植源
刘宣一	刘振全	刘海付	刘常元	刘清敏	刘森论
刘冠一	刘振合	刘海成	刘常生	刘清德	刘森荣
刘祝轩	刘振兴	刘海旺	刘常甫	刘鸿义	刘雁甫
刘眉生	刘振岐	刘海明	刘常顺	刘淑增	刘景元
刘勇生	刘振初	刘海洋	刘崔明	刘淮福	刘景礼
刘起斗	刘振法	刘海珠	刘崇珂	刘绪汉	刘景林

刘景明	刘登富	刘福云	刘增禄	刘德柱	齐光文
刘景忽	刘瑞云	刘福升	刘增群	刘德战	齐同首
刘景祥	刘瑞芝	刘福田	刘影录	刘德星	齐兴顺
刘智勇	刘瑞光	刘福生	刘镇亭	刘德香	齐安中
刘傅清	刘瑞廷	刘福光	刘镇洪	刘德顺	齐纪芝
刘舒凯	刘瑞华	刘福廷	刘德才	刘德胜	齐孝恩
刘腊入	刘瑞兴	刘福全	刘德千	刘德举	齐志学
刘然代	刘瑞其	刘福江	刘德义	刘德恩	齐希孔
刘善发	刘瑞洪	刘福岐	刘德广	刘德海	齐怀林
刘善均	刘瑞献	刘福林	刘德五	刘德堂	齐国贞
刘普佃	刘填农	刘福春	刘德文	刘德棠	齐昌友
刘尊斗	刘献庚	刘福城	刘德玉	刘德富	齐岳福
刘道友	刘楚清	刘福荣	刘德正	刘德新	齐学尧
刘道关	刘照成	刘福亭	刘德田	刘德福	齐学忠
刘曾仁	刘锡山	刘福祥	刘德成	刘颜举	齐荣江
刘曾书	刘锡玉	刘福盛	刘德光	刘璞玉	齐荣林
刘渭生	刘锡明	刘福然	刘德朱	刘整训	齐荣信
刘富云	刘锡贵	刘福德	刘德兴	刘瀛洲	齐荣恒
刘富田	刘锡章	刘群山	刘德江	刘耀龙	齐南云
刘富成	刘锦生	刘殿元	刘德均	刘耀卿	齐树浩
刘富昌	刘锦波	刘殿英	刘德志	齐子述	齐贵山
刘富顺	刘靖中	刘殿贵	刘德连	齐元功	齐秋云
刘富着	刘新元	刘殿盛	刘德怀	齐云秀	齐恒远
刘富新	刘新屯	刘殿清	刘德君	齐从龙	齐洪斗
刘登山	刘新年	刘殿新	刘德纯	齐风顺	齐洪叶
刘登伦	刘新思	刘蔚先	刘德昌	齐玉西	齐洪兰
刘登志	刘新顺	刘精忠	刘德明	齐玉贞	齐振华
刘登坚	刘新善	刘增才	刘德法	齐目学	齐席成
刘登录	刘新德	刘增开	刘德春	齐务明	齐清镜
刘登亮	刘满胜	刘增寿	刘德荣	齐永华	齐喜安

齐登本	闫长顺	闫汝玉	闫济庭	关斌	江公祥
齐德胜	闫月廷	闫如民	闫起三	关二如	江风林
衣子成	闫双贵	闫志兴	闫晋和	关文明	江文彬
衣元思	闫书花	闫连三	闫振田	关心华	江水浩
衣风清	闫书旺	闫佑田	闫振武	关永标	江玉山
衣书玉	闫水金	闫怀明	闫振殿	关成仁	江巧究
衣包民	闫玉明	闫青山	闫高保	关任松	江正亮
衣守才	闫正芳	闫林锁	闫海劣	关严明	江龙虎
衣志芳	闫左民	闫昌旺	闫流基	关来元	江东升
衣贯民	闫龙孩	闫昌富	闫培荣	关希田	江付贵
衣要东	闫立芳	闫明道	闫常富	关金泽	江立成
闫书	闫永河	闫明禄	闫银根	关学礼	江训卿
闫超	闫加信	闫金城	闫康成	关沿民	江永浩
闫喜	闫发觉	闫受禄	闫景春	关春炎	江西永
闫一凡	闫吉明	闫念友	闫智泉	关贵生	江西同
闫乃礼	闫老荣	闫法觉	闫然书	关贴章	江有文
闫于文	闫西友	闫泽水	闫善明	关照才	江同奎
闫才望	闫西胜	闫宗玉	闫裕国	米石风	江竹根
闫万俭	闫在华	闫春和	闫靳义	米石头	江多义
闫义山	闫存富	闫荣山	闫锡安	米有根	江如福
闫义连	闫成信	闫荣坡	闫锡俭	米革命	江志超
闫之久	闫光山	闫荣魁	闫福生	壮长知	江来仁
闫小堂	闫光喜	闫奎德	闫福根	江青	江时荣
闫习义	闫廷华	闫香保	闫聚生	江春	江围文
闫元岭	闫休田	闫顺昌	闫德祥	江荣	江宏生
闫友民	闫伏从	闫保清	问玉岭	江八化	江初生
闫中义	闫全记	闫俊德	关龙	江飞元	江其山
闫中仁	闫全纪	闫亭文	关国	江天桂	江苗红
闫中祥	闫兆庆	闫洪玉	关金	江云华	江贤忠
闫长林	闫兴忠	闫济亭	关秋	江太山	江尚华

江昌明	汤文海	汤瑞江	安治国	祁建会	许小田
江忠凡	汤以山	宇克勤	安定海	祁保成	许丰仁
江金山	汤双根	守得法	安春清	祁彦柱	许开玉
江金生	汤玉亭	安 成	安振华	祁洪亭	许云财
江定邦	汤正明	安小齐	安家堂	祁换香	许友厚
江柏林	汤付关	安云风	安清明	祁培海	许中礼
江品言	汤考春	安少春	安淮育	祁得明	许中尧
江泰富	汤有生	安升禄	安寇英	祁清明	许见清
江夏发	汤成开	安长书	安锡海	祁殿成	许仁甫
江振起	汤成德	安文清	安福太	祁增超	许仁贵
江诸成	汤光田	安文敬	安福泰	许 山	许风祥
江康福	汤光美	安书德	军申奎	许 毛	许风义
江清云	汤华山	安玉山	祁 江	许 东	许文江
江清发	汤庆田	安东河	祁 明	许 令	许文明
江锡高	汤安成	安立英	祁二小	许 来	许文祥
池也广	汤志忠	安召兴	祁义德	许 岳	许心坤
池纪平	汤连领	安百玉	祁广禄	许 金	许允栋
池孝大	汤青山	安成礼	祁习兰	许 彬	许玉义
池金司	汤国新	安壮心	祁天魁	许 超	许正江
池登江	汤金得	安秀山	祁玉成	许士干	许正洪
池照节	汤金德	安作述	祁玉岗	许士兴	许正章
池碧尧	汤命忠	安茂庄	祁永义	许士魁	许世叶
汝绍云	汤绍武	安林太	祁召虎	许大九	许世芳
汤 纲	汤贵发	安国吉	祁存镇	许大火	许世荣
汤 茂	汤恒道	安国堂	祁成仁	许义林	许世俊
汤 群	汤美坤	安国章	祁林振	许广义	许丕全
汤川保	汤根法	安金五	祁昌盛	许广生	许东才
汤中元	汤海成	安金泽	祁忠鱼	许广法	许东城
汤冈春	汤容耀	安学胜	祁侠洪	许之芝	许生昌
汤文和	汤博宁	安学温	祁学瑞	许之兑	许生烟

许立贞	许孝武	许金兴	许振祥	农口快	牟少荣
许兰周	许志云	许金良	许兼喜	农中发	牟文东
许汉光	许志仁	许金明	许海如	农东海	牟文同
许汉金	许志申	许学义	许家纯	农叶华	牟火荣
许永胜	许芳增	许学付	许家思	农永文	牟世刚
许加明	许连元	许学诗	许家智	农吉根	牟用宽
许发才	许何兴	许学思	许继才	农花祖	牟吉领
许台星	许言明	许学涛	许培金	农祖太	牟老三
许协厚	许应根	许学臻	许黄光	农珠珂	牟权护
许协原	许怀堂	许治安	许银涛	农得才	牟纪昌
许有广	许宏禄	许宜青	许章喜	农新坡	牟还区
许有生	许良中	许绍俭	许着修	阮 宏	牟还渠
许有岗	许良仁	许绍洪	许维亮	阮 铨	牟秀德
许有新	许良贵	许春景	许维敏	阮长友	牟尚贤
许成祥	许君逢	许昭龙	许景云	阮东亮	牟国成
许光成	许张喜	许贵元	许善聚	阮昌其	牟明西
许光廷	许茂昌	许重宾	许寒远	阮金棠	牟法堂
许光胜	许茂修	许顺成	许富忠	阮树荣	牟宗京
许早论	许茂德	许迷金	许鹏飞	阮美堂	牟录德
许同照	许非其	许炳洪	许德东	阮洪生	牟树玉
许廷举	许国辉	许洪法	许德州	阮洪清	牟树彬
许竹生	许昌荣	许洪贵	许德安	阮瑞林	牟树银
许传俭	许昌海	许洪超	许德顺	阵云章	牟树斌
许延山	许明华	许祖申	许德俭	阵志兴	牟洪星
许会生	许明全	许真祥	许德富	阳保生	牟校玉
许兆基	许忠江	许桂芳	许德福	观得才	牟振芳
许庆华	许质堂	许桂德	农 方	牟 存	牟家吉
许庆炳	许金生	许配元	农 根	牟 秀	牟家范
许关生	许金仙	许振九	农 淇	牟太恒	牟敦亭
许如景	许金同	许振芳	农 斌	牟少成	牟善合

羽林华	纪坤忠	孙　德	孙井铎	孙少犹	孙公茂
红四水	纪尚会	孙二喜	孙开民	孙日风	孙月芝
红秀云	纪国左	孙儿春	孙开成	孙日方	孙月周
驮祥云	纪昌法	孙几武	孙开和	孙日林	孙风武
纪　林	纪学健	孙九武	孙开修	孙日杰	孙风林
纪士云	纪孟现	孙乃琴	孙夫智	孙中和	孙风歧
纪大臣	纪树周	孙三牛	孙天乐	孙中宽	孙风祥
纪少法	纪奎之	孙士义	孙天光	孙见章	孙风文
纪见岩	纪秋贵	孙士吉	孙元世	孙升廷	孙风俊
纪月星	纪炳高	孙士英	孙元东	孙长发	孙风楚
纪风云	纪配东	孙大庆	孙元立	孙长寿	孙文一
纪文盛	纪效忠	孙大宏	孙元吉	孙长英	孙文央
纪玉让	纪站明	孙万友	孙元光	孙长法	孙文贵
纪玉和	纪维福	孙万秋	孙元安	孙长荣	孙文香
纪玉德	纪朝温	孙万祥	孙元秀	孙长胜	孙文桂
纪丙全	孙　卜	孙万营	孙元良	孙长起	孙文海
纪立朋	孙　才	孙义少	孙元起	孙长海	孙文黄
纪训同	孙　龙	孙义廷	孙韦坤	孙长祥	孙为国
纪永庆	孙　伍	孙义贵	孙云才	孙长清	孙心汉
纪西何	孙　庆	孙义亭	孙云书	孙长喜	孙以才
纪同玉	孙　明	孙义豪	孙云杰	孙长锁	孙孔才
纪会成	孙　忠	孙义德	孙云胡	孙长斌	孙书口
纪守元	孙　岱	孙广兰	孙云祥	孙仁忠	孙书田
纪守文	孙　房	孙广梅	孙太平	孙仁和	孙书廷
纪安廷	孙　诚	孙卫科	孙友光	孙仁学	孙书滨
纪安告	孙　候	孙飞祥	孙友同	孙仁树	孙玉月
纪志成	孙　彬	孙小松	孙友纪	孙仁亮	孙玉文
纪连祥	孙　锁	孙子玉	孙友林	孙化玉	孙玉龙
纪秀山	孙　富	孙子华	孙友欣	孙从炳	孙玉田
纪秀弟	孙　鉴	孙井云	孙友珍	孙从章	孙玉民

孙玉芝	孙本泰	孙汉杰	孙在津	孙传林	孙庆彦
孙玉在	孙本德	孙汉清	孙百合	孙传学	孙庆谦
孙玉会	孙可才	孙记德	孙有云	孙传振	孙庆德
孙玉江	孙可伦	孙永后	孙有举	孙延兴	孙兴文
孙玉纪	孙龙河	孙永甫	孙有恩	孙仲南	孙兴龙
孙玉芳	孙龙树	孙永冶	孙有增	孙伦举	孙兴良
孙玉连	孙龙起	孙永林	孙存祥	孙华东	孙兴帮
孙玉良	孙龙瑞	孙永昌	孙成义	孙华成	孙江州
孙玉启	孙东曰	孙永南	孙成少	孙向万	孙汝先
孙玉青	孙东平	孙永信	孙成玉	孙全礼	孙守江
孙玉昌	孙东亭	孙永常	孙成东	孙全修	孙宅中
孙玉明	孙东庭	孙出胜	孙成印	孙全桂	孙如义
孙玉忠	孙占心	孙加才	孙成安	孙会可	孙如升
孙玉学	孙占明	孙加功	孙成运	孙会君	孙如印
孙玉春	孙业路	孙加宝	孙成显	孙会武	孙纪才
孙玉亭	孙目忠	孙召祥	孙成胜	孙会国	孙纪元
孙玉起	孙甲华	孙召嘉	孙师子	孙会图	孙纪江
孙玉堂	孙申所	孙召增	孙光才	孙会金	孙纪宽
孙正友	孙叶友	孙发财	孙光玉	孙合松	孙纪祥
孙正武	孙叶有	孙邦友	孙光明	孙兆仆	孙纪商
孙正宣	孙叶成	孙圭祁	孙光治	孙兆文	孙寿之
孙正海	孙四团	孙吉才	孙光荣	孙兆兰	孙寿廷
孙世汉	孙付林	孙吉田	孙光智	孙兆发	孙寿斌
孙世成	孙付统	孙吉贵	孙同君	孙兆贵	孙麦聚
孙世荣	孙外岭	孙吉顺	孙同美	孙兆海	孙进柱
孙世俭	孙乐臣	孙考远	孙廷阳	孙兆祥	孙进喜
孙世章	孙立叶	孙老法	孙廷珍	孙兆满	孙进善
孙本全	孙立成	孙在庆	孙廷选	孙庆元	孙运田
孙本财	孙立梅	孙在安	孙廷泉	孙庆升	孙均国
孙本昌	孙兰佳	孙在里	孙廷彬	孙庆言	孙孝均

孙志义	孙伯如	孙其贤	孙明达	孙金声	孙录华
孙志元	孙伯林	孙其明	孙明先	孙金连	孙承武
孙志田	孙余友	孙其金	孙明庄	孙金库	孙细连
孙志成	孙希远	孙其贵	孙明孝	孙金良	孙孟科
孙志远	孙希明	孙其信	孙明坦	孙金林	孙绍堂
孙志明	孙希岭	孙其前	孙明雨	孙金奎	孙春平
孙志和	孙希胜	孙茂文	孙明亮	孙金贵	孙春好
孙志高	孙希堂	孙茂昌	孙明洲	孙金彩	孙春堂
孙芳一	孙言永	孙茂恩	孙明珠	孙金痲	孙政礼
孙芳礼	孙言贵	孙英才	孙明祥	孙金福	孙荣华
孙芳英	孙言秋	孙英同	孙明常	孙京运	孙相熙
孙克俭	孙怀义	孙英盛	孙明勤	孙京深	孙柏林
孙克俊	孙怀友	孙范仁	孙明德	孙学夫	孙树义
孙克海	孙宏珍	孙范银	孙易文	孙学仁	孙树生
孙克宽	孙良友	孙直德	孙典光	孙学文	孙树江
孙甫兴	孙良明	孙林华	孙典江	孙学礼	孙树芳
孙甫新	孙良勇	孙松村	孙忠大	孙学成	孙树轩
孙来宾	孙启成	孙杰民	孙忠玉	孙学全	孙树林
孙连方	孙君校	孙奇志	孙忠立	孙学道	孙树桂
孙连生	孙即明	孙尚廷	孙忠泮	孙学德	孙树振
孙连如	孙青城	孙尚选	孙忠信	孙法斌	孙树清
孙连海	孙现询	孙国之	孙忠烈	孙宝才	孙厚良
孙抄润	孙现章	孙国成	孙岫忠	孙宝业	孙砚田
孙扭子	孙其山	孙国忠	孙和熙	孙宝昌	孙奎胜
孙步青	孙其达	孙国祥	孙和德	孙宝忠	孙贵法
孙秀兰	孙其全	孙昌安	孙所云	孙宗德	孙贵俊
孙秀臣	孙其远	孙昌和	孙金马	孙建连	孙咬东
孙佃年	孙其志	孙昌荣	孙金叶	孙建明	孙秋来
孙作林	孙其连	孙明山	孙金付	孙建珉	孙秋贵
孙作策	孙其茂	孙明礼	孙金庆	孙建祥	孙修甫

孙修盛	孙结明	孙继贵	孙朝海	孙福根	进连章
孙保玉	孙起发	孙继敖	孙朝新	孙福恩	贡江安
孙保同	孙晋涛	孙继德	孙惠锦	孙福高	贡海宴
孙保廷	孙桂俊	孙培文	孙确成	孙殿成	坂本寅吉
孙保林	孙配良	孙乾初	孙辉珂	孙增福	孝 增
孙保清	孙振山	孙乾绿	孙景叶	孙影响	孝锦昌
孙保德	孙振和	孙梅堂	孙景春	孙德山	却成章
孙衍训	孙振禄	孙盛利	孙景荣	孙德升	芮玉德
孙胜云	孙较元	孙盛林	孙景俊	孙德仁	芮生庆
孙胜祥	孙恩田	孙雪金	孙黑山	孙德成	芮金云
孙胜福	孙积样	孙常安	孙傅祖	孙德安	花文珍
孙庭玉	孙爱荣	孙银山	孙鲁贤	孙德坤	花玉夫
孙恒义	孙留海	孙得树	孙善九	孙德明	花玉起
孙炳友	孙高长	孙彩云	孙善师	孙德忠	花国良
孙炳德	孙益全	孙焕成	孙善德	孙德金	花国明
孙洪大	孙浩义	孙清会	孙裕弟	孙德奎	花学武
孙洪生	孙浩林	孙清秀	孙登奎	孙德胜	花敬均
孙洪民	孙浜烈	孙清贵	孙瑞乡	孙德海	花照明
孙洪兴	孙家正	孙清惠	孙瑞华	孙德深	花耀南
孙洪林	孙祥志	孙淇周	孙照法	孙德维	芳金贵
孙洪昌	孙祥林	孙绪明	孙锡金	孙德然	严 兴
孙洪明	孙祥法	孙续清	孙锡珍	孙德谦	严 坤
孙洪奎	孙祥亭	孙维才	孙锡章	孙磨石	严 凌
孙洪洲	孙展龙	孙维义	孙新义	孙繁玉	严太山
孙洪卿	孙继才	孙维章	孙新荣		严文明
孙洪滨	孙继冉	孙维需	孙福丁	**七画**	严文忠
孙洪德	孙继安	孙喜守	孙福山		严玉美
孙宪学	孙继如	孙喜明	孙福年	麦秀保	严世才
孙宪卿	孙继更	孙敬普	孙福良	形有君	严丙清
孙宪章	孙继忠	孙朝根	孙福荣	进永祥	严有城

严光旺	芦二木	芦应奎	芦振亭	苏子俊	苏廷爱
严光涛	芦二红	芦宏林	芦唐韦	苏子强	苏会池
严仲侠	芦士荣	芦良中	芦海林	苏元增	苏会清
严华胜	芦大民	芦奉来	芦培信	苏太兴	苏关生
严字富	芦义寿	芦奉莱	芦斯荣	苏少馨	苏江教
严如金	芦之远	芦松年	芦辉并	苏长根	苏守仁
严志胜	芦己官	芦松保	芦富福	苏长德	苏安青
严连三	芦小法	芦昌德	芦殿远	苏风歧	苏好全
严希金	芦子义	芦忠胜	芦德顺	苏风祥	苏孙文
严陆芳	芦天保	芦鸣林	芦德胜	苏文义	苏秀芳
严忠武	芦长仁	芦罗乔	克克和	苏文安	苏作波
严知松	芦长水	芦金茂	芭会春	苏文纪	苏言宾
严金生	芦长春	芦金南	芭其发	苏文志	苏怀成
严金林	芦仁里	芦学全	苏　川	苏队义	苏良友
严学洪	芦仁福	芦学顺	苏　玉	苏书文	苏良文
严春明	芦玉斗	芦建银	苏　生	苏书祥	苏良胜
严柄桂	芦玉昌	芦绍云	苏　成	苏玉庆	苏启章
严首明	芦冬清	芦春温	苏　财	苏玉贵	苏奉敖
严洪玉	芦汉邦	芦政委	苏　林	苏正元	苏英杰
严洪有	芦吉安	芦相生	苏　法	苏东有	苏尚相
严洪武	芦光华	芦咸忠	苏　保	苏东坡	苏昆高
严洪国	芦光荣	芦顺然	苏九平	苏印三	苏明轩
严振吴	芦则良	芦修材	苏士太	苏永义	苏明学
严景廷	芦先文	芦恒义	苏士坤	苏永兴	苏凯斌
严锦福	芦先街	芦炳立	苏士敬	苏加义	苏和均
严殿功	芦仲伍	芦洪如	苏才坤	苏加友	苏质臣
严德群	芦兴材	芦洪盛	苏万才	苏考忠	苏金发
芦　芝	芦兴盛	芦洪章	苏万第	苏在荣	苏金台
芦　兴	芦克生	芦洪绿	苏义成	苏成廷	苏金芳
芦　靖	芦秀芬	芦桐和	苏子英	苏光杰	苏金甫

苏金泼	苏善新	杜夫来	杜永胜	杜克政	杜荣申
苏金根	苏渭勋	杜天文	杜永梅	杜连升	杜荣格
苏学君	苏富成	杜元方	杜吉水	杜连浩	杜柏春
苏宝珍	苏登水	杜元魁	杜吉礼	杜县成	杜树亭
苏宝亭	苏瑞辉	杜云吉	杜吉利	杜佃武	杜树振
苏孟坡	苏新德	杜少廷	杜吉忠	杜良起	杜树堂
苏胡子	苏福生	杜少桂	杜有才	杜青贵	杜贵桂
苏树俭	苏福兴	杜中温	杜有盛	杜现成	杜思和
苏保三	苏聚昌	杜长友	杜成礼	杜现法	杜保增
苏保海	苏澄清	杜长青	杜成林	杜其昌	杜胖胖
苏信华	杜　生	杜长忠	杜成恩	杜其瑞	杜恒德
苏侯祥	杜　成	杜长和	杜成喜	杜英学	杜洪才
苏胖孩	杜　刚	杜长根	杜光贵	杜林香	杜洪文
苏施富	杜　林	杜介石	杜先成	杜松山	杜洪占
苏美挺	杜　杰	杜月清	杜廷山	杜尚根	杜洪昌
苏炳生	杜　虎	杜风传	杜廷忠	杜国中	杜洪祥
苏炳松	杜　国	杜文奎	杜竹林	杜国成	杜洪梅
苏炳富	杜　昌	杜双均	杜会英	杜明太	杜根法
苏冠福	杜　法	杜书文	杜庆山	杜忠宝	杜振平
苏胥清	杜　起	杜书贵	杜庆绪	杜金生	杜振华
苏起岗	杜　喜	杜玉成	杜兴胜	杜金成	杜振瑞
苏桥德	杜　魁	杜玉魁	杜守兴	杜金华	杜效法
苏峻臣	杜三南	杜正文	杜安华	杜金芳	杜海全
苏家友	杜士泉	杜正坤	杜安庆	杜金保	杜家芝
苏家伦	杜大全	杜可明	杜如新	杜学元	杜梅和
苏培民	杜万川	杜龙海	杜买臣	杜建廷	杜堂子
苏培伦	杜万庆	杜令茂	杜孝山	杜建俊	杜清山
苏清法	杜小点	杜永山	杜志军	杜春田	杜韩信
苏朝云	杜小铁	杜永忠	杜志彬	杜春礼	杜景成
苏景顺	杜子明	杜永金	杜芳春	杜春全	杜道清

杜蜀军	杨标	杨士新	杨小全	杨云晓	杨长建
杜新才	杨栋	杨士成	杨小安	杨云海	杨长春
杜新顺	杨威	杨士城	杨小金	杨五水	杨长荣
杜殿怀	杨俊	杨大可	杨小度	杨五身	杨长保
杜德文	杨勉	杨大廷	杨小海	杨五虎	杨长胜
杜潘友	杨恒	杨与友	杨小勤	杨不才	杨长桂
村中春	杨洪	杨才生	杨小魁	杨太臣	杨长清
杏明堂	杨营	杨才有	杨子廷	杨友才	杨仁爱
杏树辛	杨曹	杨才顺	杨子江	杨友坤	杨仁堂
杨山	杨彪	杨才清	杨子安	杨友荣	杨仁德
杨开	杨银	杨万正	杨子明	杨友新	杨介珍
杨云	杨巢	杨万平	杨子荣	杨少云	杨从仁
杨毛	杨喜	杨万如	杨子顺	杨少全	杨从正
杨仁	杨辉	杨上其	杨子龄	杨少安	杨公香
杨龙	杨斌	杨上征	杨子福	杨少连	杨风三
杨平	杨强	杨山青	杨王琨	杨少武	杨风山
杨东	杨靳	杨义中	杨井生	杨少铎	杨风升
杨号	杨滨	杨义正	杨开清	杨少清	杨风利
杨生	杨德	杨义林	杨夫德	杨少琴	杨风希
杨用	杨一田	杨义德	杨天五	杨少勤	杨风林
杨光	杨二秃	杨夕明	杨天全	杨中友	杨风思
杨英	杨九如	杨广东	杨天泽	杨中田	杨风举
杨林	杨九京	杨广定	杨元邦	杨中华	杨风琴
杨杰	杨三才	杨广胜	杨元法	杨中全	杨风雷
杨明	杨三林	杨之东	杨元锁	杨中青	杨风林
杨忠	杨士华	杨之乐	杨云五	杨升亭	杨风家
杨凯	杨士志	杨之章	杨云庆	杨长仁	杨文臣
杨的	杨士杰	杨小六	杨云连	杨长发	杨文成
杨春	杨士桂	杨小火	杨云岭	杨长君	杨文秀
杨荣	杨士根	杨小东	杨云恒	杨长法	杨文社

杨文奇	杨正长	杨生保	杨永高	杨成玉	杨传孝
杨文明	杨正龙	杨生清	杨永祥	杨成立	杨传英
杨文忠	杨正代	杨丘泉	杨永清	杨成相	杨传荣
杨文法	杨正钱	杨付珍	杨永辉	杨成桂	杨延吉
杨文宝	杨功传	杨白生	杨永谦	杨成校	杨延伦
杨文益	杨世书	杨用奇	杨永新	杨成斌	杨延讲
杨文海	杨世东	杨乐世	杨发山	杨成富	杨仲成
杨文盛	杨世芝	杨乐田	杨发僻	杨成聚	杨仲明
杨文堂	杨世孝	杨主海	杨邦虎	杨成德	杨华山
杨文清	杨世英	杨立全	杨吉武	杨扣一	杨华毕
杨文绪	杨世忠	杨立兴	杨吉林	杨尧忠	杨华廷
杨文耀	杨世思	杨立江	杨吉献	杨光卫	杨华君
杨方志	杨左修	杨立忠	杨吉德	杨光友	杨华明
杨心盛	杨丕兴	杨立凯	杨考山	杨光中	杨华亭
杨心德	杨丕破	杨立海	杨老义	杨光仁	杨自来
杨双进	杨龙秀	杨立森	杨芝华	杨光化	杨自省
杨双桂	杨龙海	杨兰山	杨芝胜	杨光田	杨自亮
杨书林	杨平安	杨汉川	杨臣彬	杨光明	杨自强
杨书俭	杨东山	杨汉车	杨臣彭	杨光春	杨向前
杨水玉	杨东生	杨汉生	杨再田	杨光荣	杨行昌
杨玉才	杨东成	杨汉忠	杨西岭	杨光泉	杨全山
杨玉平	杨东香	杨汉清	杨西珍	杨光德	杨全伍
杨玉秀	杨占敬	杨礼门	杨西标	杨同山	杨全茂
杨玉虎	杨目清	杨必抗	杨西海	杨同友	杨全保
杨玉明	杨四生	杨永才	杨在林	杨同仁	杨会发
杨玉忠	杨四昌	杨永文	杨有山	杨同收	杨会成
杨玉凯	杨四富	杨永生	杨有清	杨同道	杨兆德
杨玉祥	杨生发	杨永秀	杨有富	杨先贵	杨旬庆
杨玉清	杨生华	杨永受	杨达康	杨廷功	杨庆和
杨玉琴	杨生全	杨永波	杨列臣	杨廷桢	杨庆祥

杨庆堂	杨远镜	杨连根	杨应生	杨具茂	杨和斌
杨庆德	杨运生	杨报春	杨怀君	杨国义	杨侠生
杨刘玉	杨运科	杨步勤	杨怀宝	杨国文	杨金才
杨充河	杨孝杰	杨助国	杨怀玲	杨国当	杨金山
杨冲山	杨志玉	杨时才	杨怀栋	杨国兴	杨金玉
杨兴才	杨志兴	杨足云	杨怀聚	杨国安	杨金廷
杨兴义	杨志连	杨利安	杨启华	杨国昌	杨金华
杨兴元	杨志英	杨秀仁	杨青云	杨国海	杨金全
杨兴功	杨志林	杨秀文	杨青友	杨国祥	杨金合
杨兴丙	杨志松	杨秀伦	杨青泉	杨昌云	杨金芳
杨兴发	杨志忠	杨秀峰	杨坤才	杨昌明	杨金希
杨兴华	杨志科	杨秀童	杨坤树	杨明才	杨金坡
杨兴灶	杨志高	杨秀德	杨其华	杨明友	杨金和
杨兴俊	杨志清	杨体贤	杨其全	杨明志	杨金带
杨江林	杨志绪	杨何山	杨其炳	杨明林	杨金标
杨守本	杨志繁	杨何金	杨其祥	杨明桂	杨金顺
杨守臣	杨花茂	杨何琴	杨其康	杨明清	杨金信
杨守武	杨更廷	杨佃存	杨茂华	杨明喜	杨金振
杨守昌	杨更金	杨佃砚	杨茂英	杨明魁	杨金海
杨守治	杨辰权	杨作元	杨茂林	杨易辉	杨金堂
杨守建	杨来老	杨作平	杨茂荣	杨典存	杨金鳌
杨许云	杨来旺	杨作典	杨茂德	杨忠义	杨京朱
杨艮贵	杨来娃	杨伯茂	杨英芳	杨忠玉	杨京城
杨艮喜	杨来喜	杨伯俊	杨林华	杨忠兴	杨店金
杨如云	杨来富	杨希成	杨述成	杨忠国	杨学义
杨如金	杨来德	杨希茂	杨担新	杨忠金	杨学友
杨好宝	杨连三	杨希和	杨虎寿	杨忠顺	杨学孔
杨纪昌	杨连成	杨希保	杨尚有	杨忠保	杨学田
杨寿山	杨连明	杨言令	杨尚贤	杨忠清	杨学良
杨进国	杨连侦	杨言波	杨旺有	杨和珍	杨学斧

杨学树	杨春明	杨贵华	杨俊杰	杨逐成	杨家龙
杨学信	杨春河	杨贵来	杨俊桃	杨振山	杨家来
杨学彬	杨春荣	杨贵林	杨彦伦	杨振公	杨家贵
杨学清	杨春耕	杨贵胜	杨恒贵	杨振玉	杨家宽
杨学增	杨春祥	杨贵清	杨美会	杨振华	杨家清
杨法原	杨春景	杨思正	杨姜堂	杨振江	杨祥生
杨法然	杨荣礼	杨香武	杨兹山	杨振其	杨通臣
杨沼金	杨荣顺	杨复兴	杨炳玉	杨振茂	杨继光
杨治敬	杨南山	杨顺才	杨炳南	杨振昌	杨继安
杨宝山	杨南廷	杨顺成	杨洪正	杨振凯	杨培公
杨宝富	杨栋彬	杨顺兆	杨洪臣	杨振和	杨培全
杨宗海	杨相富	杨顺和	杨洪华	杨振海	杨培善
杨定志	杨柳昌	杨保山	杨洪茂	杨振智	杨培谨
杨定根	杨树方	杨保友	杨洪林	杨振魁	杨梦庚
杨宜山	杨树生	杨保玉	杨洪奎	杨振德	杨堂得
杨宜文	杨树华	杨保成	杨洪亮	杨换国	杨常彬
杨官山	杨树芳	杨保全	杨洪喜	杨铁川	杨崇标
杨建仁	杨树林	杨保安	杨洪德	杨健贤	杨银堂
杨建岗	杨树枝	杨保来	杨洛柱	杨留臣	杨银善
杨建帮	杨树俭	杨保林	杨起先	杨高升	杨偏则
杨建喜	杨树桂	杨保金	杨起瑞	杨高兴	杨得玉
杨孟义	杨树根	杨保南	杨真分	杨效山	杨得英
杨孟州	杨树宽	杨保贵	杨桂玉	杨凌奉	杨得建
杨孟香	杨树彬	杨保举	杨桂生	杨海全	杨章林
杨绍荣	杨树清	杨保泰	杨桂芝	杨海艮	杨清友
杨绍彬	杨树新	杨保清	杨桂华	杨润东	杨清安
杨绍敬	杨厚吉	杨信武	杨桂合	杨家干	杨清志
杨春万	杨贵文	杨泉从	杨桂林	杨家乡	杨清贵
杨春义	杨贵书	杨俊武	杨桂银	杨家元	杨鸿卿
杨春全	杨贵生	杨俊青	杨栓全	杨家从	杨梁城

杨随时	杨瑞照	杨德区	李　四	李　虎	李　能
杨绪钦	杨蓝球	杨德仁	李　生	李　旺	李　彬
杨续论	杨献贵	杨德文	李　仕	李　昆	李　堂
杨维早	杨照和	杨德成	李　付	李　国	李　铭
杨维新	杨锡元	杨德贞	李　玄	李　明	李　章
杨超法	杨锡明	杨德廷	李　吉	李　典	李　清
杨喜云	杨锡策	杨德华	李　有	李　忠	李　琪
杨喜吕	杨锡善	杨德远	李　成	李　金	李　超
杨喜的	杨腾杰	杨德秀	李　光	李　法	李　喜
杨喜盛	杨新友	杨德林	李　先	李　泽	李　雄
杨敬华	杨新永	杨德旺	李　廷	李　诚	李　辉
杨辉中	杨新明	杨德明	李　华	李　建	李　景
杨景志	杨新法	杨德法	李　全	李　绍	李　锁
杨景武	杨新康	杨德奎	李　会	李　春	李　筒
杨景德	杨慎玉	杨德洪	李　合	李　政	李　斌
杨集贤	杨福全	杨德盛	李　兴	李　荣	李　楼
杨道才	杨福昌	杨德喜	李　汗	李　歪	李　魁
杨道万	杨福金	杨德富	李　安	李　秋	李　鹏
杨道清	杨福荣	杨耀忠	李　许	李　保	李　德
杨遂成	杨福祥	李　干	李　进	李　信	李　耀
杨温德	杨群喜	李　山	李　志	李　俊	李二小
杨富龙	杨殿功	李　亿	李　克	李　洪	李二东
杨富光	杨聚山	李　义	李　岗	李　勇	李二白
杨富全	杨需云	李　广	李　何	李　桂	李二志
杨禄山	杨精忠	李　云	李　作	李　峰	李二位
杨登成	杨增财	李　支	李　启	李　高	李二柱
杨登安	杨增浩	李　升	李　君	李　海	李二星
杨登道	杨聪薄	李　文	李　坤	李　涌	李二珠
杨瑞义	杨德山	李　丙	李　英	李　宰	李二豹
杨瑞萍	杨德义	李　东	李　杰	李　祥	李九三

李九义	李大才	李广元	李子华	李天井	李元清
李九仪	李大王	李广太	李子庆	李天元	李元普
李九同	李大云	李广记	李子轩	李天云	李云才
李乃永	李大后	李广轩	李子英	李天长	李云义
李三元	李大林	李广金	李子贵	李天林	李云元
李三多	李大明	李广保	李子顺	李天柱	李云中
李三保	李大忠	李广亭	李子前	李天思	李云甲
李三孩	李大孟	李广祥	李子洲	李天顺	李云仕
李三堂	李大胜	李广章	李子恩	李天保	李云付
李干俊	李才芳	李广熙	李子峰	李天宾	李云汉
李士山	李才顺	李之学	李子唐	李天清	李云吉
李士升	李万生	李之春	李子宽	李天惠	李云成
李士长	李万令	李卫尼	李子康	李天瑞	李云同
李士文	李万寿	李小万	李子清	李天源	李云庆
李士心	李万青	李小友	李子涵	李元山	李云芳
李士正	李万忠	李小六	李子强	李元义	李云启
李士功	李万春	李小四	李丰申	李元龙	李云松
李士成	李万香	李小成	李王太	李元生	李云春
李士材	李万桂	李小州	李王贵	李元伦	李云亭
李士坤	李万振	李小陆	李王海	李元兴	李云桂
李士英	李万涛	李小金	李开山	李元芳	李云根
李士林	李上仁	李小歪	李开斗	李元甫	李云海
李士国	李川玉	李小科	李开林	李元昌	李云堂
李士宝	李川金	李小榴	李开和	李元明	李云清
李士珍	李义书	李马元	李开春	李元忠	李云敬
李士钦	李义和	李子义	李开真	李元和	李云献
李士乾	李义周	李子元	李夫林	李元法	李云福
李士堂	李凡明	李子云	李夫振	李元信	李木生
李士德	李久成	李子正	李夫章	李元胜	李木香
李士旺	李广才	李子成	李天才	李元堂	李五平

李五则	李少海	李长先	李仁春	李凤光	李文明
李五桂	李少祥	李长华	李仁倍	李凤同	李文忠
李支海	李少基	李长江	李仁海	李凤现	李文峄
李太大	李少清	李长安	李仁祥	李凤鸣	李文和
李太元	李日民	李长连	李化义	李凤金	李文周
李太平	李日祥	李长利	李化庭	李凤奎	李文学
李太生	李日常	李长秀	李介瑞	李六指	李文法
李太有	李日琴	李长松	李从贵	李文山	李文河
李太存	李中央	李长贤	李从美	李文义	李文居
李太和	李中有	李长贵	李从道	李文元	李文经
李太帮	李中雨	李长胜	李公平	李文友	李文修
李太恩	李中国	李长亭	李公甲	李文升	李文亮
李友才	李中和	李长庭	李公然	李文书	李文夏
李友山	李中草	李长根	李月山	李文玉	李文海
李友仪	李中修	李长高	李月田	李文正	李文案
李友成	李中高	李长海	李月明	李文丕	李文祥
李友志	李中堂	李长宽	李月香	李文生	李文陵
李友财	李中辉	李长清	李风山	李文永	李文彬
李友保	李中福	李长琴	李风云	李文成	李文盛
李友庭	李见凤	李长富	李风光	李文华	李文堂
李少三	李见花	李长勤	李风伦	李文全	李文焕
李少乡	李见法	李长新	李风其	李文交	李文清
李少文	李毛胜	李长福	李风明	李文亥	李文善
李少成	李长山	李长德	李风春	李文寿	李文富
李少华	李长云	李仁山	李风珍	李文来	李文楚
李少兴	李长太	李仁义	李风得	李文连	李文魁
李少远	李长友	李仁六	李风朝	李文岚	李方兴
李少青	李长龙	李仁芬	李风善	李文现	李方贵
李少金	李长生	李仁财	李风楼	李文林	李方庭
李少珍	李长有	李仁忠	李风书	李文松	李方彬

李方喜	李玉山	李玉珍	李世义	李术员	李东安
李为正	李玉广	李玉柱	李世广	李可文	李东秀
李为美	李玉元	李玉选	李世开	李可东	李东奎
李计才	李玉斗	李玉泉	李世元	李可宗	李东贵
李计花	李玉龙	李玉亭	李世友	李可恕	李东科
李计瑞	李玉甲	李玉祖	李世功	李丙田	李东修
李计端	李玉发	李玉振	李世生	李丙四	李东峰
李心元	李玉成	李玉海	李世圣	李丙训	李东海
李心成	李玉贞	李玉彬	李世全	李丙安	李北平
李心华	李玉光	李玉堂	李世贡	李左芹	李北霖
李丑文	李玉廷	李玉章	李世武	李丕兴	李占山
李巴生	李玉华	李玉琴	李世青	李丕连	李占元
李以奎	李玉行	李玉禄	李世忠	李丕臻	李占云
李双仑	李玉全	李玉照	李世周	李石生	李占荣
李双田	李玉庆	李玉德	李世珍	李石成	李占奎
李双倾	李玉安	李玉衡	李世贵	李石旺	李占科
李双琴	李玉阶	李正才	李世钦	李石景	李占很
李孔明	李玉芳	李正中	李世保	李龙才	李占银
李书山	李玉岐	李正发	李世信	李龙万	李占清
李书仁	李玉希	李正芳	李世庭	李龙仁	李占锦
李书汉	李玉良	李正邱	李世清	李龙智	李卢鉴
李书金	李玉坤	李正茂	李世路	李平文	李业来
李书春	李玉林	李正忠	李世魁	李平秀	李甲子
李书俭	李玉昌	李正周	李艾云	李东万	李甲田
李水山	李玉明	李正荣	李本东	李东山	李甲银
李水发	李玉忠	李正祖	李本兰	李东升	李甲寅
李水武	李玉和	李正清	李本兴	李东风	李田元
李水旺	李玉佩	李正然	李本信	李东文	李田玉
李玉士	李玉法	李正道	李本悦	李东臣	李只文
李玉才	李玉春	李功叶	李本善	李东成	李四东

李四志	李白堂	李永叶	李永增	李西忠	李存林
李四彬	李令仲	李永田	李永德	李西凯	李存森
李生云	李令党	李永生	李加庆	李西贵	李成万
李生文	李处芳	李永邦	李加林	李西峰	李成山
李生玉	李主忠	李永先	李加绪	李在忠	李成友
李生正	李立正	李永会	李加斌	李在高	李成玉
李生兰	李立生	李永志	李召财	李百胜	李成平
李生吉	李立仙	李永良	李发友	李百祯	李成仙
李生论	李立华	李永现	李圣安	李百森	李成芝
李生余	李立张	李永坤	李圣贤	李有才	李成光
李生林	李立和	李永林	李圣祥	李有太	李成良
李生荣	李兰连	李永松	李匡生	李有正	李成林
李生保	李兰瑞	李永杰	李邦池	李有田	李成法
李生恒	李汉田	李永昌	李动正	李有吉	李成泽
李生祥	李汉宗	李永明	李吉吊	李有芝	李成贵
李生堂	李汉诚	李永金	李吉众	李有成	李成美
李生富	李宁云	李永治	李吉安	李有全	李成桂
李生德	李冯武	李永贵	李吉林	李有庆	李成桐
李生鹤	李冯辉	李永顺	李吉和	李有进	李成高
李仕明	李礼武	李永祝	李吉秋	李有忠	李成祥
李代东	李必安	李永泰	李吉信	李有金	李成堂
李代辉	李记秀	李永钱	李吉福	李有法	李成善
李付年	李记福	李永海	李亚山	李有春	李成新
李付兴	李永三	李永祥	李亚东	李有顺	李成德
李付德	李永开	李永清	李亚福	李有保	李尧元
李仙和	李永太	李永晶	李西民	李有亭	李过平
李仟利	李永仁	李永瑞	李西成	李有德	李过年
李仪青	李永文	李永献	李西仲	李存九	李贞元
李白川	李永书	李永魁	李西孝	李存太	李贞肖
李白小	李永平	李永福	李西范	李存文	李光义

李光元	李曲恩	李传连	李华林	李全贵	李庆花
李光云	李同仁	李传良	李华国	李全保	李庆良
李光文	李同吉	李传国	李华明	李全海	李庆周
李光玉	李同兴	李传亮	李华荣	李全祥	李庆封
李光生	李同伸	李传美	李华亭	李会生	李庆泰
李光臣	李同树	李传起	李华堂	李会明	李庆祥
李光成	李同堂	李传祥	李华清	李会梓	李庆菜
李光华	李同福	李传斌	李华富	李会福	李庆堂
李光会	李则全	李传道	李仰之	李会德	李庆新
李光远	李年丰	李传楼	李自田	李合才	李庆福
李光余	李先叶	李传福	李自成	李合小	李齐后
李光贤	李先臣	李传德	李自远	李合成	李齐畔
李光国	李先亮	李伍一	李自忻	李合兴	李关存
李光明	李先培	李伏五	李自明	李合宗	李米小
李光岭	李廷天	李延才	李自忠	李合星	李兴山
李光录	李廷元	李延文	李自省	李合海	李兴成
李光荣	李廷金	李延江	李自然	李合德	李兴州
李光南	李廷荣	李延怀	李自新	李兆凤	李兴安
李光顺	李廷科	李延青	李向应	李兆申	李兴坎
李光前	李廷新	李延松	李向荣	李兆芝	李兴林
李光津	李乔山	李延南	李向宾	李兆荣	李兴国
李光孩	李伟良	李延科	李向辉	李兆科	李兴和
李光珠	李传才	李延笃	李后义	李兆顺	李兴居
李光梅	李传义	李延富	李行真	李兆堂	李兴荣
李光彩	李传训	李延瑞	李全才	李兆增	李兴桂
李光道	李传伦	李延群	李全义	李旭东	李兴鲁
李光照	李传庆	李伦刚	李全升	李庆夫	李兴聚
李光福	李传纪	李伦岗	李全玉	李庆云	李兴德
李光碧	李传苍	李华民	李全本	李庆友	李汜胜
李光德	李传更	李华安	李全伦	李庆文	李守云

李守民	李红慈	李志全	李芳忠	李来彬	李秀花
李守廷	李级芳	李志会	李芳采	李连三	李秀林
李守顺	李纪云	李志兴	李芳春	李连山	李秀明
李守亮	李纪长	李志安	李芳智	李连风	李秀荣
李守恒	李纪生	李志远	李芳瑞	李连水	李秀起
李守祥	李纪处	李志孝	李克山	李连生	李兵新
李守堂	李纪妮	李志甫	李克义	李连有	李何华
李守清	李纪春	李志秀	李克仁	李连存	李佐风
李守善	李寿叶	李志良	李克玉	李连成	李佐六
李守勤	李寿光	李志纲	李克庄	李连全	李佐先
李安才	李寿恒	李志现	李克忘	李连兴	李佐居
李安林	李寿盛	李志昌	李克良	李连秀	李佃云
李安学	李寿堂	李志明	李克昌	李连学	李佃文
李安春	李寿森	李志河	李克明	李连诗	李佃胜
李安莹	李进儿	李志胜	李克信	李连保	李佃福
李安新	李进成	李志亭	李克胜	李连胜	李作风
李许德	李进学	李志度	李克然	李连曾	李作龙
李阴山	李进祥	李志泰	李克温	李连群	李作臣
李如川	李远圣	李志高	李克勤	李连增	李作合
李如立	李远华	李志盛	李村恩	李报海	李作良
李如权	李运河	李志超	李更仁	李步培	李作站
李如成	李运秦	李志喜	李更福	李里金	李作梅
李如庆	李孝忠	李志富	李来木	李呈祥	李伯山
李如学	李志义	李志强	李来吉	李国金	李伯茂
李如森	李志元	李志福	李来有	李囤福	李伯承
李如湖	李志云	李花明	李来远	李秀山	李近鱼
李好湖	李志仁	李花金	李来芳	李秀风	李希山
李观东	李志平	李花球	李来青	李秀吉	李希友
李观存	李志田	李芹兴	李来法	李秀成	李希月
李观廷	李志刚	李芹英	李来宾	李秀贞	李希成

李希年	李良才	李其龙	李松华	李国志	李明告
李希洋	李良玉	李其珍	李松春	李国技	李明怀
李希瑞	李良臣	李其俊	李松海	李国良	李明启
李希福	李启田	李其亮	李松锡	李国君	李明初
李言义	李启明	李茂月	李松福	李国林	李明武
李言华	李启定	李茂发	李杰正	李国明	李明国
李言良	李君祥	李茂臣	李杰普	李国府	李明昌
李言都	李张周	李茂林	李述田	李国居	李明郎
李言智	李阿毛	李茂春	李述林	李国珍	李明俊
李应远	李阿华	李茂夏	李雨度	李国虹	李明恒
李应祥	李阿昌	李茂盛	李雨章	李国祥	李明振
李辛吉	李邵宽	李英山	李奇秀	李国喜	李明涛
李怀平	李邵盛	李英戈	李转眼	李国瑞	李明清
李怀必	李纯直	李英成	李转银	李国福	李明绩
李怀成	李纯学	李英杰	李斩明	李昌民	李明绪
李怀林	李纯富	李英珍	李叔来	李昌伯	李明新
李怀信	李武成	李英联	李虎吉	李昌英	李明德
李怀卿	李武俊	李英善	李贤才	李昌春	李典祥
李怀堂	李青山	李英德	李贤举	李昌铎	李忠元
李怀章	李青云	李直忠	李尚大	李昌德	李忠玉
李怀福	李青容	李林马	李尚文	李明山	李忠光
李怀德	李青富	李林仁	李尚生	李明凡	李忠全
李沟全	李现成	李林坤	李尚指	李明飞	李忠英
李沈岗	李现荣	李林森	李尚寅	李明玉	李忠宝
李完然	李现标	李林富	李具吉	李明有	李忠厚
李宋门	李表明	李枚美	李国元	李明各	李忠信
李宋荣	李坯青	李松山	李国水	李明兴	李忠海
李宋祥	李坤芋	李松生	李国东	李明安	李忠祥
李宏友	李其友	李松贞	李国华	李明志	李忠强
李究均	李其文	李松廷	李国安	李明岐	李鸣春

李罗知	李金廷	李金湘	李学建	李宗仁	李绍华
李凯坤	李金延	李金蒲	李学贵	李宗兴	李绍林
李知青	李金红	李金楼	李学信	李宗起	李绍金
李知保	李金孝	李金楦	李学亭	李宗海	李绍相
李和生	李金来	李金鉴	李学耕	李宗祥	李绍高
李和兰	李金秀	李金盟	李学桂	李宗富	李绍德
李和青	李金迎	李金福	李法才	李宗锡	李经瑞
李和尚	李金武	李受全	李法田	李定一	李春于
李季臣	李金明	李狗来	李法永	李定五	李春才
李季甫	李金法	李京远	李法成	李定甲	李春山
李季明	李金房	李京坤	李法兴	李定怀	李春友
李秉玉	李金春	李庚西	李法江	李定保	李春中
李佳山	李金玲	李放唐	李法旺	李定帽	李春长
李岳武	李金城	李刻文	李法庚	李宜山	李春未
李岳信	李金荣	李炉保	李法桂	李实光	李春正
李侦义	李金栋	李学义	李法根	李建三	李春田
李金丁	李金柱	李学友	李河沽	李建元	李春生
李金才	李金贵	李学文	李泮歧	李建民	李春伏
李金山	李金钟	李学方	李泽民	李建华	李春华
李金川	李金秋	李学功	李泽新	李建国	李春孝
李金义	李金胜	李学叶	李治平	李建昌	李春步
李金开	李金赃	李学生	李治良	李建忠	李春县
李金天	李金海	李学圣	李治其	李建唐	李春怀
李金元	李金培	李学会	李宝山	李细顺	李春林
李金五	李金菜	李学安	李宝玉	李孟云	李春岭
李金玉	李金堂	李学技	李宝廷	李孟忠	李春房
李金龙	李金崇	李学武	李宝华	李孟和	李春荣
李金田	李金银	李学英	李宝齐	李孟祥	李春洪
李金生	李金章	李学杰	李宝祥	李绍世	李春真
李金扬	李金傲	李学忠	李宗山	李绍成	李春海

李春祥	李树文	李拴禄	李秋生	李保付	李俊群
李春琴	李树圭	李盼庆	李秋兰	李保成	李剑彭
李春景	李树芝	李盼起	李秋成	李保华	李胜方
李春勤	李树行	李显国	李秋志	李保全	李胜田
李春福	李树兴	李星成	李秋季	李保庆	李胜奎
李春禧	李树江	李星梅	李秋河	李保安	李胖广
李珍楠	李树张	李昭明	李秋胜	李保雨	李胖子
李城瑞	李树坤	李昭盈	李秋堂	李保春	李胖孩
李赵明	李树林	李贵生	李科玉	李保珍	李奕善
李荒草	李树松	李贵芝	李科德	李保树	李彦臣
李荣元	李树岭	李贵则	李顺成	李保俊	李恒丰
李荣平	李树金	李贵昌	李顺光	李保胜	李恒玉
李荣廷	李树定	李贵明	李顺年	李保恩	李恒志
李荣华	李树春	李贵荣	李顺修	李保通	李恒贵
李荣庆	李树奎	李贵胜	李顺保	李保琏	李恒绪
李荣茂	李树桐	李贵海	李顺俊	李保辉	李美林
李荣昌	李树根	李贵堂	李顺堂	李保彰	李炳仁
李荣贵	李树梅	李贵清	李顺康	李保镇	李炳成
李荣桂	李树清	李贵喜	李修仁	李信田	李炳合
李荣章	李树强	李贵富	李修龙	李信忠	李炳南
李荣锡	李树意	李思文	李修壮	李信春	李炳恒
李荣魁	李咸忠	李思旺	李修汗	李俊才	李炳培
李栋权	李厚相	李思温	李保三	李俊山	李炳常
李相元	李厚湘	李思禄	李保山	李俊华	李炳琪
李相东	李厚登	李思臻	李保元	李俊其	李炳新
李相成	李耐祥	李骨安	李保文	李俊法	李洁芝
李柏林	李奎一	李钦连	李保玉	李俊峰	李洪义
李柏森	李拴柱	李钦峰	李保本	李俊祥	李洪升
李树元	李拴桂	李钦福	李保东	李俊清	李洪为
李树云	李拴祥	李香春	李保生	李俊绪	李洪斗

李洪玉	李洪福	李桂枝	李振江	李逢喜	李家伦
李洪田	李洪璜	李桂法	李振芳	李高奎	李家其
李洪臣	李洪增	李桂春	李振佐	李唐福	李家尚
李洪达	李洪德	李桂庭	李振国	李悦第	李家法
李洪全	李洪遵	李桂银	李振明	李浙坤	李家春
李洪合	李济华	李桂敏	李振和	李浩光	李家顺
李洪江	李济明	李桂森	李振帮	李海云	李家海
李洪君	李宪章	李桐善	李振香	李海升	李家寅
李洪奉	李祖功	李栓成	李振俞	李海仁	李家绪
李洪武	李祖白	李栓柱	李振铎	李海水	李家鼎
李洪坤	李祖州	李校东	李振准	李海全	李家强
李洪贤	李祖兴	李根发	李振海	李海州	李诸民
李洪昌	李祝山	李根寿	李振雪	李海青	李祥义
李洪明	李盈千	李根富	李振堂	李海周	李祥生
李洪典	李敖根	李夏古	李振章	李海单	李通祥
李洪岭	李载德	李原登	李振清	李海春	李继才
李洪修	李起民	李烈功	李振鹏	李海珍	李继山
李洪彦	李起勇	李振义	李振德	李海科	李继木
李洪珠	李莲芝	李振广	李恩林	李海亮	李继柱
李洪起	李桂才	李振中	李恩昌	李海珠	李培山
李洪海	李桂山	李振文	李恩波	李海清	李培丰
李洪浜	李桂兰	李振世	李铁山	李海富	李培仁
李洪祥	李桂臣	李振生	李铁群	李海潮	李培田
李洪彬	李桂成	李振民	李健兴	李流富	李培岗
李洪堂	李桂贞	李振有	李臭横	李润身	李培林
李洪章	李桂同	李振朱	李爱生	李润新	李培废
李洪清	李桂华	李振华	李爱明	李宽富	李培查
李洪喜	李桂初	李振会	李爱学	李家友	李培俭
李洪斌	李桂英	李振合	李爱群	李家田	李培胜
李洪瑞	李桂林	李振兴	李逢贵	李家发	李培洪

李培根	李银禄	李鸿九	李喜贵	李智化	李裕田
李培基	李得才	李鸿广	李喜顺	李傅英	李强元
李培道	李得胜	李鸿睦	李彭成	李堡金	李登山
李培德	李彩田	李谋堂	李彭德	李鲁臣	李登印
李黄来	李彩金	李隆德	李敬华	李敦山	李登冯
李梦根	李毫春	李绪红	李敬荣	李敦享	李登圭
李梅生	李庶珍	李绪春	李敬顺	李斌良	李登良
李梅林	李麻原	李绪敏	李敬堂	李斌法	李登君
李梅桥	李章山	李绪清	李朝云	李童法	李登奎
李盛如	李章岭	李维仁	李朝阳	李善训	李登科
李盛余	李望本	李维创	李朝芳	李善臣	李登举
李盛福	李焕才	李维衣	李朝昌	李善明	李登第
李雪新	李焕青	李维江	李朝宗	李善荣	李瑞云
李捷元	李焕林	李维雨	李朝俊	李善堂	李瑞友
李堂迎	李清才	李维固	李朝宣	李尊令	李瑞田
李常仁	李清山	李维祥	李朝富	李道如	李瑞芝
李常明	李清云	李维清	李朝福	李道春	李瑞林
李常春	李清发	李维绪	李森荣	李道德	李瑞望
李常胜	李清臣	李维新	李暂云	李遂士	李瑞喜
李常振	李清舟	李维增	李辉儒	李遂升	李勤俭
李常辉	李清林	李琦清	李晴昆	李焱毛	李勤章
李崇义	李清旺	李超群	李量红	李富山	李献良
李崇华	李清和	李喜山	李景才	李富乐	李献章
李崇富	李清金	李喜凡	李景太	李富永	李照兴
李银生	李清泽	李喜元	李景文	李富成	李照彬
李银克	李清泉	李喜文	李景让	李富年	李照德
李银凯	李清洪	李喜生	李景武	李富俭	李路秋
李银贵	李清峰	李喜存	李景春	李富胜	李锡成
李银亮	李清道	李喜英	李景德	李富堂	李锡刚
李银锁	李清富	李喜绍	李黑生	李裕才	李锡杰

李锦友	李福全	李增来	李德茂	李耀志	步光前
李锦古	李福兴	李增房	李德贤	李耀旺	步荣华
李新三	李福寿	李增奎	李德昌	李耀堂	步登发
李新元	李福来	李增贵	李德明	甫元训	步登其
李新文	李福郁	李震甲	李德忠	甫双才	步登麒
李新玉	李福金	李镇开	李德凯	束子安	肖云
李新田	李福春	李镇玉	李德和	束花森	肖许
李新民	李福荣	李德才	李德炉	豆金恒	肖一鸣
李新年	李福星	李德山	李德法	邡万章	肖乃才
李新华	李福珠	李德义	李德荣	邡正云	肖于顺
李新坎	李福宾	李德乡	李德贵	来京全	肖士忠
李新林	李福祥	李德元	李德修	来聚生	肖土根
李新和	李福堂	李德友	李德信	抚友三	肖万明
李新春	李福锁	李德中	李德胜	连林	肖义德
李新堂	李福曾	李德文	李德振	连富	肖之远
李新清	李殿元	李德正	李德恩	连川叶	肖元生
李慎连	李殿的	李德本	李德海	连义福	肖云山
李慎修	李殿奎	李德右	李德基	连王发	肖云伍
李源湘	李殿阁	李德龙	李德堂	连长发	肖云安
李源福	李殿举	李德生	李德敏	连以叶	肖云怀
李福才	李聚保	李德册	李德清	连书枝	肖云珍
李福元	李廖芝	李德臣	李德策	连凹头	肖少学
李福水	李端富	李德成	李德然	连发水	肖中昌
李福田	李精和	李德光	李德禄	连华贵	肖长林
李福生	李精福	李德庆	李德模	连英昌	肖仁恩
李福臣	李肇荣	李德兴	李潮喜	连金禄	肖风松
李福贞	李翠芬	李德志	李鹤生	连学礼	肖文元
李福先	李增才	李德助	李赞香	连洪书	肖文军
李福廷	李增文	李德财	李避吉	连海至	肖文俊
李福伦	李增如	李德初	李麒麟	求胜奎	肖文胜

肖方和	肖杰英	肖德志	吴二礼	吴子明	吴长方
肖水云	肖国文	肖德昌	吴丁旺	吴子高	吴长水
肖玉华	肖明法	肖德荣	吴入涛	吴子宾	吴长江
肖正乐	肖明科	呈　佃	吴九秋	吴开才	吴长安
肖正华	肖和臣	呈公义	吴乃荣	吴夫远	吴长芳
肖本成	肖学大	呈同贵	吴三置	吴天成	吴长聚
肖东春	肖绍宪	呈德宾	吴士生	吴天艮	吴仁丰
肖甲平	肖春山	吴　山	吴士达	吴天府	吴仁强
肖四臣	肖树顺	吴　云	吴士名	吴天贵	吴化云
肖仪友	肖秋宝	吴　田	吴士芹	吴天桥	吴化起
肖汉清	肖保贵	吴　华	吴士秀	吴天福	吴化锡
肖永贵	肖俊云	吴　江	吴士林	吴元慎	吴化魁
肖永祥	肖首登	吴　芳	吴士杰	吴云才	吴公宽
肖民信	肖炳连	吴　言	吴士法	吴云功	吴月光
肖台胜	肖洪安	吴　英	吴士常	吴云达	吴风云
肖臣乡	肖洪章	吴　凯	吴大山	吴云贤	吴风玉
肖百奎	肖桂林	吴　金	吴大毛	吴云南	吴风法
肖有云	肖桂福	吴　城	吴大成	吴云起	吴风琴
肖有臣	肖家平	吴　标	吴大兴	吴云超	吴风祺
肖存山	肖基金	吴　星	吴大林	吴少友	吴风良
肖尧范	肖铜清	吴　亮	吴才生	吴少青	吴文元
肖光金	肖清香	吴　恒	吴万杰	吴少梅	吴文书
肖同正	肖喜山	吴　浩	吴义友	吴少清	吴文生
肖向卿	肖喜生	吴　彬	吴义生	吴中英	吴文光
肖兆庆	肖朝伦	吴　银	吴义标	吴中起	吴文先
肖兴文	肖朝铎	吴　琦	吴义信	吴见帮	吴文坤
肖安伦	肖强喜	吴　辉	吴广文	吴见洪	吴文林
肖声贤	肖锡臣	吴　斌	吴广信	吴见恩	吴文祥
肖连明	肖新德	吴　裕	吴之水	吴长于	吴文萱
肖连峰	肖福启	吴　德	吴小五	吴长山	吴文德

吴以生	吴龙太	吴永清	吴光兴	吴冲远	吴步玉
吴双娃	吴龙斌	吴永傲	吴光进	吴兴吉	吴里山
吴双喜	吴东才	吴永德	吴光胜	吴兴齐	吴秀云
吴玉连	吴北学	吴加大	吴同本	吴兴志	吴秀本
吴玉秀	吴占云	吴加生	吴先坛	吴兴奎	吴秀孟
吴玉良	吴占东	吴发生	吴廷章	吴兴彦	吴秀春
吴玉林	吴占科	吴邦民	吴廷新	吴江祥	吴秀柱
吴玉明	吴占群	吴邦法	吴传义	吴宇海	吴秀章
吴玉珂	吴叶友	吴式寅	吴传宣	吴守玉	吴估保
吴玉南	吴田林	吴吉生	吴延忠	吴安堂	吴体万
吴玉胜	吴生堂	吴吉良	吴仲德	吴农玉	吴何凤
吴玉海	吴代先	吴吉测	吴任夫	吴如祥	吴佃山
吴玉堂	吴付子	吴考忠	吴华文	吴纪高	吴佃香
吴玉棋	吴付明	吴亚成	吴华亭	吴寿光	吴身茂
吴玉数	吴鸟毛	吴芝剑	吴自荣	吴寿春	吴余标
吴正山	吴乐堂	吴再华	吴会元	吴运连	吴希太
吴正生	吴立功	吴西林	吴兆立	吴孝山	吴希西
吴正材	吴立生	吴西河	吴兆金	吴志刚	吴希和
吴正泉	吴立柱	吴西海	吴名华	吴志远	吴希珍
吴正德	吴立顺	吴西禄	吴庆丰	吴志忠	吴应远
吴功林	吴立章	吴在坤	吴庆云	吴志彬	吴应海
吴世榜	吴立德	吴百顺	吴庆友	吴志清	吴怀运
吴古城	吴汉五	吴有胜	吴庆甫	吴芹张	吴怀贵
吴本户	吴汉和	吴有富	吴庆忠	吴芬斋	吴宋玉
吴本常	吴记宽	吴有翼	吴庆贵	吴克连	吴良生
吴本喜	吴永龙	吴成明	吴庆祥	吴克良	吴良贵
吴本善	吴永礼	吴成保	吴庆彬	吴克金	吴良格
吴术喜	吴永林	吴成美	吴庆德	吴还金	吴君臣
吴可玉	吴永恒	吴成海	吴闯冈	吴来田	吴阿友
吴左坤	吴永高	吴光友	吴闯成	吴连升	吴阿安

吴阿时	吴国瑞	吴金福	吴树刚	吴起正	吴家均
吴阿青	吴明才	吴店门	吴树孝	吴桂山	吴家保
吴青山	吴明子	吴学义	吴树志	吴桂元	吴家强
吴青年	吴明云	吴学广	吴战清	吴桂生	吴谈屯
吴现本	吴明中	吴学夫	吴贵友	吴桂廷	吴继友
吴其元	吴明孔	吴学功	吴贵荣	吴桂林	吴继茂
吴其生	吴明怀	吴学周	吴贵宣	吴桂强	吴继磊
吴其芝	吴明树	吴学彦	吴思王	吴桐柱	吴梦美
吴其芳	吴明海	吴学涛	吴思庆	吴根有	吴盛林
吴其燕	吴明新	吴学敬	吴炭平	吴振东	吴银新
吴若堂	吴忠山	吴法治	吴钦平	吴振光	吴敏心
吴茂祥	吴忠友	吴法香	吴钦荣	吴振声	吴得才
吴英奎	吴忠林	吴泥芽	吴保牙	吴振林	吴得明
吴林雨	吴忠魁	吴宜生	吴保田	吴振昌	吴彩金
吴林明	吴凯金	吴祈遂	吴保红	吴积才	吴清元
吴林栋	吴和荣	吴建生	吴保富	吴积阴	吴清官
吴林斋	吴季才	吴建楚	吴俊立	吴健民	吴维武
吴松林	吴岳友	吴承夫	吴俊学	吴健邦	吴维明
吴卧亮	吴岳明	吴绍贵	吴庭云	吴爱群	吴维崇
吴虎龙	吴佩云	吴绍喜	吴美良	吴高开	吴喜山
吴尚志	吴金山	吴春井	吴炳成	吴高中	吴喜羊
吴旺相	吴金兰	吴春生	吴洪太	吴高生	吴敬远
吴国民	吴金有	吴春有	吴洪正	吴效忠	吴朝贵
吴国同	吴金合	吴春和	吴洪基	吴海州	吴朝福
吴国旺	吴金林	吴春祯	吴洪谋	吴海林	吴善支
吴国忠	吴金凯	吴荣寿	吴洪福	吴海根	吴道兴
吴国南	吴金波	吴荣焕	吴冠三	吴海新	吴湘海
吴国顺	吴金城	吴荣楼	吴祖干	吴家广	吴富生
吴国信	吴金标	吴相明	吴祖泉	吴家全	吴瑞灵
吴国恩	吴金魁	吴树川	吴起云	吴家庆	吴瑞康

吴献芳	吴德岩	时继法	邱永标	邱树江	何九印
吴锡友	吴德法	时继胜	邱加其	邱宪法	何士寿
吴锡田	吴德荣	时培全	邱吉明	邱祖年	何士坤
吴锡成	吴德奎	时常安	邱在亮	邱振贤	何大发
吴锡栋	吴德顺	时常福	邱成祥	邱振修	何大有
吴锦高	吴德胜	时新春	邱成路	邱高杰	何才兴
吴新芝	吴德据	男新照	邱光传	邱培胜	何万祥
吴新廷	吴德银	别正才	邱仲田	邱维公	何川正
吴新里	吴德富	岑昌瑞	邱仲林	邱登贵	何之飞
吴新知	吴藩山	岑金莹	邱任池	邱勤修	何子贤
吴溪叶	吴耀松	秀土全	邱华清	邱新友	何子法
吴福元	吴耀章	邱 元	邱兆坤	邱福昌	何开友
吴福友	吴鑫亭	邱 恒	邱江云	邱殿华	何天库
吴福永	时与荣	邱 途	邱如海	邱增贵	何天尾
吴福周	时小地	邱士为	邱志冈	邱墨昌	何云光
吴福顺	时日彬	邱士杰	邱来珍	邱德平	何云伍
吴福根	时水旺	邱大洪	邱连珠	邱德怀	何友田
吴殿臣	时玉京	邱大震	邱佃东	何 方	何少福
吴殿明	时玉福	邱才贤	邱佃乐	何 苏	何中元
吴嘉庆	时正元	邱久梅	邱作信	何 坤	何长江
吴德义	时四书	邱少林	邱英祥	何 苗	何长高
吴德元	时光木	邱长路	邱国才	何 林	何风仁
吴德云	时光有	邱仁明	邱国安	何 泽	何风祥
吴德文	时光智	邱文仲	邱明南	何 荣	何文干
吴德民	时同臻	邱玉信	邱和林	何 奎	何文生
吴德成	时传春	邱玉屏	邱金柱	何 党	何文成
吴德兴	时兆生	邱玉德	邱京化	何 银	何文光
吴德宏	时兴智	邱田安	邱定道	何 清	何文秀
吴德林	时物山	邱主根	邱组云	何 维	何文昌
吴德明	时继训	邱立荣	邱荣生	何 德	何文法

何文香	何有海	何连成	何季田	何徐起	何德章
何文彬	何成思	何报仁	何佩祥	何爱长	何德朝
何文善	何光才	何步告	何金中	何效忠	何德彰
何为斌	何光付	何秀叶	何金火	何海云	何德儒
何为耀	何早生	何秀法	何金忠	何海全	佐天贵
何心全	何年光	何秀福	何金和	何海福	佐传德
何玉常	何廷福	何应钦	何金荣	何家天	佐学智
何正荣	何延云	何应俊	何受高	何理成	佐贵只
何正信	何延林	何辛利	何学仑	何培山	佐保同
何正银	何仲汉	何宋立	何法华	何盛旺	伸明山
何东祥	何自民	何良纯	何泊乡	何得功	伯守堂
何申斌	何自法	何初生	何泣超	何清玉	佟金福
何田根	何自荣	何其田	何建生	何清芝	位文谟
何代义	何自信	何其寿	何经文	何谓信	位章起
何付林	何兆三	何若夫	何春卿	何朝阳	位德祥
何令善	何兆余	何茂伯	何南旺	何景良	身士材
何立云	何庆元	何英龙	何相龙	何景瑞	皂殿芳
何立仁	何庆贵	何国永	何树堂	何富贵	余 中
何立杰	何亦金	何国状	何挺章	何登江	余 毛
何立荣	何兴友	何国顺	何皆禄	何登祥	余 荣
何兰芳	何兴全	何国德	何香廷	何献桃	余大春
何记鑫	何守田	何昌义	何保金	何照法	余卫盼
何永水	何如青	何昌清	何美亲	何锡民	余小水
何永伯	何好千	何明儿	何炳奎	何新法	余小卿
何加俊	何运福	何明忠	何炳确	何新贵	余子峰
何召光	何志义	何明胜	何济田	何福宣	余元海
何发祥	何志成	何明德	何济芳	何福禄	余文才
何吉全	何志南	何忠应	何冠林	何增义	余文堂
何权洪	何志贵	何忠佳	何原生	何德心	余心喜
何西山	何克全	何忠福	何健才	何德如	余以民

余以柏	余治义	谷 娃	邹中林	邹振喜	辛成义
余水金	余治邑	谷太恩	邹仁生	邹积宪	辛华芝
余水根	余该清	谷记存	邹文金	邹培志	辛行善
余正申	余绍青	谷伦福	邹正福	邹登喜	辛兴礼
余正芳	余革孩	谷纪方	邹世厅	邹德乐	辛如意
余世连	余荣甫	谷金三	邹本和	库志海	辛志孔
余世祥	余荣富	谷金平	邹可良	应 声	辛志德
余田志	余相之	谷京昭	邹丕庄	应子法	辛克常
余加友	余思卫	谷振中	邹东法	应在友	辛取成
余召武	余胜标	谷清明	邹立奎	应有学	辛茂林
余光佑	余洪山	谷道连	邹立恒	应金荣	辛明标
余先奎	余洪田	谷福祥	邹立瑞	应荣法	辛明堂
余廷芳	余洪吉	邻兆洪	邹立福	疗淑祥	辛金太
余全月	余祖兴	狄 玉	邹圣奎	疗德云	辛忽变
余全菅	余根成	狄二立	邹有利	辛士廷	辛店崇
余池道	余海青	狄仁泽	邹先贾	辛才聚	辛建安
余如学	余家士	狄吉庆	邹先烈	辛长学	辛春言
余志明	余家施	狄建立	邹廷保	辛公文	辛树国
余佔先	余清平	狄贺林	邹名生	辛公远	辛保来
余青才	余稀成	狄鸿志	邹进生	辛风山	辛洪斌
余坤仑	余裕发	狄锁林	邹良玉	辛风伦	辛盛昌
余其林	余锡瑞	邹 武	邹松林	辛书太	辛常发
余其斌	余意波	邹 鹏	邹国正	辛正平	辛鸿藻
余松法	余德生	邹又礼	邹锡其	辛正福	辛谦玉
余国章	余德明	邹大义	邹金亭	辛世廷	辛增成
余明芝	余德贵	邹天元	邹金堂	辛本贞	辛德元
余明阶	余德洪	邹云恒	邹治国	辛本真	怀保玉
余忠文	余曙光	邹云炳	邹要才	辛占山	怀洪德
余季贵	佘锜义	邹太希	邹选文	辛生奎	闰洪忠
余金鱼	希元明	邹友湘	邹桂南	辛立生	闵家生

羌文初	汪正德	汪相文	沙洪珍	沈凤祥	沈利生
兑光聚	汪本刚	汪相生	沙培琛	沈文明	沈言良
冻 才	汪本初	汪贵田	沙银芝	沈文荣	沈良懂
冷 冰	汪汉华	汪俊臣	沙朝福	沈玉河	沈启全
冷士利	汪永照	汪炳仁	沈 义	沈正干	沈启亮
冷凤羽	汪加卫	汪洪庆	沈 平	沈世平	沈阿大
冷全清	汪发祥	汪洪志	沈 坚	沈世清	沈青云
冷间厚	汪圣祥	汪耕贵	沈 忠	沈加生	沈其传
冷明斋	汪存礼	汪校芝	沈 岳	沈有广	沈其伤
冷学仁	汪达仁	汪根苗	沈 荣	沈达荣	沈其仿
冷保全	汪传禄	汪振东	沈 标	沈成旺	沈其治
冷振华	汪延科	汪海元	沈 渊	沈光明	沈茂金
汪 发	汪志清	汪海生	沈 道	沈同周	沈松村
汪 陈	汪克超	汪海波	沈 毅	沈同顺	沈松春
汪 忠	汪连华	汪海清	沈于福	沈先能	沈明芝
汪三荣	汪秀华	汪家福	沈士高	沈竹根	沈明亮
汪大海	汪怀才	汪祥生	沈万喜	沈华章	沈牧齐
汪子柯	汪青治	汪菊新	沈久贵	沈全城	沈金祥
汪子俊	汪其林	汪银春	沈之海	沈庆荣	沈金堂
汪天桂	汪明川	汪得守	沈天福	沈兴安	沈金富
汪云清	汪明辉	汪普阳	沈元达	沈兴德	沈采福
汪少文	汪金文	汪锡芝	沈云生	沈阳生	沈学武
汪日清	汪金玉	汪新德	沈木根	沈约良	沈学彬
汪长陆	汪金生	汪溪青	沈友生	沈志方	沈宝才
汪公祥	汪金宽	汪精贵	沈少中	沈志平	沈宝生
汪方义	汪金隆	沙云蒲	沈中才	沈志亭	沈经虎
汪玉明	汪京海	沙以方	沈见成	沈克介	沈春华
汪玉金	汪宜才	沙孝江	沈仁堂	沈来福	沈荣经
汪正光	汪官章	沙国安	沈介福	沈连岐	沈荣桂
汪正全	汪春锐	沙洪范	沈凤池	沈连珠	沈思礼

沈保安	宋士秀	宋云德	宋书均	宋付忠	宋协增
沈保隆	宋士林	宋友先	宋玉一	宋立平	宋西军
沈信仁	宋士顺	宋少同	宋玉仁	宋汉清	宋有盛
沈美德	宋士银	宋日坤	宋玉圣	宋永仁	宋成云
沈前山	宋大祥	宋日福	宋玉芳	宋永固	宋成兵
沈洪元	宋大梅	宋曰信	宋玉林	宋永和	宋成典
沈洪生	宋万里	宋反有	宋玉明	宋永俊	宋成和
沈根发	宋万海	宋文山	宋玉宝	宋永祥	宋成柱
沈振尧	宋川山	宋文义	宋玉魁	宋加海	宋尧水
沈海昌	宋义仁	宋文升	宋玉新	宋加祥	宋光升
沈祥旺	宋义柏	宋文平	宋玉德	宋发德	宋光君
沈祥楼	宋义顺	宋文生	宋正亚	宋匡一	宋光福
沈教齐	宋之平	宋文召	宋功希	宋邦林	宋光榜
沈梅堂	宋小保	宋文成	宋功举	宋邦树	宋同仁
沈常煦	宋子元	宋文早	宋世学	宋吉开	宋先举
沈章相	宋子仁	宋文兴	宋古安	宋吉玉	宋廷光
沈清德	宋子文	宋文坡	宋丕志	宋吉敏	宋廷芳
沈琴芳	宋子宗	宋文林	宋平修	宋考成	宋传孝
沈超先	宋王苍	宋文凯	宋东甫	宋圪斗	宋传启
沈稚良	宋天福	宋文学	宋占基	宋老兰	宋传忠
沈新安	宋元风	宋文宗	宋申木	宋协义	宋传觉
沈福本	宋元训	宋文科	宋申会	宋协五	宋传镇
沈福保	宋元启	宋文胜	宋田久	宋协平	宋伍钧
宋 玉	宋元信	宋文恒	宋田绪	宋协民	宋延义
宋 吉	宋元根	宋文恩	宋四孩	宋协成	宋仲新
宋 光	宋云千	宋文清	宋四海	宋协任	宋华荣
宋 健	宋云汉	宋文魁	宋禾善	宋协江	宋仿高
宋 敬	宋云先	宋方训	宋代言	宋协良	宋全水
宋又白	宋云珠	宋方廷	宋代学	宋协典	宋全章
宋士生	宋云祥	宋心华	宋付才	宋协拴	宋合贵

宋兆义	宋秀芝	宋明和	宋政成	宋根仓	宋慎杨
宋兆平	宋佃松	宋明祥	宋荣泽	宋振武	宋慎恭
宋兆明	宋作民	宋典礼	宋相金	宋振忠	宋福才
宋兆顺	宋作庆	宋忠攻	宋树中	宋振祥	宋福田
宋庆安	宋近生	宋知林	宋树明	宋哲家	宋福侦
宋庆和	宋希亮	宋和武	宋耐烈	宋健民	宋福学
宋庆喜	宋希彬	宋金义	宋贵江	宋海山	宋福德
宋米贵	宋希藻	宋金凤	宋思奎	宋海云	宋殿元
宋汗青	宋言明	宋金玉	宋香岭	宋祥文	宋嘉玉
宋汗卿	宋言智	宋金泉	宋秋法	宋祥瑞	宋聚兰
宋守先	宋怀昌	宋金胜	宋复真	宋继先	宋聚贤
宋安云	宋怀春	宋金璋	宋顺清	宋培荣	宋增吉
宋如协	宋怀富	宋店清	宋修学	宋培章	宋德山
宋纪元	宋怀福	宋育仁	宋保永	宋常明	宋德生
宋纪志	宋良平	宋学才	宋保有	宋常福	宋德来
宋纪英	宋补元	宋学文	宋保来	宋银水	宋德明
宋纪科	宋君正	宋学连	宋保银	宋清成	宋德清
宋志兰	宋茂臣	宋学林	宋保商	宋清普	宋德程
宋志民	宋茂俏	宋学勤	宋美章	宋维光	宋德福
宋志远	宋茂珠	宋宗儒	宋前珍	宋喜玉	牟志福
宋志良	宋茂福	宋建生	宋炳玉	宋朝文	良　明
宋志林	宋茂德	宋建邦	宋洪顶	宋景热	良魁中
宋芳贞	宋林山	宋建帮	宋洪昌	宋黑皮	启士作
宋克榜	宋招玉	宋建桂	宋洪建	宋鲁家	启山虎
宋更苍	宋贤清	宋绍五	宋洪祥	宋善滋	启全仁
宋来荣	宋尚五	宋绍堂	宋洪彬	宋富全	初九林
宋连仲	宋国良	宋春山	宋洪章	宋禄禄	初云绥
宋坚庆	宋国培	宋春元	宋洪鼎	宋楚荣	初文诸
宋坚克	宋国清	宋春华	宋宪臣	宋锡山	初吉志
宋时宁	宋昌地	宋春苓	宋冠培	宋颖偕	初庆义

初佩海	张 凤	张 英	张 海	张九龙	张士诚
初学孔	张 文	张 林	张 浜	张九成	张士春
初学礼	张 双	张 松	张 祥	张九多	张士贵
初举堂	张 水	张 杰	张 理	张九林	张士侯
初洪山	张 未	张 虎	张 彬	张九香	张士洪
初培信	张 本	张 贤	张 梓	张九高	张士根
君 根	张 平	张 旺	张 敏	张乃顺	张士涛
君成海	张 央	张 昌	张 深	张乃福	张士滔
君洪义	张 兰	张 明	张 超	张三苟	张士德
灵光德	张 训	张 忠	张 喜	张三明	张大成
层安法	张 有	张 岭	张 惠	张三树	张大兴
迟 芬	张 成	张 凯	张 斌	张三保	张大茂
迟 俊	张 传	张 和	张 道	张三海	张大林
迟子礼	张 仲	张 学	张 渡	张干成	张大和
迟仁智	张 全	张 波	张 蒙	张于文	张大南
迟文仁	张 庆	张 祉	张 楷	张士才	张大贵
迟石学	张 兴	张 荣	张 赖	张士元	张大起
迟令奎	张 池	张 星	张 福	张士文	张大雪
迟守云	张 安	张 贵	张 群	张士斗	张大敏
迟贤达	张 如	张 钧	张 德	张士孔	张才一
迟忠祥	张 红	张 俭	张 毅	张士龙	张才礼
迟泮玉	张 进	张 俊	张 澳	张士训	张才吉
迟绍文	张 志	张 彦	张一红	张士发	张才林
迟举川	张 芸	张 美	张一道	张士成	张才和
迟洪玉	张 坚	张 举	张二太	张士全	张万三
迟新善	张 邮	张 济	张二虎	张士英	张万才
迟德智	张 钊	张 勇	张二旺	张士杰	张万全
张 天	张 间	张 泰	张七春	张士贤	张万财
张 元	张 良	张 峰	张入能	张士明	张万利
张 云	张 坤	张 铎	张儿宣	张士泽	张万林

张万昌	张广明	张马成	张开祥	张云成	张友俊
张万明	张广和	张子才	张开富	张云光	张友胜
张万季	张广居	张子云	张天生	张云华	张友桂
张万金	张广喜	张子刚	张天吉	张云兴	张车亮
张万清	张广辉	张子兴	张天成	张云相	张少元
张万福	张广善	张子连	张天华	张云贵	张少云
张万德	张广道	张子秀	张天轫	张云段	张少兰
张寸道	张广禄	张子英	张天林	张云祥	张少民
张上民	张广勤	张子明	张天宝	张云清	张少年
张山华	张广福	张子春	张天信	张云新	张少来
张山来	张之仁	张子政	张天雪	张云端	张少武
张川江	张之远	张子厚	张天福	张云德	张少忠
张义太	张之法	张子修	张天增	张木才	张少谦
张义长	张之祥	张子信	张天德	张木林	张日生
张义廷	张卫生	张子胜	张元令	张不知	张日民
张义全	张卫超	张子亮	张元吉	张太山	张日阳
张义昌	张飞龙	张子堂	张元庆	张太吉	张日芳
张义忠	张小三	张子魁	张元青	张太阳	张日清
张义和	张小平	张王阶	张元林	张太林	张曰智
张义金	张小伍	张王来	张元春	张太祥	张中义
张义勇	张小克	张王普	张元香	张友山	张中允
张义道	张小明	张井富	张元保	张友方	张中华
张义路	张小顺	张开元	张元桂	张友本	张中军
张义德	张小保	张开文	张元清	张友兰	张中良
张久山	张小恒	张开华	张元敬	张友亚	张中和
张久永	张小根	张开全	张云才	张友臣	张中法
张广才	张小群	张开林	张云山	张友成	张中亮
张广义	张小嘉	张开荣	张云飞	张友围	张中皋
张广五	张习光	张开美	张云风	张友林	张中祥
张广贤	张习辜	张开举	张云龙	张友建	张中琴

张中增	张仁德	张凤义	张文岗	张文富	张书庆
张冈光	张化禄	张凤友	张文秀	张文锦	张书兴
张见臣	张从之	张凤文	张文序	张方棠	张书怀
张见梅	张从本	张凤卢	张文良	张为生	张书坤
张见辉	张从田	张凤武	张文林	张为保	张书明
张毛旦	张从德	张凤林	张文昌	张为敬	张书忠
张升良	张仓生	张凤阁	张文明	张为缘	张书科
张长山	张月芳	张六学	张文和	张斗贵	张书祥
张长生	张月良	张文一	张文周	张计民	张水山
张长立	张月武	张文九	张文治	张计昌	张水驴
张长有	张月峰	张文士	张文珍	张心才	张水海
张长远	张风才	张文才	张文贵	张心田	张玉大
张长伯	张风义	张文义	张文品	张心汉	张玉才
张长林	张风文	张文夫	张文科	张心礼	张玉山
张长杰	张风田	张文玉	张文修	张心厚	张玉广
张长轮	张风臣	张文叶	张文泉	张丑孩	张玉云
张长春	张风先	张文卯	张文峦	张丑海	张玉升
张长贵	张风廷	张文礼	张文帝	张以动	张玉斗
张长顺	张风林	张文有	张文炳	张以贤	张玉书
张长胜	张风明	张文达	张文洪	张以然	张玉龙
张长海	张风和	张文成	张文宪	张双巨	张玉田
张长富	张风炉	张文虫	张文卿	张双和	张玉生
张长新	张风起	张文华	张文海	张双重	张玉立
张仁义	张风祥	张文兴	张文祥	张双清	张玉兰
张仁生	张风增	张文江	张文堂	张双喜	张玉芝
张仁里	张风银	张文阳	张文敏	张书川	张玉臣
张仁杰	张风瑞	张文寿	张文彩	张书文	张玉西
张仁波	张风耄	张文远	张文章	张书冉	张玉达
张仁顺	张风德	张文运	张文焕	张书吉	张玉廷
张仁恩	张风翼	张文连	张文斌	张书廷	张玉伦

张玉华	张玉喜	张世衍	张石非	张四海	张立山
张玉江	张玉富	张世海	张布云	张四维	张立夫
张玉池	张玉楼	张世宽	张布仁	张生贵	张立中
张玉如	张示文	张世敏	张布禄	张生聚	张立功
张玉志	张示洪	张古令	张龙祥	张仕文	张立龙
张玉岐	张正才	张古金	张平山	张仕廷	张立史
张玉佐	张正付	张节宗	张平芳	张代廷	张立冬
张玉启	张正发	张本飞	张打中	张代安	张立训
张玉坤	张正林	张本立	张东山	张付友	张立发
张玉英	张正昌	张本礼	张东义	张付甲	张立志
张玉林	张正标	张本廷	张东利	张付玩	张立明
张玉虎	张正清	张本利	张东亮	张付杰	张立和
张玉昌	张正锡	张本良	张东新	张仙路	张立春
张玉忠	张正源	张本非	张北立	张白长	张立奎
张玉和	张世九	张本学	张占五	张白连	张立贵
张玉春	张世元	张本祥	张占岭	张白奎	张立钧
张玉珍	张世友	张本道	张占梅	张白彬	张立香
张玉泉	张世文	张本福	张申田	张白强	张立恒
张玉亭	张世功	张可立	张申成	张瓜玉	张立洪
张玉亮	张世平	张可芳	张申州	张用良	张立桂
张玉洞	张世全	张可苏	张申法	张印春	张立钱
张玉起	张世兴	张可佩	张叶保	张印章	张立徒
张玉桐	张世安	张可祥	张电巨	张务邦	张立献
张玉峰	张世岭	张丙义	张田芝	张包堂	张立德
张玉钱	张世凯	张丙信	张田英	张尔生	张兰田
张玉高	张世法	张丕乡	张田福	张尔瑶	张兰同
张玉斋	张世春	张丕君	张四云	张乐明	张兰技
张玉祥	张世荣	张丕松	张四光	张主良	张兰纯
张玉堂	张世标	张丕学	张四连	张主熹	张兰林
张玉清	张世贵	张石太	张四启	张立三	张兰奎

张兰新	张永林	张吉令	张有城	张成钱	张光富
张汉忠	张永和	张吉成	张有贵	张成彬	张光德
张汉春	张永店	张吉庆	张有顺	张成银	张曲金
张汉胜	张永学	张吉兴	张有禄	张成新	张吕明
张汉清	张永法	张吉利	张有勤	张成福	张同才
张宁成	张永荣	张吉荣	张有路	张成群	张同元
张礼会	张永贵	张吉奎	张有新	张成德	张同友
张礼胜	张永信	张吉思	张有福	张扬清	张同升
张必友	张永泉	张吉顺	张存木	张尧银	张同仁
张必富	张永贺	张吉烈	张存生	张至玲	张同文
张记少	张永海	张吉福	张存信	张师昌	张同连
张记长	张永祥	张老生	张夺义	张光三	张同顺
张记身	张永敬	张老主	张达有	张光才	张同举
张记盛	张永朝	张老红	张达明	张光川	张同根
张永才	张永强	张亚杰	张成士	张光义	张同爱
张永太	张民权	张亚明	张成义	张光中	张同祥
张永功	张加义	张臣芝	张成友	张光仁	张同喜
张永田	张加银	张再强	张成龙	张光平	张同新
张永乐	张加善	张西九	张成立	张光印	张同聚
张永立	张召武	张西仁	张成礼	张光臣	张岁生
张永芝	张召明	张西斗	张成吉	张光先	张年云
张永先	张召春	张西江	张成伦	张光华	张先才
张永华	张召福	张西荣	张成志	张光全	张先金
张永合	张圣坤	张西海	张成林	张光表	张先峰
张永庆	张台旺	张西锡	张成和	张光坤	张先富
张永兴	张圭英	张在产	张成法	张光定	张先意
张永进	张吉山	张有华	张成美	张光胜	张廷文
张永囤	张吉升	张有贡	张成举	张光海	张廷玉
张永良	张吉玉	张有其	张成洪	张光彩	张廷吉
张永现	张吉生	张有忠	张成宣	张光喜	张廷同

张廷先	张华书	张合尚	张庆武	张兴堂	张纪春
张廷志	张华玉	张合旺	张庆坤	张守玉	张纪超
张廷忠	张华们	张合明	张庆和	张守业	张孙岩
张廷和	张华有	张合贵	张庆秋	张守叶	张寿山
张廷的	张华廷	张合保	张庆俘	张守田	张寿义
张廷治	张华美	张合堂	张庆祥	张守财	张寿功
张廷标	张华基	张兆义	张庆惠	张守林	张寿东
张廷倡	张华德	张兆平	张庆福	张守信	张寿田
张廷宽	张自元	张兆华	张庆德	张安山	张寿朱
张廷喜	张自申	张兆轩	张庆儒	张安之	张寿启
张竹春	张自林	张兆奉	张亦乐	张安友	张寿茄
张传书	张后楚	张兆荣	张关玉	张安贤	张寿贤
张传代	张全升	张兆祥	张关寿	张安顺	张寿岩
张传连	张全刘	张旭文	张兴山	张安禄	张寿通
张传朋	张全林	张旭青	张兴义	张安勤	张寿梓
张传桂	张全贵	张旭清	张兴元	张字生	张麦官
张传根	张全锁	张名杨	张兴友	张许能	张进才
张传恕	张全智	张庆九	张兴方	张论生	张进仁
张传道	张全禄	张庆山	张兴礼	张艮光	张进尧
张传曾	张全福	张庆文	张兴永	张阴远	张进贞
张传富	张会义	张庆功	张兴地	张如保	张进良
张传福	张会开	张庆平	张兴如	张如亭	张进斋
张休理	张会元	张庆处	张兴弟	张如银	张进德
张延生	张会升	张庆兰	张兴昌	张好仙	张运法
张延伦	张会文	张庆芝	张兴和	张好彬	张均华
张延梅	张会生	张庆扬	张兴法	张好鲁	张孝才
张延禄	张会军	张庆先	张兴珂	张观大	张孝龙
张任发	张会海	张庆合	张兴荣	张纪云	张孝林
张伦光	张会堂	张庆关	张兴标	张纪成	张孝森
张华太	张合三	张庆吾	张兴根	张纪来	张志才

张志云	张却生	张克勤	张步云	张作有	张怀德
张志方	张花明	张杜山	张肖俊	张作先	张闵玉
张志火	张芳标	张杨先	张呈秀	张作标	张沈基
张志生	张芳科	张杨远	张吴忠	张伯龙	张宏生
张志必	张克力	张甫清	张财有	张伯让	张宏向
张志民	张克才	张更喜	张秀才	张伯承	张宏根
张志达	张克山	张吾明	张秀山	张身云	张良权
张志成	张克友	张来成	张秀义	张希义	张良安
张志华	张克文	张来法	张秀生	张希仁	张良青
张志冲	张克功	张来保	张秀动	张希平	张良国
张志安	张克龙	张来彬	张秀合	张希明	张良贵
张志秀	张克田	张来绪	张秀均	张希城	张良信
张志伸	张克印	张来喜	张秀岐	张希顺	张良悦
张志良	张克成	张连三	张秀其	张希俊	张良德
张志武	张克同	张连才	张秀和	张希根	张启毛
张志明	张克先	张连水	张秀春	张言功	张启守
张志学	张克华	张连玉	张秀俊	张言学	张启明
张志法	张克兴	张连生	张秀亭	张言美	张启富
张志厚	张克孝	张连考	张秀起	张应臣	张补权
张志秋	张克武	张连芝	张秀峰	张序臣	张君三
张志俊	张克昌	张连成	张秀铃	张序再	张君聪
张志亭	张克明	张连兴	张秀银	张序斌	张君德
张志祥	张克周	张连芳	张秀辉	张辛春	张灵修
张志萃	张克定	张连岐	张秀楼	张怀九	张改运
张志乾	张克思	张连青	张体恒	张怀心	张阿宝
张志堂	张克俭	张连法	张佔堂	张怀安	张妙风
张志清	张克胜	张连相	张佃臣	张怀寿	张妙富
张志斌	张克亮	张连祥	张佃峰	张怀亭	张纯义
张志勤	张克起	张连喜	张作文	张怀卿	张纯敏
张志群	张克强	张连福	张作臣	张怀清	张环九

张武义	张英华	张国本	张明金	张岳根	张金城
张武华	张英后	张国立	张明荣	张佰春	张金荣
张武镇	张英俊	张国华	张明柱	张佩起	张金标
张青山	张英堂	张国庆	张明科	张依花	张金奎
张现平	张苟云	张国良	张明祥	张征山	张金贵
张现成	张范五	张国枝	张明培	张金山	张金香
张现合	张范春	张国杰	张明堂	张金友	张金顺
张现周	张荃林	张国明	张明绪	张金升	张金保
张幸友	张林祥	张国金	张明景	张金文	张金胜
张幸福	张松华	张国宝	张明锦	张金计	张金亭
张其山	张松鸽	张国宜	张明福	张金玉	张金泰
张其友	张杰民	张国荣	张明德	张金世	张金珠
张其田	张述伦	张国栋	张典仁	张金龙	张金峰
张其发	张述洪	张国亮	张忠义	张金田	张金祥
张其圣	张述起	张国宣	张忠元	张金生	张金银
张其华	张码头	张国富	张忠心	张金礼	张金章
张其没	张奇炎	张昌明	张忠成	张金成	张金辉
张其松	张拥生	张昌和	张忠明	张金华	张金棠
张其和	张虎山	张昌治	张忠建	张金江	张金销
张其法	张贤仁	张明义	张忠保	张金安	张金锁
张其河	张贤文	张明己	张忠清	张金如	张金锋
张其袖	张贤兴	张明文	张凯德	张金利	张金楼
张其祥	张尚远	张明方	张知友	张金坤	张金福
张其谟	张尚武	张明龙	张和云	张金林	张金熙
张茂生	张旺德	张明礼	张和玉	张金明	张金德
张茂臣	张果金	张明光	张和林	张金岭	张金鏊
张茂范	张昆贵	张明全	张和尚	张金岱	张念为
张茂桂	张国仁	张明庆	张和录	张金法	张念勤
张茂德	张国文	张明青	张和举	张金泗	张周仁
张英文	张国玉	张明贤	张和根	张金宝	张京文

张京周	张学福	张定吉	张春化	张南小	张奎林
张店欣	张学增	张定保	张春风	张栋梁	张奎忠
张店煌	张法山	张定德	张春生	张相山	张持胜
张庚发	张法云	张宜军	张春尧	张相云	张拴平
张放锋	张法尧	张官信	张春江	张相文	张拾拴
张怡然	张法其	张官堂	张春芳	张相合	张显文
张学义	张法林	张官锁	张春来	张相贤	张显荣
张学文	张法奇	张详珍	张春位	张相恒	张星兰
张学功	张法奎	张建义	张春旺	张相桐	张星明
张学去	张法亮	张建文	张春和	张柱牛	张星南
张学田	张泮云	张建平	张春周	张树才	张昭清
张学生	张沼礼	张建兰	张春堂	张树中	张贵山
张学礼	张泽金	张建民	张帮兴	张树成	张贵友
张学成	张治全	张建明	张城来	张树庆	张贵田
张学刚	张宝友	张建忠	张政华	张树财	张贵召
张学华	张宝见	张建学	张赵义	张树林	张贵成
张学芳	张宝成	张建法	张赵福	张树明	张贵华
张学言	张宝凯	张建思	张荣田	张树春	张贵安
张学明	张宝和	张建亭	张荣生	张树南	张贵秀
张学忠	张宝俭	张建美	张荣鸟	张树堂	张贵何
张学诚	张宝福	张建谟	张荣华	张树清	张贵昌
张学保	张宗义	张居良	张荣言	张树喜	张贵荣
张学信	张宗云	张孟雄	张荣其	张树照	张贵柱
张学宣	张宗仁	张绍文	张荣法	张树熙	张贵挺
张学积	张宗平	张绍平	张荣春	张要文	张贵保
张学馀	张宗华	张绍军	张荣胜	张要清	张贵家
张学资	张宗沟	张绍武	张荣资	张厚础	张思义
张学银	张宗良	张绍荣	张荣海	张面启	张思正
张学淑	张宗武	张绍烈	张荣祥	张面海	张思平
张学勤	张宗恒	张春友	张荣继	张奎芝	张思良

张钢元	张保昌	张胜标	张举堂	张洪俊	张桂生
张钦策	张保法	张亭芳	张洁印	张洪根	张桂贞
张秋义	张保栋	张亭堂	张洪几	张洪海	张桂华
张秋风	张保贵	张亭禄	张洪九	张洪祥	张桂连
张秋成	张保顺	张庭吾	张洪三	张洪绵	张桂林
张秋来	张保勇	张彦之	张洪山	张洪斌	张桂荣
张秋峰	张保珠	张彦文	张洪久	张洪登	张桂柱
张复新	张保桂	张彦芳	张洪夫	张洪福	张桂亭
张顺飞	张保海	张彦昌	张洪五	张洪德	张桂清
张顺仁	张保堂	张恒本	张洪仁	张洛且	张栓开
张顺生	张保福	张恒兴	张洪文	张宪臣	张栓良
张顺礼	张保德	张恒修	张洪玉	张宪忠	张格凤
张顺吉	张信山	张恒信	张洪印	张宪周	张根生
张顺臣	张信文	张恒祥	张洪卯	张冠山	张根选
张顺杰	张信均	张恒强	张洪尧	张祖功	张根善
张顺昌	张皇志	张恒福	张洪光	张祖高	张根福
张顺忠	张俊风	张美柱	张洪刚	张祝友	张振才
张顺振	张俊田	张美羲	张洪华	张祝高	张振仁
张顺乾	张俊权	张炳义	张洪庆	张起才	张振文
张顺捷	张俊州	张炳方	张洪芳	张起元	张振东
张顺清	张俊杰	张炳书	张洪连	张起凤	张振甲
张顺富	张俊结	张炳生	张洪启	张起会	张振生
张修贤	张俊峰	张炳尼	张洪武	张起合	张振华
张保才	张俊朝	张炳臣	张洪林	张起法	张振兴
张保同	张胜田	张炳全	张洪昌	张起清	张振江
张保合	张胜则	张炳均	张洪明	张起福	张振芳
张保兴	张胜庆	张炳金	张洪岭	张耿藏	张振武
张保坤	张胜财	张炳参	张洪波	张晋如	张振国
张保其	张胜忠	张炳根	张洪荣	张桂才	张振忠
张保英	张胜春	张炳银	张洪贵	张桂友	张振柱

张振俭	张逢阳	张家善	张彬生	张清芝	张维军
张振起	张效经	张家富	张梦华	张清同	张维周
张振峰	张旁顺	张祥夫	张副臣	张清池	张维禄
张振海	张悦俊	张祥林	张盛川	张清志	张超生
张振家	张益山	张祥喜	张盛甫	张清连	张超杰
张振祥	张益芳	张展清	张盛福	张清秀	张喜成
张振营	张益德	张恕生	张授学	张清林	张喜远
张振清	张烟银	张恕林	张堂海	张清松	张喜志
张振意	张海山	张通祥	张常江	张清和	张喜牢
张振横	张海子	张继文	张常福	张清法	张喜城
张振德	张海云	张继生	张崇云	张清海	张喜根
张换金	张海水	张继华	张崇全	张鸿文	张喜堂
张致伸	张海龙	张继如	张铝广	张鸿宾	张斯友
张晓训	张海权	张继茂	张银成	张渠民	张敬一
张晓香	张海存	张继明	张银学	张淑周	张敬兰
张恩友	张海林	张继祥	张银春	张深林	张敬孝
张恩光	张海香	张继超	张银海	张随兴	张敬祥
张恩全	张海洲	张继德	张银新	张随保	张敬魁
张恩智	张海堂	张继臻	张敏贵	张绪友	张敬群
张恩璞	张流德	张教林	张得文	张绪生	张朝义
张峰山	张润小	张培元	张得兴	张绪成	张朝安
张峰贵	张润镇	张培芝	张得森	张绪光	张朝桂
张峰群	张宽心	张培兴	张得新	张绪庆	张最富
张积元	张家园	张培良	张够够	张绪克	张景山
张积银	张家武	张培昌	张焕山	张绪国	张景光
张倍之	张家松	张培荣	张焕成	张续贵	张景纯
张徐有	张家厚	张培养	张焕任	张维四	张景明
张爱民	张家贵	张培朝	张焕景	张维生	张景周
张爱慈	张家亭	张培增	张清玉	张维刚	张景春
张逢华	张家高	张乾平	张清平	张维兆	张景南

张景通	张富金	张锡武	张满元	张福琪	张德才
张景梅	张富建	张锡贵	张满淼	张福敬	张德山
张景湖	张富荣	张锡珠	张福山	张福森	张德义
张黑子	张富贵	张锦龙	张福义	张福祺	张德云
张销福	张富祥	张锦兰	张福云	张福聚	张德友
张锐海	张富清	张魁五	张福友	张福德	张德升
张智美	张富道	张新一	张福从	张福鑫	张德仁
张智新	张祺华	张新仁	张福斗	张殿义	张德玉
张循功	张禄福	张新玉	张福东	张殿孔	张德功
张循连	张登全	张新东	张福生	张殿水	张德田
张循清	张登良	张新田	张福礼	张殿讯	张德生
张童保	张登载	张新民	张福永	张殿臣	张德印
张善生	张登起	张新光	张福成	张殿成	张德圣
张善荣	张登富	张新廷	张福同	张殿金	张德成
张善亭	张瑞元	张新华	张福廷	张殿奎	张德行
张善海	张瑞云	张新庄	张福兴	张殿美	张德庄
张普有	张瑞玉	张新安	张福安	张殿喜	张德如
张道义	张瑞其	张新英	张福寿	张殿福	张德秀
张道均	张瑞林	张新林	张福来	张聚文	张德余
张道春	张瑞保	张新明	张福利	张聚亮	张德英
张道祥	张瑞海	张新荣	张福坤	张榭林	张德杭
张道增	张瑞祥	张新厚	张福林	张管户	张德贤
张道德	张献钦	张新洛	张福泽	张察员	张德昌
张遂华	张楚山	张新涛	张福荣	张增仁	张德明
张曾仆	张暗娃	张新海	张福树	张增发	张德和
张渝成	张照黄	张新堂	张福洪	张增青	张德金
张富田	张锡山	张新喜	张福洞	张增经	张德京
张富生	张锡文	张新樑	张福海	张增富	张德学
张富同	张锡存	张新福	张福祥	张增璞	张德荣
张富如	张锡良	张新增	张福堂	张聪生	张德保

张德胜	陆士章	陆兴胜	陆宝华	陈友	陈财
张德神	陆义丁	陆次江	陆宗亮	陈中	陈秀
张德起	陆小安	陆守太	陆荣安	陈仁	陈伯
张德根	陆开东	陆守昌	陆顺和	陈凤	陈冻
张德宽	陆天和	陆安少	陆修余	陈文	陈良
张德堂	陆少文	陆安顺	陆保山	陈火	陈君
张德彩	陆少安	陆阳金	陆保华	陈孔	陈坤
张德喜	陆少岩	陆寿村	陆炳华	陈平	陈其
张德瑞	陆中元	陆志达	陆振东	陈生	陈茂
张德福	陆中和	陆志惠	陆逢廷	陈立	陈英
张潮海	陆仁康	陆连祥	陆家祥	陈汉	陈林
张儒俊	陆从寿	陆步青	陆海华	陈礼	陈尚
张羲风	陆文志	陆秀廷	陆海林	陈皮	陈明
张戴明	陆文标	陆兵福	陆祥林	陈臣	陈忠
张鞠云	陆玉清	陆阿四	陆教英	陈达	陈荣
张翼德	陆正忠	陆武法	陆清明	陈尧	陈贵
张曜明	陆平清	陆青发	陆维金	陈光	陈品
张耀昌	陆叶全	陆其生	陆喜昌	陈当	陈俊
张耀南	陆付光	陆英武	陆联发	陈同	陈胜
张耀彩	陆汉富	陆林康	陆敬亭	陈则	陈炳
张耀超	陆永极	陆招荣	陆普庆	陈廷	陈洁
陆广	陆永报	陆昌荣	陆道生	陈仲	陈洪
陆芝	陆加祥	陆明光	陆登华	陈华	陈勇
陆臣	陆召英	陆明和	阿志	陈全	陈桂
陆会	陆西胜	陆念福	阿根	陈庆	陈桐
陆亮	陆在恒	陆京先	陈义	陈兴	陈健
陆浩	陆成忠	陆庙富	陈门	陈志	陈宾
陆九寿	陆光明	陆学文	陈飞	陈芳	陈彬
陆九孝	陆早旺	陆学荣	陈元	陈材	陈盛
陆士友	陆同德	陆法金	陈云	陈坚	陈银

陈　清	陈士厚	陈义思	陈开内	陈云福	陈中华
陈　梁	陈士祥	陈义宽	陈开付	陈五山	陈中辛
陈　维	陈大广	陈广丁	陈开永	陈太元	陈中武
陈　辉	陈大友	陈广付	陈开吉	陈太平	陈中明
陈　斌	陈大生	陈广荣	陈开福	陈太曲	陈中和
陈　湖	陈大庆	陈广济	陈天夫	陈太后	陈中海
陈　富	陈大运	陈广寅	陈天生	陈太海	陈中菊
陈　强	陈大奎	陈广道	陈天冲	陈太章	陈中得
陈　槐	陈大恒	陈之伦	陈天荣	陈友才	陈中鲁
陈　新	陈大美	陈卫国	陈天祥	陈友玉	陈见才
陈　福	陈大振	陈小云	陈无志	陈友生	陈见吾
陈　德	陈大得	陈小有	陈元才	陈友光	陈见明
陈　赞	陈才林	陈小寿	陈元吉	陈友刚	陈长士
陈一平	陈万才	陈小甫	陈元先	陈友安	陈长山
陈一金	陈万方	陈小林	陈元江	陈友昌	陈长友
陈二的	陈万正	陈小波	陈元杜	陈友栋	陈长生
陈二第	陈万生	陈小战	陈元灿	陈友起	陈长吉
陈二慢	陈万志	陈小保	陈元胜	陈友根	陈长江
陈丁达	陈万祥	陈小根	陈元盛	陈少文	陈长甫
陈几发	陈弋强	陈小魁	陈元康	陈少安	陈长春
陈九州	陈口支	陈习中	陈元源	陈少良	陈长祥
陈九高	陈山同	陈习昌	陈韦芳	陈少君	陈仁路
陈三伦	陈山伦	陈子山	陈云山	陈少武	陈仁德
陈三桂	陈义龙	陈子飞	陈云五	陈少理	陈化学
陈工辰	陈义生	陈子夫	陈云生	陈少清	陈从牛
陈士发	陈义成	陈子仁	陈云武	陈少蓝	陈公邵
陈士达	陈义华	陈子华	陈云青	陈日本	陈月周
陈士华	陈义进	陈子和	陈云相	陈日明	陈月星
陈士林	陈义贤	陈子荣	陈云起	陈曰智	陈月高
陈士国	陈义荣	陈子高	陈云清	陈中田	陈月德

陈凤平	陈双和	陈玉明	陈本树	陈代胜	陈永年
陈凤台	陈双金	陈玉贵	陈可法	陈付元	陈永华
陈凤站	陈双喜	陈玉泉	陈丙才	陈令才	陈永兴
陈凤德	陈书长	陈玉亭	陈丙义	陈印祥	陈永论
陈凤潘	陈书华	陈玉酉	陈丙和	陈乐书	陈永进
陈文才	陈书喜	陈玉高	陈丙祥	陈乐生	陈永均
陈文义	陈玉三	陈玉祥	陈丙堂	陈主城	陈永良
陈文中	陈玉万	陈玉堂	陈左业	陈立才	陈永尚
陈文田	陈玉山	陈玉清	陈平顺	陈立中	陈永和
陈文传	陈玉友	陈玉斌	陈东于	陈立见	陈永法
陈文均	陈玉双	陈玉滋	陈东才	陈立本	陈永康
陈文武	陈玉书	陈玉麟	陈东风	陈立民	陈永清
陈文岳	陈玉龙	陈示富	陈东生	陈立发	陈永鸿
陈文标	陈玉平	陈正中	陈东卿	陈立早	陈永福
陈文奎	陈玉生	陈正吉	陈东普	陈立兴	陈民志
陈文起	陈玉乐	陈正怀	陈占元	陈立宝	陈民金
陈文莫	陈玉兰	陈正明	陈占平	陈立荣	陈奴养
陈文高	陈玉先	陈正盼	陈占胜	陈立保	陈加士
陈文祥	陈玉廷	陈正福	陈占祥	陈立家	陈加大
陈文彪	陈玉华	陈正德	陈占魁	陈汁领	陈加友
陈文辉	陈玉全	陈世则	陈占鳌	陈汉文	陈加礼
陈文斌	陈玉会	陈世如	陈业荣	陈汉连	陈加敬
陈文德	陈玉收	陈世初	陈叶水	陈汉余	陈加道
陈方义	陈玉花	陈世根	陈田超	陈礼台	陈召牛
陈方春	陈玉连	陈世章	陈四照	陈必泽	陈召京
陈斗三	陈玉岐	陈世温	陈生才	陈记林	陈发轩
陈心云	陈玉坤	陈本仁	陈生中	陈永山	陈邦彦
陈以林	陈玉林	陈本扫	陈生录	陈永云	陈吉川
陈双玉	陈玉松	陈本后	陈代成	陈永付	陈吉义
陈双虎	陈玉贤	陈本固	陈代光	陈永同	陈吉本

陈吉平	陈成贵	陈华狗	陈庆隆	陈阴若	陈志荣
陈吉利	陈过保	陈华定	陈庆福	陈如立	陈志南
陈吉明	陈光元	陈华养	陈齐元	陈如陆	陈志根
陈吉周	陈光风	陈向绍	陈兴义	陈如其	陈志萍
陈吉善	陈光业	陈向超	陈兴礼	陈如清	陈志堂
陈圪老	陈光生	陈全成	陈兴华	陈观荣	陈志清
陈老六	陈光发	陈全忠	陈兴合	陈纪文	陈志强
陈老和	陈光尧	陈全法	陈兴庆	陈纪书	陈志福
陈亚英	陈光汝	陈全荣	陈兴如	陈纪华	陈克山
陈亚根	陈光连	陈全保	陈兴林	陈纪顺	陈克孝
陈芝章	陈光明	陈全禄	陈兴和	陈寿廷	陈克里
陈机喜	陈光和	陈会伦	陈兴保	陈麦秀	陈克林
陈权干	陈光荣	陈合云	陈兴胜	陈进快	陈克学
陈权合	陈光勋	陈合只	陈兴前	陈远兴	陈克荣
陈臣德	陈光原	陈合州	陈汗相	陈运如	陈苏云
陈西友	陈光银	陈兆山	陈江山	陈均初	陈更生
陈西文	陈同山	陈兆华	陈江的	陈均昭	陈来云
陈西尧	陈同岭	陈兆芳	陈汝义	陈均章	陈来至
陈西金	陈同贵	陈兆良	陈汝光	陈孝生	陈来庆
陈西福	陈同祥	陈兆瑞	陈守芝	陈志三	陈来福
陈西震	陈年正	陈庆元	陈守伦	陈志友	陈连水
陈有才	陈先生	陈庆生	陈守良	陈志让	陈连昌
陈有发	陈先浩	陈庆训	陈安吉	陈志民	陈连荣
陈有同	陈廷新	陈庆国	陈安保	陈志圣	陈连峰
陈有年	陈传昌	陈庆和	陈安信	陈志华	陈步伍
陈有洁	陈传明	陈庆顺	陈安清	陈志合	陈肖顺
陈成义	陈休远	陈庆美	陈字表	陈志安	陈时宪
陈成功	陈伍礼	陈庆桂	陈军政	陈志贤	陈邑凡
陈成伦	陈优高	陈庆高	陈艮全	陈志忠	陈别道
陈成帮	陈延田	陈庆海	陈阶明	陈志和	陈利余

陈利君	陈应堂	陈其门	陈尚营	陈明连	陈佳水
陈秀山	陈应章	陈其光	陈旺求	陈明岗	陈佩江
陈秀文	陈序刚	陈其昌	陈国才	陈明财	陈佩国
陈秀巧	陈辛章	陈其荣	陈国芝	陈明良	陈金才
陈秀东	陈怀升	陈其南	陈国达	陈明昌	陈金元
陈秀邦	陈怀生	陈茂存	陈国华	陈明忠	陈金友
陈秀吉	陈怀林	陈茂伯	陈国兴	陈明学	陈金凤
陈秀英	陈怀福	陈英山	陈国安	陈明祈	陈金玉
陈秀珍	陈沛仁	陈英发	陈国君	陈明修	陈金龙
陈秀俊	陈宏太	陈英华	陈国茂	陈明祖	陈金生
陈何灵	陈宏亮	陈英林	陈国明	陈明堂	陈金有
陈何康	陈良成	陈直友	陈国珍	陈明清	陈金成
陈佐甫	陈良桂	陈林书	陈国勋	陈明雷	陈金尧
陈佔一	陈君清	陈林布	陈国顺	陈明德	陈金团
陈佃俊	陈张印	陈林生	陈国朝	陈忠义	陈金连
陈作文	陈阿山	陈林芝	陈昌节	陈忠元	陈金良
陈伯韦	陈阿五	陈林芳	陈昌发	陈忠文	陈金林
陈伯仁	陈阿水	陈林章	陈昌武	陈忠心	陈金国
陈住安	陈阿龙	陈林森	陈昌明	陈忠生	陈金凯
陈位三	陈阿生	陈松海	陈昌荣	陈忠轩	陈金城
陈位合	陈阿先	陈松堂	陈明五	陈忠良	陈金奎
陈近里	陈阿英	陈述唐	陈明牙	陈忠堂	陈金香
陈希山	陈阿法	陈述堂	陈明文	陈忠德	陈金衍
陈希忠	陈阿思	陈雨昌	陈明书	陈和吉	陈金亮
陈希要	陈阿斯	陈雨亭	陈明礼	陈和芝	陈金美
陈希临	陈阿富	陈担本	陈明吉	陈和尚	陈金根
陈希章	陈武松	陈拐东	陈明光	陈和河	陈金富
陈角维	陈青水	陈非荣	陈明华	陈竺明	陈金德
陈言誉	陈青松	陈虎解	陈明好	陈秉义	陈念云
陈应思	陈现清	陈尚平	陈明杨	陈秉章	陈庚保

陈育渔	陈绍文	陈贵林	陈洪仁	陈振乾	陈培良
陈炎高	陈绍堂	陈贵南	陈洪文	陈振康	陈培英
陈学云	陈绍痕	陈思欣	陈洪双	陈振雷	陈培铭
陈学风	陈绍清	陈思银	陈洪田	陈钱斌	陈培鉴
陈学文	陈经永	陈虽有	陈洪生	陈高一	陈基宽
陈学生	陈春发	陈看福	陈洪印	陈高山	陈曹生
陈学礼	陈春林	陈香云	陈洪汉	陈效忠	陈雪普
陈学尧	陈荣升	陈笃有	陈洪吉	陈海仁	陈常元
陈学祥	陈荣生	陈顺才	陈洪光	陈海全	陈常爱
陈法生	陈荣乐	陈顺庆	陈洪良	陈海松	陈银能
陈法轩	陈荣华	陈保才	陈洪金	陈海昌	陈银章
陈法章	陈荣胜	陈保兴	陈洪星	陈海清	陈银聚
陈河边	陈荣振	陈保顺	陈洪堂	陈润生	陈得文
陈泽沛	陈南康	陈俊连	陈洪喜	陈涨保	陈章林
陈泽理	陈栋成	陈俊青	陈洪斌	陈宽州	陈惟杰
陈治常	陈相生	陈俊杰	陈宪清	陈家己	陈焕久
陈宝山	陈相绍	陈俊堂	陈冠喜	陈家元	陈焕坦
陈宝乐	陈相春	陈剑先	陈祖礼	陈家为	陈焕章
陈宝贵	陈柏银	陈胜和	陈祖德	陈家玉	陈清云
陈宝善	陈树云	陈胜德	陈祝三	陈家阴	陈清水
陈宗文	陈树双	陈恒太	陈祝山	陈家进	陈清明
陈宗有	陈树林	陈恒政	陈起科	陈家良	陈清南
陈宗河	陈树旺	陈首选	陈真林	陈家彬	陈淑文
陈宗恩	陈树金	陈炳才	陈真荣	陈祥狗	陈淑水
陈定良	陈树桐	陈炳生	陈桂村	陈继东	陈淑民
陈官见	陈树理	陈炳坚	陈桂香	陈继法	陈淑更
陈官平	陈要华	陈炳济	陈根工	陈继奎	陈密山
陈驾欧	陈背古	陈炳耀	陈根士	陈继喜	陈绪斌
陈承风	陈贵生	陈洪山	陈根夫	陈培华	陈绪耀
陈孟喜	陈贵其	陈洪友	陈根生	陈培志	陈维孔

陈维均	陈瑞祥	陈福彬	陈德海	邵正升	邵明魁
陈维校	陈瑞康	陈福堂	陈德祥	邵正玉	邵金生
陈维森	陈雷富	陈殿友	陈德培	邵正齐	邵京武
陈喜牛	陈嵩山	陈殿魁	陈德清	邵正松	邵泽君
陈喜俊	陈锡林	陈殿樽	陈德喜	邵世昌	邵宝群
陈壹南	陈锡金	陈增良	陈德辉	邵世奎	邵建华
陈敬中	陈锡根	陈影山	陈德善	邵世章	邵春才
陈敬让	陈锦孝	陈墨奎	陈德锦	邵古极	邵春友
陈韩成	陈锦珍	陈德义	陈德新	邵节田	邵春修
陈朝光	陈锦清	陈德之	陈履荣	邵本玉	邵春堂
陈朝铭	陈微岗	陈德元	陈檀本	邵本青	邵政赵
陈森坤	陈新月	陈德友	陈耀义	邵永顺	邵树松
陈森根	陈新水	陈德文	陈耀先	邵吉书	邵点良
陈雄斌	陈新年	陈德水	附逢田	邵芝华	邵保群
陈锁回	陈新全	陈德生	邵　玉	邵再义	邵炳山
陈等通	陈新安	陈德永	邵　正	邵光云	邵洪有
陈傅良	陈新阶	陈德有	邵　明	邵光兴	邵洪河
陈善玉	陈新如	陈德早	邵　强	邵光顺	邵洪通
陈善惠	陈新连	陈德全	邵士章	邵传达	邵桂林
陈善德	陈新余	陈德庆	邵大臣	邵传孟	邵积德
陈富云	陈福才	陈德兴	邵习兰	邵守连	邵诸田
陈富田	陈福元	陈德均	邵夫之	邵连芳	邵景周
陈富有	陈福田	陈德助	邵云生	邵连贵	邵福才
陈富昌	陈福生	陈德林	邵从周	邵希堂	邵殿良
陈富盛	陈福成	陈德明	邵文生	邵希增	
陈裕清	陈福来	陈德法	邵文详	邵陈启	**八画**
陈登雷	陈福武	陈德政	邵文祥	邵青玉	
陈瑞友	陈福林	陈德荣	邵心有	邵林甫	奉　福
陈瑞龙	陈福炳	陈德标	邵玉龙	邵杰武	奉世海
陈瑞华	陈福根	陈德胜	邵玉生	邵国祥	武　勇

武 潜	武秀江	茂秀福	苗明兰	苑举川	范玉会
武广喜	武秀明	苗 印	苗忠云	范 砖	范玉林
武子贵	武其运	苗 狗	苗金六	范 章	范玉忠
武王明	武英奎	苗 琪	苗金龙	范一明	范玉贵
武见杰	武茅据	苗 朝	苗实平	范二明	范世光
武仁大	武昌保	苗三毛	苗修和	范三荣	范世洪
武凤安	武明西	苗开华	苗既正	范士达	范丙寅
武文斌	武金川	苗元辉	苗给臣	范义志	范东连
武计桂	武金定	苗云发	苗顾子	范广川	范田云
武书琴	武学堂	苗文清	苗振江	范小水	范立元
武世杰	武春元	苗玉成	苗景贵	范小冬	范兰浦
武东海	武荣和	苗玉欣	苗善根	范小材	范讨芳
武占胜	武秋潭	苗玉深	苗新旺	范小康	范永怀
武冬保	武俊杰	苗正兴	苗福生	范井桂	范永明
武永文	武起云	苗世中	苗福海	范开邦	范永宝
武永奇	武桃珍	苗立堂	英天勤	范云岗	范永祥
武先富	武振芝	苗加锁	英臣玉	范长云	范永清
武廷富	武逢则	苗光明	英有贵	范长爱	范永福
武竹贤	武海牛	苗庆云	英兴胜	范公会	范芝春
武传封	武盛寿	苗庆连	英青福	范凤暖	范有生
武安邦	武朝臣	苗守功	苟 操	范文廷	范有胜
武纪发	武黑子	苗红礼	苟文远	范文合	范成义
武纪坛	武善礼	苗红奎	苟如行	范文昌	范成功
武纪贤	武祺文	苗寿长	苑元中	范文保	范成君
武纪法	武瑞田	苗寿海	苑均凤	范文高	范光印
武志宏	青朝铎	苗岐山	苑芳诺	范文路	范光星
武芪相	表文明	苗言忠	苑应林	范计芳	范光思
武来顺	表洪德	苗改其	苑组修	范双喜	范先瑞
武连杰	幸成斌	苗林生	苑保君	范书章	范全礼
武连捷	苟清靖	苗林森	苑保贵	范玉印	范全德

范庆贺	范迪生	范俊生	范德云	林棠	林长根
范兴旦	范忠存	范俊富	莹守长	林璃	林长富
范军配	范金山	范庭入	茅少英	林二孩	林长福
范纪魁	范金义	范炳群	茅有志	林丁福	林仁芳
范均秋	范金友	范洪礼	林九	林三合	林化玉
范克金	范金有	范洪臣	林干	林士章	林月文
范极三	范金和	范洪如	林大	林士登	林风云
范来德	范金科	范洪余	林云	林大元	林风祥
范连根	范金根	范宣廷	林巨	林大完	林凤鸣
范连喜	范金魁	范起月	林方	林上岗	林凤诗
范作才	范学义	范袁忠	林古	林山东	林文四
范应远	范学法	范索圣	林业	林凡茂	林文生
范怀山	范学梅	范原喜	林宁	林小点	林文进
范怀有	范学章	范振亭	林权	林小禄	林文芳
范良桂	范治平	范振康	林志	林子秀	林文昭
范启泽	范宝富	范海宽	林芬	林子雄	林文祥
范青文	范宗堂	范家喜	林芳	林开江	林文斌
范其书	范迢俊	范祥武	林杜	林元海	林双斌
范茂勤	范组修	范祥顺	林员	林云义	林书法
范杰三	范春明	范盛民	林明	林云龙	林水生
范虎臣	范荣政	范常福	林鱼	林云官	林玉西
范贤涛	范拴厚	范崇彩	林波	林木土	林玉成
范国礼	范贵生	范得公	林衍	林太友	林玉芬
范国志	范贵喜	范惠民	林勇	林太成	林玉国
范国良	范香庭	范景小	林梃	林太章	林玉迪
范国相	范香堂	范景正	林倍	林止修	林玉宝
范国桢	范重仁	范景轩	林彬	林日荣	林玉段
范国喜	范顺田	范道凯	林敏	林中土	林正先
范国照	范保才	范富功	林清	林中良	林正康
范明杰	范保清	范福海	林辉	林升江	林正棠

林世奎	林传兵	林伯川	林明轩	林奎风	林常勤
林世钢	林传线	林住中	林明昌	林贵兰	林得才
林术书	林传耕	林希正	林忠文	林贵芳	林清伦
林龙山	林延亭	林希亭	林忠宪	林贵的	林喜云
林东发	林任怀	林状山	林鸣平	林贵思	林喜先
林叶恒	林自勇	林沉祥	林金龙	林钧海	林惠祖
林田信	林会芳	林君义	林金生	林香团	林辉方
林生龙	林合钦	林君生	林金华	林笃荣	林道民
林尔宝	林兆源	林君礼	林金茂	林顺贵	林锡岱
林乐兴	林庆友	林君德	林金根	林保山	林锦如
林乐坤	林庆发	林阿康	林学义	林保荣	林福荣
林乐高	林衣清	林表东	林学良	林保换	林德开
林乐福	林兴东	林坤万	林学武	林保敬	林德云
林立荣	林守义	林茂田	林学金	林前楼	林德贵
林永福	林纪统	林苗光	林治全	林洪良	林德高
林吉波	林纪清	林英安	林治彬	林洪泽	林潘成
林吉祥	林均才	林松汉	林治满	林洪旗	林潘和
林亚生	林均成	林松芳	林建田	林洽江	林鹤飞
林亚论	林均衡	林尚印	林限虎	林济尧	枝其宽
林西安	林孝才	林国仁	林春生	林起明	杯洪德
林有光	林志云	林国本	林春利	林根康	郁少清
林有德	林志成	林国早	林荣水	林振光	郁正杨
林成美	林志华	林国志	林荣棵	林铁毛	郁正皆
林此虎	林志肖	林国启	林荣瑞	林射介	郁正保
林光令	林志恒	林国信	林荣端	林家泽	郁北尧
林同仁	林花廷	林国洪	林荣耀	林请祥	郁邦亮
林同保	林克春	林国祥	林相处	林继祖	郁有树
林同德	林甫胜	林国辉	林相禄	林埠胜	郁有银
林朱国	林连德	林国榜	林树会	林培章	郁吕琴
林先根	林秀生	林昌英	林厚章	林梅先	郁庆书

郁守芳	欧品和	尚立民	尚振桂	易　均	罗　德
郁宏生	欧盛禄	尚兰玉	尚常柱	易子德	罗士安
郁其法	欧焕兴	尚永昌	尚梁金	易文成	罗万书
郁金贵	欧堪德	尚发权	尚勤文	易兰宣	罗万铭
郁家爱	欧锐定	尚百正	尚勤功	易尚辉	罗义才
郁照群	垄金榜	尚光仁	尚意云	易国祥	罗义山
奇志明	拓玉名	尚光常	尚聚远	易忠恒	罗义昌
欧　文	斩太德	尚先志	尚聚海	易保成	罗开学
欧　光	软汉中	尚先祉	尚德炳	易振家	罗天武
欧　林	非常武	尚廷云	尚德富	易等元	罗天盖
欧万金	非德凯	尚延吉	果志明	易境宝	罗天喜
欧天生	卓礼泰	尚延明	国平山	迪进增	罗云龙
欧仁科	卓纪汝	尚延俊	国同碧	固明歧	罗云成
欧文长	卓纪录	尚亦俊	国明新	呼邦全	罗云兴
欧立信	卓佴文	尚安倍	国咱布	呼红文	罗云良
欧永柳	卓怀兰	尚观亭	昌万年	罗　二	罗云珍
欧西玉	卓振堂	尚远芳	昌作休	罗　三	罗友远
欧廷志	卓德佛	尚还从	昌祥义	罗　云	罗友钊
欧仲雷	贤忠信	尚来金	昌福海	罗　东	罗少华
欧兴凯	尚　成	尚体作	明　林	罗　伟	罗少充
欧阳风	尚子玉	尚怀有	明友章	罗　英	罗少吴
欧阳君	尚日云	尚启云	明长良	罗　明	罗少武
欧阳奎	尚日光	尚表富	明为枪	罗　建	罗日升
欧阳洪	尚中杰	尚林山	明同生	罗　参	罗长生
欧阳喜	尚长发	尚明知	明胡若	罗　荣	罗长坤
欧志明	尚月成	尚金生	明星彬	罗　俊	罗仁义
欧求仁	尚风荣	尚金惠	明效虞	罗　海	罗风明
欧松柏	尚文中	尚保玉	明道法	罗　通	罗文田
欧学连	尚方成	尚桂清	明福后	罗　维	罗文波
欧思照	尚生呢	尚校芝	易　同	罗　强	罗文祥

罗文清	罗成之	罗茂坤	罗海云	和铁头	季志和
罗斗章	罗成民	罗松青	罗家英	和葛安	季张连
罗玉山	罗成昌	罗尚荣	罗祥生	和德国	季茂泉
罗玉千	罗扬永	罗国亮	罗继胜	委丰吉	季林陶
罗玉均	罗光才	罗明标	罗继高	委元明	季国玉
罗正武	罗光礼	罗明泉	罗朝云	委车四	季国佐
罗正凯	罗先前	罗明祥	罗朝法	委本印	季忠诚
罗龙元	罗自元	罗明德	罗道山	委本修	季金山
罗占风	罗全第	罗和明	罗富荣	季 往	季金荣
罗占江	罗齐祥	罗金友	罗登财	季 南	季学林
罗四忠	罗关华	罗金合	罗锡仁	季 俊	季荣生
罗四美	罗守绪	罗金明	罗靖云	季 彬	季要顺
罗生铭	罗安禄	罗金庭	罗福寿	季士清	季炳兴
罗代安	罗观如	罗金祥	罗福春	季久庆	季洪乡
罗付业	罗纪成	罗金普	罗福贵	季子元	季洪龙
罗付根	罗运波	罗郊普	罗端桂	季天周	季章连
罗立山	罗志清	罗兖州	罗德荣	季太康	季善林
罗立来	罗李公	罗定安	罗德宣	季中元	季瑞祥
罗立英	罗秀元	罗定居	罗耀光	季文周	季锡卿
罗汉成	罗秀发	罗建文	岭三尧	季文香	季德有
罗礼元	罗希安	罗建民	岭达兴	季文密	季德声
罗永松	罗希倩	罗建勋	岭贵考	季文德	佳福锡
罗永祥	罗怀信	罗绍华	凯 心	季书堂	侍广玉
罗加泉	罗宋魁	罗荣汉	和马春	季永科	侍效钱
罗吉福	罗宏国	罗树先	和云丙	季再兴	岳 乔
罗亚八	罗宏赟	罗美昌	和仁忠	季同德	岳 明
罗亚拾	罗武占	罗祖国	和占心	季仲银	岳九和
罗西焯	罗青成	罗桂芳	和成更	季庆才	岳三海
罗有才	罗现州	罗恩荣	和志许	季寿昌	岳才金
罗有福	罗现究	罗爱林	和具山	季志仁	岳才福

岳王茂	岳根生	金万明	金永洋	金保朝	周 延
岳开的	岳振章	金口之	金西凯	金俊杰	周 英
岳天成	岳振湾	金卫详	金有智	金炳荣	周 林
岳云清	岳喜应	金子贵	金成礼	金济安	周 杰
岳太安	岳朝风	金夫全	金光明	金栓志	周 明
岳文清	岳禄明	金夫林	金兆俊	金乘言	周 忠
岳书文	岳锦章	金元善	金好义	金益生	周 凯
岳本忠	岳毓茂	金五公	金志义	金祥臣	周 荣
岳龙子	岳德水	金友财	金志清	金祥成	周 贵
岳邦海	岳德平	金友定	金来朝	金培仁	周 顺
岳有三	岳德金	金中友	金连义	金菊昌	周 洪
岳光勋	佰所周	金中海	金连生	金常换	周 根
岳休廷	岱金章	金文永	金秀来	金银生	周 峰
岳守记	侣海森	金文富	金良德	金银德	周 海
岳阳春	佩村周	金文强	金其龙	金棣树	周 祥
岳如明	依水林	金方波	金林云	金裕洪	周 彬
岳志川	依德益	金以德	金明义	金登奎	周 清
岳志民	阜学盛	金玉公	金明玉	金新义	周 琨
岳克辉	质 亮	金玉平	金明代	金殿英	周 超
岳园希	质海滨	金玉林	金明孝	金德玉	周 敦
岳启增	所秀卿	金玉松	金佩兰	金德龙	周 斌
岳其连	金 牛	金玉高	金学珠	金德虎	周 鑫
岳法平	金 水	金世振	金治富	金德贵	周二宝
岳官成	金 志	金旦明	金宜柏	邻西岐	周九德
岳建法	金 英	金白成	金柏林	周 卫	周士义
岳经礼	金 明	金用标	金柳运	周 云	周士林
岳相年	金 金	金训来	金树元	周 友	周士贵
岳相官	金 堂	金记坊	金显恒	周 石	周土谦
岳修汪	金大明	金永扬	金星山	周 平	周大礼
岳保成	金万朱	金永来	金保祥	周 叶	周大林

周万山	周丰德	周长海	周文棠	周正山	周立华
周万义	周开术	周仁宽	周文斌	周正云	周立荣
周万云	周天玉	周仁富	周文善	周正芝	周立选
周万存	周天成	周化曰	周文富	周正祥	周礼宝
周万金	周天同	周风之	周文勤	周正清	周永良
周万祥	周天培	周风友	周方松	周功亭	周永启
周万银	周天福	周风平	周方镕	周世义	周永标
周山亚	周元史	周风林	周书君	周世长	周永胜
周山林	周元华	周风明	周书根	周世珍	周永康
周山虎	周元昌	周风起	周水田	周世俊	周永德
周义才	周元祥	周风瑞	周水岭	周丙全	周民国
周义生	周元湘	周风楷	周玉凤	周丙顺	周发连
周义成	周元福	周文才	周玉龙	周布雷	周吉才
周义江	周云三	周文龙	周玉生	周平直	周吉英
周义保	周云长	周文礼	周玉成	周平祥	周吉贤
周义眠	周云武	周文训	周玉传	周东生	周吉善
周义堂	周云明	周文永	周玉名	周东明	周老八
周夕康	周云清	周文有	周玉良	周占书	周老祥
周广文	周木良	周文成	周玉英	周占海	周西平
周广君	周太和	周文同	周玉明	周申法	周在祥
周广林	周友三	周文团	周玉珍	周叶朝	周有山
周广照	周友根	周文远	周玉柱	周田心	周有官
周小裳	周少青	周文杰	周玉桂	周田训	周有菊
周子文	周日清	周文明	周玉配	周田新	周存章
周子平	周中风	周文学	周玉峰	周生顺	周成玉
周子明	周中青	周文法	周玉堂	周付民	周成福
周子宝	周长山	周文保	周玉章	周立才	周光义
周子亮	周长生	周文祥	周玉喜	周立东	周光军
周子桂	周长胆	周文通	周玉滨	周立白	周光君
周子银	周长胜	周文基	周玉德	周立同	周光荣

周光信	周旭光	周志远	周秀珍	周茂义	周金田
周光桑	周各方	周志财	周兵学	周茂林	周金安
周光银	周庆才	周志邻	周兵树	周述高	周金身
周光福	周庆永	周志尚	周体轩	周轰明	周金明
周光增	周庆华	周志忠	周佑华	周到成	周金荣
周光耀	周庆军	周志学	周佃虎	周非清	周金保
周吕清	周亦光	周志沼	周作信	周贤君	周金喜
周同才	周兴其	周志桥	周希东	周尚胜	周金瑞
周同莱	周兴旺	周志理	周希昌	周旺法	周朋海
周年金	周兴学	周志康	周希堂	周国先	周京城
周先顶	周兴烈	周志鸿	周希清	周国庆	周庚甫
周廷帮	周兴富	周志随	周言时	周国芳	周放梅
周廷贵	周汝青	周志喜	周言意	周国法	周学山
周廷选	周守绪	周志新	周辛江	周国通	周学友
周廷俊	周守富	周花林	周怀云	周国清	周学仁
周传林	周良祥	周花春	周沁福	周昌裕	周学礼
周传晓	周纪万	周克加	周宏成	周明义	周学有
周延伦	周纪生	周克华	周良成	周明方	周学近
周伦扬	周纪岗	周克芹	周良亮	周明华	周学武
周伦杨	周纪良	周克法	周良浦	周明昌	周学坤
周华明	周纪抬	周克彬	周良强	周明强	周学林
周华春	周寿祥	周克勤	周启山	周易成	周学信
周华拜	周进成	周克塞	周启云	周典型	周学德
周华新	周进连	周李青	周启明	周忠芝	周学燕
周华福	周进春	周更见	周启荣	周忠明	周法才
周全志	周孝志	周连三	周君生	周知新	周治新
周全保	周志才	周连成	周阿三	周金才	周宝山
周会绍	周志中	周连振	周阿山	周金山	周宜保
周合成	周志方	周连福	周阿永	周金元	周宜辉
周兆熊	周志东	周里国	周其祥	周金龙	周孟方

周绍生	周亭建	周积平	周雅礼	周福来	庞好祥
周绍武	周彦春	周海中	周辉师	周福贤	庞纪同
周绍卿	周恒林	周海那	周辉光	周福保	庞志国
周经坤	周恒章	周海林	周景山	周福海	庞呈玉
周春山	周炳山	周润宾	周集善	周福普	庞林福
周春林	周炳云	周家太	周善礼	周增田	庞明万
周荣禄	周炳生	周家仙	周善志	周德文	庞学武
周相玉	周炳莱	周祥远	周普宗	周德财	庞宝文
周相廷	周炳富	周姬康	周道一	周德秀	庞宗会
周相根	周洪义	周继清	周道成	周德明	庞孟景
周相锦	周洪训	周常华	周道根	周德金	庞绍生
周树元	周洪行	周敏文	周富科	周德荣	庞树香
周树杰	周洪全	周得正	周富祥	周德胜	庞树海
周树荀	周洪庆	周彩生	周登仁	周毅保	庞俊礼
周树海	周洪兴	周康清	周登保	周耀田	庞胜利
周树道	周洪志	周康源	周瑞成	周耀华	庞炳祥
周贵生	周洪明	周章友	周瑞荣	周耀猛	庞洪兴
周贵贞	周洪法	周清云	周蒲瑞	昏　迷	庞振甫
周顺贤	周洪海	周清立	周锡东	鱼阿安	庞得林
周顺定	周宣辉	周鸿喜	周锡亭	鱼金银	庞焕用
周顺停	周垒保	周维仁	周锦章	变　明	庞腊子
周顺富	周起振	周维汉	周魁山	京文波	庞路保
周保申	周起溪	周维芝	周新太	京成学	庞群成
周保生	周桂金	周维明	周新华	庞二言	庞德树
周保安	周桐叶	周超学	周新良	庞云田	庙金成
周保余	周振山	周喜芝	周福义	庞少端	郑　山
周保相	周振顺	周喜旺	周福元	庞双秃	郑　元
周保贵	周振善	周朝连	周福正	庞玉峰	郑　文
周俊青	周晓云	周朝法	周福叶	庞正礼	郑　水
周很卿	周钱泽	周朝南	周福兴	庞合清	郑　东

郑 全	郑友文	郑正海	郑华贵	郑言顺	郑奕庚
郑 克	郑少书	郑本金	郑后合	郑怀国	郑彦训
郑 忠	郑少年	郑丕君	郑关亮	郑良可	郑炳生
郑 凯	郑少恒	郑石福	郑兴龙	郑君其	郑炳发
郑 根	郑毛梨	郑田春	郑兴东	郑茂占	郑洪义
郑 海	郑长基	郑生泉	郑兴洲	郑贤尧	郑洪雨
郑 诺	郑仁俭	郑付升	郑汗清	郑国林	郑祖华
郑 鲁	郑从德	郑卯之	郑守金	郑国祥	郑桂本
郑 富	郑月文	郑兰林	郑安堂	郑明书	郑桂业
郑 楼	郑凤林	郑必成	郑纪友	郑明秀	郑振忠
郑 新	郑凤祥	郑必祥	郑纪球	郑明清	郑积盛
郑九道	郑卜芝	郑永义	郑寿禄	郑明德	郑爱国
郑士君	郑文义	郑永明	郑均安	郑忠发	郑席文
郑士林	郑文法	郑永恒	郑孝雨	郑忠如	郑海民
郑义山	郑文培	郑永福	郑孝信	郑和生	郑海棠
郑广东	郑文斌	郑邦喜	郑志中	郑金山	郑祥锡
郑之元	郑方进	郑吉洪	郑志成	郑金明	郑继德
郑小升	郑方林	郑吉锡	郑志华	郑金贵	郑清山
郑小春	郑为美	郑考才	郑志明	郑京安	郑清云
郑夫明	郑计苍	郑有法	郑志忠	郑学义	郑清月
郑天荣	郑尹年	郑光生	郑志祥	郑宝当	郑清吉
郑天培	郑双福	郑光华	郑志富	郑春云	郑清善
郑天福	郑孔旺	郑光明	郑克富	郑相本	郑淑尧
郑元畅	郑书合	郑光荣	郑克楼	郑相金	郑续根
郑元朝	郑玉山	郑光辉	郑来福	郑相树	郑维良
郑元群	郑玉友	郑先英	郑连生	郑点洪	郑维学
郑云松	郑玉华	郑廷拴	郑连合	郑星勇	郑维春
郑云洁	郑玉武	郑廷喜	郑连齐	郑保海	郑喜良
郑云清	郑玉海	郑华中	郑连启	郑信文	郑曾海
郑太英	郑正顺	郑华安	郑希敬	郑俊卿	郑锡光

郑新田	单志敏	官玉启	房传义	屈相连	孟世财
郑福山	单连臣	官礼清	房延武	屈祖连	孟北甫
郑福文	单良公	官成仁	房全新	屈振魁	孟立叶
郑福先	单良绍	官兆勤	房兴法	屈崇亮	孟立峰
郑福松	单松升	官并良	房兴格	参金海	孟召月
郑福荣	单明忠	官宝禄	房守农	练木云	孟发茂
郑福禄	单忠和	官荣毅	房希平	练有寿	孟吉聪
郑赛雁	单忠福	官朝玉	房希华	孟　山	孟在才
郑增银	单法祛	官登山	房苴才	孟　仁	孟在忠
郑德会	单荣仲	官登升	房板忠	孟　丑	孟光生
郑德志	单胜平	官福彬	房国华	孟力丰	孟光庆
郑德顺	单恒友	官殿术	房思杏	孟干理	孟光芹
郑德亮	单隆金	宛荣亮	房修胜	孟士良	孟光忠
单　彬	单德元	宛清平	房培何	孟义模	孟光清
单　超	炉金才	宓乃富	房淮仁	孟凡恩	孟光辉
单士祥	沐盲济	郎小成	房维传	孟广车	孟光锡
单元龙	油培海	郎西红	房帽堂	孟广升	孟光福
单云楼	泮丐连	郎进文	房德富	孟广月	孟则贵
单风仙	泮伟章	郎保玉	视乍汪	孟广文	孟先泰
单双林	泮维江	房　寅	祈玉林	孟广生	孟先曾
单世德	泽成茂	房万仁	建海全	孟广发	孟廷益
单申奎	宝　庭	房子成	肃长久	孟广银	孟传五
单吉平	宗二亭	房少得	居九龙	孟广福	孟兆英
单光云	宗用修	房文轩	居志才	孟子华	孟兆忠
单传海	宗连友	房玉侠	居家廷	孟子辛	孟兆亭
单兆风	宗呈义	房玉振	居魁林	孟子良	孟兆福
单兆洪	宗希兰	房成合	屈书云	孟少抄	孟庆一
单亦选	宗培道	房成俊	屈水正	孟文选	孟庆三
单守鹤	宗新本	房光明	屈本元	孟双环	孟庆元
单运科	宗鹤龙	房竹新	屈治信	孟书海	孟庆安

孟庆茂	孟洪武	驼庆仁	赵　见	赵三成	赵子平
孟庆荣	孟宪山	绍又新	赵　心	赵三虎	赵子东
孟庆勋	孟宪平	绍元真	赵　双	赵三孩	赵子庆
孟庆海	孟宪有	贯金根	赵　田	赵三海	赵子芳
孟庆祥	孟宪怀		赵　冬	赵士义	赵子良
孟纪秋	孟宪杰	**九画**	赵　训	赵大友	赵子明
孟纪善	孟宪昌		赵　成	赵大宏	赵子美
孟希换	孟宪真	奏达有	赵　君	赵才有	赵子桥
孟青信	孟宪道	奏君山	赵　坤	赵才全	赵子海
孟现宜	孟夏长	奏雨义	赵　林	赵才胜	赵子祥
孟现顺	孟振清	春鹤干	赵　松	赵万林	赵丰才
孟现祥	孟健怀	封　杰	赵　杰	赵万昌	赵丰举
孟现理	孟浦州	封化山	赵　虎	赵万举	赵王德
孟现常	孟海文	封永左	赵　国	赵万琴	赵天生
孟现德	孟祥起	封光明	赵　明	赵山有	赵天有
孟范文	孟继舜	封国忠	赵　忠	赵义生	赵天思
孟范昌	孟清州	封和尚	赵　金	赵义根	赵天益
孟范起	孟清信	封宗喜	赵　录	赵凡玉	赵元伟
孟贤忠	孟清海	封徐生	赵　珍	赵久兴	赵元忠
孟国汉	孟敢巴	封渠德	赵　政	赵广生	赵元学
孟金华	孟番华	封锡连	赵　亭	赵广志	赵云正
孟金贵	孟道华	封增喜	赵　勇	赵广财	赵云龙
孟金钟	孟献忠	项大贵	赵　桂	赵小丑	赵云生
孟学武	孟献聚	项火根	赵　原	赵小东	赵云兰
孟法章	孟德章	项玉信	赵　喜	赵小志	赵云芝
孟宝堂	孟渍林	项立长	赵　谦	赵小狗	赵云其
孟荣山	孟繁义	项思荣	赵　椿	赵小胖	赵云祥
孟显尧	孟繁花	赵　义	赵　殿	赵小雷	赵云魁
孟修科	孟繁思	赵　开	赵　缙	赵小福	赵支泽
孟保堂	驼云清	赵　元	赵一山	赵子才	赵太有

赵友勋	赵文牙	赵水山	赵本元	赵永义	赵成方
赵车林	赵文龙	赵水泉	赵本多	赵永年	赵成笔
赵少云	赵文田	赵玉书	赵本安	赵永昌	赵光田
赵少全	赵文成	赵玉东	赵可德	赵永和	赵光吉
赵中国	赵文华	赵玉生	赵丙五	赵永金	赵光有
赵中梁	赵文合	赵玉付	赵丕宫	赵永法	赵光汝
赵内志	赵文江	赵玉廷	赵丕惠	赵永宝	赵光苟
赵长寿	赵文寿	赵玉行	赵龙义	赵永胜	赵光奎
赵长林	赵文青	赵玉甫	赵平德	赵永新	赵光新
赵长明	赵文其	赵玉英	赵东山	赵永德	赵同友
赵长奎	赵文贤	赵玉林	赵东元	赵加青	赵同吴
赵长贵	赵文学	赵玉金	赵东城	赵加荣	赵年青
赵长海	赵文科	赵玉标	赵东海	赵发兴	赵年瑞
赵仁华	赵文斌	赵玉胜	赵占山	赵发金	赵朱朱
赵仁堂	赵文满	赵玉亮	赵占标	赵吉山	赵先库
赵化东	赵心吉	赵玉洪	赵占喜	赵吉玉	赵先明
赵仍贵	赵丑交	赵玉凌	赵业灵	赵吉田	赵先智
赵反标	赵双仁	赵玉海	赵叶良	赵吉善	赵廷书
赵风中	赵双安	赵玉盛	赵史甫	赵吉禄	赵廷来
赵风同	赵双聚	赵玉堂	赵四妮	赵圪炉	赵廷明
赵风汝	赵书云	赵玉德	赵生元	赵芝庆	赵廷贵
赵风岭	赵书太	赵玉澡	赵生春	赵朴庵	赵廷桂
赵风周	赵书东	赵正举	赵付连	赵协明	赵廷槐
赵风春	赵书乐	赵世云	赵付学	赵西川	赵传生
赵风起	赵书连	赵世文	赵立方	赵西方	赵传济
赵风焕	赵书应	赵世成	赵立信	赵西荣	赵延臣
赵风汝	赵书标	赵世希	赵立新	赵西德	赵仲俊
赵风瑞	赵书晏	赵世珍	赵兰田	赵有吉	赵华平
赵文山	赵书堂	赵世琴	赵汁和	赵有富	赵华明
赵文义	赵书德	赵世德	赵礼恒	赵成文	赵华富

赵自成	赵如岭	赵连法	赵宏臣	赵忠财	赵狗成
赵全乾	赵如意	赵连桂	赵宏俊	赵忠林	赵京台
赵会清	赵红海	赵连熹	赵冶国	赵忠金	赵京庸
赵合训	赵寿玉	赵连儒	赵良毛	赵忠祥	赵炎谣
赵合志	赵寿成	赵报山	赵良生	赵和文	赵学夫
赵合旺	赵进三	赵步登	赵良绪	赵和存	赵学云
赵庆义	赵进财	赵利之	赵张元	赵和柱	赵学礼
赵庆元	赵均功	赵秀田	赵武臣	赵岳兴	赵学李
赵庆文	赵志全	赵秀生	赵现章	赵金山	赵学利
赵庆臣	赵志英	赵秀农	赵其元	赵金计	赵学林
赵庆达	赵志海	赵秀卿	赵其云	赵金玉	赵学钦
赵庆年	赵志景	赵兵香	赵其仁	赵金江	赵学银
赵庆荣	赵志富	赵近恩	赵其申	赵金声	赵学道
赵庆禄	赵志德	赵希发	赵茂福	赵金坤	赵法志
赵庆福	赵芹堂	赵希臣	赵英俊	赵金明	赵法英
赵兴本	赵芳林	赵希良	赵松成	赵金忠	赵法祥
赵兴存	赵克仁	赵希堂	赵松梅	赵金春	赵河山
赵兴安	赵克弟	赵应成	赵松墨	赵金城	赵沿章
赵兴旺	赵克顺	赵怀仁	赵贤会	赵金标	赵泽舟
赵兴忠	赵克晏	赵怀邦	赵果生	赵金贵	赵泽金
赵兴保	赵更有	赵怀会	赵国民	赵金香	赵冶国
赵兴隆	赵来生	赵怀春	赵国成	赵金保	赵宝丹
赵兴新	赵来红	赵怀珍	赵国庆	赵金庭	赵宝玉
赵池海	赵来富	赵怀保	赵昌海	赵金前	赵宝国
赵守民	赵来聚	赵怀得	赵明生	赵金桥	赵宝珍
赵守清	赵连长	赵怀清	赵明明	赵金海	赵宝荣
赵安和	赵连公	赵沣芝	赵明强	赵金祥	赵宝贵
赵安常	赵连生	赵汪荣	赵固然	赵金银	赵宗文
赵聿庆	赵连成	赵沛明	赵忠平	赵金章	赵宗名
赵阳河	赵连会	赵沟昌	赵忠均	赵金清	赵宗法

赵宗德	赵贵五	赵洪臣	赵振荣	赵堂松	赵惠文
赵官生	赵贵成	赵洪成	赵振洪	赵堂新	赵雲昌
赵建人	赵贵宾	赵洪坤	赵振陶	赵堂德	赵黑妮
赵建忠	赵顺寿	赵洪奎	赵振敏	赵常民	赵锁开
赵建荣	赵修文	赵洪贵	赵振清	赵梨华	赵智安
赵建堂	赵保三	赵洪思	赵晓云	赵得江	赵等昌
赵居洪	赵保元	赵洪勋	赵留爱	赵得珍	赵傅美
赵承德	赵保太	赵洪俊	赵效礼	赵得银	赵舜成
赵孟仁	赵保田	赵洪彦	赵益三	赵庶志	赵童义
赵孟兴	赵保全	赵洪洲	赵涉士	赵清文	赵善云
赵春领	赵保堂	赵洪恩	赵海云	赵清龙	赵焱阳
赵春禄	赵俊亩	赵洪海	赵海尧	赵清芝	赵温河
赵春福	赵俊林	赵洪喜	赵海林	赵清合	赵富坤
赵帮文	赵俊堂	赵洪善	赵润芝	赵清林	赵富明
赵垚元	赵衍锦	赵洪瑞	赵家友	赵清炎	赵登臣
赵政枝	赵胜魁	赵宣振	赵家生	赵清理	赵登贵
赵荣华	赵胖子	赵泰吉	赵家树	赵清禄	赵瑞才
赵荣作	赵庭香	赵珠林	赵家善	赵鸿章	赵瑞山
赵荣贵	赵彦益	赵起元	赵家德	赵绪发	赵瑞堂
赵荣信	赵恒全	赵起云	赵祥春	赵绪璋	赵暗三
赵荣宾	赵闽亭	赵桂平	赵继良	赵维昌	赵锡奎
赵相从	赵姜成	赵桂成	赵继香	赵维海	赵锦川
赵相勋	赵前德	赵根林	赵继崇	赵维献	赵锦章
赵树仁	赵炳全	赵振山	赵培元	赵琴堂	赵新山
赵树文	赵炳信	赵振龙	赵培龙	赵喜方	赵新仁
赵树松	赵洪山	赵振东	赵培成	赵喜春	赵新文
赵树忠	赵洪义	赵振甲	赵培初	赵喜贵	赵新贞
赵树标	赵洪仁	赵振武	赵黄礼	赵董明	赵新孝
赵显歧	赵洪水	赵振明	赵梦云	赵敬山	赵新昌
赵星重	赵洪玉	赵振忠	赵雪之	赵敬义	赵新章

赵新德	赵德顺	郝玉成	郝其道	郝富岐	胡 安
赵满金	赵德胜	郝玉早	郝林亭	郝登言	胡 进
赵福友	赵德恒	郝玉林	郝国善	郝意法	胡 林
赵福廷	赵德祥	郝正阳	郝昌生	郝福钧	胡 明
赵福全	赵德群	郝正国	郝金才	郝德明	胡 忠
赵福安	赵遵章	郝丙成	郝建中	荆士平	胡 宝
赵福林	赵樽厚	郝龙川	郝建海	荆玉珍	胡 荣
赵福和	哉风保	郝东方	郝建福	荆学钦	胡 桂
赵福学	郝 明	郝东林	郝树德	荆春怀	胡 彬
赵福顺	郝 奎	郝占奎	郝秋喜	荆贵祥	胡 谋
赵福保	郝 香	郝乐山	郝科成	革小旦	胡 傅
赵福亭	郝九生	郝老生	郝保分	革武云	胡一孔
赵福禄	郝于清	郝西明	郝保全	荀 操	胡士英
赵福献	郝士忠	郝有苍	郝保顺	荀京全	胡士杰
赵福增	郝万禄	郝成金	郝胜立	荣一周	胡士述
赵福德	郝千益	郝光洒	郝桂梅	荣正亭	胡士颜
赵殿中	郝小成	郝光照	郝根法	荣先奎	胡下仁
赵增美	郝井亭	郝同柱	郝振华	荣延祥	胡大奎
赵聪水	郝开友	郝伏其	郝振福	荣佃中	胡大奠
赵墨来	郝云生	郝自金	郝海全	荣际斌	胡万昌
赵镇喜	郝云祥	郝兴言	郝培礼	荣贵堂	胡万魁
赵德山	郝少龙	郝兴荣	郝培祥	荣衍义	胡上福
赵德友	郝毛销	郝兴桂	郝曹屏	荣桂法	胡义相
赵德生	郝长根	郝守同	郝章贵	荣道培	胡及民
赵德怀	郝仁贵	郝守桐	郝章桂	胡 飞	胡丸芝
赵德英	郝风荣	郝志学	郝清吉	胡 天	胡广山
赵德明	郝风鉊	郝求德	郝维礼	胡 升	胡广太
赵德怡	郝文华	郝怀玉	郝维俊	胡 东	胡广文
赵德法	郝文相	郝纯学	郝喜景	胡 生	胡广廷
赵德厚	郝玉山	郝孜山	郝景凉	胡 先	胡广庆

胡广兴	胡介杨	胡正理	胡百章	胡导三	胡坤山
胡广金	胡月习	胡世生	胡有权	胡收发	胡其友
胡小三	胡月桂	胡世运	胡成印	胡欢林	胡其平
胡小凡	胡风诰	胡世坤	胡成良	胡寿阶	胡其发
胡小牛	胡风敬	胡世和	胡成雨	胡运德	胡茂生
胡小有	胡文山	胡世银	胡成美	胡志山	胡茂荣
胡小旺	胡文广	胡本友	胡成银	胡志中	胡林景
胡子中	胡文云	胡可易	胡成斌	胡志光	胡雨方
胡子胜	胡文升	胡龙山	胡贞熹	胡志华	胡顶立
胡乡之	胡文生	胡龙友	胡光方	胡志彦	胡国云
胡开升	胡文立	胡东友	胡光田	胡志桂	胡国有
胡开祥	胡文进	胡占顺	胡光优	胡志海	胡国周
胡天佐	胡文国	胡田庆	胡光兴	胡克义	胡国珍
胡天福	胡文敬	胡四印	胡光荣	胡克平	胡国栋
胡元修	胡文斌	胡生学	胡先书	胡克理	胡国洪
胡云书	胡文增	胡代礼	胡先进	胡连生	胡国福
胡云成	胡心全	胡白炉	胡竹明	胡连先	胡明卓
胡云廷	胡心昌	胡乐生	胡传忠	胡里古	胡明选
胡云祥	胡水明	胡立标	胡传金	胡秀香	胡明修
胡木堂	胡玉风	胡立柱	胡传贵	胡何明	胡明辉
胡尤小	胡玉书	胡立俊	胡延年	胡伯山	胡明景
胡友元	胡玉田	胡立高	胡兆义	胡应国	胡明誓
胡友民	胡玉英	胡兰金	胡庆云	胡怀金	胡典清
胡友宜	胡玉珍	胡汉卿	胡庆祝	胡怀亭	胡忠红
胡少彦	胡玉柱	胡永法	胡兴胜	胡启宁	胡忠和
胡日清	胡玉厚	胡永胜	胡守俭	胡君礼	胡金山
胡中和	胡玉贵	胡永康	胡安平	胡阿水	胡金太
胡见华	胡玉章	胡邦才	胡安成	胡阿读	胡金生
胡长生	胡正玉	胡吉昌	胡安知	胡现未	胡金有
胡长夺	胡正左	胡西全	胡安勉	胡现表	胡金保

胡金桂	胡保云	胡得升	南玉山	柏长聚	树五全
胡周连	胡保明	胡清汉	南沟田	柏书万	咸才林
胡学义	胡信康	胡维康	南荣平	柏农松	咸正美
胡学龙	胡彦安	胡喜贵	南重阳	柏怀林	咸成林
胡法车	胡恒金	胡朝龙	药保田	柏武杜	咸怀志
胡宝全	胡祝元	胡朝春	标志胜	柏金枝	威子明
胡宝昌	胡起华	胡朝宾	柯 寿	柏金保	厚子田
胡宗华	胡桂文	胡善于	柯 根	柳开花	挥玉机
胡宗江	胡桂亭	胡道生	柯从喜	柳云吉	轲汉华
胡宗贤	胡桃气	胡富贵	柯文法	柳少青	战 礼
胡宗香	胡根牛	胡禄太	柯玉礼	柳中生	战 增
胡定坤	胡根生	胡禄田	柯国良	柳仁光	战子生
胡视显	胡根发	胡禄祖	柯善根	柳玉友	战云溪
胡建中	胡振中	胡登云	查光生	柳玉成	战可胜
胡建业	胡振汉	胡登洪	查秀民	柳玉经	战甲武
胡建叶	胡振华	胡锦高	查贵祥	柳成吉	战光彩
胡承祥	胡振阳	胡新奎	查敬贤	柳成江	战进山
胡春典	胡振声	胡满章	相公合	柳成贤	战志忠
胡春亭	胡振棠	胡福同	相文书	柳传斌	战佶先
胡荣运	胡家仁	胡殿祥	相世升	柳志胜	战金潮
胡南生	胡家光	胡毓坤	相成紧	柳志桥	战学侯
胡相民	胡家行	胡德怀	相秀身	柳昌法	战济生
胡树德	胡家财	胡德林	相其铭	柳忠仁	战济先
胡战义	胡家栋	胡德俊	相佩伦	柳金春	战赖月
胡贵山	胡家喜	胡德胜	相金元	柳建忠	是吉珍
胡贵法	胡理呢	胡德清	相实良	柳拴山	显玉奎
胡顺正	胡梅浦	胡德福	相保珂	柳洪江	贵有富
胡顺立	胡盛明	胡馥连	相恒生	柳洪盛	品在红
胡顺祥	胡常胜	茹树明	相清槐	柳清海	钞史信
胡顺福	胡银松	南 宫	柏万传	柳增楷	钟 义

钟　生	钟其彪	郜秀深	段存魁	段富旺	侯　恶
钟　全	钟明奎	郜金盛	段同仪	段新先	侯大庆
钟　兴	钟秉相	秋雨顺	段全山	段福坤	侯大金
钟　林	钟金杰	秋洪成	段会三	段增荣	侯义俊
钟　彬	钟金喜	段九祥	段志泉	段德发	侯小毛
钟士青	钟法培	段广法	段克壁	段德论	侯子明
钟大元	钟治加	段小春	段连菴	段德言	侯天文
钟云田	钟宝荣	段小炳	段近偃	修　军	侯天乐
钟友义	钟修云	段子青	段青田	修风山	侯云庆
钟日和	钟胜全	段云亭	段者怀	修玉章	侯屯宫
钟文臣	钟炳香	段云洪	段昌怀	修业廷	侯化清
钟为义	钟炳辉	段太生	段忠龙	修永乐	侯月楼
钟玉明	钟洪德	段少祥	段所静	修先斌	侯文平
钟正心	钟健才	段中心	段金元	修兴江	侯文年
钟功臣	钟家同	段长玉	段金友	修明全	侯文林
钟世华	钟乾生	段长林	段京文	修学彬	侯文虎
钟兰芳	钟维山	段长荣	段学友	修贵礼	侯文修
钟永林	钟喜张	段文华	段建清	修保田	侯文魁
钟民清	钟锡林	段计元	段荣德	修堂礼	侯玉琢
钟发木	钟锡章	段水科	段相其	保才江	侯玉森
钟亚陆	钟源肋	段玉安	段树理	保玉林	侯玉善
钟成智	钟福广	段玉观	段夏成	信广正	侯正华
钟早锯	钟增华	段玉亭	段接梅	信兆龙	侯世颜
钟华荣	钟德永	段丕民	段清荣	信保民	侯石伦
钟志生	钢誉飞	段丕明	段淑武	信登松	侯东镇
钟志成	钮思法	段生元	段朝胜	皇甫银	侯占魁
钟秀芹	拜世安	段生秀	段森元	禹方业	侯永久
钟希径	郜成林	段立现	段景波	禹如祖	侯发成
钟应法	郜成金	段吉文	段锐定	侯　忠	侯吉庆
钟怀金	郜光亮	段西龙	段傲成	侯　顺	侯老三

侯西仪	侯所成	侯震庆	俞德凤	饶生和	施国祥
侯有才	侯金山	侯德全	俞德振	饶良才	施明焕
侯成田	侯金田	侯德法	郗　成	饶洪金	施金华
侯成伍	侯金有	俞　林	郗传儒	施　陈	施思杨
侯成全	侯学明	俞　峰	郗安庆	施才林	施炳龙
侯光义	侯法四	俞　超	郗金山	施义生	施洪彬
侯光成	侯法堂	俞长春	郗春有	施子礼	施钻根
侯光普	侯建立	俞凤高	郗群祥	施元培	施维兴
侯同续	侯绍志	俞书龙	剑　裴	施长山	施朝贵
侯伏阳	侯春山	俞正生	胜文华	施文龙	施锡祥
侯庆海	侯春和	俞永才	胜叶俊	施正法	施福生
侯守旺	侯荣明	俞加云	胜其美	施丕良	施镇振
侯守贵	侯贵生	俞加海	胜贤思	施东根	施德义
侯守章	侯贵则	俞尧成	独洪陈	施立仁	施耀章
侯安巨	侯贵财	俞光奎	逢　均	施有干	奕东庄
侯克志	侯贵保	俞伐水	逢升庆	施有丰	奕重希
侯克宽	侯胖子	俞麦浪	逢升基	施光才	奕洪珍
侯来来	侯根松	俞麦朗	逢圭田	施自成	奕章新
侯连吉	侯振起	俞志英	逢在余	施庆生	彦成费
侯连顺	侯家友	俞志明	逢坤四	施庆如	恒心山
侯步京	侯家春	俞金渭	逢忠献	施庆堂	恽金山
侯秀元	侯常友	俞周高	逢宗考	施孝周	闻传清
侯佑法	侯银生	俞育生	逢途清	施志加	闻兆然
侯怀荣	侯喜贵	俞荣才	逢焕礼	施志安	闻祥兴
侯补祥	侯登第	俞保芳	逢焕炳	施志驾	姜　平
侯其均	侯瑞成	俞振声	逢焕智	施芳莲	姜　发
侯林山	侯满堂	俞徐才	逢增学	施杏全	姜　亚
侯国安	侯福荣	俞海东	昝文才	施杏财	姜　有
侯昌生	侯福顺	俞照前	昝光林	施余福	姜　志
侯明章	侯群昌	俞福远	昝盛林	施阿兴	姜　林

姜　杰	姜内银	姜正田	姜成普	姜志合	姜明盛
姜　岭	姜仁礼	姜正标	姜光义	姜志明	姜忠健
姜　郎	姜仁臣	姜世公	姜则共	姜志和	姜忠章
姜　祥	姜仁恺	姜世光	姜则其	姜花庭	姜金甫
姜　鼎	姜化柱	姜世秀	姜廷爱	姜克伍	姜金轩
姜　铺	姜月英	姜世荣	姜传保	姜克宽	姜金启
姜乃斌	姜风云	姜世香	姜休禾	姜克勤	姜受禄
姜万法	姜风东	姜占礼	姜华茂	姜村山	姜学成
姜广夫	姜风通	姜生良	姜全友	姜甫章	姜学良
姜广德	姜六生	姜付会	姜全胜	姜连升	姜学美
姜子文	姜文先	姜白茂	姜会英	姜连恒	姜法禄
姜子玉	姜文志	姜立泽	姜兆义	姜秀山	姜宗禹
姜子训	姜文轩	姜汉全	姜兆训	姜秀成	姜定胜
姜子明	姜文治	姜礼乙	姜旭荣	姜秀启	姜官昌
姜子法	姜文修	姜永川	姜亦珠	姜秀福	姜孟水
姜子秋	姜文清	姜永友	姜亦瑞	姜作臣	姜绍志
姜子亭	姜心田	姜永文	姜关韦	姜希君	姜春生
姜子善	姜以明	姜永臣	姜兴光	姜言南	姜春武
姜元典	姜书乐	姜永祥	姜汗文	姜茂春	姜相生
姜元泽	姜书林	姜加风	姜守远	姜茂盛	姜树义
姜云太	姜书选	姜加荣	姜守良	姜松令	姜树安
姜云田	姜书堂	姜式才	姜守道	姜杰宣	姜思五
姜云明	姜水元	姜吉合	姜守豪	姜昆民	姜顺基
姜云普	姜玉田	姜吉福	姜守德	姜国昌	姜修正
姜云曦	姜玉廷	姜亚东	姜安志	姜明臣	姜保盛
姜少中	姜玉芳	姜有民	姜寿良	姜明杨	姜信云
姜少保	姜玉林	姜存山	姜寿君	姜明法	姜俊贤
姜日臣	姜玉昆	姜成安	姜进孝	姜明珍	姜炳均
姜日瑞	姜玉章	姜成扶	姜均起	姜明奎	姜洪书
姜中亭	姜玉殿	姜成海	姜志民	姜明海	姜洪芝

姜洪安	姜瑞生	娄傅标	宣 顺	宫培彬	祝森林
姜洪英	姜瑞国	前德法	宣 胜	宫锁田	祝景良
姜洪春	姜照明	兹树云	宣仁记	宫道仁	祝道林
姜洪哲	姜福玉	炳海停	宣文凯	宫锡州	弭明春
姜洪峰	姜福先	涂加才	宣代荣	宫锡琛	弭明珂
姜洪梓	姜福祥	洪 中	宣志明	宫殿臣	费 英
姜洪福	姜殿进	洪 方	宣芳杰	冠仁瑞	费小毛
姜桂德	姜殿富	洪 直	宦清付	冠作周	费反子
姜振考	姜增信	洪 忠	宫九法	冠明中	费文全
姜振华	姜德才	洪 宗	宫云平	冠祥云	费光芳
姜振志	姜德义	洪 浩	宫云合	祖长和	费国村
姜振非	姜德友	洪 善	宫云进	祖仁旺	费敬传
姜振福	姜德青	洪开仁	宫云经	祖由良	胥守伦
姜铁桂	姜赞义	洪天成	宫文勤	祖光胜	胥春法
姜海青	娄元月	洪天林	宫世进	神庆连	胥祝臣
姜家海	娄长虎	洪元沛	宫本基	祝天佑	胥逢合
姜家瑛	娄文贵	洪正华	宫本善	祝天宏	胥德法
姜继月	娄计三	洪成道	宫共山	祝长平	院树永
姜培礼	娄玉俊	洪如烈	宫西同	祝正先	院墨芳
姜培泉	娄发波	洪雨仁	宫延明	祝正林	姚 平
姜铭珍	娄西魁	洪秉禄	宫汝忠	祝亦棋	姚 甫
姜清海	娄光荣	洪金城	宫远会	祝君顺	姚 坤
姜鸿仁	娄廷明	洪春湖	宫茂坤	祝邵功	姚 明
姜维付	娄兴瑞	洪福牛	宫茂增	祝其修	姚 岱
姜维富	娄如意	洪福章	宫金海	祝枢芳	姚 铭
姜敬义	娄进中	洪德成	宫绍田	祝金江	姚 超
姜惠安	娄金标	洪德辉	宫春祥	祝咸法	姚 富
姜惠敏	娄逢言	洛炳许	宫思明	祝思龙	姚士昌
姜道海	娄得五	浓义金	宫振仁	祝海金	姚士浩
姜富云	娄朝相	浓祥君	宫振学	祝常平	姚士魁

姚大福	姚成之	姚忠仁	姚德单	贺先友	贺德兴
姚小贵	姚成林	姚忠生	姚德望	贺先志	贺德管
姚子恒	姚同刚	姚和泉	姚簿林	贺传林	骆玉阁
姚开玉	姚廷钊	姚金才	贺 金	贺传善	骆麦成
姚友林	姚仲德	姚金华	贺大学	贺庆武	
姚长清	姚庆红	姚金辅	贺小六	贺兴林	**十画**
姚仁发	姚汗清	姚学忠	贺习班	贺守玉	
姚风林	姚汗滨	姚宗齐	贺天才	贺安民	秦 兰
姚风青	姚守宝	姚建魁	贺云清	贺安明	秦 光
姚风章	姚守城	姚春芳	贺中秋	贺苏孝	秦 行
姚文斗	姚字用	姚春昌	贺长胜	贺怀敬	秦 抄
姚文平	姚如江	姚荣民	贺风臣	贺启正	秦 英
姚文宽	姚志怀	姚相来	贺文云	贺君茂	秦 超
姚方兴	姚志恒	姚顺元	贺文健	贺卧芦	秦九良
姚方炳	姚志盛	姚洪礼	贺方洪	贺国章	秦大才
姚书明	姚克祥	姚洪盛	贺心轩	贺明子	秦才保
姚玉生	姚连青	姚洞山	贺书太	贺明福	秦小丑
姚玉成	姚连奎	姚换才	贺玉龙	贺驾忠	秦元堂
姚玉伦	姚秀清	姚海荣	贺玉祥	贺绍清	秦木和
姚玉名	姚希君	姚恕后	贺正辉	贺绍增	秦历昌
姚正昌	姚宏喜	姚黄荣	贺世则	贺顺祥	秦友狗
姚本芝	姚启福	姚盛昌	贺占奎	贺洪州	秦少华
姚丙仁	姚改书	姚焕修	贺生贵	贺恩喜	秦中顺
姚石经	姚坤一	姚清云	贺付立	贺淑三	秦长荣
姚东坡	姚其平	姚维良	贺立臣	贺喜民	秦长富
姚东富	姚其明	姚善金	贺永山	贺禄铭	秦仁安
姚汉滨	姚其亭	姚富家	贺发近	贺登洪	秦从荣
姚永兴	姚若忠	姚蒲贵	贺成功	贺新奎	秦风英
姚发祥	姚明仁	姚福成	贺成福	贺福林	秦文礼
姚有文	姚明德	姚福忠	贺光红	贺福清	秦文治

秦心龙	秦连良	秦保山	泰参然	袁风德	袁西林
秦双城	秦连家	秦保行	敖孟才	袁文龙	袁西昌
秦玉元	秦步刚	秦保金	班宋尧	袁文先	袁有合
秦玉恒	秦秀林	秦保保	载兆玉	袁文修	袁有珍
秦功正	秦应礼	秦衍俊	载学全	袁文亮	袁成芝
秦占吉	秦应里	秦剑喜	载学贤	袁文祥	袁成毕
秦生金	秦应曹	秦炳生	载逢图	袁斗金	袁光明
秦代昌	秦宏润	秦洪飞	载登良	袁双贵	袁光哲
秦印朝	秦良贵	秦洪年	袁　开	袁书光	袁传本
秦永发	秦其才	秦洪齐	袁　邦	袁书先	袁全桂
秦永光	秦其如	秦垒则	袁　有	袁玉石	袁庆习
秦永福	秦其祥	秦爱仁	袁　林	袁玉尧	袁庆林
秦有光	秦叔诗	秦家福	袁　凯	袁玉华	袁庆明
秦有魁	秦虎堆	秦祥记	袁　胜	袁玉林	袁交安
秦存法	秦国恩	秦祥雷	袁士儿	袁玉章	袁兴文
秦成山	秦明清	秦常德	袁万里	袁正生	袁汝贤
秦成明	秦和学	秦彩明	袁之均	袁正寿	袁如意
秦过门	秦金山	秦章鸿	袁小七	袁正祥	袁纪孩
秦光伦	秦金生	秦洪龙	袁子法	袁世清	袁志中
秦同太	秦金光	秦超才	袁子贵	袁可珍	袁志忠
秦刚文	秦学友	秦朝水	袁王印	袁丕善	袁志家
秦任龙	秦学贵	秦景德	袁天风	袁东海	袁克浪
秦全昌	秦法存	秦黑子	袁天禄	袁四发	袁更小
秦守太	秦孟生	秦锡重	袁云香	袁四法	袁来发
秦军战	秦春和	秦福备	袁少林	袁生才	袁来芳
秦阳牛	秦荣发	秦福建	袁中明	袁永庆	袁伯举
秦观耀	秦树和	秦德才	袁见杰	袁永福	袁希孟
秦纪会	秦奎富	泰永功	袁见森	袁召山	袁希盖
秦来兴	秦贵女	泰如昌	袁毛孩	袁发文	袁现发
秦来富	秦品尧	泰寿文	袁仁宝	袁西住	袁其风

袁述表	袁洪春	都存山	耿金东	聂连和	晋　贤
袁国再	袁勇奇	都后起	耿放贤	聂宋川	晋士林
袁昌林	袁起风	都兴彬	耿学明	聂忠和	晋文斌
袁昌胜	袁起堂	都金芳	耿法志	聂金堂	晋洪法
袁明法	袁桂林	都家爱	耿厚远	聂官福	真　民
袁忠明	袁校芹	都基刚	耿顺祥	聂春荣	真平四
袁忠莲	袁振阿	耿　山	耿信运	聂珍秀	真成富
袁舍林	袁家长	耿　飞	耿胖则	聂保和	桂　林
袁金云	袁家传	耿　两	耿宪章	聂桂保	桂　荣
袁金生	袁继承	耿广武	耿根昌	聂根五	桂义富
袁金岳	袁培善	耿子师	耿家有	聂梁栋	桂六生
袁金保	袁堂贵	耿子明	耿维新	聂喜之	桂白清
袁金题	袁常德	耿子清	耿瑞华	聂富昌	桂永文
袁京华	袁银三	耿开连	耿新石	聂福昌	桂守礼
袁学林	袁得昌	耿书伸	耿德祥	莱振华	桂英春
袁学道	袁维子	耿玉西	耽立信	莫　仁	桂欣富
袁学增	袁朝林	耿玉成	聂　文	莫　富	桂宪村
袁治斌	袁善银	耿玉祥	聂　安	莫中升	桂湘云
袁宗信	袁照劳	耿正魁	聂　星	莫长根	桂献村
袁宗祥	袁锦山	耿永善	聂　颂	莫以富	桂德林
袁建苏	袁新发	耿考贤	聂川希	莫永正	桂德和
袁建国	袁新华	耿在修	聂风礼	莫奶玉	桐连祥
袁建森	袁新合	耿光荣	聂文昌	莫有山	桐连清
袁荀生	袁满兴	耿红志	聂玉顺	莫杞厚	桃盛昌
袁南芳	袁福才	耿红知	聂永固	莫应有	索　亮
袁树信	袁福祥	耿纪修	聂伟华	莫国柱	索　洁
袁秋成	袁德玉	耿进来	聂华章	莫忠明	栗　川
袁保龙	都中温	耿秀生	聂合云	莫根厚	栗丘堂
袁俊明	都长发	耿怀柱	聂兆香	莫德权	栗守心
袁音才	都本超	耿明均	聂守堂	莫耀青	栗怀修

贾国	贾长祥	贾光金	贾其正	贾乾年	夏元连
贾呼	贾从德	贾同功	贾其昌	贾银明	夏云之
贾周	贾欠元	贾廷元	贾林山	贾得茂	夏云生
贾超	贾文同	贾廷奎	贾林梳	贾章所	夏云其
贾三和	贾文志	贾传斗	贾非三	贾焕子	夏友清
贾士九	贾文墨	贾传高	贾国权	贾敬传	夏中林
贾士议	贾方修	贾延祥	贾国英	贾遂平	夏月俊
贾才森	贾双福	贾自云	贾明生	贾富喜	夏风锡
贾万春	贾书兴	贾全东	贾金东	贾瑞庆	夏文庆
贾广宽	贾书和	贾全喜	贾金寿	贾新义	夏文孝
贾之义	贾书堂	贾全富	贾金祥	贾新高	夏文秀
贾小毛	贾玉兆	贾会明	贾金富	贾福水	夏文清
贾小超	贾玉林	贾庆堂	贾金福	贾德仁	夏文朝
贾小登	贾玉明	贾庆德	贾京傅	贾德庆	夏文增
贾子友	贾玉法	贾汝刚	贾放金	贾德祥	夏为成
贾子安	贾正邦	贾守忠	贾法元	贾德智	夏玉顺
贾子健	贾平和	贾安只	贾绍孔	贾耀辉	夏正林
贾天成	贾平珍	贾寿昌	贾绍齐	夏云	夏世昌
贾天宝	贾付星	贾进述	贾保英	夏文	夏世福
贾天柱	贾令文	贾进法	贾炳奎	夏民	夏布德
贾云山	贾立贵	贾志平	贾洪江	夏邦	夏生友
贾云申	贾立销	贾克升	贾洪善	夏武	夏立文
贾云庆	贾汉山	贾更生	贾泰应	夏森	夏汉民
贾云峰	贾邦才	贾来元	贾振邦	夏大荣	夏永清
贾太印	贾臣桂	贾连才	贾振州	夏万云	夏加付
贾友才	贾存荣	贾连安	贾振法	夏门山	夏吉叶
贾中又	贾成玉	贾怀福	贾铁锤	夏子云	夏有清
贾中立	贾成龙	贾宏玉	贾留实	夏开庆	夏成模
贾长江	贾尧阶	贾奉田	贾海良	夏天角	夏光中
贾长和	贾光合	贾青泉	贾萝新	夏元庆	夏光玉

夏同春	夏胜祥	原庆有	顾本立	顾春生	柴良泽
夏先才	夏恒泰	原岐进	顾东海	顾荣标	柴金龙
夏向南	夏炳生	原张法	顾立中	顾南德	柴官正
夏后章	夏洪强	原林光	顾立堂	顾保江	柴树宝
夏全哲	夏根礼	原尚武	顾兰德	顾炳清	柴贵则
夏兴武	夏振华	原金喜	顾永常	顾洪文	柴保全
夏守更	夏益德	原荣秀	顾成书	顾洪坤	柴保金
夏志文	夏祥保	原洪亮	顾成伟	顾洛林	柴彦轩
夏志堂	夏彬凯	原根喜	顾成农	顾祝祥	柴炳厚
夏克后	夏银超	顾 平	顾光友	顾海良	柴原水
夏克清	夏善堂	顾 东	顾吕珍	顾海昌	柴维新
夏应忠	夏曾明	顾 兴	顾同印	顾家章	柴登升
夏现祐	夏登冉	顾 海	顾先西	顾祥飞	虑衍臣
夏尚礼	夏瑞庆	顾厂洪	顾竹銮	顾培林	党 兴
夏国清	夏瑞昌	顾大德	顾仲高	顾嗣文	党 保
夏昌臣	夏福玉	顾云师	顾兆瑞	顾锡才	党士六
夏明孝	夏福祥	顾五艮	顾庆书	顾锡章	党风池
夏明德	夏德山	顾太昌	顾关生	顾锡富	党志高
夏和南	夏德文	顾友才	顾志成	顾德坤	党更生
夏金山	夏德信	顾长诗	顾来照	顾德胜	党学文
夏金求	原 三	顾仁里	顾怀法	顾德谦	党海芝
夏金坤	原土山	顾仁德	顾初孟	振绪五	党银忠
夏学文	原万财	顾介宽	顾君仁	捉振堂	党敏恕
夏绍珍	原小宽	顾文友	顾阿荣	柴少荣	晁代帽
夏春涛	原子凌	顾文彪	顾林高	柴文书	晏开金
夏思法	原天才	顾玉华	顾尚新	柴双元	晏效如
夏思振	原斗金	顾玉琴	顾金鼎	柴书贵	晏效宝
夏保荣	原正礼	顾正于	顾泽芳	柴有法	晏基金
夏保堂	原世字	顾正汗	顾宝泰	柴兴起	晏新春
夏俭湧	原全喜	顾世明	顾官清	柴秀启	钱 付

钱　毕	钱邦来	钱炳林	倪　启	倪锦成	徐　福
钱　近	钱西山	钱洪文	倪　俨	倪福利	徐　徵
钱　和	钱成芝	钱振法	倪　祥	倪福宾	徐一定
钱　香	钱成有	钱恩来	倪　隆	倪德洪	徐九斗
钱　洪	钱光明	钱常明	倪　群	徐　山	徐乃修
钱　聚	钱光富	钱锦羡	倪小芽	徐　方	徐乃祯
钱三玉	钱华文	铁　克	倪夫根	徐　田	徐乃影
钱于洪	钱会礼	秘保岚	倪云乔	徐　代	徐三桃
钱士志	钱庆增	候书民	倪太山	徐　召	徐士标
钱子金	钱如章	候玉民	倪毛盛	徐　对	徐士宾
钱子泉	钱纪仓	候平田	倪长福	徐　巩	徐士富
钱云申	钱均福	候仕宗	倪仁修	徐　有	徐大义
钱少付	钱志举	候永平	倪玉觉	徐　延	徐大友
钱少怀	钱来双	候协和	倪永昌	徐　行	徐大满
钱勿民	钱秀其	候有田	倪皮清	徐　庆	徐万龙
钱风阁	钱伯余	候成余	倪成贵	徐　运	徐万法
钱文礼	钱怀绪	候光亭	倪庆生	徐　快	徐万海
钱文庭	钱宏膳	候廷增	倪庆年	徐　明	徐山芝
钱文清	钱君棋	候传亭	倪如胜	徐　凯	徐义生
钱双湖	钱灵科	候兴叶	倪进才	徐　波	徐广才
钱玉仁	钱国有	候佃良	倪英战	徐　建	徐广玉
钱正中	钱国青	候明旺	倪国章	徐　城	徐广华
钱世荣	钱侦监	候忠仁	倪国斌	徐　标	徐之柴
钱世桂	钱金山	候孟桂	倪春章	徐　恩	徐之高
钱可传	钱金法	候相柱	倪柳宾	徐　钱	徐小六
钱永年	钱宗训	候贵成	倪桂埀	徐　康	徐小狗
钱永宏	钱春阳	候殿选	倪桂明	徐　超	徐小觉
钱永顺	钱荣华	候管成	倪振祥	徐　斌	徐子正
钱永新	钱贵明	候管莱	倪堂觉	徐　富	徐子生
钱民干	钱保林	倪　云	倪惠生	徐　锦	徐子言

徐子旺	徐中秀	徐文孝	徐丙戍	徐永高	徐此田
徐子明	徐中章	徐文荣	徐丙许	徐永盛	徐光东
徐子继	徐见伦	徐文亭	徐丙善	徐永堂	徐光汉
徐开云	徐毛头	徐文高	徐东义	徐永章	徐光华
徐开温	徐毛国	徐方东	徐东方	徐永福	徐光兴
徐开新	徐长才	徐火茂	徐东明	徐加荣	徐光均
徐天成	徐长久	徐心田	徐北远	徐加胜	徐光信
徐天彭	徐长圣	徐双连	徐占彪	徐加敏	徐光增
徐天锡	徐长成	徐书香	徐甲海	徐吉田	徐早兴
徐元升	徐长伦	徐玉池	徐田成	徐吉臣	徐同义
徐元礼	徐长圣	徐玉枝	徐四林	徐吉法	徐同民
徐元学	徐长春	徐玉昌	徐仕胜	徐老三	徐同美
徐元宝	徐长流	徐玉和	徐付林	徐老祥	徐廷法
徐元春	徐长福	徐玉保	徐白俊	徐亚同	徐传东
徐元清	徐仁厚	徐玉宣	徐处学	徐亚保	徐传庆
徐云龙	徐从岳	徐玉宾	徐立考	徐芝茂	徐传明
徐云平	徐从密	徐玉彬	徐立行	徐芝林	徐传浩
徐云生	徐公芹	徐玉斌	徐立国	徐臣明	徐传德
徐云安	徐公林	徐正友	徐立明	徐臣保	徐延祥
徐云富	徐公祥	徐正文	徐立祥	徐西斌	徐华山
徐木星	徐月里	徐正东	徐立增	徐在田	徐华台
徐太义	徐风山	徐正汝	徐兰州	徐在唐	徐华英
徐友才	徐风鸣	徐正英	徐汉超	徐在堂	徐华明
徐友本	徐风修	徐正林	徐汉操	徐有生	徐华模
徐友平	徐风亭	徐正国	徐必超	徐有岐	徐自根
徐友根	徐风岭	徐功田	徐永生	徐有直	徐自祥
徐少荣	徐风保	徐世义	徐永庆	徐存治	徐自德
徐日恒	徐文方	徐世明	徐永贵	徐成永	徐向斋
徐曰恒	徐文达	徐世荣	徐永保	徐成和	徐后章
徐中远	徐文华	徐本俊	徐永根	徐成普	徐行义

徐全中	徐志礼	徐怀林	徐贤可	徐金春	徐树卿
徐全生	徐志发	徐怀秋	徐尚富	徐金城	徐厚忠
徐全启	徐志良	徐怀保	徐昆照	徐金星	徐贵兴
徐会明	徐志英	徐宋廷	徐国义	徐金贵	徐贵宣
徐合清	徐志虎	徐宏山	徐国良	徐金保	徐思明
徐兆林	徐志明	徐宏旺	徐国城	徐金泉	徐思堂
徐庆玉	徐志凯	徐宏瑞	徐国堂	徐金鉴	徐思清
徐庆永	徐志清	徐良德	徐国喜	徐念金	徐修元
徐庆柏	徐志强	徐启发	徐昌若	徐学文	徐保青
徐庆洪	徐克思	徐初山	徐昌林	徐学劝	徐保忠
徐庆童	徐极保	徐君华	徐昌科	徐学生	徐俊峰
徐兴卜	徐豕云	徐纯新	徐明才	徐学礼	徐胜祥
徐兴汤	徐来祥	徐武文	徐明飞	徐学武	徐彦杰
徐兴政	徐连生	徐武启	徐明文	徐学和	徐恒德
徐兴总	徐连弟	徐其田	徐明生	徐学增	徐炳文
徐兴福	徐连波	徐其亚	徐明珍	徐法海	徐炳南
徐守成	徐连培	徐其观	徐明洪	徐泊顺	徐洪学
徐守标	徐连堂	徐其昌	徐明福	徐泽章	徐洪标
徐守爱	徐连森	徐其美	徐忠仁	徐宗文	徐洪勋
徐安轩	徐步云	徐茂达	徐忠轩	徐建亭	徐洪顺
徐安高	徐坚华	徐茂林	徐忠美	徐建清	徐洪保
徐如田	徐秀亭	徐茂贵	徐和生	徐承化	徐洪祥
徐红其	徐佃国	徐茂盛	徐佩钦	徐绍吉	徐洪福
徐寿忠	徐伯代	徐茂富	徐征文	徐绍美	徐屏朝
徐进过	徐希田	徐英贵	徐金凡	徐春林	徐统三
徐进明	徐希余	徐英胜	徐金玉	徐春法	徐起家
徐远海	徐希坤	徐英堂	徐金田	徐春彬	徐真堂
徐运栋	徐希恩	徐林银	徐金生	徐帮孔	徐桂生
徐均山	徐言臣	徐松年	徐金评	徐荣升	徐桂先
徐孝顺	徐怀生	徐松善	徐金宜	徐树恩	徐栓栖

徐根三	徐庶蛮	徐勤斋	殷 栋	奚锡福	栾建良
徐配剑	徐章福	徐照元	殷广法	奚锦福	栾洪珍
徐振庆	徐焕棋	徐锡文	殷之子	翁 锦	栾洪胜
徐振声	徐清银	徐魁江	殷长荣	翁士兆	栾袁财
徐振和	徐维凡	徐新友	殷允江	翁少秀	栾胶宵
徐振举	徐维从	徐新仪	殷世成	翁兰芝	栾培信
徐振海	徐维权	徐慎吉	殷本臻	翁必如	栾梅成
徐高龙	徐维臣	徐满海	殷加田	翁光目	栾喜财
徐海才	徐维江	徐福田	殷光如	翁秀起	栾照杰
徐海法	徐维春	徐福全	殷全廷	翁怀友	高 云
徐海波	徐喜五	徐福如	殷还吉	翁旺道	高 中
徐海滨	徐喜密	徐福建	殷轩逢	翁绍春	高 付
徐家义	徐敬礼	徐福珍	殷怀好	翁信原	高 华
徐家来	徐朝良	徐福禄	殷良桂	翁统源	高 邮
徐家荣	徐惠才	徐殿书	殷念相	翁新元	高 坤
徐家泉	徐景邦	徐墩芬	殷学礼	胶锡汗	高 茂
徐家振	徐景胜	徐增全	殷孟大	栾云泾	高 苗
徐家祺	徐景根	徐增岐	殷堂子	栾中芳	高 昆
徐祥明	徐景堂	徐德田	殷富修	栾风桐	高 金
徐展日	徐景德	徐德礼	殷新强	栾永富	高 恒
徐继清	徐锁田	徐德再	殷福从	栾成训	高 峰
徐教受	徐锐青	徐德西	殷福成	栾庆福	高 海
徐培智	徐智明	徐德传	殷福章	栾江金	高 流
徐彬生	徐善贵	徐德华	途中花	栾作庆	高九兴
徐堂仁	徐曾汪	徐德泰	爱子君	栾尚怀	高九明
徐常考	徐登昌	徐德海	爱谷田	栾国春	高干荣
徐崇云	徐登品	徐遵诚	奚天文	栾忠明	高士云
徐崇琢	徐登魁	徐鹤林	奚会清	栾忠振	高士长
徐银生	徐瑞保	徐耀明	奚金福	栾佰祥	高士先
徐得海	徐瑞祥	殷 草	奚桂昌	栾建民	高大达

高大全	高少东	高水润	高立春	高光花	高纪岭
高大众	高中年	高玉生	高立根	高光禄	高寿长
高大明	高中放	高玉发	高汉治	高传会	高寿均
高才仁	高升华	高玉明	高汉桢	高传芹	高进荣
高义礼	高升杰	高玉朋	高礼文	高传桂	高远芳
高义金	高升德	高玉起	高记荣	高传峰	高运江
高义起	高长义	高玉海	高永山	高传祥	高志平
高广生	高长运	高玉琪	高永年	高传弼	高志新
高小四	高仁和	高玉喜	高永廷	高任民	高村乐
高小保	高仁培	高玉德	高永佩	高自强	高李龙
高小钱	高化泉	高正山	高永祥	高全寿	高连吉
高小密	高介明	高正迫	高永瑞	高全忠	高连珍
高子虎	高从芳	高正香	高加胜	高全锡	高利胜
高子得	高风山	高正修	高发祥	高合德	高秀山
高开福	高风敖	高正海	高台三	高兆兰	高秀武
高天祥	高风绿	高世友	高吉林	高庆连	高秀峰
高元一	高风明	高世根	高西荣	高庆奎	高秀堂
高元书	高文生	高本荣	高有才	高庆祥	高秀琴
高元吉	高文远	高可保	高有方	高齐中	高佃雷
高元兴	高文志	高东狗	高有的	高兴方	高伯君
高云平	高文昌	高北平	高成义	高兴平	高希明
高云东	高文明	高占文	高成友	高兴吉	高怀明
高云纯	高文学	高占奕	高成功	高兴先	高怀经
高云武	高文俊	高目汉	高成地	高兴华	高怀标
高云岭	高文祥	高电奎	高成学	高江喜	高启田
高云相	高文增	高田礼	高成彬	高守均	高邵东
高云美	高计科	高付有	高成富	高守泽	高青三
高云瑞	高心宽	高付德	高成禄	高安民	高青兴
高友法	高丑和	高主青	高扬坤	高纪允	高其才
高少仁	高水明	高立明	高贞琪	高纪平	高其仁

高其方	高京济	高洪元	高常模	高德启	郭士昌
高其松	高京新	高洪文	高崇仁	高德柱	郭士荣
高其岩	高京福	高洪吉	高铭贵	高潮增	郭士海
高其海	高学飞	高洪志	高银堂	郭 三	郭大生
高林龙	高学文	高洪海	高得科	郭 云	郭大林
高松隆	高学尚	高洪善	高焕云	郭 介	郭大金
高叔田	高学明	高起才	高清云	郭 付	郭才星
高尚文	高法山	高起兰	高清和	郭 伏	郭万林
高尚明	高法祥	高桂岭	高堪珍	郭 华	郭万清
高尚思	高宗章	高桃明	高喜昌	郭 岐	郭久科
高尚胜	高承进	高根良	高敬敏	郭 利	郭久海
高尚恩	高荆松	高原中	高棉芝	郭 秀	郭之元
高昆举	高荣山	高振三	高善方	郭 玫	郭也水
高明田	高树坤	高振云	高善芳	郭 松	郭小有
高明海	高树英	高振玉	高焙英	郭 明	郭小青
高明维	高树美	高振明	高富江	郭 忠	郭小和
高忠光	高树海	高振和	高富春	郭 胡	郭小清
高金山	高树德	高健友	高登才	郭 威	郭小富
高金水	高贵贤	高臭虎	高瑞志	郭 香	郭子田
高金田	高贴全	高爱云	高瑞坤	郭 胜	郭子安
高金李	高保全	高海田	高路余	郭 亮	郭子英
高金昌	高俊士	高海成	高路堂	郭 勇	郭子福
高金贵	高俊用	高海振	高锡荣	郭 累	郭王正
高金保	高俊永	高家胜	高锦如	郭 毅	郭开民
高金祥	高俊岭	高祥义	高锦章	郭二信	郭开成
高金章	高彦明	高祥云	高新新	郭九林	郭夫延
高金富	高总理	高祥玉	高福全	郭三则	郭天才
高金魁	高炳成	高培英	高磊云	郭三黑	郭天臣
高金璧	高举方	高培清	高德山	郭士合	郭天君
高朋非	高洪义	高常禄	高德元	郭士林	郭天贵

郭天钧	郭凤兰	郭正棠	郭汉强	郭全贵	郭志好
郭天顺	郭凤伦	郭世良	郭记保	郭全维	郭志海
郭天堂	郭凤来	郭世珍	郭永文	郭全德	郭志斌
郭云生	郭凤相	郭世勋	郭永春	郭会吉	郭克礼
郭云盛	郭凤贵	郭世清	郭永海	郭会荣	郭克里
郭云堂	郭六只	郭本俊	郭永盛	郭旭存	郭克明
郭云斌	郭六科	郭可嘉	郭永富	郭庆王	郭李从
郭专运	郭文九	郭丙玉	郭永福	郭庆云	郭来正
郭太信	郭文佃	郭石令	郭芝生	郭庆玉	郭来有
郭太章	郭文祥	郭龙清	郭西林	郭庆永	郭来孩
郭友成	郭文德	郭平兰	郭戌本	郭庆坡	郭连生
郭友余	郭心印	郭平贵	郭存然	郭庆昌	郭连训
郭少宝	郭丑小	郭东耀	郭存富	郭庆波	郭连成
郭少春	郭丑的	郭旦成	郭成义	郭庆祥	郭连祯
郭中华	郭双好	郭甲亮	郭成木	郭刘平	郭连喜
郭中全	郭双录	郭田贵	郭成林	郭兴龙	郭连富
郭牛贵	郭双保	郭生明	郭成亭	郭兴永	郭连群
郭毛顺	郭双喜	郭生春	郭光才	郭兴祖	郭财全
郭长生	郭书林	郭生星	郭光有	郭兴堂	郭利元
郭长伦	郭书信	郭生保	郭光荣	郭兴德	郭秀玉
郭长安	郭水旺	郭白呢	郭光路	郭汝棠	郭秀全
郭长远	郭玉功	郭全伏	郭同贵	郭守信	郭秀河
郭长明	郭玉毕	郭冬流	郭先有	郭农合	郭佃才
郭长秋	郭玉助	郭立东	郭廷和	郭如兴	郭作义
郭仁山	郭玉坤	郭立生	郭传顺	郭如福	郭近才
郭化知	郭玉林	郭立成	郭延祥	郭如德	郭应福
郭介水	郭玉珍	郭立孝	郭伙头	郭观光	郭怀东
郭从斗	郭玉树	郭立河	郭全文	郭寿海	郭怀章
郭凤仁	郭玉彬	郭立清	郭全志	郭志先	郭快如
郭凤石	郭玉堂	郭兰田	郭全柱	郭志安	郭良发

郭君子	郭金锁	郭贵钦	郭洪新	郭祥久	郭敬先
郭张流	郭金魁	郭虽昌	郭起珍	郭继顺	郭敬银
郭环周	郭狗娃	郭秋万	郭起荣	郭继胜	郭朝柱
郭青山	郭京田	郭顺生	郭垠礼	郭教琴	郭朝俊
郭青杰	郭京瑞	郭顺成	郭真修	郭培玉	郭朝普
郭青振	郭炎开	郭顺全	郭栓竟	郭培珍	郭雅龙
郭青章	郭学元	郭顺林	郭根山	郭培修	郭喇叭
郭其才	郭学文	郭修梁	郭配浪	郭培根	郭锁州
郭其太	郭学顺	郭保山	郭振有	郭培振	郭遂成
郭其玉	郭学德	郭保文	郭振成	郭盛名	郭富安
郭其光	郭法仁	郭保成	郭振先	郭盛甫	郭富新
郭其芳	郭法孔	郭保福	郭振武	郭堂文	郭雷堂
郭奇财	郭宝芳	郭保聚	郭振泽	郭堂远	郭魁汗
郭贤清	郭宗臣	郭俊才	郭振宝	郭常久	郭新之
郭昌会	郭定祥	郭俊臣	郭振海	郭常文	郭新春
郭明来	郭建有	郭俊言	郭振福	郭常荣	郭新强
郭明恩	郭建富	郭俊其	郭振德	郭银瑞	郭福生
郭明德	郭草玉	郭胜玉	郭紧堂	郭得传	郭福贵
郭忠荣	郭草取	郭彦廷	郭恩典	郭章庆	郭殿怀
郭岩祯	郭荣如	郭恒兰	郭铁亮	郭章的	郭殿清
郭和兴	郭栋臣	郭炳胜	郭称斤	郭清正	郭模河
郭金方	郭相府	郭洪风	郭俱彦	郭清光	郭增堂
郭金龙	郭树友	郭洪乐	郭徐州	郭清华	郭德友
郭金生	郭树东	郭洪沛	郭爱文	郭清全	郭德文
郭金江	郭树春	郭洪松	郭爱立	郭清林	郭德胜
郭金言	郭奎武	郭洪勋	郭爱忠	郭琴英	郭燕志
郭金贵	郭贵书	郭洪振	郭海生	郭喜子	郭耀兴
郭金保	郭贵光	郭洪彬	郭海英	郭喜本	郭耀信
郭金桂	郭贵昌	郭洪喜	郭海周	郭喜志	席　元
郭金祥	郭贵法	郭洪斌	郭宽均	郭敬礼	席太瀛

席兴周	唐大胡	唐玉瑞	唐志高	唐金富	唐效顺
席红利	唐才桂	唐本城	唐克生	唐金榜	唐家海
席洪文	唐广银	唐可福	唐克树	唐京全	唐宾福
席洪常	唐小保	唐龙安	唐扶厚	唐学生	唐培连
席鸿章	唐子荣	唐东海	唐秀会	唐学良	唐盛于
席景认	唐开元	唐申万	唐秀德	唐治安	唐雪敏
席景读	唐开东	唐田夫	唐作平	唐春义	唐焕章
席登云	唐开志	唐生孩	唐作先	唐春元	唐清山
唐 礼	唐天福	唐立才	唐宏均	唐春利	唐联万
唐 秀	唐元平	唐永明	唐邵元	唐春根	唐善中
唐 兵	唐元根	唐发赛	唐青山	唐相云	唐禄生
唐 君	唐云山	唐吉寿	唐其升	唐显球	唐献章
唐 杰	唐云先	唐吉泽	唐茂义	唐贵法	唐照民
唐 忠	唐木生	唐吉星	唐茂明	唐思田	唐福池
唐 承	唐不智	唐西林	唐林勇	唐思根	唐福思
唐 科	唐友平	唐有年	唐奇生	唐顺富	唐殿义
唐 信	唐少云	唐成法	唐歧山	唐修盛	唐熊心
唐 勇	唐中山	唐尧田	唐旺治	唐洪文	唐翠根
唐 索	唐中官	唐光义	唐国池	唐洪如	唐增授
唐 彬	唐见其	唐光和	唐明生	唐祖贵	唐德兴
唐 清	唐长庚	唐光祥	唐明锐	唐起结	唐德茂
唐一河	唐从山	唐竹林	唐忠明	唐莫甫	唐德胜
唐二新	唐文克	唐后学	唐知付	唐桂生	唐德海
唐丁仕	唐文奎	唐全基	唐和荣	唐桂法	唐耀五
唐九龙	唐文举	唐兆吉	唐岳成	唐桂宽	旁臭孩
唐士元	唐方治	唐庆光	唐金山	唐桂禄	畜永忠
唐士友	唐心千	唐兴根	唐金牛	唐根松	凌一清
唐士林	唐书保	唐纪泰	唐金甫	唐振仁	凌义田
唐大公	唐玉芳	唐寿山	唐金皆	唐振法	凌仁杰
唐大虎	唐玉展	唐志远	唐金洪	唐振宽	凌兴义

凌绍辉	陶荣	陶晏序	桑世维	黄君	黄士明
凌桂香	陶新	陶恩法	桑丕成	黄劲	黄士斌
凌振东	陶士荃	陶得近	桑永修	黄其	黄大全
凌振明	陶士凯	陶景全	桑西平	黄枉	黄才全
凌善和	陶之元	陶景颜	桑庆有	黄拔	黄万计
浦新德	陶之励	陶德训	桑并恒	黄明	黄万金
浦德荣	陶之利	陶德兴	桑观文	黄忠	黄义书
消礼英	陶云科	陶德秀	桑远保	黄金	黄义兵
涂风甫	陶少渊	陶德祥	桑现考	黄标	黄广林
涂尧林	陶长根	陶魏银	桑俊林	黄贵	黄广居
涂忠全	陶文学	姬天德	桑得安	黄胜	黄门章
涂福生	陶为真	姬中占	桑盘恒	黄阁	黄小孙
宾名	陶玉正	姬玉白	桑瑞庚	黄桂	黄开英
宾胜强	陶叶明	姬玉良		黄钱	黄开昌
宰更臣	陶立志	姬肥孩	**十一画**	黄候	黄夫顺
宰法义	陶兰栓	姬学忠		黄浦	黄天宝
宰春林	陶永成	姬春保	珺其法	黄祥	黄天德
宰保全	陶光合	姬脉锋	埠罩桂	黄章	黄元九
诸金培	陶光明	姬振荣	黄义	黄超	黄元序
诸洪杰	陶先亭	姬乾增	黄心	黄辉	黄云龙
袖庆连	陶延年	姬常水	黄石	黄福	黄云青
谈先云	陶守叶	姬鸿兴	黄龙	黄潭	黄云海
展水亭	陶守兴	姬德海	黄四	黄操	黄云清
展同法	陶如方	娥换修	黄生	黄鹰	黄木顺
展庆秋	陶青云	娥常书	黄任	黄一心	黄太金
展佃才	陶松荣	能神目	黄兴	黄八志	黄友明
展希武	陶金山	桑三	黄江	黄九平	黄友根
展信章	陶金荣	桑大虎	黄红	黄士田	黄少伯
陶石	陶树英	桑天喜	黄志	黄士财	黄少青
陶英	陶顺周	桑元桥	黄甫	黄士林	黄少清

黄少雄	黄玉怀	黄汉生	黄光竹	黄守祥	黄秀青
黄日光	黄玉林	黄训亭	黄光喜	黄守基	黄秀坦
黄日杰	黄玉明	黄永生	黄同才	黄安元	黄秀其
黄日金	黄玉亭	黄永年	黄因永	黄如怀	黄秀春
黄中生	黄玉焕	黄永芳	黄廷相	黄如松	黄秀亭
黄中岩	黄玉勤	黄永焕	黄廷贵	黄如明	黄秀海
黄长有	黄正才	黄永善	黄竹林	黄如庭	黄伯生
黄长庆	黄正国	黄永富	黄传章	黄红候	黄希论
黄长清	黄正银	黄加文	黄延生	黄纪成	黄希信
黄长嵩	黄去甫	黄加年	黄延福	黄纪球	黄希善
黄仁山	黄世才	黄加斌	黄任书	黄麦票	黄言起
黄仁世	黄世臣	黄发之	黄华山	黄进廷	黄应云
黄仁传	黄世先	黄发连	黄自中	黄均礼	黄沙河
黄公联	黄世兴	黄吉凤	黄自如	黄孝礼	黄良生
黄风登	黄世荣	黄老吉	黄后顺	黄志仁	黄阿二
黄凤仙	黄世高	黄芝生	黄会风	黄志光	黄青印
黄文元	黄世禄	黄芝禄	黄兆乐	黄志忠	黄青明
黄文生	黄世新	黄再祥	黄兆发	黄志春	黄现希
黄文庆	黄可成	黄在甲	黄兆祥	黄志祥	黄坤岭
黄文志	黄丙坤	黄有世	黄庆元	黄志清	黄松昌
黄文香	黄龙生	黄有年	黄庆龙	黄志瑞	黄松宝
黄文美	黄龙福	黄有章	黄庆全	黄村山	黄杰生
黄为民	黄东安	黄存立	黄关宝	黄杨山	黄尚德
黄心顺	黄叶先	黄存表	黄兴汉	黄来宾	黄旺安
黄心胜	黄田禄	黄存德	黄兴刚	黄来堂	黄国记
黄书明	黄只东	黄成叶	黄兴启	黄连荣	黄国宣
黄玉成	黄印花	黄成伯	黄兴林	黄步云	黄昌太
黄玉廷	黄乐志	黄成美	黄汗民	黄步章	黄昌昭
黄玉全	黄立召	黄成新	黄汗宗	黄里有	黄昌盛
黄玉连	黄兰修	黄光友	黄守学	黄秀光	黄明正

黄明良	黄金福	黄保强	黄家清	黄锦元	菅畐希
黄明凯	黄变枝	黄俊清	黄家富	黄靖福	菅听银
黄迪民	黄学义	黄胜德	黄培伦	黄新田	萧玉德
黄典云	黄学文	黄恒立	黄营景	黄新民	萧立平
黄忠华	黄学叶	黄恒高	黄常山	黄新刚	萧台胜
黄忠良	黄学英	黄闽保	黄敏学	黄满姓	萧同春
黄忠其	黄学金	黄美生	黄得元	黄福成	萧芳魁
黄忠林	黄学堂	黄炳明	黄得花	黄殿臣	萧宗保
黄忠贵	黄学敏	黄炳能	黄清山	黄殿奎	萧荣加
黄忠铭	黄河堆	黄洪山	黄清云	黄肇清	萨金元
黄知堂	黄泽清	黄洪彦	黄清福	黄樟水	梅 汀
黄和金	黄宜春	黄祖培	黄密荣	黄德中	梅 潞
黄和清	黄建立	黄起培	黄维信	黄德龙	梅大光
黄佩生	黄绍青	黄堋贤	黄维智	黄德江	梅开先
黄金山	黄绍金	黄桂山	黄维魁	黄德芳	梅友三
黄金玉	黄春阳	黄根生	黄喜伦	黄德英	梅方桥
黄金龙	黄帮如	黄根来	黄葛泉	黄德珍	梅玉胜
黄金汉	黄荣天	黄根林	黄植生	黄德桂	梅西田
黄金发	黄胡旦	黄振兴	黄惠风	黄鹤亭	梅成恩
黄金华	黄南相	黄振江	黄厦炳	黄燕生	梅庆裕
黄金余	黄栋琪	黄振谦	黄雅法	萌英仁	梅秀清
黄金茂	黄相范	黄海云	黄辉堂	菜保珍	梅店忠
黄金明	黄树生	黄海明	黄黑良	菊树信	梅相行
黄金标	黄树林	黄海春	黄集英	菅开之	梅培喜
黄金奎	黄树森	黄海宾	黄道全	菅文华	梅福奎
黄金星	黄贵生	黄海富	黄登狱	菅书同	曹 飞
黄金贵	黄贵林	黄家龙	黄瑜新	菅仲明	曹 开
黄金晏	黄思友	黄家庆	黄楚光	菅兴坤	曹 见
黄金海	黄科玉	黄家峰	黄照乐	菅麦贵	曹 毛
黄金祥	黄保龙	黄家培	黄照良	菅学凤	曹 建

曹 孟	曹风武	曹平安	曹延胡	曹若芝	曹显左
曹 奎	曹风采	曹北孩	曹华春	曹尚恒	曹咬脐
曹 香	曹风富	曹白余	曹自友	曹国太	曹修吾
曹 美	曹乌炳	曹汉英	曹全仁	曹国东	曹保科
曹 益	曹风彩	曹永付	曹全昌	曹国建	曹保森
曹 瑛	曹风韶	曹永其	曹庄才	曹国清	曹俊福
曹 斌	曹文才	曹永和	曹庆云	曹明生	曹彦明
曹二桃	曹文成	曹永勤	曹兴祥	曹明伍	曹炳正
曹三玉	曹文品	曹永福	曹汗山	曹明致	曹洪文
曹三海	曹文俊	曹邦华	曹汗淑	曹明堂	曹洪发
曹士仁	曹文清	曹邦林	曹江淑	曹明惠	曹洪坤
曹士雨	曹以道	曹吉五	曹红西	曹忠桂	曹洪举
曹士忠	曹允太	曹吉顺	曹寿成	曹依道	曹桂文
曹凡武	曹书保	曹有甫	曹志汗	曹金山	曹根贵
曹广才	曹玉万	曹成广	曹志江	曹金付	曹振生
曹广春	曹玉韦	曹成水	曹克阵	曹金朵	曹振华
曹小刚	曹玉生	曹成玉	曹克静	曹金明	曹振良
曹小尚	曹玉林	曹成刚	曹克镇	曹金根	曹振和
曹子运	曹玉贵	曹成先	曹更相	曹金锡	曹振法
曹子清	曹玉美	曹成法	曹来福	曹周广	曹振香
曹云中	曹玉清	曹成祥	曹连吉	曹庚夏	曹恩功
曹云清	曹正风	曹光水	曹连清	曹炎顺	曹海旺
曹云福	曹正玉	曹光明	曹秀臣	曹学荣	曹家兴
曹日道	曹正青	曹光荣	曹秀德	曹宝荣	曹家典
曹中余	曹正春	曹光德	曹佃覃	曹居如	曹能银
曹中荣	曹正荣	曹光耀	曹作祥	曹春义	曹培芝
曹长志	曹正海	曹同生	曹迎青	曹春发	曹培良
曹仓岩	曹世江	曹伟生	曹怀林	曹春福	曹培忠
曹风龙	曹本善	曹伟声	曹宏文	曹政委	曹培金
曹风仪	曹丕根	曹延诏	曹良生	曹树礼	曹梅前

曹得胜	戚月香	龚相山	盛景周	常风德	常松德
曹章记	戚文秀	龚祖英	盛富根	常水旺	常虎山
曹清在	戚主元	龚校如	盛富德	常水福	常国川
曹清贵	戚怀礼	龚理孙	盛锡洪	常玉山	常明秀
曹清泉	戚良胜	龚楚祥	盛锦芳	常玉虎	常和山
曹维治	戚金义	龚德志	盛德废	常玉峰	常金书
曹景云	戚金连	盛 为	盛德祥	常玉鸿	常金水
曹景彦	戚承洪	盛士述	盛德新	常正全	常金永
曹善友	戚振金	盛士梅	盛颜成	常正英	常金殿
曹善文	戚琏瑚	盛云林	雪 安	常生朝	常周来
曹善唐	戚培浪	盛心志	接香泉	常永成	常官升
曹裕球	戚新友	盛永安	堂丑子	常吉子	常建成
曹献元	盍昌全	盛永清	常 有	常吉法	常建国
曹锦秀	爽东存	盛再先	常 芳	常西廷	常建德
曹锦堃	龚广元	盛存喜	常 顺	常有仅	常孟芝
曹像林	龚子美	盛光太	常 喜	常同志	常树德
曹新德	龚友池	盛问春	常 禄	常全吉	常树馨
曹福林	龚长友	盛如龙	常 路	常会山	常奎永
曹福常	龚文山	盛利贵	常乃东	常兆礼	常奎增
曹殿臣	龚文正	盛条国	常三堂	常庆玉	常贵山
曹聚宝	龚书风	盛良章	常于清	常守明	常贵元
曹增茂	龚世清	盛国中	常士厚	常守智	常贵水
曹德石	龚田奎	盛明福	常广成	常安才	常思远
曹德成	龚有池	盛忠兰	常也木	常安先	常保云
曹德来	龚廷众	盛岳山	常天丙	常志法	常俊邦
曹德利	龚庆祥	盛金玉	常天炳	常志亭	常胖孩
曹德旺	龚克均	盛金寿	常元纯	常来水	常类台
曹德法	龚阿淡	盛诗轩	常元喜	常连银	常炳文
曹耀喜	龚明辉	盛保庆	常云山	常怀亮	常洪义
戚月华	龚和水	盛焕相	常见山	常茂云	常都信

常桂生	崔山马	崔玉华	崔吉高	崔连利	崔建棠
常桂来	崔义有	崔玉英	崔有奎	崔连祥	崔绍贤
常根波	崔义堂	崔玉林	崔光平	崔秀峰	崔南全
常配礼	崔广山	崔玉春	崔光明	崔兵连	崔相尧
常晓堂	崔小儿	崔玉香	崔光罗	崔佐年	崔树生
常海林	崔小民	崔玉孩	崔光清	崔伽友	崔厚仁
常宽米	崔小波	崔玉康	崔同明	崔希庭	崔贵生
常家远	崔王生	崔玉章	崔同福	崔言庆	崔贵孩
常容顺	崔天荣	崔玉喜	崔廷云	崔怀敏	崔贵祥
常梦兰	崔天福	崔正才	崔仲生	崔茂林	崔保长
常清玉	崔元葛	崔本和	崔自谦	崔松山	崔保田
常清明	崔元勤	崔龙友	崔全阳	崔松华	崔保发
常维银	崔韦峰	崔龙明	崔兆云	崔松锋	崔保廷
常琪传	崔云海	崔东芝	崔尽龙	崔明华	崔俊只
常韩书	崔少堂	崔东臣	崔买福	崔明孩	崔俊斌
常殿成	崔中水	崔叶臣	崔红玉	崔忠志	崔衍圣
常德秀	崔见岭	崔付清	崔纪先	崔鸣翔	崔恒元
常德金	崔长义	崔仪青	崔寿昌	崔金成	崔美斋
鄂林奎	崔长友	崔白福	崔寿明	崔金狗	崔炳连
崔 山	崔长秀	崔立柱	崔进才	崔金学	崔洪兴
崔 文	崔长海	崔兰云	崔孝林	崔金保	崔洪傅
崔 永	崔仁典	崔必友	崔志汉	崔京德	崔祖有
崔 江	崔仓桂	崔必有	崔志贤	崔学仁	崔桂海
崔 河	崔风悦	崔永安	崔志国	崔学员	崔根德
崔 捷	崔文华	崔永林	崔志相	崔学高	崔振义
崔 景	崔文秀	崔永明	崔克俊	崔学海	崔监昌
崔八牛	崔文林	崔永胜	崔克温	崔学福	崔晓桂
崔几秀	崔文堂	崔永海	崔来有	崔学德	崔恩会
崔士甲	崔文琪	崔发元	崔来福	崔宗元	崔效元
崔士俊	崔为明	崔吉良	崔连元	崔实芝	崔润成

崔家保	符仁香	康春爱	商忠举	盖洪庆	梁小锁
崔能辉	符亚元	康保成	商忠峰	盖洋杰	梁子仁
崔常和	徙福滋	康桂生	商学荣	盖桂照	梁子珍
崔银元	盘绍周	康海彬	商戴义	盖祥绪	梁开元
崔得民	麻 光	康雪成	阎 青	焕邦龙	梁天德
崔焕安	麻志祥	康傅文	阎见文	清学田	梁元昌
崔焕章	麻志献	康照钦	阎心安	淦佃和	梁元春
崔鸿锁	麻隆三	鹿成林	阎世发	淦高芝	梁元科
崔隆昌	麻锡华	鹿安浩	阎世华	深怀喜	梁云成
崔维明	麻锡珍	鹿树元	阎龙球	梁 三	梁云益
崔敬理	麻镜清	章于志	阎同芹	梁 干	梁友能
崔景温	康 之	章太富	阎竹华	梁 元	梁友堂
崔道池	康 全	章文礼	阎念友	梁 生	梁见凤
崔登岑	康乃起	章加荣	阎春明	梁 全	梁长法
崔登科	康小保	章有才	阎荣奎	梁 安	梁月生
崔瑞祥	康云禹	章连三	阎俊禄	梁 孚	梁凤成
崔福文	康化乐	章忠和	阎洪明	梁 坤	梁文山
崔福建	康玉堂	章佳云	阎济亭	梁 英	梁文亚
崔德义	康玉强	章金生	阎振龙	梁 林	梁文明
崔德元	康正田	章信红	阎福同	梁 岩	梁文党
崔德明	康平业	章桂林	盖 凤	梁 金	梁为宪
崔德鱼	康永太	商天一	盖 奎	梁 柱	梁书财
崔德胜	康存法	商日光	盖山云	梁 扁	梁玉平
银有芳	康年顺	商月海	盖元臣	梁 景	梁玉庭
矫 明	康传文	商玉顺	盖永兄	梁 德	梁玉清
矫风和	康合银	商立旺	盖存永	梁 燕	梁正中
矫恒锡	康秀德	商延训	盖延仁	梁二米	梁世沅
矫福达	康青海	商汝亭	盖其玉	梁九思	梁世泾
梨 芝	康秉金	商克章	盖金明	梁土成	梁左强
笪耀龙	康绍礼	商林森	盖昭清	梁上斌	梁龙泉

梁占五	梁纪开	梁和根	梁桂卿	梁德促	隋中璞
梁四常	梁纪深	梁金山	梁根才	梁德海	隋月方
梁生和	梁志英	梁金义	梁振乡	寇公田	隋风岐
梁生球	梁克平	梁金石	梁振海	寇立才	隋文山
梁代秋	梁克荣	梁金寿	梁振銮	寇立功	隋玉芝
梁付农	梁克宣	梁金孝	梁海全	寇成友	隋去爽
梁立正	梁来春	梁金洋	梁继贵	寇德山	隋世芝
梁立志	梁来香	梁金堂	梁培信	宿义喜	隋石聚
梁立春	梁时臣	梁受先	梁盘晁	宿青山	隋民庆
梁汉台	梁围柱	梁周祥	梁焕堂	密安本	隋吉云
梁永东	梁告安	梁狗子	梁深德	谌士美	隋协广
梁永城	梁佃荣	梁废法	梁绪昌	谌满生	隋光言
梁永保	梁近则	梁学文	梁维信	扈之成	隋光武
梁西旺	梁言修	梁学召	梁维常	扈文青	隋兆朋
梁西献	梁应月	梁治风	梁喜清	扈炳礼	隋克堂
梁有才	梁应怀	梁治丙	梁雄山	逯云恒	隋良情
梁有广	梁阿龙	梁建昌	梁景友	逯吉根	隋青友
梁有光	梁青山	梁春才	梁善公	逯洪全	隋国成
梁成友	梁其林	梁春法	梁瑞才	尉万孔	隋国奎
梁成明	梁林保	梁珍树	梁路亮	尉庭振	隋明元
梁同玉	梁松华	梁南培	梁锡庆	尉璞全	隋明德
梁回香	梁松花	梁相友	梁锡海	屠兴福	隋忠仁
梁自生	梁国珍	梁树标	梁锡瑞	屠忠聪	隋忠吉
梁全惠	梁国洪	梁背章	梁锦杰	隋　良	隋忠璞
梁会素	梁国彬	梁彦训	梁群玉	隋　亮	隋春森
梁兆福	梁昌华	梁洪昌	梁蔡广	隋　晋	隋胜基
梁守忠	梁明臣	梁洪泽	梁德仁	隋万聚	隋洪彩
梁守信	梁明声	梁洪起	梁德民	隋广学	隋洪章
梁安林	梁明顺	梁孩子	梁德荣	隋天明	隋常中
梁安荣	梁忠第	梁桂英	梁德树	隋日乾	隋常福

隋喜龙	彭少清	彭青万	彭富保	葛占标	葛修道
隆保顺	彭仁虎	彭林才	彭登魁	葛四水	葛俊卿
隆海生	彭月昌	彭国山	彭楚生	葛生会	葛继高
绪金白	彭水合	彭国女	彭锡更	葛立柱	葛常会
维振明	彭玉山	彭国柱	彭锡珍	葛礼和	葛银和
绿红书	彭玉祥	彭国起	彭锡辉	葛先轩	葛银春
巢文俊	彭玉富	彭昌和	彭新五	葛廷照	葛靖和
巢玉良	彭正文	彭和生	彭德山	葛传高	葛满仓
	彭永明	彭和同	彭德元	葛延成	葛德玉
十二画	彭永宝	彭金生	斯京昌	葛汗红	董　合
	彭加生	彭金莲	联宝其	葛如待	董　兴
堪存考	彭母建	彭学久	葛　云	葛孝忠	董　纪
超明远	彭有金	彭学化	葛　用	葛志明	董　良
超群祥	彭光云	彭治家	葛　洪	葛志漠	董　绍
博少玉	彭年华	彭绍光	葛　客	葛花廷	董　顺
彭　江	彭自秀	彭绍祥	葛　健	葛克元	董　健
彭　政	彭兆祥	彭胡英	葛又龙	葛苏斋	董　新
彭　奎	彭庆之	彭保成	葛士礼	葛秀高	董　福
彭士民	彭汗珍	彭俊德	葛大生	葛应语	董一勤
彭士镇	彭安才	彭胜中	葛么云	葛宏勋	董士元
彭大武	彭如田	彭贺全	葛开银	葛武成	董大山
彭大周	彭寿成	彭逊起	葛天云	葛昌生	董大学
彭上忠	彭志和	彭起得	葛少英	葛昌琴	董万木
彭义发	彭连山	彭桂林	葛长山	葛明光	董万友
彭广元	彭连元	彭逢起	葛长法	葛明章	董万本
彭子庚	彭连华	彭海朝	葛火炎	葛忠诚	董万成
彭天森	彭连荣	彭清贤	葛书礼	葛京石	董万志
彭云头	彭伯坚	彭清海	葛玉兰	葛法举	董上中
彭云举	彭宏然	彭喜太	葛玉虎	葛宗云	董义生
彭五奎	彭武成	彭温伯	葛正生	葛绍法	董之福

董子芳	董玉清	董光进	董怀丰	董学孔	董根江
董子君	董玉寅	董传高	董怀出	董学东	董铁柱
董元牟	董玉德	董仲文	董怀祥	董学生	董爱尔
董元堂	董世英	董仲芳	董怀强	董学孟	董高清
董云和	董世凯	董庆全	董阿茂	董学政	董效珉
董云清	董本芝	董庆来	董武双	董学彬	董海川
董专运	董本先	董庆法	董现年	董学曾	董海云
董巨生	董可书	董庆恩	董其泗	董治来	董海玉
董中孝	董东兴	董兴盛	董其星	董建开	董家云
董长森	董占一	董安福	董其香	董建平	董家权
董风田	董占成	董安德	董茂才	董建标	董家堂
董风喜	董申宣	董好连	董林才	董孟海	董祥成
董风志	董田尧	董寿德	董尚林	董春元	董祥新
董六胜	董四娃	董孝生	董国清	董春江	董继豪
董文义	董四卿	董孝孟	董明武	董春岐	董教亭
董文明	董生斗	董志成	董忠礼	董春斌	董培升
董文章	董生品	董志庆	董忠学	董南亭	董银当
董玉才	董生黄	董志安	董金才	董相礼	董银海
董玉卫	董付来	董志辉	董金山	董相美	董银锁
董玉太	董令善	董克银	董金玉	董树林	董清光
董玉心	董立炳	董克善	董金如	董厚春	董清连
董玉书	董永安	董杏思	董金坯	董奎良	董清兹
董玉轩	董永顺	董连成	董金国	董思孩	董超常
董玉宋	董召举	董连清	董金春	董顺智	董善文
董玉良	董召景	董连登	董金城	董保爱	董道兴
董玉君	董有宋	董岐林	董金保	董保富	董道荣
董玉林	董存义	董秀怀	董金普	董宪德	董瑞义
董玉珍	董成伯	董作聚	董京山	董起华	董照良
董玉贵	董光升	董皂生	董庙清	董莱芜	董路佳
董玉桂	董光发	董希珠	董学之	董桂恩	董魁玉

董新安	蒋元仁	蒋吕根	蒋阿多	蒋俊臣	韩　忠
董新如	蒋元武	蒋则立	蒋青云	蒋俊清	韩　俊
董新银	蒋云田	蒋廷奎	蒋其文	蒋胜春	韩　涛
董福生	蒋云州	蒋延石	蒋其祖	蒋彦特	韩　章
董福泰	蒋太富	蒋自生	蒋茂歧	蒋恒芝	韩一民
董福高	蒋友廷	蒋兆亭	蒋英浩	蒋恰新	韩二顺
董福祥	蒋友亭	蒋名治	蒋林泉	蒋桂生	韩三小
董福堂	蒋巨魁	蒋齐明	蒋尚文	蒋振声	韩大田
董殿方	蒋中权	蒋守和	蒋国金	蒋振财	韩大明
董殿贵	蒋长义	蒋守德	蒋昌芝	蒋恩国	韩上山
董毓伟	蒋长仁	蒋安志	蒋明之	蒋益民	韩山荣
董毓红	蒋仁德	蒋如金	蒋易明	蒋家兰	韩义昌
董德吉	蒋文武	蒋孝先	蒋忠德	蒋继才	韩卫西
董德举	蒋文星	蒋志银	蒋金衣	蒋继叶	韩子明
董德基	蒋文海	蒋志清	蒋金枝	蒋得胜	韩子和
董鑫加	蒋玉平	蒋克文	蒋金驿	蒋维志	韩子相
蒋　四	蒋玉生	蒋克旺	蒋金荣	蒋绿应	韩天义
蒋　村	蒋玉光	蒋克勤	蒋金能	蒋善明	韩天印
蒋　彤	蒋玉远	蒋甫根	蒋念书	蒋温于	韩天邦
蒋　奎	蒋玉运	蒋连顺	蒋庚林	蒋渭萍	韩天喜
蒋　洪	蒋玉贵	蒋连海	蒋学文	蒋禄华	韩天瑞
蒋　勇	蒋玉美	蒋步生	蒋学盛	蒋福喜	韩云广
蒋三妹	蒋玉福	蒋秀山	蒋官年	蒋福熙	韩云升
蒋三春	蒋正平	蒋何岭	蒋绍清	蒋德芳	韩云发
蒋士民	蒋龙喜	蒋佐钦	蒋春生	蒋德胜	韩云列
蒋大玉	蒋叶元	蒋伯云	蒋春林	蒋德祥	韩云岐
蒋大保	蒋田桔	蒋怀金	蒋荫棋	韩　记	韩五金
蒋才山	蒋生标	蒋良权	蒋相君	韩　臣	韩友思
蒋上文	蒋永明	蒋良忠	蒋昭常	韩　顶	韩巨根
蒋子全	蒋永海	蒋启文	蒋贵文	韩　旺	韩少同

韩中孟	韩田寅	韩光宇	韩秀生	韩贵廷	韩维良
韩升德	韩生元	韩光岭	韩秀廷	韩贵佐	韩联生
韩长君	韩生伏	韩同之	韩沙清	韩贵庭	韩敬贤
韩长宝	韩生富	韩廷利	韩宏宝	韩钦义	韩曾汪
韩长根	韩令山	韩廷法	韩良信	韩修还	韩温凯
韩长高	韩立成	韩廷瑞	韩启治	韩保川	韩富明
韩仁魁	韩立珠	韩竹五	韩启录	韩保红	韩瑞生
韩风江	韩立新	韩延风	韩青元	韩保善	韩瑞科
韩风林	韩冯祥	韩自安	韩坤坤	韩俊杰	韩瑞珠
韩风举	韩永华	韩全有	韩其田	韩炳尘	韩照君
韩文才	韩永连	韩全金	韩其纲	韩炳荣	韩新有
韩文中	韩永祥	韩兆祥	韩林山	韩炳高	韩新成
韩文秀	韩永福	韩旭之	韩松记	韩洪如	韩福友
韩文清	韩加满	韩兴旺	韩非金	韩冠士	韩福田
韩双成	韩召生	韩兴高	韩叔贵	韩真伦	韩福吉
韩双桂	韩召林	韩江明	韩国付	韩根生	韩福轩
韩玉山	韩吉玉	韩守和	韩国岭	韩根成	韩福利
韩玉训	韩权贵	韩守富	韩国洪	韩振南	韩福基
韩玉廷	韩西武	韩如其	韩国卿	韩恩德	韩福新
韩玉会	韩在端	韩寿福	韩明贵	韩高来	韩聚才
韩玉英	韩有虎	韩孝文	韩明堂	韩益友	韩聚永
韩玉林	韩有道	韩志虎	韩明湖	韩益交	韩德全
韩玉堂	韩有德	韩志宽	韩忠奎	韩海生	韩德纯
韩正奎	韩存富	韩志新	韩金兴	韩家友	韩德俊
韩世田	韩成乐	韩克玉	韩学贵	韩家明	韩德胜
韩世完	韩成华	韩克河	韩法源	韩培珍	韩德银
韩世奎	韩成江	韩苏海	韩春溪	韩培德	朝大训
韩龙兴	韩成法	韩来成	韩相水	韩雪琴	朝金风
韩东坡	韩成道	韩来信	韩相成	韩银贵	朝海清
韩东海	韩光民	韩连升	韩树仁	韩深化	椰志胜

惠文正	景曹会	程天成	程永明	程松德	程新立
惠芳芹	喻锡	程天兴	程召法	程国纪	程新喜
惠作礼	喻海云	程元和	程耳金	程明中	程满周
惠其新	喻景云	程元森	程西牛	程明道	程殿保
覃南	黑占魁	程云坤	程光田	程明德	程聚兴
覃永才	嵇少青	程云清	程光新	程金山	程裴州
覃英武	嵇长学	程友香	程廷彬	程金国	程德山
覃洪才	嵇民让	程友德	程全有	程金修	程德仁
粟久柱	嵇西荣	程少云	程全秀	程学孙	程德林
粟守信	嵇明富	程仁文	程庆林	程法田	傅清
粟周祥	程仁	程从良	程汝福	程建兴	傅士元
粟贵元	程朴	程公议	程守义	程春牛	傅大元
粟海林	程光	程凤奎	程安云	程春明	傅之青
粟德生	程华	程六成	程安西	程相太	傅子文
提有风	程怀	程六年	程纪荣	程思科	傅子修
雅继训	程荣	程文学	程远超	程美才	傅云飞
紫金超	程二兴	程文法	程运同	程洪喜	傅云贵
辉志新	程二德	程文祥	程芳廷	程祖坤	傅云堂
景毛恒	程七销	程方文	程克怀	程桂栅	傅公品
景长山	程三虎	程计全	程连武	程积美	傅文杨
景文政	程士儿	程水清	程连祺	程效和	傅文坤
景玉法	程士林	程玉建	程连瑞	程培州	傅世荣
景西发	程大牛	程玉香	程连福	程焕州	傅丙银
景有才	程万里	程玉堂	程秀同	程清选	傅丕任
景成所	程万荣	程世年	程秀寿	程维雄	傅丘才
景明星	程川玉	程本礼	程秀春	程巢生	傅礼田
景保会	程义廷	程四合	程宏道	程喜福	傅加祥
景保芹	程义俭	程生英	程良君	程朝风	傅邦忠
景炳贵	程飞荣	程付生	程邵暖	程景修	傅吉安
景娃山	程子森	程乐义	程松林	程善喜	傅西亮

傅达坤	焦长本	焦秋法	鲁大荣	鲁金岭	童金周
傅传仁	焦长轩	焦顺兴	鲁子生	鲁学胜	童贵会
傅传礼	焦文友	焦保印	鲁子明	鲁建寅	童桂兴
傅仲华	焦文学	焦振声	鲁子姚	鲁孟庆	童湖浜
傅全义	焦方佫	焦家利	鲁太尧	鲁荣光	童意国
傅全连	焦双书	焦银炉	鲁日升	鲁荣彬	善广金
傅庆村	焦双坤	焦焕庆	鲁中胜	鲁柄银	曾发
傅寿功	焦玉才	焦淑礼	鲁中高	鲁保山	曾英
傅估和	焦玉生	焦喜和	鲁见秋	鲁保安	曾凯
傅坤河	焦玉华	焦喜桂	鲁长华	鲁胜林	曾和
傅若先	焦东侠	焦景坤	鲁从理	鲁洪田	曾顺
傅国顺	焦永才	焦善同	鲁文中	鲁桂宇	曾海
傅明德	焦永通	焦像田	鲁文虎	鲁振声	曾士金
傅学义	焦成龙	焦新生	鲁文勋	鲁振周	曾之音
傅法中	焦成敬	焦福田	鲁为干	鲁振贵	曾子芳
傅荣昌	焦同顺	焦德芝	鲁平寿	鲁高堂	曾友生
傅品义	焦廷河	储开来	鲁生云	鲁敬玉	曾牛衡
傅顺祥	焦全福	储加云	鲁汉卿	鲁强武	曾化逢
傅桂荣	焦兴成	储有富	鲁亚中	鲁照青	曾计福
傅振可	焦军彬	储汗清	鲁成期	鲁福兴	曾玉生
傅海保	焦希孟	储茂才	鲁兴艮	鲁福增	曾玉祥
傅德礼	焦怀武	储振北	鲁汗乡	鲁德胜	曾占贵
傅德顺	焦启文	舒代	鲁安喜	廖艮生	曾付芳
焦城	焦和泥	舒立真	鲁志田	童文	曾吉之
焦二保	焦金华	舒常华	鲁志永	童顺	曾兆才
焦广田	焦金环	鲁寿	鲁志敏	童才喜	曾兆德
焦开斌	焦金其	鲁明	鲁怀有	童天宽	曾庆洲
焦云肖	焦学胜	鲁奎	鲁宏田	童传秀	曾江奇
焦五艮	焦学道	鲁锐	鲁现臣	童纪山	曾纪水
焦见胜	焦树德	鲁一海	鲁国庆	童英祥	曾志贵

曾秀峰	曾耀顺	温振金	谢 鹏	谢玉成	谢志均
曾妙法	湖春浩	温振姚	谢 德	谢玉光	谢甫钓
曾范在	温 凯	温家荣	谢九江	谢玉棠	谢秀山
曾国生	温 晓	温雪林	谢士忠	谢世荣	谢启伍
曾金安	温 谢	温清宜	谢士群	谢世福	谢初香
曾金城	温士山	温朝相	谢大义	谢本良	谢阿小
曾学降	温子言	温端禄	谢大成	谢本贵	谢阿四
曾泊高	温子春	温德友	谢广东	谢龙芳	谢青成
曾治忠	温冈元	温德芹	谢井三	谢占伦	谢坤贤
曾建福	温正尧	游开文	谢天方	谢兰亭	谢松林
曾春贤	温正顺	游文德	谢天章	谢汉涛	谢态吉
曾树春	温本山	游金生	谢云生	谢加苍	谢贤相
曾胜华	温立增	游柏凯	谢云安	谢发知	谢国良
曾炳正	温召文	游得舒	谢专头	谢纠夫	谢国俊
曾洪禄	温动南	游清华	谢太吉	谢吉昌	谢昌廷
曾起光	温存喜	富文奎	谢太然	谢成连	谢昌何
曾起潮	温成才	富心安	谢少炳	谢光连	谢明华
曾桂林	温延泉	富明德	谢长礼	谢光明	谢忠义
曾海玉	温多安	窝少熹	谢长有	谢光银	谢忠文
曾祥明	温寿珠	雇观清	谢长和	谢曲金	谢和美
曾清合	温来发	雇春生	谢长庚	谢先湘	谢和洁
曾傅新	温来来	雇锡华	谢长得	谢全德	谢金才
曾道后	温言州	禄秋元	谢仁义	谢兆风	谢金川
曾楚山	温况树	谢 开	谢公福	谢庆珍	谢金田
曾新赞	温明甫	谢 云	谢文绍	谢兴亭	谢金华
曾增福	温明峰	谢 华	谢文清	谢兴高	谢金如
曾德生	温学芝	谢 青	谢文德	谢守仁	谢金明
曾德初	温学清	谢 林	谢为礼	谢守均	谢法宝
曾德昌	温建章	谢 章	谢心元	谢安和	谢宗兰
曾繁舜	温逆君	谢 清	谢心家	谢志先	谢宗芝

谢春禹	谢瑞雨	靳立伦	楚天保	甄玉纯	雷保申
谢春桂	谢福友	靳百生	楚西新	甄达明	雷炳轩
谢砖头	谢福先	靳成秀	楚华南	甄达儒	雷桂明
谢尝年	谢德友	靳光乡	楚兴照	甄连申	雷唐深
谢秋奎	谢德胜	靳光五	楚安春	甄范心	雷乾恩
谢保友	登　福	靳传秀	楚忠志	甄宝铜	雷雪山
谢恒法	登队昌	靳里泰	楚登信	雷　邦	雷新换
谢炳南	登志星	靳忠诚	楚锡新	雷　昌	裘马林
谢祖庚		靳侦旺	楼玉俊	雷　泪	裘代云
谢泰成	**十三画**	靳金山	楼那钦	雷长训	裘华荣
谢根成		靳荣品	楼桐山	雷风柏	裘阿康
谢根春	鄂中祥	靳秋景	楼培臣	雷文土	訾乃河
谢顾生	鄂玉斌	靳保福	赖　桥	雷玉清	虞水康
谢振华	鄂华德	靳恒修	赖　峰	雷世林	虞永坤
谢振祥	靳　干	靳宪法	赖十四	雷四旦	虞永康
谢较妮	靳　兰	靳钱保	赖少武	雷付林	虞庭西
谢家松	靳　状	靳禄让	赖玉山	雷汉卿	虞益民
谢家银	靳　章	靳登魁	赖永福	雷汉清	鉴佃和
谢培德	靳九冈	靳福友	赖成学	雷吉华	鄙云祥
谢盛清	靳小发	靳群成	赖克忠	雷达杨	照西川
谢常法	靳子臣	蓝阿嫩	赖青波	雷仲英	路　飞
谢野萍	靳元天	蓝贵安	赖国用	雷自义	路　花
谢银春	靳长俊	蓝盛明	赖法林	雷阳孝	路　雨
谢清云	靳六让	幕金堂	赖细左	雷志兴	路万发
谢清强	靳以胜	蒯吉忠	赖秋生	雷茂山	路天才
谢敬礼	靳水生	蒲春民	赖酒波	雷茂祥	路云龙
谢景仁	靳玉海	蒙世明	赖维凡	雷国同	路日增
谢裕义	靳世华	蒙国清	赖德华	雷肿华	路长山
谢登堂	靳龙观	蒙锡文	甄一春	雷绍熹	路风平
谢登强	靳生支	蒙新民	甄义明	雷相云	路风阳

路凤英	路润录	鲍必干	解步瑞	窦连喜	綦永增
路文学	路祥存	鲍发真	解良勤	窦国祥	綦河西
路文界	路黑显	鲍成宪	解松亭	窦国敬	暮金堂
路文斌	路黑锁	鲍成善	解国良	窦国意	慕可利
路可山	路登明	鲍自芝	解金山	窦明付	慕东成
路平益	路魁生	鲍观炎	解树昌	窦金风	慕全华
路立亭	路新荣	鲍志生	解登科	窦载龙	慕志安
路吉林	路聚山	鲍志洋	廉中周	窦焕宾	慕宗福
路吉新	路德元	鲍志高	廉有美	窦喜祥	慕新西
路有昌	简 明	鲍希杰	廉孝德	褚 杰	蔡 日
路光山	简中聚	鲍希明	廉纯瑞	褚少有	蔡 凤
路光华	简玉平	鲍现成	廉朝洞	褚西为	蔡 方
路光盛	简汤义	鲍其礼	靖明桥	褚延真	蔡 生
路传夫	简志荃	鲍林才	新 宽	褚庆才	蔡 阳
路兆贵	简忠良	鲍昌荣	新有堂	褚汗东	蔡 林
路志玉	简德法	鲍明起	新安义	褚纪万	蔡 凯
路秀香	催道荣	鲍经书	雍志明	褚秀玉	蔡 泊
路伯明	腾思志	鲍树祥	雍显福	褚希怀	蔡 建
路现平	詹士堂	鲍咸成	满少清	褚阿才	蔡 恒
路林典	詹学文	鲍彦士	满光德	褚和永	蔡 银
路林海	詹厚生	鲍银堂	溥计成	褚金山	蔡 德
路和荣	鲍 林	鲍敬臣	溥照臣	褚金亭	蔡 澄
路京林	鲍士荣	鲍繁成	窦乃臣	褚洪杰	蔡义永
路学全	鲍马则	解 昌	窦乃顺	褚振刚	蔡之明
路学思	鲍元风	解士余	窦天礼	褚登新	蔡也明
路学恩	鲍五成	解元来	窦文仲		蔡王径
路绍先	鲍长寿	解云祥	窦方金	**十四画**	蔡天开
路品棋	鲍玉成	解礼维	窦玉忠		蔡天华
路秋元	鲍玉举	解自强	窦北明	赫茂恩	蔡元成
路益修	鲍世高	解庆刚	窦庆洁	綦永福	蔡元贵

蔡元琴	蔡观英	蔡官留	蔡登荣	裴云科	管可梅
蔡韦章	蔡欢奋	蔡承亮	蔡瑞心	裴文斌	管东胜
蔡云胜	蔡纪文	蔡相岸	蔡锡均	裴本友	管廷文
蔡少清	蔡志廷	蔡相威	蔡新玉	裴东士	管合旺
蔡长久	蔡志明	蔡保付	蔡德全	裴礼根	管如芳
蔡仁臣	蔡志康	蔡保安	蔺金合	裴仲德	管还记
蔡公正	蔡志清	蔡俊沛	臧寸佑	裴志章	管相朝
蔡月生	蔡克洪	蔡炳生	臧子琴	裴弟和	管昭玉
蔡风山	蔡秀峰	蔡洪吉	臧友林	裴现武	管思忠
蔡文山	蔡希仑	蔡济文	臧本仁	裴明分	管恩忠
蔡文吉	蔡环璋	蔡冠英	臧立年	裴金风	管增芝
蔡文华	蔡其林	蔡给怀	臧立军	裴金荣	管德法
蔡文轩	蔡茂金	蔡根生	臧坏旺	裴金海	雒金堂
蔡文俊	蔡林模	蔡振华	臧现民	裴春发	豪顺安
蔡方生	蔡尚生	蔡海群	臧到章	裴家林	廖　文
蔡水全	蔡具全	蔡家凡	臧明辉	裴敬礼	廖　生
蔡玉东	蔡国君	蔡继成	臧金树	裴敬修	廖　阳
蔡玉经	蔡明田	蔡培荣	臧京云	裴善敬	廖　黑
蔡玉春	蔡明阳	蔡措盛	臧贵旺	裴新坡	廖小辉
蔡正香	蔡明岐	蔡雀山	臧俊禄	管　信	廖天生
蔡本明	蔡和廷	蔡停成	臧胜修	管　康	廖元喜
蔡吉林	蔡和清	蔡得标	臧洪臣	管　斌	廖五味
蔡老娣	蔡金玉	蔡焕章	臧桂言	管乡德	廖水和
蔡西林	蔡金生	蔡清元	臧卿堂	管木相	廖玉西
蔡成荣	蔡金保	蔡清文	臧福安	管友木	廖白元
蔡廷成	蔡金章	蔡清河	臧殿宾	管见元	廖永法
蔡合廷	蔡金富	蔡清泉	裴　光	管风武	廖吉吾
蔡名洪	蔡学俭	蔡清浦	裴　连	管玉生	廖光大
蔡兴元	蔡宝山	蔡景起	裴二白	管玉其	廖光有
蔡如村	蔡宗顺	蔡登国	裴士贤	管玉明	廖远才

廖孝友	谭少水	谭其志	熊万义	翟万福	翟高存
廖作祥	谭化龙	谭其明	熊万里	翟丰会	翟清臣
廖应其	谭从振	谭林昌	熊子钦	翟开庆	翟福见
廖昌华	谭月青	谭虎哲	熊开元	翟云贵	翟福明
廖南祥	谭六和	谭昌明	熊长清	翟云福	翟德元
廖洪金	谭文德	谭明义	熊文华	翟友林	翟德忠
廖振云	谭玉信	谭金喜	熊玉斌	翟中元	翟鹤连
廖黑公	谭正国	谭学全	熊正发	翟贝才	缪 谏
廖照明	谭世首	谭宗仁	熊世发	翟双喜	缪 谦
廖新其	谭龙飞	谭宗桂	熊立冬	翟代东	缪 锦
阚永禄	谭永斋	谭绍周	熊有谟	翟永奎	缪三林
阚德荣	谭召芳	谭春德	熊达生	翟考文	缪三盛
阚德胜	谭召俊	谭树广	熊光祥	翟纪安	缪子龙
漆斌武	谭吉芝	谭香泉	熊廷生	翟怀义	缪文汉
赛自勤	谭吉美	谭信册	熊向明	翟良焕	缪文辉
赛时洋	谭在光	谭泉法	熊江富	翟现文	缪传金
寥红青	谭光梅	谭炳福	熊明友	翟现玉	缪仲方
寥保太	谭年华	谭洪叶	熊春生	翟拉周	缪安仁
谭 三	谭会云	谭桂新	熊树庆	翟金海	缪牟平
谭 礼	谭兆能	谭根民	熊树斌	翟学礼	缪言顺
谭 成	谭庆峰	谭海清	熊保群	翟学旬	缪金保
谭 林	谭庆盛	谭继宗	熊恩培	翟学殿	缪祯然
谭 杰	谭江德	谭朝友	熊排付	翟宝林	缪增培
谭 明	谭纪礼	谭道高	熊喜林	翟贵品	
谭子全	谭纪坤	谭登金	熊道升	翟贵勤	**十五画**
谭子林	谭花明	谭煜超	熊裕昌	翟保礼	
谭子明	谭严志	谭增祥	熊德生	翟保昌	瑾高清
谭天常	谭步三	熊 得	翟 钦	翟保堂	增学成
谭云庆	谭秀珍	熊三星	翟 锡	翟胜祥	樊 伟
谭云清	谭良谋	熊才明	翟九富	翟洪庆	樊 进

樊　良	樊增华	滕玉言	颜金亮	潘云井	潘永福
樊大东	樊德林	滕世生	颜金黄	潘五良	潘召河
樊小福	暴屁则	滕丙真	颜泽付	潘五洋	潘吉春
樊元训	暴河喜	滕召元	颜建文	潘友才	潘吉堂
樊专奎	暴点香	滕吉伦	颜保得	潘友山	潘西成
樊玉民	墨廷奎	滕如美	颜洪思	潘见思	潘西宗
樊伦须	黎　均	滕志良	颜爱根	潘长俊	潘成山
樊庆山	黎　坤	滕克金	颜得胜	潘风林	潘传新
樊庆云	黎　德	滕怀意	颜景友	潘文才	潘全文
樊守明	黎少民	滕金什	颜景廷	潘文华	潘全德
樊国成	黎少萍	滕金楼	颜景芳	潘文杰	潘庆祥
樊国林	黎玉堂	滕彦彬	颜锦祥	潘为芝	潘兴和
樊国栋	黎生元	滕前山	毅　良	潘玉良	潘汗龙
樊明芳	黎光辉	滕培俊	潜林生	潘玉保	潘汗华
樊金林	黎尚云	滕毓盛	潭春玄	潘玉海	潘安太
樊春堂	黎国瑞	滕德荣	潭洪泰	潘正心	潘纪春
樊树清	黎金生	颜　邵	潭桂洪	潘功田	潘进山
樊拴厚	黎学典	颜　荣	潘　记	潘世青	潘孝如
樊贵海	黎绍明	颜文生	潘　汗	潘世彬	潘志田
樊洪太	黎冠强	颜文彬	潘士友	潘本清	潘志成
樊洪善	黎振光	颜世玉	潘士学	潘龙非	潘志红
樊海朝	黎德毕	颜世清	潘士勇	潘占合	潘志祥
樊家友	黎德彦	颜西成	潘大顺	潘田耀	潘杜润
樊家林	滕　美	颜成玉	潘久加	潘生才	潘连山
樊家法	滕　超	颜廷山	潘夕山	潘立之	潘时晓
樊培喜	滕小玉	颜廷箴	潘小根	潘立芝	潘体意
樊得林	滕天化	颜全仁	潘子文	潘汉鱼	潘佐清
樊清林	滕长城	颜兴佃	潘子双	潘汉珍	潘怀平
樊富功	滕凤飞	颜志富	潘子祥	潘永会	潘坤俊
樊福昌	滕文华	颜作义	潘元义	潘永钱	潘其友

潘其林	潘振新	**十六画**	薛仕新	薛明增	薄正保
潘其欧	潘海山		薛付喜	薛金生	薄杞臣
潘其标	潘家有	璞宾远	薛印庆	薛金贵	薄泽河
潘茉莉	潘家余	操文光	薛永昌	薛庚辰	霍 付
潘松春	潘家瑞	燕序才	薛召信	薛宝成	霍 光
潘国思	潘祥元	燕君超	薛母莲	薛宗礼	霍 信
潘国保	潘能明	燕照武	薛吉元	薛宗英	霍 桐
潘明茂	潘崑山	薛 元	薛百元	薛孟玉	霍万春
潘明英	潘得才	薛 田	薛成芳	薛荣振	霍小五
潘明恒	潘得清	薛 礼	薛成武	薛树贤	霍友旺
潘金玉	潘章文	薛 合	薛成林	薛贵法	霍长明
潘金利	潘章喜	薛 和	薛扣林	薛庭平	霍玉儿
潘金香	潘维汉	薛广才	薛年召	薛炳申	霍正学
潘京才	潘维章	薛云飞	薛兆年	薛炳坤	霍生旺
潘学信	潘善修	薛云元	薛守智	薛振龙	霍生信
潘学聚	潘道平	薛云绉	薛如来	薛振岭	霍汉忠
潘学德	潘富成	薛友德	薛志旭	薛振法	霍存华
潘宝山	潘登如	薛毛狗	薛志锡	薛爱吉	霍汗武
潘柳廷	潘锡明	薛长纯	薛连菊	薛逢均	霍守亭
潘贵堂	潘新忠	薛仁元	薛连臻	薛培江	霍守聚
潘思忠	潘新得	薛仁虎	薛吴寿	薛喜忠	霍秀峰
潘顺伍	潘福宝	薛仁喜	薛鸣高	薛渭萍	霍位彬
潘信华	潘碧生	薛风义	薛秀俭	薛塝郎	霍灿祥
潘胜华	潘毓康	薛风仪	薛现成	薛锡波	霍沾国
潘独一	潘潍荣	薛风祥	薛其狗	薛锦章	霍治国
潘洪元	潘德标	薛文礼	薛其标	薛福喜	霍荣田
潘洪裕	潘德胜	薛为臻	薛雨来	薛嘉印	霍顺德
潘起法	潘德清	薛龙头	薛明山	薛德义	霍保金
潘根据	潘澄如	薛东唐	薛明西	薛德友	霍家宾
潘振芳	豫陕鄂	薛东霞	薛明斋	薄于龙	霍喜信

霍德顺	戴风友	戴明凤	鞠王格	魏士兴	魏玉岱
冀 华	戴风得	戴明禄	鞠王德	魏士林	魏玉举
冀文清	戴文礼	戴佩环	鞠长贵	魏大祯	魏玉峰
冀田申	戴文柱	戴金才	鞠文进	魏小荣	魏正文
冀群好	戴文清	戴学成	鞠正齐	魏子玉	魏正坤
镜洪福	戴心宽	戴学全	鞠丕德	魏子芳	魏功臣
穆化文	戴玉太	戴学桂	鞠东海	魏子明	魏世长
穆文兴	戴玉田	戴学喜	鞠成青	魏子清	魏世华
穆文科	戴玉堂	戴法林	鞠贞宪	魏开和	魏世兴
穆光前	戴正法	戴定福	鞠坤德	魏天才	魏石长
穆其祥	戴世发	戴参来	鞠欣元	魏天福	魏东河
穆若厚	戴立勇	戴绍花	鞠学同	魏云真	魏生仁
穆景臣	戴永后	戴树云	鞠荣吉	魏云堂	魏生宛
篮 标	戴加才	戴星成	鞠树茂	魏友民	魏付锁
衡树前	戴加如	戴炳清	鞠洪胜	魏友春	魏永奎
磨 弹	戴光胜	戴爱冬	鞠振科	魏少刚	魏永盛
	戴廷松	戴高兴	鞠维成	魏少伦	魏永福
十七画	戴任明	戴海华	鞠维杰	魏日鹏	魏台明
	戴华荣	戴继凤	鞠諕言	魏中山	魏台宛
璩义公	戴汗林	戴理忠	檀后臣	魏中云	魏吉义
戴 书	戴纪风	戴船同	檀俊臣	魏见发	魏吉小
戴 成	戴寿清	戴隆兴	魏 安	魏长喜	魏吉峰
戴卫春	戴寿福	戴勤勉	魏 明	魏从先	魏有田
戴天保	戴志祥	戴锡山	魏 香	魏风山	魏有智
戴云江	戴志彬	戴锡传	魏 清	魏风尧	魏存亡
戴云康	戴希袁	戴德纲	魏 德	魏风启	魏成江
戴少华	戴青山	藉寅益	魏丁才	魏风其	魏成森
戴长付	戴其中	藉富元	魏乃芝	魏文和	魏光云
戴长根	戴英浩	鞠 誌	魏三山	魏玉山	魏光先
戴仁松	戴歧华	鞠于祥	魏三银	魏玉发	魏光玺

魏光鲁	魏如才	魏明松	魏思庆	魏道友	蹇宏培
魏光富	魏纪风	魏明亮	魏信云	魏道政	
魏光新	魏运学	魏金山	魏洪田	魏登仁	**十八画**
魏光福	魏志付	魏金升	魏洪明	魏瑞廷	
魏同兴	魏志桂	魏金有	魏洪锦	魏勤支	藤培连
魏回西	魏财旺	魏金明	魏根保	魏新毛	瞿云清
魏延贵	魏秀昆	魏金和	魏振帮	魏新陆	瞿玉章
魏华生	魏伯光	魏金贵	魏振禄	魏福云	瞿协初
魏自付	魏补梅	魏念仁	魏海昌	魏福寿	瞿克良
魏全友	魏武桥	魏念林	魏海泉	魏殿尧	瞿枝明
魏庆荣	魏青山	魏学书	魏家利	魏增友	瞿金榜
魏兴有	魏青军	魏学林	魏培桥	魏德才	瞿革成
魏兴隆	魏林章	魏治四	魏崑山	魏德拴	瞿美德
魏兴瑞	魏尚全	魏宝吉	魏清汉	魏德保	
魏守三	魏国文	魏宝善	魏维立	魏德胜	
魏守全	魏国贞	魏宗明	魏喜成	魏德新	
魏守诰	魏明本	魏珍仁	魏黑豆	蹇工只	
魏安记	魏明良	魏荣祥	魏善廷	蹇永享	